Sabine Bieberstein

Jesus und die Evangelien

TVZ

Studiengang Theologie
Herausgegeben von theologiekurse.ch

Redaktion:
Sabine Bieberstein, Dr. theol.,
Professorin für Exegese des Neuen Testaments und biblische Didaktik an der Fakultät für Religionspädagogik und Kirchliche Bildungsarbeit der Katholischen Universität Eichstätt-Ingolstadt
Stephan Leimgruber, Prof. em. Dr. theol.,
Spiritual am Seminar St. Beat in Luzern und Rektor bei theologiekurse.ch
Felix Senn, Dr. theol.,
Studienleiter bei theologiekurse.ch in Zürich

Band II,1
Neues Testament, Teil 1

theologiekurse.ch vermittelt als katholische Bildungsinstitution seit über einem halben Jahrhundert in ökumenischer Offenheit theologische Grundkenntnisse an interessierte Frauen und Männer in der deutschsprachigen Schweiz. Ihre Lehrgänge eröffnen den Zugang zu verschiedenen kirchlichen Funktionen und Berufen. Die kontinuierlich erneuerten Lehrunterlagen des vierjährigen berufsbegleitenden Studiengangs Theologie STh bilden die Grundlagen dieser Reihe.

Sabine Bieberstein

Jesus und die Evangelien

Neues Testament, Teil 1

EDITION NZN
BEI TVZ
Theologischer Verlag Zürich

Die Deutsche Bibliothek – Bibliografische Einheitsaufnahme
Die Deutsche Bibliothek verzeichnet diese Publikation in der Deutschen Nationalbibliografie; detaillierte bibliografische Daten sind im Internet über http://www.dnb.de abrufbar.

Umschlaggestaltung: Simone Ackermann, Zürich
Satz und Layout: Claudia Wild, Konstanz
Druck: ROSCH-BUCH GmbH, Scheßlitz

ISBN: 978-3-290-20103-6

www.edition-nzn.ch

Geleitwort zur Reihe

Wir freuen uns, einen weiteren Band der Reihe *Studiengang Theologie* vorlegen zu können. Von den geplanten 16 Bänden ist dies bereits der zwölfte Band. Zusammen mit dem vor gut zwei Jahren erschienenen Band «Paulus und die Anfänge der Kirche» bietet dieses Buch eine Einführung in das Neue Testament. Herausgeber und Redaktionsteam wünschen den Leserinnen und Lesern viel Gewinn für das Verstehen der neutestamentlichen Evangelien und besonders der Person Jesu von Nazaret, dem Zentrum unseres christlichen Glaubens.

Hervorgegangen ist die Reihe *Studiengang Theologie* aus dem vierjährigen berufsbegleitenden Studiengang Theologie, den die katholische Bildungsinstitution *theologiekurse.ch* seit sechs Jahrzehnten für theologisch interessierte Frauen und Männer in der deutschsprachigen Schweiz anbietet. Die kontinuierlich erneuerten Lehrunterlagen bilden die Grundlage dieser Veröffentlichung. Gründlich überarbeitet sollen sie hiermit allen Interessierten im deutschen Sprachraum zugänglich gemacht werden.

Obwohl in den letzten Jahren der Stellenwert der christlichen Kirchen im öffentlichen Bewusstsein abnimmt, ist dennoch das Interesse an elementarer Glaubensinformation und Theologie nach wie vor gross. Doch lassen sich heute manche interessierte Frauen und Männer besser über theologisch aktuelle und gehaltvolle Bücher erreichen als über zeitintensive Studienangebote. Voraussetzung ist freilich, dass der theologische Stoff interessant und gut lesbar vermittelt wird und in ökumenischer Offenheit einen verlässlichen Einblick in die Fragen, Problemstellungen und Antwortrichtungen heutiger Theologie gibt.

Theologisch interessierte Laien, Theologiestudierende an Hochschulen und Fakultäten sowie Lehramtsstudierende sollen sich nicht im Labyrinth der wissenschaftlichen Detaildiskussionen verirren, sondern zunächst mit den grossen Linien, den elementaren Methoden, den biblischen, systematischen und praktischen Grundfragen und den existenziellen Herausforderungen theologischen Fragens vertraut werden.

Kurz: Es geht um einen fundierten und zugleich gut verständlichen Einblick in den aktuellen Stand der Theologie in ihren einzelnen Fachdisziplinen.

Diesem Ziel ist die Reihe *Studiengang Theologie* verpflichtet. Sie erleichtert das Selbststudium wie die Vorbereitung auf Prüfungen im theologischen Grundstudium; sie richtet sich darüber hinaus auch an ausgebildete Theologinnen und Theologen, Lehrerinnen und Lehrer, die sich nach Jahren in der Praxis ein fachliches Update wünschen.

Wir danken der Edition NZN beim Theologischen Verlag Zürich (TVZ) für den Mut zu diesem Projekt und für die angenehme Zusammenarbeit und der Römisch-Katholischen Zentralkonferenz der Schweiz (RKZ) sowie der Katholischen Kirche im Kanton Zürich für die grosszügigen Zuschüsse an die Publikationskosten dieser Buchreihe.

Wir hoffen, dass dieser Band und die Buchreihe insgesamt – die auch zu attraktiven Subskriptionskonditionen abonniert werden kann – vielen theologisch Interessierten einen Dienst erweisen und zu einem sorgfältigen Umgang mit der Bibel sowie zu einem tieferen Verständnis unseres christlichen Glaubens in der heutigen pluralen Gesellschaft beitragen.

Zürich, im September 2014

Vorstand und Geschäftsstelle *theologiekurse.ch*
Redaktionsteam der Reihe *Studiengang Theologie*

Inhaltsübersicht

Vorwort

Das Neue Testament enthält in Gestalt der Evangelien vier verschiedene Bücher über Jesus von Nazaret. Diese gleichen einander in manchen Passagen bis hinein in wörtliche Formulierungen, setzen in einigen Aspekten aber auch deutlich unterschiedliche Akzente. Dieser Befund bedarf zunächst einer Erklärung: Wie kam es zu diesen Gemeinsamkeiten und wie zu den Unterschieden? Warum tragen die Evangelien so unterschiedliche Gesichter? Was bedeutet dies für die Frage nach Jesus von Nazaret? Zugleich birgt dieser Befund einen unermesslichen Schatz für die Leserinnen und Leser des Neuen Testaments; denn in den Evangelien lassen sich immer neue Facetten und Bilder über Jesus von Nazaret, seine Botschaft und sein Wirken entdecken.

Dieses Buch greift beide Aspekte auf: Es führt in die vier Evangelien mit ihren jeweiligen Jesusgeschichten ein, portraitiert ihre literarischen und theologischen Eigenarten und interpretiert die Werke in ihren historischen Kontexten. Dadurch erschliesst sich nicht nur die Fülle der Jesusbilder, die die Evangelien bereithalten, sondern auch das *eu-angelion*, die frohe Botschaft, die diese Werke je für sich und vor allem gemeinsam zu verkünden haben. Es wird deutlich: Weder gibt es ein einziges und allein «richtiges» Jesusbild noch eine einzige Botschaft, die auf eine einzige Formel zu reduzieren wäre. Vielmehr ist das Evangelium von Anfang an ein Gespräch, ein Konzert unterschiedlicher Stimmen, die wiederum von vielen verschiedenen Leserinnen und Hörern je einzeln und vor allem in Gemeinschaft gehört, gelesen und interpretiert werden wollen, damit sich die Kraft und die bleibende Relevanz der Botschaft Jesu in jeder Zeit jeweils neu erschliessen und entfalten kann.

Die Anfänge dieses Buches gehen auf langjährige Vorlesungen «Neues Testament 1» im Rahmen des Studiengangs Theologie von theologiekurse.ch zurück. Für diese Vorlesungen haben Regula Grünenfelder, Detlef Hecking, Daniel Kosch und ich bereits 2003 ein umfangreiches Skript erarbeitet, das in den folgenden Jahren von mir noch zweimal aktualisiert und ergänzt wurde. Dieses Buch profitiert von der damaligen Zusammenarbeit, wurde nun aber von mir völlig neu geschrieben.

Beibehalten wurde eine Frucht des damaligen Gesprächs, die sich den Erkenntnissen der Narratologie verdankt und einen speziellen Zugang zu jedem Evangelium eröffnet: Ausgehend von der Beobachtung, dass bei jedem literarischen Werk der Anfang und der Schluss von besonderer Bedeutung für das Verständnis sind, beginnen in diesem Buch alle Kapitel, die eines der Evangelien oder die Spruchquelle Q vorstellen, mit der Lektüre des Anfangs und des Schlusses der jeweiligen Schrift. Erst danach werden der Erzählverlauf des gesamten Werkes und sein Aufbau in den Blick genommen. Auch nach diesen ersten Schritten sind – mit einer kleinen Abweichung im Kapitel über die Spruchquelle Q – die Kapitel nach einem vergleichbaren Strukturschema aufgebaut. Der zweite Abschnitt nimmt immer eine Besonderheit des jeweiligen Werkes in den Blick, die aber zugleich von Bedeutung für das Verständnis der anderen Evangelien ist. Ist dies beim Markusevangelium die Frage nach der literarischen Gattung des Buches, so beim Matthäusevangelium die Lektüre des Werkes im Horizont der Schriften des Alten Testaments – beides Fragestellungen, die auch bei der Lektüre der anderen Evangelien begegnen, dort aber nicht mehr so ausführlich thematisiert werden. Im Kapitel zum lukanischen Doppelwerk steht in diesem zweiten Abschnitt die Apostelgeschichte im Zentrum des Interesses. Beim Johannesevangelium schliesslich wird der literarische Entstehungsprozess des Buches in den Blick genommen. Im jeweils dritten Abschnitt werden die wahrscheinlichen Entstehungskontexte der Schriften nachskizziert: Hier wird nach Ort und Zeit der Entstehung, nach möglicher Adressatenschaft und nach Hinweisen zum Verfasser gefragt. Der vierte Abschnitt endlich stellt wichtige Themen und Motive der Werke vor, so dass ihre speziellen inhaltlichen Akzentsetzungen deutlich werden.

Den Auftakt des Buches bildet eine kleine Einführung in die Lektüre der Evangelien. Es gibt den Leserinnen und Lesern das nötige Handwerkszeug mit auf den Weg, um den weiteren Kapiteln – ausgestattet mit diesem Basiswissen – gut folgen zu können. Das Schlusskapitel des Buches stellt die

Frage nach dem historischen Jesus von Nazaret ins Zentrum, führt am Ende jedoch wieder zurück zu der Aufgabe, der sich bereits die Evangelien gestellt haben und die jeder Generation neu aufgegeben ist: die Geschichte Jesu in jeder Zeit so zu erzählen, dass sich ihre Relevanz für das Leben und ihre bleibende Kraft erschliessen.

Um die Lektüre zu erleichtern, werden biblische Texte öfters auch in wörtlichen Zitaten wiedergegeben. Wo nichts anderes vermerkt ist, liegt diesen Zitaten die Einheitsübersetzung zugrunde, die in einigen wenigen Fällen punktuell leicht präzisiert wurde, um bestimmte Aspekte oder auch Problematiken des Textes besser sichtbar machen zu können. Die alttestamentlichen Zitate werden in der Regel in der Übersetzung der Septuaginta Deutsch wiedergegeben, weil die neutestamentlichen Autoren nicht auf die Hebräische Bibel, sondern auf deren griechische Übersetzung, die Septuaginta (LXX), zurückgegriffen haben.

Selbstverständlich basiert dieses Buch auf den Erkenntnissen der neutestamentlichen Forschung. Angesichts der Fülle der Fachliteratur muss sich der Fussnotenapparat aber auf einige wenige Werke beschränken. Zumeist handelt es sich dabei um Veröffentlichungen, die auch für Nicht-Fachleute verständlich und zugänglich sein sollten. Am Ende jedes Kapitels wird in der Rubrik «Zum Weiterlesen» vertiefende und/oder weiterführende Literatur zum Thema angegeben, die zum überwiegenden Teil für Leserinnen und Leser ohne Griechischkenntnisse geeignet ist.

Die Entstehung dieses Buches wurde von vielen Seiten und auf vielerlei Weise unterstützt. Dr. Marie-Louise Gubler hat aus ihren Erfahrungen als Dozentin im Studiengang Theologie und als Fachkollegin wertvolle Anregungen zur Überarbeitung des Skripts gegeben. Die Kollegen im Redaktionskreis, Prof. Dr. Stephan Leimgruber und Dr. Felix Senn, haben das Manuskript kritisch gelesen und zahlreiche weiterführende Hinweise gegeben. Prof. Dr. Klaus Bieberstein und Dr. Felix Senn waren kompetente Gesprächspartner in allen Phasen der Manuskriptentstehung und gaben unzählige Denkanstösse zur Weiterentwicklung des Manuskripts. Nicola Velte hat als frisch examinierte Absolventin eines Lehramtsstudiengangs nicht nur als fachkundige Testleserin fungiert, sondern mit detektivischem Blick und klugen Rückfragen so manche Unzulänglichkeiten des Manuskripts aufgespürt. Das Lektorat der Edition NZN bei TVZ hat die letzte Phase der Buchentstehung mit gewohnter Sorgfalt begleitet. Ihnen allen gebührt mein aufrichtiger Dank.

Nun bleibt es mir, den Leserinnen und Lesern dieses Buches viel Freude und Entdeckungslust bei der Reise durch die Welt der Evangelien zu wünschen.

Bamberg, im Oktober 2014

Sabine Bieberstein

Der eine Jesus und die vielen Bilder und Geschichten: Eine Einführung in die Lektüre der Evangelien 1

Ein erster Blick in das Neue Testament 1.1

Jesus aus Nazaret wurde mit einiger Wahrscheinlichkeit im Zusammenhang des Pesachfestes im Jahr 30 von den römischen Behörden in Jerusalem zum Tod verurteilt und am Kreuz hingerichtet. Das gehört zu den bekanntesten und gleichzeitig zu den am besten abgesicherten Fakten über den Nazarener. Über diesen Kreuzestod Jesu erfahren wir auch im Neuen Testament. Doch steht, wer das Neue Testament aufschlägt, zunächst vor einem merkwürdigen Befund: Gleich vier Bücher befassen sich mit der Geschichte Jesu, und viermal wird auch sein Tod am Kreuz dargestellt. Aber damit nicht genug: Diese vier Versionen sind keineswegs identisch, sondern sie unterscheiden sich in vielerlei Hinsicht. Diese Unterschiede betreffen zu einem Teil nur kleine sprachliche Details. Zum Teil aber sind es sachlich relevante Differenzen, die nicht einfach stilistischen Vorlieben der Verfasser zugeschrieben werden können.

Ein eindrückliches Beispiel für solche Unterschiede sind die letzten Worte des sterbenden Jesus, wie sie in den vier Evangelien wiedergegeben werden.[1] So stirbt Jesus nach der Darstellung des Markus- und Matthäusevangeliums mit einer abgrundtiefen Klage und einem erschütternden Schrei auf den Lippen:

> «Mein Gott, mein Gott, warum hast du mich verlassen?» (Mk 15,34 || Mt 27,46)[2]

---

1 Vgl. zum Folgenden ausführlich *Bieberstein K./Bieberstein S.*, Angesichts des Todes 25–46.

2 Die neutestamentlichen Zitate in diesem Buch sind, soweit nicht anders vermerkt, der Einheitsübersetzung entnommen oder lehnen sich eng an diese an. Das Zeichen // zwischen zwei Bibelstellen besagt, dass es sich hierbei um Parallelen handelt, d.h. dass die beiden Textstellen gleich lauten.

Auch wenn es sich hierbei um ein Zitat aus einem alttestamentlichen Klagepsalm (Ps 22,2) handelt, so wird doch – oder gerade darin – deutlich: Hier wird ein Mensch in tiefster Verlassenheit gezeigt. Nachdem Jesus, wie die Passionserzählungen sowohl des Markus- als auch des Matthäusevangeliums vor Augen geführt haben, zunächst von Judas, einem Mitglied des Zwölferkreises, verraten, sodann bei seiner Verhaftung von «allen» verlassen (Mk 14,50–52 || Mt 26,56) und schliesslich von Petrus verleugnet worden war (Mk 14,66–72 || Mt 26,69–75), ringt der am Kreuz sterbende Jesus nun mit einem als abwesend erfahrenen Gott und schreit ihm seine verzweifelte Klage entgegen. Dunkler und abgründiger ist ein Portrait des sterbenden Jesus kaum vorstellbar: für Leserinnen und Leser heute wie damals kaum aushaltbar – ein Portrait jenseits der Schmerzgrenze.

Ganz anders wird der sterbende Jesus nach dem Lukasevangelium dargestellt. Nachdem er unmittelbar nach seiner Kreuzigung um Vergebung für seine Peiniger gebetet (Lk 23,34) und sodann einem Mitgekreuzigten Rettung zugesagt hatte (Lk 23,43), ist sein allerletztes Wort zwar ebenfalls ein alttestamentlicher Psalmvers. Doch ist es nicht die abgrundtiefe Klage des Markus- und Matthäusevangeliums, sondern eine Vertrauensäusserung nach Ps 31,6:

> «Vater, in deine Hände lege ich meinen Geist.» (Lk 23,46)

Bis zuletzt wird Jesus nach dem Lukasevangelium also in unzerstörbarem Vertrauen zu Gott, dem Vater, gezeichnet. Unvereinbar erscheint dies mit dem verzweifelten Schrei Jesu nach der Markus- und Matthäuspassion. Der lukanische Jesus bleibt mit seinem Gott verbunden – und Gott hält zu seinem Gerechten (vgl. Lk 23,47), auch am Tiefstpunkt seines Lebens. Dieser Jesus ist bis in seinen Tod hinein ein Vorbild für die Leserinnen und Leser, und bis in den Tod hinein verkörpert und lebt er das, was sein Leben ausgemacht hatte: die bedingungslose Feindesliebe (vgl. Lk 6,27–36), die Zuwendung zu den Verlorenen (vgl. Lk 19,10), die unzerstörbare Nähe zu und die Verbundenheit mit Gott, dem Vater.

Nochmals andere Aspekte bringt das Johannesevangelium ins Spiel. In einem ersten Sterbewort vertraut Jesus seine Mutter und den Geliebten Jünger einander an (Joh 19,26 f.), in einem zweiten Wort ruft Jesus, um die Schrift zu erfüllen: «Mich dürstet!» (Joh 19,28), und als allerletztes Wort vor seinem Tod spricht er schliesslich: «Es ist vollbracht» (Joh 19,30). Gerade dieses letzte Wort zeigt Jesus als denjenigen, der das vollendet, wozu ihn Gott, der Vater, gesandt hatte. So wie Jesus im gesamten Johannesevangelium seinen Weg als Erfüllung des Willens Gottes begreift, von dem er sich gesandt weiss (Joh 4,34), so zeigt ihn dieses letzte Wort im Einklang mit dem Willen des Vaters. Das gesamte Werk Jesu wird bestätigt. Jesus kann zu seinem Vater hinübergehen.

Es ist klar: Der Tod Jesu ist nicht irgendein erzählerisches Detail des Neuen Testaments, sondern für das Verständnis Jesu höchst bedeutsam. Aber gerade an dieser sensiblen Stelle weichen die Evangelien in entscheidender Weise voneinander ab und zeichnen irritierend unterschiedliche Jesusbilder. Die Darstellungen sind kaum miteinander harmonisierbar, will man die Texte nicht völlig verbiegen.

Bereits diese kleine Betrachtung zeigt: Es kann bei den Darstellungen der Evangelien nicht einfach um historische Berichte gehen. Wollten wir die Evangelien nur als faktentreue Berichte lesen, müssten wir den Verfassern im mindesten Fall Ungenauigkeit und Schlamperei, im äussersten Fall sogar Falschdarstellung und Betrug an den Leserinnen und Lesern vorwerfen. Eine solche Verstehensweise greift natürlich viel zu kurz und wird den Texten in keiner Weise gerecht. Denn schon unser kurzer Durchgang durch die letzten Worte Jesu hat gezeigt, so fragmentarisch er auch war, dass die Darstellungen keinesfalls zufällig so sind, wie sie sind, sondern dass sie bewusst in dieser Weise gestaltet und mit je spezifischen theologischen Akzentsetzungen versehen sind.

Schon dieser anfanghafte Blick in die Arbeitsweise der Evangelien macht also deutlich, dass diese nicht einfach historisch berichtende oder dokumentierende Schriften sind – wenngleich sie dies zu einem Teil *auch* sind. Sie sind aber noch mehr. Denn sie sind nicht «einfach so» und ohne Grund geschrieben worden – wie überhaupt kaum ein Text «einfach so» und ohne Grund geschrieben wird. Vielmehr haben Texte meist einen Anlass – oder ein ganzes Bündel von Anlässen –, warum sich jemand daran macht, sie zu schreiben. Und Texte wollen etwas bewirken. Sie wollen ansprechen, überzeugen, bewegen, vielleicht auch etwas korrigieren oder jemandem oder einer bestimmten Position widersprechen. Sie haben bestimmte Menschen vor Augen, Leserinnen und Leser, die sie erreichen und bei denen sie etwas erreichen wollen. Im Blick auf die Evangelien sind dies die Gemeinden, in deren Kontext die Evangelien entstanden sind und die sich in ihren Lebenssituationen natürlich voneinander unterschieden. Und je nach Lebenssituation waren diese Gemeinden von entsprechend anderen Fragen oder Zweifeln, Ängsten oder auch Hoffnungen umgetrieben.

Das heisst: Bereits an dieser Stelle können wir festhalten, dass die Evangelien keine «objektiven» oder «neutralen» Berichte sind (die es in dieser Reinform ohnehin nirgends gibt), sondern dass sie höchst engagiert von ihrem Protagonisten Jesus erzählen. In der Sprache der Exegese ausgedrückt heisst das, dass die Evangelien verkündende, *kerygmatische* Schriften sind. Sie wollen Jesus in einer Weise vorstellen und sein Handeln und seine Botschaft so darstellen, dass es für Leserinnen und Leser nachvollziehbar und überzeugend ist, so dass sie Antworten auf ihre Fragen oder Zweifel erhalten und in ihrem Glauben an diesen Jesus bestärkt werden. Es liegt auf der Hand, dass solche Fragen oder Zweifel der Leserinnen und Leser je nach deren Lebenssituation höchst unterschiedlich sein können, so dass die Jesusdarstellungen der Evangelien entsprechend andere Akzente setzen müssen. Dazu kommt, dass auch bei den Verfassern der Evangelien mit unterschiedlichen Persönlichkeiten zu rechnen ist, die ihre je eigenen Erfahrungen mit dem Glauben an Jesus in ihrer Zeit gemacht haben, was ihre Jesusdarstellung wiederum in bestimmter Weise färben wird. Und schliesslich ist damit zu rechnen, dass den einzelnen Evangelisten zum Teil unterschiedliches Quellenmaterial zur Verfügung stand, so dass sich die Jesusdarstellungen schon deshalb unterscheiden müssen. Doch damit haben wir dem Verlauf des Buches schon weit vorgegriffen.

So viel aber an dieser Stelle: Für dieses Buch bedeuten diese Überlegungen (mindestens) dreierlei:

- Jede Jesusdarstellung, sei es nun die Darstellung eines Evangeliums oder einer heutigen Exegetin, ist eine Jesus-*Darstellung*, ein Bild. Es ist geprägt von je spezifischen Erfahrungen, Standpunkten und Optionen der Verfasserin oder des Verfassers, geleitet von bestimmten Interessen und Zielen, nicht zuletzt angeregt durch bestimmte Fragen oder Erwartungen des Zielpublikums. Keine Jesusdarstellung ist also mit einem «wirklichen» Jesus zu verwechseln.

- Mit Blick auf die Evangelien bedeutet dies, dass zunächst die verschiedenen Bilder, die diese Bücher zeichnen, in ihren Eigenheiten wahrgenommen und gewürdigt werden müssen (und dürfen), ohne die Erzählzüge sogleich in jedem Detail auf eine historische Faktizität zu reduzieren. Daher werden in diesem Buch die Evangelien in einer Weise portraitiert werden, die die jeweilige Jesusdarstellung zunächst als literarisches (und natürlich theologisches) Gesamtwerk wahrnimmt und dieses in seinen Eigenheiten und spezifischen theologischen Akzentsetzungen würdigt. Damit kann einerseits deutlich werden, warum in welcher Zeit gerade auf diese oder jene Weise von Jesus erzählt wurde, andererseits kann aber auch gezeigt werden, dass unterschiedliche Menschen in verschiedenen Zeiten mit ihren unterschiedlichen Fragen, Hoffnungen und Nöten je unterschiedliche Jesusdarstellungen brauchen. Die «Wahrheit» einer Jesusdarstellung bemisst sich also nicht nur an einer vermeintlichen Faktentreue, sondern vor allem an ihrer Tragfähigkeit im Leben von Menschen. Und sie erweist sich im engagierten Gespräch mit Menschen und darin, dass in diesem Gespräch möglichst viele Stimmen Gehör finden.
- Dies heisst allerdings nicht, dass die Suche nach dem historischen Jesus von Nazaret von vornherein aussichtslos ist. Vielmehr hat die historische Jesusforschung eine Reihe von Kriterien entwickelt, die es ermöglichen, inmitten der vielen Jesusbilder nach begründbaren Eckpunkten des Lebens und Wirkens Jesu von Nazaret zu suchen und diese auch zu finden. So wird es in diesem Buch also neben den Portraits der Evangelien auch einen solchen Versuch einer historischen (Re-)Konstruktion des Lebens und der Botschaft des Nazareners geben.[3]

3 Zur Einführung in verschiedenste Aspekte der Bibellektüre vgl. *Kügler*, Hände weg!?.

Dieser Versuch kann freilich erst am Ende gewagt werden. Zunächst wollen wir an dieser Stelle nochmals auf den Befund bei der Lektüre der Erzählungen über den Tod Jesu zurückkommen. Es hat sich gezeigt, dass die Darstellungen neben einigen Gemeinsamkeiten auch erhebliche Unterschiede aufweisen. Da ein solcher Befund bei der Lektüre der Evangelien kein Einzelfall ist, stellt sich die Frage, wie diese Gemeinsamkeiten und Unterschiede genauer erklärt werden können – wie also das Verhältnis der Evangelien zueinander zu bestimmen ist.

1.2 Das Verhältnis der Evangelien zueinander: Die synoptische Frage und die Zweiquellentheorie

Trotz aller Unterschiede: Es gibt auch viele Gemeinsamkeiten zwischen den Evangelien. Schon unser erster Blick auf die letzten Worte Jesu hat gezeigt, dass das Markus- und das Matthäusevangelium in der Formulierung der letzten Worte Jesu übereinstimmen, während das Lukas- und das Johannesevangelium diesbezüglich je eigene Wege gehen. Bei der Lektüre der vier Evangelien wird vollends unübersehbar, dass ganze Passagen bis in den Wortlaut hinein einander gleichen, während sich andere Teile stark voneinander unterscheiden oder einander sogar widersprechen. Solche Beobachtungen wurden bereits seit der Zeit der frühen Kirche gemacht – und die Fragen, die sich daran anschliessen, sind so alt wie die Auslegung der Evangelien.[4]

1.2.1 Gemeinsamkeiten zwischen den Evangelien

Besonders die ersten drei Evangelien, das Matthäus-, das Markus- und das Lukasevangelium, weisen in ihrem Gesamtaufbau, ihren Inhalten und bis hinein in wörtliche Formulierungen grosse Ähnlichkeiten auf.

4 Zum gesamten Abschnitt 1.2 vgl. die neueren Einleitungen ins Neue Testament, bes. *Ebner*, Synoptische Frage; *Broer/Weidemann*, Einleitung 44–60; *Pokorný/Heckel*, Einleitung 321–363; *Schnelle*, Einleitung 205–242.

So beginnt das öffentliche Auftreten Jesu in allen drei Evangelien mit einer Predigt Johannes' des Täufers, gefolgt von der Taufe und der Versuchung Jesu. Die erste Phase der Wirksamkeit Jesu mit seiner Verkündigung und zahlreichen Wundertaten ist in allen drei Evangelien in Galiläa sowie dessen näherem Umland angesiedelt. Von dort macht sich Jesus auf den Weg Richtung Jerusalem. Die Ankunft Jesu in Jerusalem ist in allen drei Evangelien durch seinen bejubelten Einzug in die Stadt markiert. Darauf folgen verschiedene und sich zuspitzende Streitgespräche auf dem Tempelareal, eine endzeitliche Rede Jesu, das Abschiedsmahl, die Gefangennahme und der Prozess, der mit dem Todesurteil gegen Jesu endet, schliesslich die Kreuzigung und Grablegung sowie die Auffindung des leeren Grabes durch die Frauen.

Betrachtet man diese grösseren Teile (öffentliche Wirksamkeit in Galiläa – Weg nach Jerusalem – Aufenthalt in Jerusalem) näher, dann zeigt sich, dass sie über manche Strecken in allen drei Evangelien eine parallele Abfolge der Perikopen bieten. So folgt während der Wirksamkeit Jesu in Galiläa auf die Heilung eines Gelähmten (Mt 9,1–8; Mk 2,1–12; Lk 5,17–26) in allen drei Evangelien die Berufung des Levi und die Mahlgemeinschaft mit den Sünderinnen und Sündern (Mt 9,9–13; Mk 2,13–17; Lk 5,27–32) sowie die Frage nach dem Fasten (Mt 9,14–17; Mk 2,18–22; Lk 5,33–39). Auf dem Weg nach Jerusalem werden in allen drei Evangelien das Messiasbekenntnis des Petrus, die erste Leidensankündigung Jesu, eine Jüngerbelehrung, die Verklärung Jesu, die Heilung eines besessenen Jungen und die zweite Leidensankündigung aneinandergereiht (Mt 16,13–17,23; Mk 8,27–9,32; Lk 9,18–45). Im Jerusalem-Teil ist die (mit nur kleineren Abweichungen) parallele Abfolge der Stationen während der Passion besonders offensichtlich.

Schliesslich sind bei zahlreichen Perikopen wortwörtliche Übereinstimmungen zu beobachten, so bei der Erzählung von der Heilung eines Aussätzigen (Mt 8,1–4; Mk 1,40–45; Lk 5,12–16), bei der Jüngerbelehrung (Mt 16,24–28; Mk 8,34–9,1; Lk 9,23–27), der Frage nach der Vollmacht Jesu (Mt 21,23–27; Mk 11,27–33; Lk 20,1–8) oder in Teilen der Endzeitrede in Jerusalem (Mt 24,3–8; Mk 13,4–8; Lk 21,7–11).[5]

Sogar offensichtliche Fehler werden in allen drei Evangelien in gleicher Weise wiedergegeben. So findet sich ein Satz, der nicht vollständig zu Ende geführt ist, sowohl in Mt 9,6 als auch in Mk 2,10 und Lk 5,24. Oder ein Zitat aus dem griechischen Text von Jes 40,3 wird in allen drei Evangelien in gleicher Weise verändert (Mt 3,3; Mk 1,3; Lk 3,4).[6]

5 Vgl. *Broer/Weidemann*, Einleitung 45; *Ebner*, Synoptische Frage 69f.
6 Vgl. *Ebner*, Synoptische Frage 70.

Solche Gemeinsamkeiten liessen sich besonders gut beobachten, wenn man die Jesusgeschichten der drei ersten Evangelien wie drei lange Schriftrollen parallel nebeneinander legen würde. Weil diese drei Evangelien auf diese Weise nebeneinander gelesen werden können, werden sie in der Exegese die «synoptischen Evangelien» oder auch «Synoptiker» genannt, abgeleitet vom griechischen Wort *synopsis*, was etwa ein «Zusammen-Sehen» bedeutet (von *syn* = zusammen, mit; *opsis* = das Sehen).

Exkurs

Um die Evangelien nebeneinander lesen und dadurch besser vergleichen zu können, wurde in der Bibelwissenschaft das Arbeitsinstrument einer Evangeliensynopse in Buchform entwickelt. Die erste Synopse im Sinne der modernen Bibelwissenschaft wurde im Jahr 1776 vom Jenaer Neutestamentler Johann Jakob Griesbach (1745–1812) veröffentlicht. Heute gibt es eine Vielzahl von Synopsen, angefangen von griechischen Synopsen zum Neuen Testament bis hin zu Synopsen zu nahezu allen Bibelübersetzungen. Präzise Textbeobachtungen, die wissenschaftlich tragfähige Ergebnisse liefern können, kann man streng genommen nur am griechischen Text machen. Doch gibt es auch deutsche Übersetzungen, die sich eng an den griechischen Text anlehnen und z. B. dasselbe griechische Wort an verschiedenen Stellen seines Vorkommens stets mit demselben deutschen Wort wiedergeben, und die dadurch auch am deutschen Text ein recht genaues Arbeiten ermöglichen. Beispiele für solche wörtlichen und konkordanten Übersetzungen sind die Synopse zum Münchener Neuen Testament oder das Synoptische Arbeitsbuch zu den Evangelien von Rudolf Pesch.[7]

Doch gibt es nicht nur auffällige Ähnlichkeiten zwischen allen *drei* synoptischen Evangelien. Vielmehr wird bei einer gründlichen synoptischen Lektüre deutlich, dass es auch eine Reihe von Übereinstimmungen gibt, die nur zwischen dem Matthäus- und dem Lukasevangelium bestehen, also ohne dass diese Passagen auch im Markusevangelium zu finden wären. Auch diese Übereinstimmungen gehen bis in die wörtlichen Formulierungen hinein.

7 Vgl. die bibliografischen Angaben in der Literaturliste am Schluss des Buches.

Exkurs

Zu diesen Parallelen zwischen dem Matthäus- und dem Lukasevangelium gehören so bekannte Texte wie die Umkehrpredigt Johannes' des Täufers (Mt 3,7–10; Lk 3,7–10), die Auseinandersetzung zwischen Jesus und dem Versucher in der Wüste (Mt 4,1–11; Lk 4,1–13), die Seligpreisung der Armen, Hungernden, Weinenden und Verfolgten (Mt 5,3 f.6.11 f.; Lk 6,20b–23), die Feindesliebe (Mt 5,38–48; Lk 6,27–36), das Vaterunser (Mt 6,9–15; Lk 11,2–4), die Einladung zum vertrauensvollen Beten (Mt 7,7–11; Lk 11,9–13), die Täuferfrage (Mt 11,2–6; Lk 7,18–19.22–23), das Gleichnis vom verlorenen Schaf (Mt 18,10–14; Lk 15,3–7) oder die Erzählung von einer Fernheilung des Knechtes des Hauptmanns von Kafarnaum (Mt 8,5–13; Lk 7,1–10).

Dies ist ein bemerkenswerter Befund, der nach einer Erklärung verlangt: Wie ist das Verhältnis der Evangelien zu denken, wenn einerseits die weitgehenden Übereinstimmungen zwischen allen drei Synoptikern und andererseits die offensichtlichen Parallelen zwischen Matthäus und Lukas ohne entsprechende Parallele bei Markus zu beobachten sind?

1.2.2 Unterschiede zwischen den Evangelien

Doch damit nicht genug. Zwischen den ersten drei Evangelien sind nicht nur Gemeinsamkeiten, sondern auch zahlreiche Unterschiede zu konstatieren.

Exkurs

So gibt es, auch wenn es sich offensichtlich um die «gleiche» Geschichte handelt, Abweichungen in den Formulierungen oder in erzählerischen Einzelheiten. Ein erster Eindruck davon war oben bereits in den Erzählungen von der Kreuzigung Jesu zu gewinnen. Hier erzählen die Evangelien zwar grundsätzlich die gleiche Geschichte; doch zeichnen sie darin allein schon durch die unterschiedlichen letzten Worte Jesu völlig unterschiedliche Jesusbilder.
Sodann ist in manchen Abschnitten der Evangelien die Abfolge der Perikopen nicht identisch. So lassen das Matthäus- und das Markusevangelium das öffentliche Wirken Jesu mit der Jüngerberufung beginnen (Mt 4,18–22; Mt 1,16–20), während das Lukasevangelium die Jüngerberufung erst erzählt, nachdem Jesus bereits in der Synagoge von Nazaret aufgetreten war und sodann in Kafarnaum die ersten Taten vollbracht hatte (vgl. Lk 4,16–5,11).
Schliesslich gibt es ganze Passagen, in denen die einzelnen Evangelien recht eigenständige Wege gehen. Besonders augenfällig ist dies zu Beginn und am Ende der Evangelien. So kommt das Markusevangelium ohne jede Erzählung über die Geburt und die Kindheit Jesu aus und beginnt sogleich mit dem Auftre-

ten des Täufers sowie des erwachsenen Jesus. Dagegen beginnen sowohl das Matthäus- als auch das Lukasevangelium mit Erzählungen über die Geburt Jesu. Doch sind die beiden Geburtserzählungen sehr unterschiedlich und weisen kaum Gemeinsamkeiten auf. Auch am Schluss ihrer Jesusgeschichten weichen die drei Synoptiker stark voneinander ab. Während das Markusevangelium ursprünglich mit der Erzählung über die Auffindung des leeren Grabes durch die Frauen endete (Mk 16,1–8), gibt es sowohl im Matthäus- als auch im Lukasevangelium darüber hinaus noch Erzählungen über Erscheinungen des Auferstandenen. Freilich sind diese Erscheinungsgeschichten bei Matthäus und Lukas völlig unterschiedlich und lassen jegliche Gemeinsamkeit vermissen.
Insgesamt betrachtet gibt es über die Evangelien verteilt nicht wenige Texte, die nur bei einem Evangelisten vorkommen. Während dies bei Markus nur bei ganz wenigen Perikopen der Fall ist (Mk 4,26–29; 7,32–36; 8,22–26), ist dieses «Sondergut» bei den beiden anderen Synoptikern wesentlich umfangreicher. Bekannte Beispiele sind etwa die Gleichnisse vom Schatz im Acker und der Perle (Mt 13,44–46), der im Wasser versinkende Petrus (Mt 14,28–31) oder das Felsenwort über Petrus (Mt 16,17–19) bei Matthäus sowie die Gleichnisse vom barmherzigen Samaritaner (Lk 10,30–35), von der verlorenen Drachme (Lk 15,8–10) oder vom barmherzigen Vater (Lk 15,11–32) bei Lukas.[8]

Neben den Übereinstimmungen gilt es also auch die Unterschiede zwischen den Synoptikern zu erklären. Da diese Unterschiede zum Teil gravierend sind und entsprechend verschiedene Jesusbilder zur Folge haben, wird man auf die Erklärung der Unterschiede besonders gespannt sein dürfen.

1.2.3 Der eigene Weg des Johannesevangeliums

Das Johannesevangelium geht gegenüber den Jesusdarstellungen der übrigen drei Evangelien weitgehend eigene Wege.[9]

Exkurs

So ist Jesus nach dem Johannesevangelium, anders als bei den Synoptikern, nicht nur ein einziges Mal von Galiläa nach Jerusalem unterwegs, sondern bewegt sich mehrmals zwischen Galiläa und Jerusalem hin und her. In seiner

8 Ausführliche Auflistung der Sonderguttexte bei *Ebner,* Synoptische Frage 72 f.; *Schnelle,* Einleitung 216–218.

9 Eine detaillierte Auflistung der Gemeinsamkeiten und der Unterschiede zwischen dem Johannesevangelium und den Synoptikern bieten *Broer/Weidemann*, Einleitung 206–208.

Verkündigung steht nicht das Reich Gottes im Zentrum, sondern Jesus spricht in langen Reden oder auch in Dialogen über sich, seine Sendung und sein Verhältnis zu Gott, dem Vater. Entsprechend gibt es auch keine Gleichnisse, die das Reich Gottes erläutern würden, sondern charakteristisch für das Johannesevangelium sind die «Ich-bin-Worte» Jesu. Jesus vollbringt nach dem Johannesevangelium viel weniger Wundertaten als nach den Synoptikern: Es sind genau sieben solcher Wundertaten, die im Johannesevangelium «Zeichen» heissen. Und schliesslich werden die Passionsereignisse bei Johannes anders datiert als bei den Synoptikern: Während Jesus nach der synoptischen Darstellung mit den Seinen noch ein Pesachmahl feiert und erst im Anschluss daran, am ersten Tag des Pesachfestes (15. Nisan), gekreuzigt wird, stirbt Jesus nach dem Johannesevangelium bereits am Rüsttag zum Pesachfest (14. Nisan), bevor dann am Abend das Pesachfest beginnt.

Grössere wörtliche Übereinstimmungen mit den anderen drei Evangelien gibt es kaum, nur die eine oder andere Erzählung findet sich sowohl bei den Synoptikern wie auch im Johannesevangelium.

Exkurs

Als ein Beispiel für eine Erzählung, die sich im Grundgerüst auch bei den Synoptikern findet, sei die «Fernheilung» des Knechtes des Hauptmanns von Kafarnaum genannt (Mt 8,5–13; Lk 7,1–10). Doch ist es bei Johannes nicht ein Hauptmann, sondern ein königlicher Beamter, es handelt sich auch nicht um dessen Knecht, sondern um seinen Sohn, Jesus befindet sich nach Johannes noch nicht in Kafarnaum, sondern noch etwa eine Tagesreise entfernt in Kana, und die Erzählung weist bei Johannes insgesamt ganz andere Akzentsetzungen als bei den Synoptikern auf (Joh 4,46b–53).
Einige Parallelen zu den Synoptikern lassen sich darüber hinaus in den Passionserzählungen finden, in denen auch das Johannesevangelium einige charakteristische Stationen wie die Gefangennahme, den Prozess und die Kreuzigung enthält. Doch weicht die konkrete Ausgestaltung dieser Erzählungen sowohl in den Formulierungen, als auch in den theologischen und literarischen Akzentuierungen von den Synoptikern ab.

Erklärungsmodelle für die Beobachtungen 1.2.4

Schon in der Zeit der frühen Kirche wurden die Ähnlichkeiten und Unterschiede zwischen den Evangelien bemerkt. Doch hat man diese zumeist nicht problematisiert, sondern eher harmonisiert, da man die Verfasser der Evangelien für

Augenzeugen des Wirkens Jesu hielt. Lediglich von Augustinus (354–430) ist in seiner Schrift «*De consensu Evangelistarum*» ein Versuch überliefert, das Zueinander der Evangelien zu erklären. So kam er zum Schluss, dass die vier Evangelien in der Reihenfolge entstanden seien wie sie im Kanon enthalten sind, und dass die Verfasser der hinteren Evangelien die jeweils vor ihnen verfassten kannten.

Erst im Zuge der kritischen Bibelwissenschaft, die im Kontext der Aufklärung im 18. Jahrhundert entstand, begann man sich genauer mit möglichen Erklärungen für die Übereinstimmungen und Unterschiede zwischen den Evangelien – und insbesondere zwischen den synoptischen Evangelien – zu beschäftigen. Grundsätzlich sind zwei verschiedene Erklärungen denkbar: (1) Haben die Evangelien auf eine gemeinsame – mündliche oder schriftliche – ältere Tradition zugegriffen? Oder (2) beruhen die Ähnlichkeiten auf einer gegenseitigen Kenntnis der Evangelien (Benutzungshypothesen)? Beide Arten von Erklärungsmodellen lassen sich seit dem Beginn dieser Diskussionen finden:

Exkurs

(1) Hypothesen, die von einer gemeinsamen Quelle der Evangelien ausgehen

Nach der *Urevangeliumshypothese* haben die drei Synoptiker auf eine – heute verlorene – hebräische oder aramäische Apostelschrift zurückgegriffen, die das gesamte Leben Jesu umfasst habe. Prominenter Vertreter dieser Theorie war Gotthold Ephraim Lessing (1729–1784), ausführlich begründet wurde sie 1804 von dem Orientalisten und Historiker Johannes Gottfried Eichhorn (1752–1827).

Die *Traditionshypothese* vermutet als Grundlage der synoptischen Evangelien eine gemeinsame mündliche Tradition, auf die die Evangelisten unabhängig voneinander zugegriffen hätten. Formuliert wurde diese Hypothese von Johann Gottfried Herder (1744–1803), tiefer begründet und weiter ausgebaut von dem Theologen und Kirchenhistoriker Johann Carl Ludwig Gieseler (1792–1854).

Nach der *Diegesen- oder Fragmentenhypothese* konnten die Evangelien zwar auf schriftliche Quellen zurückgreifen, doch waren diese noch keine grossen zusammenhängenden Werke wie die späteren Evangelien, sondern vielmehr Einzelsammlungen bestimmter Textgattungen. Diese Theorie wurde zunächst von Johann Benjamin Koppe (1750–1791) und später von Friedrich Daniel Ernst Schleiermacher (1768–1834) vertreten, wobei es Letzterem vor allem um die Entstehung des Lukasevangeliums ging, das ja schon im Proömium verschiedene «*diegesen*» (Erzählungen) erwähnt, die ihm bereits vorgelegen haben (Lk 1,1).

(2) Benutzungshypothesen

Matthäus-Priorität: Nachdem bereits Augustinus davon ausgegangen war, dass das Matthäusevangelium zuerst entstanden sei und die anderen Evangelisten davon Kenntnis hatten, wurde ein ähnliches Modell auch im Zuge der entstehenden aufklärerischen Bibelwissenschaften entwickelt. So vertrat der Jenaer Theologieprofessor Johann Jakob Griesbach (1745–1812) die Theorie, dass das Matthäusevangelium die Vorlage für das Lukasevangelium gewesen sei und das Markusevangelium eine Kurzfassung aus den beiden längeren Evangelien darstelle. Diese *Griesbach-Hypothese* wird von einem kleinen Teil der Forschung mit einigen Differenzierungen bis heute bzw. heute wieder neu vertreten.

Markus-Priorität: Ein forschungsgeschichtlicher Meilenstein, der bis in die Gegenwart für die Mehrheit der exegetischen Forschung Gültigkeit hat, war die Erkenntnis, dass nicht das Matthäus-, sondern das Markusevangelium das älteste Evangelium sei. Entscheidende Beobachtungen dazu wurden von dem Philologen Karl Lachmann (1793–1851) gemacht, der 1835 feststellte, dass dort, wo Matthäus und Lukas mit Markus übereinstimmten, sie auch untereinander übereinstimmten. Wo sie jedoch nicht mit Markus parallel gehen, dort gehen sie jeweils voneinander verschiedene Wege. Daraus schloss Lachmann zu Recht, dass das Markusevangelium die Vorlage des Matthäus- und des Lukasevangeliums gewesen sein müsse.
Diese Markuspriorität wurde kurz danach und unabhängig voneinander von Christian Gottlob Wilke (1788–1854) sowie Christian Hermann Weisse (1801–1866) bestätigt. Doch während Wilke die – bislang nicht erklärten – Übereinstimmungen zwischen Matthäus und Lukas gegen Markus damit begründete, dass Lukas in diesen Partien auf das Matthäusevangelium zurückgriff, wies Weisse die Gemeinsamkeiten zwischen Matthäus und Lukas, die nicht im Markusevangelium enthalten sind, einer zweiten Quelle zu. Diese – verlorene – Quelle musste den Charakter einer Spruchsammlung getragen haben, bestand doch der grösste Teil des Stoffs aus Aussprüchen und Reden Jesu. Dieser *Zweiquellentheorie* verhalf der in Heidelberg und Straßburg lehrende Exeget Heinrich Julius Holtzmann (1832–1910) mit seiner Arbeit «Die synoptischen Evangelien, ihr Ursprung und geschichtlicher Charakter» (1863) schliesslich zum Durchbruch.

Die Zweiquellentheorie 1.2.5

Die Zweiquellentheorie ist bis heute die Theorie, mit deren Hilfe die zu beobachtenden Gemeinsamkeiten und Unterschiede zwischen den synoptischen Evangelien am besten erklärt werden können. Sie besagt in ihrer Grundform dreierlei:

(1) Das Markusevangelium als das älteste Evangelium diente als Vorlage für das Matthäus- und das Lukasevangelium, die diese Quelle unabhängig voneinander verwendeten.

(2) Die Gemeinsamkeiten zwischen Matthäus- und Lukasevangelium, für die es keine Vorlage im Markusevangelium gibt, werden auf eine Quelle zurückgeführt, die Markus unbekannt war, jedoch Matthäus und Lukas in Schriftform vorlag und aus der sie – wiederum unabhängig voneinander – Stoffe für ihre Werke übernahmen. Diese Quelle muss heute als verloren gelten und ist nur aus den wörtlichen Übereinstimmungen zwischen Matthäus und Lukas, die nicht bei Markus begegnen, zu rekonstruieren. Da diese Quelle vor allem Sprüche oder Reden Jesu (gr.: *logia*) enthielt, wird sie in der Exegese Spruch-, Rede- oder Logienquelle genannt und mit dem Siglum Q (für Quelle) abgekürzt.[10]

(3) Über die Traditionen hinaus, die dem Markusevangelium oder der Spruchquelle Q entstammen, gibt es Stoffe, die entweder nur im Matthäus- oder nur im Lukasevangelium überliefert sind, das sogenannte Sondergut.

Als Skizze lässt sich die Grundform der Zweiquellentheorie so darstellen:

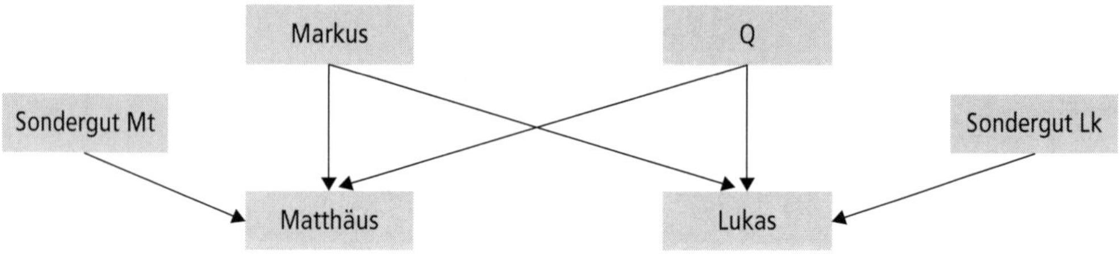

Allerdings gibt es auch Textbeobachtungen, die der Zweiquellentheorie zu widersprechen scheinen. So stimmen an manchen Stellen das Matthäus- und Lukasevangelium gegen Markus miteinander überein – und dies in den Stoffbereichen, die eigentlich aus dem Markusevangelium stammen. Diese so

10 Zur Spruchquelle Q siehe ausführlich Kapitel 3.

genannten «kleineren Übereinstimmungen» (*minor agreements*) dürften nach der Zweiquellentheorie eigentlich nicht sein; denn Matthäus und Lukas haben den Markusstoff ja unabhängig voneinander übernommen bzw. bearbeitet, so dass solche gemeinsamen Unterschiede gegenüber Markus nicht vorkommen dürften.

Solche *minor agreements* betreffen zum Teil kleinere oder grössere sprachliche oder stilistische Veränderungen, in denen Matthäus und Lukas gegen Markus miteinander übereinstimmen:

Mt 13,11:	Mk 4,11:	Lk 8,10:
Euch ist es gegeben, *die Geheimnisse* der Herrschaft der Himmel *zu erkennen.*	Euch ist das Geheimnis der Herrschaft Gottes gegeben.	Euch ist es gegeben, *die Geheimnisse* der Herrschaft Gottes *zu erkennen*

Hier stimmen Matthäus und Lukas insofern miteinander überein, dass sie erstens gegenüber der Singularform «Geheimnis» bei Markus jeweils die Pluralform «Geheimnisse» bieten und zweitens nicht wie Markus das Verb «geben» verwenden, sondern «erkennen».

Zum Teil stellen die *minor agreements* parallele Ergänzungen gegenüber der Markusvorlage dar:

Mt 17,17:	Mk 9,19:	Lk 9,41:
O du ungläubige *und unbelehrbare* Generation!	O du ungläubige Generation!	O du ungläubige *und unbelehrbare* Generation!

Zum Teil bestehen die *minor agreements* auch in Auslassungen gegenüber der Markusvorlage. So kommen einige Passagen des Markusevangeliums weder im Matthäus- noch im Lukasevangelium vor, zum Beispiel das Sabbatwort Jesu (Mk 2,27), die Szene, dass die Verwandten Jesu diesen für verrückt halten (Mk 3,20 f.), der Salzspruch (Mk 9,49 f.) oder die Szene der Jüngerflucht, bei der sogar das Gewand zurückbleibt (Mk 14,51 f.).

Wenn man davon ausgeht, dass Matthäus und Lukas unabhängig voneinander die Markusvorlage bearbeiteten, sind solche Befunde zumindest erklärungsbedürftig.

Dennoch müssen diese *minor agreements* die Zweiquellentheorie nicht grundsätzlich infrage stellen. Eine genauere Untersuchung der *minor agreements* zeigt, dass sie sich wiederum stark voneinander unterscheiden und weder theologisch noch sprachlich noch in der Art der Bearbeitung einen einheitlichen Charakter tragen.[11] Daher können sie von Fall zu Fall je anders erklärt werden. Prinzipiell sind folgende Erklärungsmöglichkeiten vorstellbar:[12]

- Sprachliche oder stilistische Verbesserungen der Markusvorlage können Matthäus und Lukas unabhängig voneinander aus sachlichen Gründen vorgenommen haben.
- Auch sachliche Verbesserungen oder theologische Akzentverschiebungen können die späteren Evangelisten unabhängig voneinander in gleicher Weise vorgenommen haben.
- Nicht auszuschliessen ist, dass einige Texte erst im Laufe des Abschreibeprozesses der Handschriften verändert wurden, z.B. um ähnlich lautende Stellen aneinander anzugleichen oder um einen Text an den vermeintlich «richtigen» Wortlaut (den der Abschreiber aus einem anderen Evangelium im Kopf hatte) anzupassen.
- Ein Teil der Übereinstimmungen könnte durch die Annahme erklärt werden, dass dem Matthäus- und dem Lukasevangelium eine gegenüber dem uns bekannten Markusevangelium etwas veränderte Fassung des Markusevangeliums vorgelegen haben könnte.

So wird heute trotz der *minor agreements* von einer grossen Mehrheit der neutestamentlichen Forschung an der grundsätzlichen Plausibilität der Zweiquellentheorie festgehalten. Mit guten Gründen kann sie allerdings in einigen Aspekten etwas differenziert werden. So ist es möglich, wenn auch nicht gesichert, dass das Markusevangelium den beiden anderen Synoptikern in einer gegenüber dem kanonisierten Mar-

11 Vgl. *Luz*, Evangelium I, 50.

12 Vgl. ebd.; *Wolter*, Lukasevangelium 12 sowie die zu Beginn des Abschnitts 1.2 genannten Einleitungen.

kusevangelium etwas abweichenden Form vorlag; allerdings besteht über das Ausmass der Abweichungen kein Forschungskonsens.[13] Darüber hinaus dürften sich die Versionen der Spruchquelle Q, die dem Matthäus- bzw. dem Lukasevangelium zur Verfügung standen, leicht voneinander unterschieden haben (Q^{Mt} und Q^{Lk}).

Daneben werden von Teilen der Forschung – vor allem im angelsächsischen Raum – auch Alternativmodelle vertreten, die sich zum Teil an bereits in den Anfangszeiten der historisch-kritischen Bibelwissenschaft entstandene Modelle anschliessen oder diese weiterentwickeln. Anlass für solche Alternativmodelle ist vor allem die nach wie vor nicht befriedigend gelöste Frage der *minor agreements*, also der Gemeinsamkeiten zwischen Matthäus- und Lukasevangelium gegen Markus *innerhalb des Markus-Stoffes*. Allerdings konnten sich diese Alternativmodelle bislang zumindest im deutschen Sprachraum nicht durchsetzen.

Exkurs

Drei dieser Modelle seien kurz vorgestellt. Sie greifen allesamt Hypothesen auf, die bereits in der Frühphase der historisch-kritischen Erforschung der Evangelien entwickelt wurden[14]:

Die *Zwei-Evangelien-Hypothese (Two-Gospel-Hypothesis)* greift die *Griesbach-Hypothese* wieder auf, wonach Matthäus als erster sein Werk verfasste und Lukas dieses seinem eigenen Werk unter Hinzuziehung weiterer Materialien zugrunde legte. Markus verfertigte schliesslich einen Auszug aus beiden Schriften.

Eine Variation der *Benutzungshypothese* stellt die *Mark-Without-Q-Hypothesis* dar. Sie geht von der Markuspriorität aus; doch wird die Existenz der Spruchquelle Q abgelehnt. Um die Gemeinsamkeiten zwischen Matthäus- und Lukasevangelium, die über Markus hinausgehen, zu erklären, wird von einem Teil dieser Forschungsrichtung – vergleichbar mit dem Modell von Christian Gottlob Wilke 1838 – die These vertreten, dass das Lukasevangelium als zweite Quelle für das Matthäusevangelium diente. Ein anderes Modell vertritt eine zweite

13 Von einer Gesamtrevision des Markusevangeliums («Deuteromarkus») geht *Fuchs,* Spuren aus. Von einer «Bearbeitungsschicht» spricht *Schnelle*, Einleitung 216. Nur mit kleineren Abweichungen rechnen *Luz,* Evangelium I, 50; *Wolter,* Lukasevangelium 12 f. Eher skeptisch *Broer/Weidemann*, Einleitung 55–57; *Ebner,* Synoptische Frage 79–82.

14 Zum Folgenden vgl. ausführlich und mit Hinweisen auf die Forschungsliteratur *Broer/Weidemann*, Einleitung 48–60; *Ebner*, Synoptische Frage 81–84; *Kahl*, Vom Ende der Zweiquellentheorie; *Schnelle*, Einleitung 235–242.

Richtung dieser Grundhypothese: Demnach konnte das Lukasevangelium ausser auf das Markusevangelium noch auf das Matthäusevangelium zurückgreifen. Zum Teil wird zusätzlich mit mündlichen oder schriftlichen Überlieferungen gerechnet, die von allen drei Synoptikern unabhängig voneinander in ihre Evangelien aufgenommen wurden.[15]
Auch eine Spielart der *Traditionshypothese* wurde in neuerer Zeit wieder vertreten. Demnach sind die Übereinstimmungen ausschliesslich auf sehr lebendige mündliche Traditionen zurückzuführen, die ihr Zentrum in der Jerusalemer Urgemeinde hatten.

Insgesamt wird man vielleicht stärker als bisher mit mündlichen Überlieferungen rechnen müssen, die auch nach der schriftlichen Fixierung der Evangelien weitergingen und möglicherweise zu späteren Veränderungen in Texten führten. Doch sind mündliche Traditionen allein kaum geeignet, um die Übereinstimmungen (und charakteristischen Unterschiede) zwischen den Synoptikern ausreichend zu erklären. So muss die Zweiquellentheorie nach wie vor als die Hypothese angesehen werden, «die mit dem *geringsten Schwierigkeitsgrad* die *meisten Phänomene* erklärt»[16].

1.3 Vielstimmigkeit als hermeneutisches Prinzip

Die Zweiquellentheorie ist ein – gut begründetes – Modell, um die zu beobachtende Mehrstimmigkeit der synoptischen Evangelien in Bezug auf ihre Jesusgeschichten zu erklären und das Zueinander dieser Evangelien plausibel zu machen. Dazu kommt das Johannesevangelium als eine weitere Jesusgeschichte hinzu, die in vielerlei Hinsicht eigene Wege in ihrer Jesusdarstellung und ihrem Jesusverständnis geht.

Eine vergleichende Lektüre der Evangelien – besonders vor dem Hintergrund der Zweiquellentheorie – kann helfen, spezifische Eigenheiten der Evangelien im Vergleich mit den jeweils anderen zu erkennen und auf diesem Weg Arbeitsweise, Zielsetzungen oder theologische Profilierungen der Evangelien geschärfter wahrzunehmen.

---

15 So bes. *Kahl*, Vom Ende der Zweiquellentheorie 439–442.

16 *Schnelle*, Einleitung 242.

Dies bedeutet allerdings nicht, dass die Evangelien ausschliesslich im Vergleich gelesen werden dürfen. Vielmehr ist jedes einzelne Werk zunächst auch in seiner heute vorliegenden Endgestalt zu würdigen.

In diesem Buch soll beides geschehen. Die Evangelien sollen als literarische Gesamtwerke in ihrem Aufbau und ihren erzählerischen Leitlinien, mit ihren spezifischen Eigenheiten und theologischen Akzentsetzungen wahrgenommen werden. Darüber hinaus wird es hilfreich sein, die spezifischen Profilierungen besonders des Matthäus- und Lukasevangeliums durch Vergleiche mit den zugrunde liegenden Quellen herauszuarbeiten. Die theoretische Grundlage, die dabei vorausgesetzt wird, ist die Zweiquellentheorie.

Ergebnisse einer solchen Arbeitsweise werden – unter anderem – höchst unterschiedliche Jesusbilder sein, die dadurch sichtbar werden. Das heisst: Das Neue Testament enthält nicht ein einziges und massgebliches Jesusbild, sondern lässt eine Vielzahl von Jesusbildern nebeneinander gelten, die sich zum Teil auf höchst produktive Weise ergänzen, zum Teil aber auch in Spannung zueinander stehen, miteinander konkurrieren oder einander korrigieren. Dies ist bemerkenswert. Denn das heisst für die Auslegung des Neuen Testaments, dass nicht ein einziges Jesusbild absolut gesetzt werden darf, das dann zur alleinigen Grundlage und zum Massstab der Theologie wird, sondern dass stets das Bewusstsein darum wachgehalten werden muss, dass uns der Jesus des Neuen Testaments in einer Vielzahl von Bildern begegnet, die für weiterführende theologische Überlegungen gleichermassen berücksichtigt werden wollen. In diesen verschiedenen Bildern erhalten verschiedene Sichtweisen auf Jesus Raum, und es erhalten verschiedene Stimmen Gehör, die in ihrem Miteinander und auch Gegeneinander gewürdigt werden müssen und erst so ein Ganzes ergeben.

Dass dies so ist, verdanken wir dem Diskussionsprozess in der frühen Kirche, welche Evangelien als verbindlich für die Kirche erachtet wurden. Dieser Diskussionsprozess ist über mehrere Jahrhunderte zu verfolgen und verlief zuweilen höchst kontrovers. Dabei hat es nicht an Versuchen gemangelt, die verschiedenen Evangelien, die spätestens zu Beginn des zweiten Jahrhunderts in Umlauf waren und etwa ab der

Mitte des zweiten Jahrhunderts in immer mehr Gemeinden auch nebeneinander gelesen wurden, durch ein einziges Evangelium oder eine Harmonie aus den vorhandenen Evangelien zu ersetzen.

Exkurs

Bereits in den Jahren 139–144 hat der aus Pontus in Kleinasien stammende Markion (ca. 85–160 n. Chr.) in Rom mit seinen Thesen für Diskussionen gesorgt. Er trennte scharf zwischen dem Gott des Alten Testaments, den er als gerechten und strafenden Gott ablehnte, und dem von Jesus verkündeten Gott des Neuen Testaments, der ein Gott der Liebe sei. In der Folge lehnte er das gesamte Alte Testament und insbesondere das jüdische Gesetz ab und propagierte stattdessen einen (als verbindlich erklärten) Schriftenkanon, der nur das Lukasevangelium sowie zehn Paulusbriefe enthielt, die allerdings jeweils von vermeintlich verfälschenden alttestamentlichen Einflüssen «gereinigt» waren. Wegen dieser Auffassungen wurde Markion zwar von der Gemeinde in Rom ausgeschlossen; doch da er als Reeder ein grosses Vermögen sein Eigen nannte, hatte er die notwendigen Mittel zur Verfügung, um seine «Bibel» samt den ihr zugrunde liegenden Thesen in weiten Kreisen bekannt zu machen. So konnte er vielen Gemeinden seine Schrift als verbindlich schmackhaft machen. Tatsächlich war die «Kirche Markions» bald weit verbreitet und hatte in einigen Regionen noch über Jahrhunderte Bestand.[17]

Einen anderen Weg beschritt der Syrer Tatian, ein Schüler des Apologeten Justins des Märtyrers (ca. 100–165 n. Chr.), der etwa bis zum Jahr 172 zunächst selbst als Apologet in Rom gewirkt hatte, bevor er wieder zurück nach Syrien ging. Er stellte aus den ihm bekannten Evangelienschriften eine Evangelienharmonie her, das *Diatessaron*. Grundlage für diese Evangelienharmonie waren nicht nur die später kanonisierten Evangelien nach Matthäus, Markus, Lukas und Johannes, sondern auch Evangelien, die später als nicht massgeblich (apokryph) abgelehnt wurden. Sein *Diatessaron* wurde vor allem in Syrien hochgeschätzt und bildete dort bis ins 5. Jahrhundert die Grundlage für die neutestamentlichen Evangelienhandschriften. Doch auch im kirchlichen Westen wurde es viel gelesen und diente bis ins Mittelalter als Vorbild für weitere Evangelienharmonien.[18]

Gegen die Reduktion der Schriften, wie sie von Markion versucht wurde, wie auch gegen den Versuch, aus vielen Schriften eine einzige herzustellen, hielt die frühe Kirche daran fest, dass es eine Mehrzahl von Evangelien gab und geben sollte.

17 Vgl. *Lips*, Kanon 48–54.

18 Vgl. ebd. 62 f.

Während im zweiten Jahrhundert zunächst noch keine Festlegung auf eine bestimmte Zahl zu beobachten ist, steht ab dem Ende des zweiten Jahrhunderts mit den Schriften des Irenäus von Lyon (ca. 135–ca. 200 n. Chr.) die Vierzahl der Evangelien fest. Dass es gerade vier Evangelien sein sollten, war allerdings keineswegs selbstverständlich, sondern musste immer wieder begründet werden. So sind bei Irenäus, der als erster den Vier-Evangelien-Kanon mit den Evangelisten Matthäus, Markus, Lukas und Johannes bezeugt, die unterschiedlichsten Begründungen für die Vierzahl zu finden – angefangen bei den vier Windrichtungen oder den vier Weltgegenden, bis hin zu biblischen Begründungen wie dem Verweis auf die vier tiergestaltigen Lebewesen vor dem Thron Gottes nach der Vision Ezechiels (Ez 1,6.10). Nicht zuletzt war er es auch, der den vier Evangelisten die vier Lebewesen aus dem Buch der Offenbarung (Offb 4,6–10) zuordnete und diese Zuordnung begründete.[19]

Exkurs

Nach Irenäus sind die Gesichter der vier Lebewesen die Abbilder der Heilseinrichtung des Sohnes Gottes. Demnach symbolisiere das erste Tier, der Löwe, Kraft, Herrschaft und königliche Art und passe daher zum Johannesevangelium, das die Geburt Jesu Christi aus dem Vater betone und insgesamt voller Zuversicht sei. Das zweite Tier, der Stier, zeige die Opfer- und Priesterstellung an und gehöre daher zum Lukasevangelium, das mit dem opfernden Priester Zacharias beginne. Das dritte Lebewesen trage ein menschliches Antlitz und bezeichne daher die Ankunft Christi in Menschengestalt besonders deutlich. Daher sei es dem Matthäusevangelium zuzuordnen, das von Anfang an die menschliche Geburt Jesu Christi verkünde und im weiteren Verlauf des Werkes den sanften und demütigen Menschen beibehalte. Im vierten Tier, dem Adler, tue sich die Gnadengabe des auf die Kirche ausströmenden Heiligen Geistes kund. Dies sei dem Markusevangelium vergleichbar, das mit dem prophetischen Geist beginne, der von oben auf die Menschen herabkam. Die Botschaft des Markusevangeliums sei knapp und vorwärtseilend, wie dies der prophetische Charakter mit sich bringe.[20]
Diese Zuordnungen wurden später insofern modifiziert, als der Adler nicht Markus, sondern Johannes und der Löwe nicht Johannes, sondern Markus zugewiesen wurde.

19 Vgl. ebd. 68 f.
20 Vgl. *Irenäus von Lyon*, Gegen die Häresien III 11,8.

Dabei wurde die Unterschiedlichkeit der Evangelien durchaus wahrgenommen. Doch hat man auch in den Unterschieden das Gemeinsame und Verbindende gesucht und auch gefunden. Schon in dem wohl ältesten erhaltenen Verzeichnis der massgeblichen christlichen Schriften, dem so genannten *Kanon Muratori* (ca. 200 n. Chr.), kommen die Fragen zur Sprache, die durch die Unterschiedlichkeit der Evangelien aufgeworfen werden, und werden auf die folgende Weise gelöst:

> «Und deshalb, wenn auch verschiedene Einzelheiten in den einzelnen Evangelienbüchern gelehrt werden, trägt es doch für den Glauben der Gläubigen nichts aus, da alles durch den einen göttlichen Geist (20) allen [in allen Evangelien] erklärt ist: die Geburt, das Leiden, die Auferstehung, der Umgang mit seinen Jüngern und über seine doppelte Ankunft, erstens verachtet in Niedrigkeit, was geschehen ist, (25) zweitens herrlich in königlicher Macht, was noch geschehen wird.»[21]

Bereits Irenäus bezeugt die Auffassung, dass das Matthäus-, das Markus-, das Lukas- und das Johannesevangelium als die vier massgeblichen Evangelien zu gelten haben. Im der Kirche des Westens scheint man sich darüber weitgehend einig gewesen zu sein. Im kirchlichen Osten hingegen wurde noch länger auch über andere Evangelienschriften diskutiert, die dann aber als nicht massgeblich ausgeschieden wurden und heute zu den «apokryphen» Schriften zählen.[22]

Wir Heutigen stehen auf den Schultern derer, die damals diese Weichen gestellt haben. Mit den vier kanonisierten Evangelien steht uns ein reicher Schatz an Bildern und Stimmen über Jesus zur Verfügung. Als Wissenschaftlerinnen und Wissenschaftler, die daneben auch um die nicht kanonisierten Jesusbücher der Antike wissen, werden wir selbstverständlich auch den einen oder anderen Blick auf diese anderen, als apokryph eingeordneten Evangelienschriften werfen. Auch wenn diese Schriften nicht als verbindlich für den Glauben der Kirche angesehen werden, so sind sie doch interessante Zeugnisse für die Glaubensvorstellungen bestimmter christlicher Gemeinden zu gewissen Zeiten, die unser Bild von den Anfängen des christlichen Glaubens bereichern können.

21 Kanon Muratori, Übers. *Metzger*, Kanon 288.

22 Zu einigen apokryph gewordenen Evangelien siehe Abschnitt 7.1.2.

Zum Weiterlesen

Die Evangelien

Die beste Lektüre zu diesem Kapitel ist die Lektüre der drei synoptischen Evangelien. Höchst aufschlussreich ist es auch, sich einmal länger am Stück mit einer Synopse zu beschäftigen und dabei aufmerksam die Gemeinsamkeiten und Unterschiede zwischen den Textfassungen der drei Synoptiker wahrzunehmen. Synopsen gibt es mittlerweile zu nahezu allen gängigen Bibelübersetzungen. Wer präzise Textbeobachtungen auch am deutschen Text machen möchte, arbeite am besten mit der Synopse zum Münchener Neuen Testament.

Einführung in die Bibellektüre und Überblick über die Evangelien

Kügler, Joachim: Hände weg!?. Warum man die Bibel nicht lesen sollte … und warum doch, Würzburg 2008.

Welt und Umwelt der Bibel 72 (2/2014): Die Evangelisten.

Einleitungen in das Neue Testament

Zur Vertiefung der genannten Theorien empfehlen sich die aktuellen Einleitungen in das Neue Testament:

Broer, Ingo/Weidemann, Hans-Ulrich: Einleitung in das Neue Testament, Würzburg ^{3}2010, 44–60.

Ebner, Martin: Die synoptische Frage, in: *ders./Schreiber, Stefan (Hg.):* Einleitung in das Neue Testament (Studienbücher Theologie 6), Stuttgart ^{2}2013, 68–85.

Pokorný, Petr/Heckel, Ulrich: Einleitung in das Neue Testament. Seine Literatur und Theologie im Überblick (UTB 2798), Tübingen 2007, 321–362.

Schnelle, Udo: Einleitung in das Neue Testament (UTB 1830), Göttingen ^{8}2013, 205–242.

Schreiber, Stefan: Begleiter durch das Neue Testament, Düsseldorf 2006, 36–38.

Theißen, Gerd: Das Neue Testament (C.H. Beck Wissen 2192), München 2002, 21–25.

Diese Einleitungswerke enthalten zudem informative Darstellungen über die einzelnen Evangelien, die Spruchquelle Q sowie zur Apostelgeschichte und eignen sich ausgezeichnet zur Vertiefung der weiteren Kapitel dieses Buches. Sie werden im Folgenden nicht mehr nach jedem Kapitel einzeln aufgelistet, sondern seien bereits an dieser Stelle zur Lektüre empfohlen.

Das Markusevangelium 2

Als eine erste Stimme im Konzert der Jesusüberlieferungen soll das Markusevangelium gehört und gewürdigt werden. Es ist ja, wie im Rahmen der Zweiquellentheorie nachgewiesen werden konnte, bereits vor dem Matthäus- und Lukasevangelium entstanden und lag diesen beiden bei der Abfassung ihrer Werke vor. Es ist also das älteste unserer Evangelien. Wann und wo genau es geschrieben wurde, aus welchen Gründen und für wen, muss allerdings erst noch gezeigt werden.[23] Zunächst aber soll das Buch so wahrgenommen werden, wie es heute in den Bibelausgaben vorliegt: als ein Buch, das von Jesus aus Nazaret erzählt.

Wie das Markusevangelium erzählt: Der Aufbau des Buches 2.1

Ein Anfang, der es in sich hat (Mk 1,1–13) 2.1.1

Schon der Anfang des Markusevangeliums hat es in sich. In dieser Hinsicht gleicht er anderen Buchanfängen. Denn Buchanfänge sind in der Regel von grundlegender Bedeutung für das Werk.[24] Mit den ersten Worten und Sätzen eröffnet ein Autor die Welt des nun folgenden Werkes, zieht Leserinnen und Leser in seinen Bann, gibt die ersten Signale für den Inhalt und setzt grundlegende Vorzeichen, wie das folgende Werk gelesen und verstanden werden soll. Wie bei einem Musikstück, das zu Beginn durch Notenschlüssel, Taktangabe und Vorzeichen regelt, wie das Folgende zu spielen ist, erhalten Leserinnen und Leser am Buchanfang die hermeneutischen Vorzeichen für die Lektüre des folgenden Werkes. Auf diese Weise werden Leserinnen und Leser ganz bewusst in die Welt des Buches hineingeführt und, mit diesen Verstehenshinweisen ausgestattet, auf den Weg der Lektüre entsandt.

23 Siehe Abschnitt 2.3.

24 Vgl. die Überlegungen und Beispiele bei *Klauck*, Vorspiel 13–18.

Exkurs Bereits Aristoteles (385–322 v. Chr.) hat die grundlegende Bedeutung der Einleitungen von Reden wie auch von dramatischen und erzählerischen Werken herausgearbeitet. Im Rahmen seiner Darstellung über die verschiedenen Teile der Rede führt er aus:

«Die Einleitung [*prooimion*] ist also der Beginn der Rede, wie es in der Dichtung der Prolog und beim Flötenspiel das Vorspiel ist. Alles dies sind nämlich Anfänge, und [sie sind] wie eine Wegbereitung für das, was folgt. [...] Die Einleitungen der Gerichtsrede müssen so aufgefasst werden, dass sie dasselbe ausrichten wie die Prologe der Dramen und die Einleitungen der Epen. [...] In den (prosaischen) Reden und Epen sind (die Einleitungen) ein Vorgeschmack auf die Rede, damit man im Voraus weiß, worüber die Rede [handelt], und damit der Gedanke nicht in der Schwebe bleibt; das Unbestimmte nämlich führt in die Irre. Wer also den Beginn der Rede gleichsam in die Hand gibt, macht, dass man in der Lage ist, der Rede zu folgen. Das ist der Grund (für die Einleitungen) [...] Auch die Tragiker legen dar, über <was> ihr Drama handelt [...] Und die Komödie macht es ebenso. Die am meisten erforderliche und eigentliche Aufgabe der Einleitung ist dies, offen zu legen, was das Ziel ist, um dessentwillen es die Rede gibt. Deswegen soll man, wenn der Gegenstand offenkundig und von geringem Umfang ist, keine Einleitung gebrauchen.»[25]

Für Aristoteles ist offensichtlich die Funktion der Proömien in Reden vergleichbar mit der Funktion von Proömien in dramatischen und epischen Werken.

2.1.1.1 Anfang des Evangeliums Jesu Christi ... (Mk 1,1)

Zwar ist das Markusevangelium weder eine Rede noch eine Tragödie;[26] doch ist von Anfang an jedes Wort mit Bedacht gesetzt:

> «Anfang des Evangeliums Jesu Christi, des Sohnes Gottes.» (Mk 1,1)

Hier wird zunächst die Hauptfigur des Buches beim Namen genannt: Jesus. Doch es bleibt nicht beim Namen allein, sondern dieser wird mit zwei Titeln zusätzlich qualifiziert. Jesus wird als der «Christus» bezeichnet, griechisch: *Christos*, die Übersetzung des hebräischen Wortes *māšīaḥ*, das in die deutsche Sprache in der lautlichen Übertragung ins Griechische als «Messias» eingegangen ist. Übersetzt heisst dies: «der Gesalbte».

25 *Aristoteles*, Rhetorik III 14, 1414b 19–23; 1415a 8–24.

26 Zur Gattungsbestimmung siehe Abschnitt 2.2.

Exkurs

Der Messiastitel ist für uns heute längst ein selbstverständlicher Titel für Jesus geworden. Doch setzt er bereits fortgeschrittene Reflexionen darüber voraus, wer Jesus eigentlich ist;[27] denn nach dem Zeugnis der Hebräischen Bibel war der «Gesalbte» zunächst der König, der von Unterstützergruppen aus dem Volk (2 Sam 2,4), einem Propheten (1 Sam 10,1) oder Priester (1 Kön 1,34.39) mit Öl gesalbt und wegen seiner besonderen Verbindung zu Gott als «Gesalbter YHWHs»[28] bezeichnet wurde (1 Sam 24,7 u.ö.). Nach dem Untergang der Königreiche Israel (722 v.Chr.) und Juda (587 v. Chr) und dem Ende der davidischen Dynastie als Folge der Ereignisse um die Eroberung und Zerstörung Jerusalems und des Tempels durch die babylonischen Truppen wurden die Verheissungen, die auf der Dynastie Davids lagen (2 Sam 7), in die Zukunft projiziert und ein neuer Spross aus dem Hause Davids, ein von Gott gesalbter «Messias», erwartet. Solche messianischen Hoffnungen finden innerhalb des Alten Testaments in verschiedenen Texten der nachexilischen Zeit ein Echo (Jes 9,1–6; 11,1–9; 45,1; Hag 2,20–23; Sach 4; Ps 2,2; 18,51; 20,7; 28,8; 84,10; 89,39.52; 105,15; 132,10.17). Zwar wird der Titel «Messias» nur in wenigen Texten explizit gebraucht. Doch finden messianische Hoffnungen der Sache nach in deutlich mehr Texten einen Ausdruck, so dass mitunter nicht ganz eindeutig zu entscheiden ist, welche Texte zu den wirklich messianischen Texten zu rechnen sind und welche nicht. Auch in ausserbiblischen frühjüdischen Texten artikuliert sich die Hoffnung auf einen von Gott auserwählten «Gesalbten» aus dem Hause Davids. Ein Teil der Texte erhofft sich von diesem «Sohn Davids» die Befreiung von Fremdherrschaft. Gerade um die Zeitenwende und im 1. Jahrhundert n.Chr. werden in Texten wie dem 4. Esra-Buch, dem syrischen Baruch-Buch oder auch in Qumran-Schriften solche konkreten politischen Erwartungen formuliert. Dementsprechend traten bis ins frühe zweite Jahrhundert (Bar Kochba) immer wieder Personen auf, die sich als Messias inszenierten und denen es mit ihrer Botschaft oder «messianischen» Taten gelang, Anhängerschaften um sich zu scharen; doch wurden sie meist schnell durch die römische Besatzungsmacht beseitigt.

Auch der zweite Titel, «Sohn Gottes», schreibt Jesus eine enorme Bedeutung zu. Zwar ist dieser Titel nicht in allen antiken Handschriften des Markusevangeliums belegt, so dass einige Exegeten diesen Titel nicht zum ursprünglichen Text

27 Zur Entstehung der Christologie vgl. in dieser Buchreihe *Selvatico/Strahm*, Jesus Christus, bes. 199–242.

28 Das Tetragramm für den Gottesnamen wird im Deutschen bisweilen mit den Konsonanten JHWH wiedergegeben. Die internationale Schreibweise ist YHWH.

des Evangeliums rechnen.[29] Doch wird der Titel von einigen zuverlässigen Handschriften durchaus bezeugt. Und da gerade dieser Gottessohn-Titel im weiteren Verlauf des Buches eine grosse Bedeutung erlangt, lässt es sich begründen, diesen Titel bereits in Mk 1,1 dem ursprünglichen Text zuzuweisen und ihn hier in die Überlegungen mit einzubeziehen.[30]

Auch dieser Titel lässt wie der Messias-Titel zuerst das Alte Testament anklingen.

Exkurs

Wie in der Umwelt Judas wurde auch in Jerusalem der König als «Sohn Gottes» bezeichnet. Umgekehrt galt Gott (YHWH) als Vater des Königs, der aus der Dynastie Davids stammte. Diese Vaterschaft Gottes meinte nicht die göttliche Abkunft des Herrschers, sondern die Annahme des Königs durch Gott im Akt der Inthronisation: «Mein Sohn bist du, heute habe ich dich gezeugt» (Ps 2,7). Als Repräsentant und Sachwalter Gottes hatte der König ordnend und Leben ermöglichend zu handeln. Nach dem Untergang der Eigenstaatlichkeit Judas und des Königtums (587 v. Chr.) kamen solche Vorstellungen naturgemäss in eine Krise. Sie wurden aber nicht aufgegeben, sondern in nachexilischer Zeit auf das gesamte Volk Juda – das nun auch mit der theologischen Chiffre «Israel» bezeichnet wurde – übertragen. Die Treue, Fürsorge und Vergebungsbereitschaft Gottes, die vorexilisch dem König zugesagt war, galt nun dem ganzen Volk. Umgekehrt war das Volk als «Sohn» dem «Vater» in Gehorsam zugetan.[31]

Doch schwingt in der griechischen Formulierung in Mk 1,1, die man, weil der Artikel fehlt, eigentlich präziser als «Sohn eines Gottes» übersetzen müsste, für die ersten Hörer und Leserinnen noch etwas anderes mit. Denn mit diesem Titel schmückten sich die römischen Kaiser, zumindest diejenigen, die ihren verstorbenen Vater offiziell hatten zum Gott erklären lassen. Zum ersten Mal hatte dies Augustus getan, der nach dem Tod seines Adoptivvaters Julius Caesar im römischen Senat dessen Konsekrierung erwirkt und im Anschluss daran als Adoptivsohn und Nachfolger des *Divus Iulius* den Titel *Divi Filius* (Sohn eines Gottes bzw. Sohn Gottes) getragen hatte. Römische Münzen lassen erkennen, dass auch die

29 Z. B. *Dormeyer*, Markusevangelium 144 f.
30 So z. B. *Dschulnigg*, Markusevangelium 58; *Klauck*, Vorspiel 45 f.
31 Vgl. bereits *Bieberstein/Kosch*, Paulus 131.

Goldmünze (Aureus) des Kaisers Augustus mit der Prägung *DIVI F(ILIVS)*, vgl. auch die Abbildung in Abschnitt 4.1.2.2

Nachfolger des Augustus ausgiebig von diesem Titel Gebrauch machten.

Eine weitere Formulierung in Mk 1,1 zeigt, dass dieser Bezug zur kaiserlichen Propaganda nicht aus der Luft gegriffen ist. Denn die Geschichte von Jesus wird hier nicht einfach als «Geschichte» (gr./lat.: *historia*) bezeichnet, auch nicht als «Biografie» oder «Lebensbeschreibung» (gr.: *bios*), was durchaus gängige Bezeichnungen in der griechischen Literatur gewesen wären. Vielmehr wird, was erzählt wird, als «Evangelium» (gr.: *euangelion*) benannt.

Auch diese Bezeichnung ist für uns heute – ebenso wie die beiden Hoheitstitel für Jesus – längst selbstverständlich geworden. In den Ohren der antiken Leserinnen und Hörer musste diese Bezeichnung an dieser Stelle allerdings zumindest ungewohnt klingen. Wörtlich übersetzt heisst *eu-angelion* «gute Nachricht, Freudenbotschaft».

In der antiken griechischen Übersetzung der Hebräischen Bibel, der Septuaginta (LXX), kommt dieses Wort so gut wie nicht vor; lediglich das zugehörige Verb *euangelizō/euangelizesthai* wird verwendet. Es begegnet einerseits in Kontexten, in denen militärische Siege als Freudenbotschaften verkündet werden, andererseits vor allem in der späteren prophetischen Literatur für die Verkündigung eschatologischer Heilsbotschaften.

Im Kontext der christlichen Verkündigung hatte Paulus vom Tod und der Auferweckung Jesu als «Evangelium» gesprochen (Röm 1,15–17). An unserer Stelle ist es sprachlich nicht eindeutig, wie der Genitiv «Evangelium Jesu Christi» verstanden werden soll. Ist es die Freudenbotschaft *über* Jesus, den Christus und Sohn Gottes? Oder soll ausgedrückt werden, dass die Freudenbotschaft auf Jesus, den Christus und Sohn Gottes zurückgeht, dass es sich also um die Freudenbotschaft Jesu, um seine Verkündigung selbst, handelt, ähnlich wie in Mk 1,14 «das Evangelium Gottes» auf Gott selbst zurückgeht? Oder stecken beide Aspekte in der Formulierung?

In Mk 1,14 f. ist die Freudenbotschaft verbunden mit der nahe herangekommenen Gottesherrschaft, angesichts derer es umzukehren und sein Leben darauf auszurichten gilt. Damit geht es um einen grundsätzlichen Herrschaftswechsel[32]: Gott selbst hat die Herrschaft ein für alle Mal übernommen, und deshalb kann es nicht so weiter gehen wie bisher. Gerade mit solchen Herrschaftsansprüchen aber ist der Begriff Evangelium in der zeitgleichen antiken Literatur ebenfalls verbunden. So wurden die Nachrichten vom Beginn der Herrschaft des Kaisers Vespasian, der im Jahr 69 n. Chr. im Osten des Reiches von den Truppen zum Kaiser proklamiert worden war, von dem jüdischen Historiker Flavius Josephus (37/38–nach 100 n. Chr.) als Evangelien bezeichnet:

> «[…] schneller als der Flug des Gedankens verkündigten die Gerüchte die Botschaft vom neuen Herrscher über den Osten, und jede Stadt feierte die gute Nachricht [*euangelia*, Plural] und brachte zu seinen Gunsten Opfer dar.»[33]

In einer Inschrift aus dem Jahr 9 v. Chr., die bei Ausgrabungen in der kleinasiatischen Stadt Priene gefunden wurde, wird die Geburt des Augustus, der in dieser Inschrift u. a. auch als «Retter» (gr.: *sōtēr*) und Friedensbringer gepriesen wird, als eine solche Freudenbotschaft (gr.: *euangelia*, Plural) für die

32 Vgl. *Ebner*, Markusevangelium 176.

33 *Flavius Josephus*, Der Jüdische Krieg IV 618; vgl. auch ebd. IV 656.

Welt bezeichnet.[34] Gegenüber solchen Evangelien präsentiert das Markusevangelium also ein dezidiert anderes Evangelium. Die Lektüre des Werkes wird schnell deutlich machen, dass dieses Evangelium die Geschichte eines Menschen erzählt, der von jener römischen Macht, die den Kaiser an ihrer Spitze hatte, als ein politischer Aufrührer zu Tode gebracht wird. Der Kontrast zu den Evangelien des römischen Imperiums könnte kaum grösser sein. So signalisiert bereits der Beginn des Markusevangeliums:

> «Nicht der Kaiser und sein Reich, sondern Jesus und die Herrschaft Gottes sind das wahre Evangelium.»[35]

Von Anfang an meldet das Markusevangelium also (auch) einen politischen Anspruch an. Es erzählt die Geschichte Jesu, des Messias und Gottessohnes, als Gegengeschichte zum Evangelium der römischen Kaiser.

Nun fehlt noch das allererste Wort aus Mk 1,1: «*Anfang* des Evangeliums …». Damit soll nicht einfach ausgesagt werden, dass das Buch hier beginnt. Eine solche Selbstverständlichkeit muss nicht eigens betont werden. Vielmehr ist Mk 1,1 wohl als Titel für das gesamte Werk zu verstehen, und all das, was im Folgenden erzählt wird, ist der «Anfang des Evangeliums Jesu Christi»:

> «Die im MkEv vorgelegte Erzählung ist nach Ausweis dieses Titel der ‹*Anfang des Evangeliums Jesu Christi, des Sohnes Gottes*›.»[36]

Wenn die im Markusevangelium erzählte Geschichte Jesu der Anfang des Evangeliums ist, dann fragt sich, wo es seine Fortsetzung findet. In Mk 13,10 und 14,9 kommt mit der nachösterlichen Verkündigung des Evangeliums an «alle Völker» bzw. «die ganze Welt» eine solche Fortsetzung in den Blick. In dieser Zeit der Evangeliumsverkündigung in der ganzen Welt leben die Leserinnen und Leser des Buches. Der Anfang – im

34 Vgl. *Frankemölle*, Evangelium 87. Übersetzung der Inschrift gut zugänglich bei *Klauck*, Umwelt II 51; *Schreiber*, Weihnachtspolitik 125.127; siehe Abschnitt 5.1.2.4.

35 *Dschulnigg*, Sprache 387; vgl. auch *Ebner*, Markusevangelium 176f.; *Theißen*, Lokalkolorit 284; *ders.*, Entstehung 88; skeptisch dagegen *Frankemölle*, Evangelium 69–99.

36 *Schenke*, Markusevangelium 43. Ähnlich *Dschulnigg*, Markusevangelium 60.

Sinne eines Ursprungs und Urgrunds – dieser Evangeliumsverkündigung wird im Markusevangelium erzählt. Leserinnen und Leser sind eingeladen, sich dieser «Ur-Sache» des Evangeliums[37] zu vergewissern. Die Vollendung hingegen steht noch aus.

Damit werden Leserinnen und Leser zu Beginn des Werkes mit grundlegendem Wissen ausgestattet. Mit diesem Wissen haben sie etwas wie eine Brille aufgesetzt bekommen, mit deren Hilfe sie das Folgende nun lesen sollen, ja, mit deren Hilfe sie überhaupt erst in die Lage versetzt werden, das Folgende angemessen zu verstehen. Dieses Wissen haben sie allen Erzählfiguren des Buches voraus, denen sich das Wissen über Jesus und das adäquate Verstehen erst Schritt für Schritt und mit vielen Missverständnissen erschliesst.

2.1.1.2 Wie geschrieben steht … (Mk 1,2–3)

Was im Buchtitel den Leserinnen und Lesern mit Hilfe einer Reihe äusserst gewichtiger Worte mit auf den Weg gegeben wurde, wird nun, syntaktisch engstens angebunden, mit Hilfe eines Schriftzitats erschlossen:

> «Wie geschrieben steht beim Propheten Jesaja: *Siehe, ich sende meinen Boten vor dir her; er soll den Weg für dich bahnen. Eine Stimme ruft in der Wüste: Bereitet dem Herrn den Weg! Ebnet ihm die Strassen!*» (Mk 1,2–3)

Auf den ersten Blick ist dieses Zitat allerdings eher rätselhaft: Wer spricht hier eigentlich? Und wer ist das angesprochene «Du»? Wer ist der Bote? Und woher kommt überhaupt dieses «Jesaja»-Zitat?

Streng genommen unterschlägt Markus mit der Zuschreibung des Zitats an Jesaja etwas. Denn was er als Jesajazitat präsentiert, ist nicht allein im Buch Jesaja zu finden, sondern entpuppt sich bei näherem Hinsehen als ein Mischzitat aus Ex 23,20, Mal 3,1 und Jes 40,3. Das Jesajazitat alleine hätte offenbar nicht all das ausdrücken können, was hier ausgesagt werden soll. Aus Jes 40,3 stammt das klingende Bild der rufenden Stimme in der Wüste:

---

37 *Schenke*, Markusevangelium 44.

> «(Da ist) die Stimme eines Rufenden in der Wüste: Bereitet den Weg des Herrn, macht gerade die Strassen unseres Gottes!»[38] (Jes 40,3)

Vorausgesetzt ist die Situation in der letzten Phase des babylonischen Exils, als der anonyme Prophet, der hier zu Wort kommt (Deuterojesaja), bereits das Ende der Verbannung zum Greifen nah vor sich sah und nicht müde wurde, diese überwältigende Freudenbotschaft vom Ende des Exils in immer neuen Bildern – u. a. eines neuen Exodus durch die Wüste – auszumalen.[39] Der Text besingt das rettende Kommen Gottes, und für dieses rettende Kommen Gottes soll der Weg bereitet werden.

Die Figur des Boten hingegen ist Ex 23,20 und Mal 3,1 entnommen. An beiden Stellen ist es Gott selbst, der einen Boten zusagt. In Ex 23,20 wird der Bote zum Schutz und zur Begleitung auf dem Weg des Exodus aus Ägypten durch die Wüste gesandt:

> «Und siehe, ich werde meinen Boten vor dir her senden, damit er dich auf dem Weg bewahre, dass er dich hineinführe in das Land, das ich dir bereitet habe.» (Ex 23,20)

In Mal 3,1 hingegen soll der Bote dem grossen und schrecklichen Gerichtstag Gottes vorausgehen und den Weg für das Kommen Gottes zum Gericht freimachen:

> «Siehe, ich, ich sende meinen Boten aus, und er wird ersehen einen Weg vor mir […]» (Mal 3,1)

In Mal 3,23 f. wird dieser dem «Tag YHWHs» vorausgehende Bote mit Elija identifiziert.

Exkurs

Der Prophet Elija, der nach 2 Kön 2,1–18 nicht eines natürlichen Todes gestorben, sondern von einem Feuerwagen von der Erde weg in den Himmel entrückt worden war, eignete sich in besonderer Weise für solche endzeitlichen Erwartungen.[40] Denn Elija ist damit in biblischer Vorstellung neben Henoch (Gen 5,24) der

38 Die alttestamentlichen Zitate in diesem Buch sind der Septuaginta Deutsch entnommen.

39 Vgl. dazu in dieser Buchreihe *Bauer*, Überlieferungen 132–144.

40 Vgl. bes. *Öhler*, Elia 1–30; *Schwemer*, Elijagestalt; *Werlitz*, Propheten.

einzige Mensch, der von Gott selbst in den Himmel entrückt wurde und so als Mensch göttliche Sphären betreten hat. Das Geschick einer solchen Ausnahmefigur eignet sich nun in besonderer Weise als Anknüpfungspunkt für weitreichende Hoffnungen. So wurden sowohl mit der Henoch- als auch mit der Elijafigur Erwartungen verknüpft, dass sie in privilegierter Weise Auskunft über die himmlische Welt und besonders über das Weltenende und die damit verbundenen Ereignisse geben könnten. Ausdruck solcher Erwartungen sind verschiedene apokalyptische Bücher, die in den letzten beiden Jahrhunderten vor und in den ersten Jahrhunderten nach der Zeitenwende entstanden und mit den Namen Henoch und Elija verbunden sind. Besonders Elija, der bereits in Mal 3,23 f. mit dem Boten YHWHs identifiziert worden war, wurde als Vorbote der endzeitlichen Ereignisse erwartet. In Weiterführung des Maleachi-Textes wird die Funktion Elijas in der Endzeit auch in Sir 48,10 f. als Versöhner beschrieben, der «den Söhnen das Herz der Väter zuwenden» und den «Zorn beschwichtigen» werde, «bevor er entbrennt». Eindeutige vorneutestamentliche Belege dafür, dass Elija auch als Vorbote des *Messias* gesehen wurde, gibt es jedoch nicht[41] – wenngleich diese Erwartung in späterer Zeit zu einem festen Bestandteil rabbinischer Theologie wurde.[42]

Das Markusevangelium verknüpft also das, was es zu erzählen hat, mit den Schriften des Alten Testaments. Ja, das Erste, was es über dieses «Evangelium Jesu Christi, des Sohnes Gottes», überhaupt zu sagen gibt, wird mit Hilfe dieser Schriften ins Wort gebracht. Was das Markusevangelium erzählt, das Evangelium Jesu Christi, erschliesst sich demnach aus diesen Schriften und erhält von dort seine Plausibilität.

Allerdings geht Markus kreativ mit den alttestamentlichen Vorgaben um. Zwar bleibt im Text des Markusevangeliums wie in den alttestamentlichen Texten Gott selbst das sprechende «Ich», der seinen Boten sendet. Doch soll der Bote den Weg nicht für Gott selbst bahnen, sondern für ein «Du», das ganz offensichtlich nicht identisch mit Gott ist. Durch die Kombination der beiden (bzw. drei) Zitate entsteht allerdings ein Parallelismus, der bemerkenswerte inhaltliche bzw. personale Verknüpfungen ermöglicht:

41 *Öhler*, Elia 28 f. u. ö.

42 *Schwemer*, Elijagestalt 232.

«Wie geschrieben steht beim Propheten Jesaja:
Siehe, ich sende meinen Boten vor dir her;
er soll den Weg für dich bahnen.
Eine Stimme ruft in der Wüste:
Bereitet dem Herrn den Weg! Ebnet ihm die Strassen!» (Mk 1,2–3)

Offenbar wird der Bote aus V. 2 mit der in der Wüste rufenden Stimme parallelisiert (V. 3). Ist damit auch eine Verbindung hergestellt zwischen dem «Du» in V. 2, für den ein Weg gebahnt werden soll, und dem «Herrn» in V. 3, für den ebenfalls der Weg geebnet werden soll? Damit würde das «Du» nicht nur in die Position schlüpfen, die Gott selbst in den alttestamentlichen Textstellen innehat, sondern er würde auch den Hoheitstitel «Herr» übernehmen, der in den alttestamentlichen Texten für Gott gebraucht wird.

Das Rätsel bleibt: Wer ist der Bote? Und wer ist das «Du»? Wozu soll ihm ein Weg durch die Wüste gebahnt werden? Und was hat Elija mit all dem zu tun?

Ein Künder in der Wüste … (Mk 1,4–7) 2.1.1.3

Ab Mk 1,4 beginnt nun eine Handlung im eigentlichen Sinne. Eingeleitet wird sie im griechischen Text durch ein sprachliches Gliederungssignal, das den Neueinsatz markiert und die Aufmerksamkeit auf das Folgende richtet: «es geschah». Die meisten deutschen Bibelübersetzungen geben dieses Gliederungssignal gar nicht wieder, weil es im Deutschen keinen besonders guten Erzählstil darstellt. Doch die Funktion dieses Signals ist es, den Textfluss zu unterbrechen, einen erzählerischen Neueinsatz zu markieren und die Aufmerksamkeit der Leserschaft zu bündeln. Und es lohnt sich an dieser Stelle tatsächlich, den Text aufmerksam wahrzunehmen. Denn mit dem «Geschehen» der folgenden Verse werden all die Rätselfragen aus Mk 1,2–3 gelöst:

So tritt der mit «es geschah» ins Spiel gebrachte erste Protagonist des Buches genau dort auf, wo die Stimme nach V. 3 erschallt: in der Wüste. Sein Name ist Johannes. Er wird als erstes durch sein Tun gekennzeichnet: der Taufende. Er hat auch eine Botschaft: Taufe zur Umkehr und Vergebung der Sünden. Johannes der Täufer wird damit als jener Bote und Wegbereiter aus V. 2 f. identifiziert.

In Mk 1,6 wird der Täufer noch ausführlicher beschrieben. Was zunächst als seltsames Aussehen eines Wüstenpredigers daherkommt, erweist sich bei näherem Hinsehen wiederum als eine Aufnahme alttestamentlicher Motive; denn der Mantel und der lederne Gürtel um die Hüften des Täufers erinnern stark an eine bereits genannte alttestamentliche Figur: Elija.[43] Nach 2 Kön 1,8 kann Elija anhand eines Mantels – der allerdings allgemeiner als Fellmantel (Zürcher Bibel) oder Mantel aus Ziegenhaar (Einheitsübersetzung) beschrieben wird – sowie eines ledernen Gürtels um seine Hüften zweifelsfrei identifiziert werden. Indem er seinen Mantel über Elischa wirft, ruft Elija diesen in seine Nachfolge (1 Kön 19,19–21). Nach 2 Kön 2,8 ist Elija mit Hilfe seines Mantels in der Lage, den Jordan zu teilen, so dass er ihn gemeinsam mit Elischa durchschreiten kann, um dann jenseits des Jordan im feurigen Wagen und im Sturmwind in den Himmel entrückt zu werden. Nach der Entrückung Elijas kann auch Elischa mit Hilfe dieses Mantels das Gleiche tun.

Mit Bedacht werden in Mk 1,6 also bei der Kleidung des Täufers gerade Mantel und Gürtel hervorgehoben, und ebenso mit Bedacht wird als Ort seines Auftretens die Jordangegend genannt, wo Elija in den Himmel entrückt wurde. Auf diese Weise wird der Täufer als der wiedergekommene Elija gezeichnet, so wie Elija nach Mal 3,1.23 f. als Bote dem endzeitlichen Gerichtstag Gottes vorausgesandt wird. Damit wird erneut der Bogen zurück zum Eingangszitat in Mk 1,2 geschlagen. Allerdings geht dieser Elija-Johannes-Bote nach dem Markusevangelium nicht dem Kommen Gottes zum Gericht voraus, sondern dem Messias und Gottessohn Jesus.

Die Kleidung des Täufers erinnert zudem an die einfache, grobe Kleidung der am Rande der Wüste lebenden Nomaden. Die in Mk 1,6 genannte Nahrung des Täufers deutet ebenfalls in diese Richtung. Es sind Nahrungsmittel, die auch in der Wüste, fern der Kulturregion, gefunden werden können. So

---

43 Vgl. *Dormeyer*, Geschichtsschreibung 21; *Dschulnigg*, Markusevangelium 62 f.; *Klauck*, Vorspiel 54 f.; *Schenke*, Markusevangelium 52.

wird er als Asket gezeichnet, der in Distanz zu den bewohnten Gegenden und ihrem Überfluss in der Wüste «aus Gottes Hand»[44] lebt.

Dieser als Elija stilisierte Bote hat umfassenden Erfolg: «Ganz» Judäa und «alle» Einwohner Jerusalems strömen zu ihm hinaus in die Wüste, lassen sich ansprechen und taufen (Mk 1,5). Doch der Text macht deutlich, dass Grund und Ziel ihrer Umkehr nicht der Bote selbst, sondern ein anderer ist:

> «Nach mir kommt einer, der ist stärker als ich; ich bin es nicht wert, mich zu bücken, um ihm die Schuhe aufzuschnüren. Ich habe euch mit Wasser getauft, er aber wird euch mit dem Heiligen Geist taufen.» (Mk 1,7–8)

Der Bote verweist also voraus auf einen anderen, dem er sich selbst unterordnet. Sein eigenes Auftreten wird auf diesen Stärkeren ausgerichtet. In Überbietung seiner eigenen Taufe wird es noch eine andere Taufe geben: eine Taufe mit Heiligem Geist. Die Leserinnen und Leser, die mit dem Wissen aus Mk 1,1 ausgestattet sind, wissen, dass es um niemand anderen geht als um die eigentliche Hauptfigur des Buches: Jesus.

Exkurs

Wie allerdings die vom Täufer angesagte Taufe mit Heiligem Geist zu interpretieren ist, darüber gehen seit den ersten Auslegungen des Markusevangeliums in der frühen Kirche die Ansichten auseinander. Ist damit die Taufe Jesu im Blick, die direkt im Anschluss erzählt wird und bei der sich der Geist auf Jesus herabsenkt? Das ist kaum wahrscheinlich, denn in der Ansage des Täufers ist ja der kommende Jesus selbst derjenige, der tauft. Oder ist die nachösterliche christliche Taufpraxis gemeint, bei der, wie Paulus bezeugt, den Getauften der Geist verliehen wird? Jesus erschiene dann hier als der eigentliche Spender des Geistes.[45] Oder wird hier metaphorisch die Ansage der im Kommen begriffenen Gottesherrschaft durch Jesus in Mk 1,14 f. als diese Geisttaufe bezeichnet?[46] Oder wird das gesamte Wirken des kommenden Gottessohnes Jesus auf diese Weise zusammengefasst?[47] Die Frage scheint kaum eindeutig entscheidbar.

44 *Schenke*, Markusevangelium 52.
45 Vgl. *Dschulnigg*, Markusevangelium 64.
46 Das erwägt *Klauck*, Vorspiel 33.
47 So *Schenke*, Markusevangelium 52.

2.1.1.4 … und ein kommender Gottessohn (Mk 1,9–11)

Nachdem auf diese Weise die Bühne bereitet ist, tritt ab V. 9 Jesus selbst auf. Auch sein Auftreten ist im Griechischen durch ein sprachliches Gliederungssignal eingeleitet, das stark an das erste Auftreten des Täufers in V. 4 erinnert: «Und es geschah». Die Aufmerksamkeit richtet sich auf den, der jetzt «kommt»: Jesus. Als erster und einziger kommt er nicht aus Juda oder Jerusalem, sondern aus Galiläa. Damit ist er aus den Scharen von Tauf- und Umkehrwilligen herausgehoben. Was er tut, gleicht zunächst dem, was alle anderen tun: Er lässt sich wie alle anderen von Johannes im Jordan taufen. Doch schon V. 10 macht deutlich, dass *diese* Taufe auf etwas ganz anderes hinausläuft. Der Vers wird im Griechischen eingeleitet mit einer Wendung, die Leserinnen und Leser ab jetzt bei der Lektüre der ersten acht Kapitel des Buches ständig begleitet: «und sogleich». Damit wird der Blick auf das gerichtet, was sich hier «sogleich» anschliesst. Und das ist in der Tat ein bemerkenswertes Geschehen:

> «Und sogleich, als er aus dem Wasser stieg, sah er, dass die Himmel sich öffneten und der Geist wie eine Taube auf ihn herabkam. Und eine Stimme aus den Himmeln sprach: Du bist mein geliebter Sohn, an dir habe ich Wohlgefallen gefunden.» (Mk 1,10–11)

Hier geschieht nichts weniger als die Identifizierung Jesu als Gottessohn – und zwar durch Gott selbst. Allerdings ist die Szene so gestaltet, dass deutlich wird: Nur für Jesus ist wahrnehmbar, was jetzt geschieht; denn nur über ihn wird ausdrücklich gesagt, dass «er sah» (1,10). Die Umstehenden hingegen sehen nichts. Jedoch werden die Leserinnen und Leser gemeinsam mit Jesus zu Zeugen dieses Geschehens. Deren Wissen über den Gottessohn Jesus, das sie bereits aus Mk 1,1 mitbringen, erhält hier eine höchst autoritative Bestätigung: durch eine göttliche Stimme, die sich aus den Himmeln vernehmen lässt.

Höchst anschaulich ist diese Szene gezeichnet. Dass sich die Himmel spalten, wird auch im Alten Testament zu besonderen Gelegenheiten gesagt. So beginnt das Ezechielbuch damit, dass sich die Himmel spalten und Ezechiel eine Gottesvision hat (Ez 1,1). Nach Jes 63,19 wird das Erscheinen Gottes nach dem «Zerreissen» der Himmel erwartet. In

Mk 1,10 ermöglicht die Spaltung der Himmel ganz bildlich das Herabkommen des Geistes, über den damit zugleich deutlich wird, dass er direkt von Gott herkommt.

Exkurs

Dass der Heilige Geist in Gestalt einer Taube dargestellt wird, ist in der christlichen Ikonografie eine Selbstverständlichkeit geworden. Grundlegend für eine solche Symbolisierung ist zunächst die Funktion der Taube als Botin, wie sie im Alten Testament in der Sintflutgeschichte deutlich wird (Gen 8,8–12): Hier kündigt sie die erneute Zuwendung Gottes zu den Menschen und damit die Rettung an. In Ps 68,14 erscheint die Taube in der Funktion, den Sieg über feindliche Könige zu verkünden. Im Alten Orient und später auch in der griechischen, etruskischen und römischen Tradition erscheint die Taube als Begleittier von Liebesgöttinnen wie Ischtar, Astarte, Aphrodite oder Venus. Ihre Aufgabe ist es, Liebesbotschaften der jeweiligen Göttin zu übermitteln oder sogar die Göttin zu repräsentieren bzw. deren Präsenz anzudeuten. Auch im biblischen Hohelied erscheint die Taube im Kontext von Liebesbotschaften (Hld 1,15; 4,1; 5,12). Der jüdische Gelehrte Philo von Alexandria (15/10 v. Chr. – nach 40 n. Chr.), der die jüdische Tradition im Horizont der hellenistischen Philosophie und Kultur zu durchdringen sucht, bringt die Taube mit der göttlichen Weisheit in Verbindung. Zieht man diese möglichen Verstehenskontexte in Betracht, wird es nachvollziehbar, dass nach Mk 1,10 der Heilige Geist «wie eine Taube» auf Jesus herabkommt und dass in der christlichen Ikonografie die Taube zum Symbol des Heiligen Geistes schlechthin werden konnte.[48]

Gleichzeitig lässt sich aus den geöffneten Himmeln eine Stimme vernehmen, die spätestens durch das, was sie sagt, als göttliche Stimme identifizierbar wird. Diese Stimme richtet sich direkt an Jesus und spricht ihn als «Du» und «mein geliebter Sohn» an. Damit vernehmen auch Leserinnen und Leser von Gott selbst, dass Jesus der Gottessohn ist. Darin klingt zunächst ein Psalmzitat an, das sich ursprünglich auf den Jerusalemer König bezogen hatte, später jedoch messianisch gelesen wurde. So spricht Gott zum König:

> «Mein Sohn bist du; ich habe dich heute gezeugt.» (Ps 2,7)

Allerdings findet nur ein Teil dieses Psalmverses Eingang ins Markusevangelium: «Mein Sohn bist du». Dass dieser Sohn bei Markus der «geliebte» Sohn ist, könnte aus Gen 22,2 ent-

48 Vgl. *Riede*, Taube; *Schroer*, Taube 787–790; *Schroer*, Tiere 75–79.

nommen sein. Was es mit diesem Sohn genauer auf sich hat, wird mit Hilfe einer weiteren Schriftstelle nachjustiert: mit dem Anfang des so genannten ersten Gottesknechtliedes. Hier sagt Gott über seinen auserwählten Knecht:

> «Seht, das ist mein Knecht, den ich stütze;
> das ist mein Erwählter, an ihm finde ich Gefallen.
> Ich habe meinen Geist auf ihn gelegt,
> er bringt den Völkern das Recht.» (Jes 42,1)

Auch die Fortsetzung dieses Gottesknechtsliedes (Jes 42,1–9) wird im Neuen Testament immer wieder herangezogen, um Jesus, sein besonderes Geschick und seine Bedeutung für die Welt zu interpretieren.

Das zeigt: Wie schon zuvor, so sind es auch in der Taufszene die Schriften des Alten Testaments, von denen her das Evangelium vom Messias und Gottessohn Jesus seine Plausibilität erhält.

Exkurs Noch ein zweites Mal wird sich diese identifizierende göttliche Stimme im Markusevangelium vernehmen lassen: auf dem Berg der Verklärung (Mk 9,28–35). In wörtlicher Aufnahme von Mk 1,11 «geschieht» auch auf diesem Berg eine Stimme, allerdings nicht aus dem Himmel, sondern aus einer Wolke, die Jesus mit seinen Begleitern eingehüllt hatte. Dieses Mal sagt die göttliche Stimme, für alle Anwesenden hörbar: «Dieser ist mein auserwählter Sohn, auf ihn sollt ihr hören» (Mk 9,35).

An der dritten Stelle, an der Jesus im Verlauf des Markusevangeliums als Gottessohn identifiziert wird, ist es nicht eine göttliche, sondern eine menschliche Stimme: die Stimme des römischen Hauptmannes, der angesichts des Sterbens Jesu bekennt: «Wahrhaftig, dieser Mensch war Gottes Sohn» (Mk 15,39).

2.1.1.5 Ein wegweisender Sieg über den Widersacher (Mk 1,12–13)

Nachdem Jesus auf diese Weise von Gott her legitimiert und mit Geist ausgestattet ist, schliesst sich in Mk 1,12 die nächste Szene wiederum mit «und sogleich» an: Der gleiche Geist, der sich soeben auf Jesus herabgesenkt hatte, treibt Jesus in die Wüste hinaus (wörtlich: «wirft» ihn «hinaus»), wo er vom Satan in Versuchung geführt wird (Mk 1,12–13). Was man sich unter dieser Versuchung vorzustellen hat, wird im Markusevangelium – im Unterschied zur Spruchquelle Q (vgl. Mt 4,1–11 und Lk 4,1–13) – nicht näher ausgeführt. Interessanterweise wird im Griechischen aber das Verb «hinauswerfen», das hier für das Tun des Geistes verwendet wird, im weiteren Evangelium dafür verwendet, dass Jesus die Dämonen «hinauswirft» (Mk 1,34.39 u.ö.). Dämonen sind aber nach frühjüdischer Vorstellung die Helfershelfer des Satans. Wenn Jesus also hier in der Wüste der Versuchung des Satans standhält, wirft dies bereits ein Licht voraus auf seine spätere Macht über die Dämonen.

Exkurs

Die Figur des Satans, mit der der Text wie selbstverständlich umgeht, ist für die meisten heutigen Leserinnen und Leser zumindest fraglich geworden, und eine Vorstellung von einem «Satan» ist heute kaum mehr nachvollziehbar. Im Hebräischen bedeutet das Verb *śāṭan* «feindlich gesonnen sein» oder auch: «sich jemandem entgegenstellen». In dieser allgemeinen Bedeutung eines (menschlichen) Widersachers begegnet das zugehörige Nomen *ha-śāṭān* im ältesten biblischen Beleg in 1 Kön 1,14: «Der Herr liess Salomo einen *Widersacher* erstehen, den Edomiter Hadad aus der königlichen Familie von Edom.» In nachexilischer Zeit bezeichnet dieses Nomen zum ersten Mal in Sach 3,1 ein Wesen, das die Funktion hat, jemanden vor Gott anzuzeigen und anzuklagen, also eine Art Anwalt Gottes auf Erden. Auch in Ijob 1–2 hat der Satan diese Funktion. Er erscheint als ein Mitglied des Rates der «Gottessöhne», Gott folglich untertan, und er wandelt als Anwalt Gottes stumm auf Erden, um seinem Herrn von Zeit zu Zeit Bericht zu erstatten und ihm Vorschläge zu machen, was möglicherweise zu tun sei. Keinesfalls aber handelt er eigenmächtig oder gar gegen seinen göttlichen Herrn. Erst um 380 v.Chr. emanzipiert er sich in 1 Chr 21,1 von seinem göttlichen Auftraggeber und provoziert David, etwas gegen Gottes Willen zu tun, nämlich Israel zu zählen.

Diese Funktion, Menschen dazu zu bringen, gegen Gottes Willen zu handeln, wird in der zwischentestamentlichen Literatur weiter ausgestaltet. Zusätzlich erhält der Satan, im Griechischen nun meist übersetzt als *ho diabolos* (im Deutschen verballhornt zu «Teufel»), böse Geister oder Dämonen als Helfershelfer. Als Oberster der Dämonen erscheint der *diabolos* oder *satanas* auch in den Evangelien (Mk 3,23–26 par). Als eine widergöttliche Macht versucht er Menschen dazu zu bringen, gegen Gottes Willen zu handeln, so wie in unserem Text in Mk 1,13. Weil der Satan als *die* Verkörperung der widergöttlichen Macht gilt, muss er besiegt werden, damit Gott endgültig die Herrschaft übernehmen kann (Lk 10,18; Offb 12,7–10; 20,7–10).

«Vierzig Tage» weilt Jesus nach Mk 1,13 in der Wüste. Bibelkundige Leserinnen und Leser wissen, dass diese Zeitangabe kein Zufall ist. Von besonderer Bedeutung ist hier Dtn 8,2–6: Wie Israel 40 Jahre in der Wüste weilte (Dtn 8,2), so Jesus 40 Tage. Wie Israel in der Wüste Prüfungen ausgesetzt war (Dtn 8,2–3), so auch Jesus. Selbst die Sohnesbezeichnung für Israel findet sich in Dtn 8,5.[49]

Am Ende der Wüstenszene des Markusevangeliums steht ein Bild, das den Sieg Jesu über den Satan nicht explizit macht, aber ahnen lässt; denn vom Satan ist am Ende von V. 13 nicht mehr die Rede. Vielmehr sind wilde Tiere rings um Jesus, und Engel dienen ihm. Es ist ein Bild, das in Ps 91,11–13 den besonderen Schutz Gottes zusagt und in Jes 11,6–8 umfassende messianische Friedenshoffnungen ins Wort bringt.

Für diesen von Gott auserwählten, mit Geist ausgestatteten Messias und Gottessohn Jesus kann nun also der Weg durch die Wüste gebahnt werden (vgl. Mk 1,3).

2.1.1.6 Ein Grund legendes «Vorspiel» zur Geschichte Jesu Christi: Zur Funktion des Markusprologs

Es hat sich in der Markusexegese eingebürgert, den ersten Teil des Markusevangeliums als «Prolog» zu bezeichnen. Selbstverständlich ist das nicht; denn es ist eine Bezeichnung, die der Text selbst nicht verwendet. Aus den antiken Handschriften des Werkes sind weder explizite Hinweise auf eine Gliederung des Werkes noch Hinweise für Bezeichnungen einzelner Teile desselben überliefert. Ein Prolog oder ein Proömium des Markusevangeliums sind in den Handschriften nicht eigens ausgewiesen. Wenn wir heute diese Bezeichnung verwenden, übertragen wir einen Begriff aus dem antiken Theater auf das Markusevangelium. Im griechischen Theater trat ein eigener Prologsprecher auf die Bühne und führte in das nun folgende Theaterstück ein, indem er den Titel und den Inhalt des Stücks sowie die auftretenden Personen vorstellte oder auch das Publikum begrüsste.[50] Dies trifft für das Markusevangelium in einigen der genannten Aspekte durchaus zu, in anderen natürlich nicht. Allerdings haben wir oben bereits bei Aristoteles gesehen, dass der Begriff auch in der Rhetorik von Bedeutung war und in seinen Funktionen

---

49 Vgl. *Dschulnigg*, Markusevangelium 69; *Klauck*, Vorspiel 56 f.

50 Vgl. *Klauck*, Vorspiel 36 f.

durchaus mit Prologen in erzählerischen Werken verglichen werden kann. Ein Prolog ist demnach eine Wegbereitung für das, was kommt, eine Einführung in die Inhalte und die Ziele eines Werkes.[51] In dieser Hinsicht übernimmt der bislang betrachtete erste Teil des Markusevangeliums durchaus die Funktion eines Prologs für das Werk. Denn er leistet im Blick auf das folgende Werk Grundlegendes:

Am Ende des Prologs sind zwei Protagonisten benannt und vorgestellt, deren Auftreten jeweils «geschieht» (Mk 1, 4.9): Johannes der Täufer und Jesus. Johannes der Täufer wird als der Bote Gottes identifiziert, dessen Botschaft und Tun auf das Kommen eines anderen vorbereiten soll. Dieser andere ist der, der bereits in Mk 1,1 als die Hauptfigur des Buches vorgestellt wurde: Jesus.

Exkurs

Johannes der Täufer ist durch die übereinstimmende Erwähnung in den Evangelien und in anderer christlicher Literatur ebenso wie durch einen davon völlig unabhängigen Hinweis bei Flavius Josephus[52] als eine historische Figur greifbar. Er ist als radikaler Umkehr- und Gerichtsprediger in der Wüstengegend am Jordan aufgetreten und hat, wie auch die Notiz bei Flavius Josephus zeigt, einiges Echo in der judäischen Bevölkerung gefunden. Historisch betrachtet ist es allerdings so, dass er zwar einen Anderen, Stärkeren, erwartet hat; doch muss dieser entweder mit einer zum Gericht erscheinenden Menschensohnfigur oder mit Gott selbst identifiziert werden (vgl. Mal 3,23 f.). Erst die Evangelien haben Johannes den Täufer als Vorläufer *Jesu* stilisiert, der im Auftrag Gottes *dessen* Kommen vorbereitet hat.[53]

Jesus selbst wird in V. 11 als der «Sohn Gottes» identifiziert, als der er schon in Mk 1,1 vorgestellt worden war. Das Wissen, mit dem Leser und Hörerinnen in Mk 1,1 versehen worden waren, wird an dieser Stelle also bestätigt und vertieft. Dieser Gottessohn ist mit Heiligem Geist ausgestattet, er hat der widergöttlichen Macht des Satans standgehalten und steht unter dem ganz besonderen Schutz Gottes.

---

51 *Aristoteles*, Rhetorik III 14, 1414b–1415a; siehe den Beginn des Abschnitts 2.1.1.

52 *Flavius Josephus*, Antiquitates XVIII 116–119.

53 Siehe Abschnitt 7.3.1.

Nach dieser im wahrsten Sinne des Wortes «Grund legenden» Einführung der Hauptfigur darf man als Leserin oder Leser gespannt sein, was dieser Messias und Gottessohn Jesus nun also sagen und tun wird. Diese ersten Schritte sowie eine Kürzestzusammenfassung seiner Verkündigung werden in Mk 1,14 f. gegeben:

> «Nachdem man Johannes ins Gefängnis geworfen hatte, ging Jesus wieder nach Galiläa; er verkündete das Evangelium Gottes und sprach: Die Zeit ist erfüllt, das Reich Gottes ist nahe herangekommen. Kehrt um und glaubt an das Evangelium.» (Mk 1,14–15)

Diese Verse werden in der exegetischen Literatur zum Teil noch zum Prolog des Markusevangeliums gerechnet. Dafür spricht vor allem die Parallelisierung der beiden Figuren Johannes der Täufer und Jesus, deren Vorstellung jeweils mit «es geschah» eingeleitet (Mk 1,4.9) und mit einer Zusammenfassung ihrer Botschaft abgeschlossen wird (Mk 1,7 f.14 f.).[54]

Gleichzeitig beginnt mit diesen beiden Versen auch etwas Neues: Die Zeit Johannes' des Täufers ist abgeschlossen; Jesus kehrt nach Galiläa zurück, woher er nach Mk 1,9 gekommen war und wo sich die folgenden Episoden hauptsächlich abspielen werden, und er verkündet zum ersten Mal die Botschaft, die sich für den gesamten Hauptteil des Markusevangeliums als zentral erweisen wird: das im Kommen begriffene Gottesreich. In Mk 1,14 f. tritt Jesus zum ersten Mal in der Weise als Handelnder auf, wie es für den Hauptteil des Buches charakteristisch sein wird. Die beiden Verse haben also zugleich Eröffnungsfunktion für das, was folgt. Daher werden die Verse von einem anderen Teil der Forschung als Eröffnung des ersten Hauptteils des Werkes betrachtet.[55]

Beide Positionen verbinden kann die Funktionsbezeichnung der beiden Verse als «Scharnier» zwischen dem Prolog und dem ersten Hauptteil des Werkes.[56] Sie verbinden das «Vorspiel», in dem die Hauptfigur Jesus vorgestellt worden ist, mit dem Hauptteil, in dem Jesus als Handelnder im Zentrum steht.

---

54 Vgl. *Klauck*, Vorspiel, bes. 21–27.

55 Z. B. *Dschulnigg*, Markusevangelium; *Schenke*, Markusevangelium.

56 Z. B. *Iersel*, Markus 292–294 u. ö.

Exkurs

Diese unterschiedlichen Textabgrenzungen rufen in Erinnerung, dass Texte – wie alle Kunstwerke – nicht eindeutig, sondern mehrdeutig sind und damit offen für unterschiedliche Verstehensweisen. Das bedeutet nicht, dass die Auslegung von Texten beliebig sein darf. Jede Aussage über einen Text muss sich am Text begründen lassen. Allerdings zeigt sich, dass Beobachtungen am Text von verschiedenen Menschen je unterschiedlich wahrgenommen und gewichtet werden, so dass am Ende unterschiedliche Entscheidungen stehen können, wie ein Text zu verstehen ist.

Ein Schluss, der viele Fragen offen lässt 2.1.2

Nach Aristoteles ist es nicht gleichgültig, wie ein Werk aufgebaut ist. Weder kann der Anfang beliebig sein noch der Schluss:

> «Wer also eine Handlung gut zusammenstellen will, darf nicht von irgendwoher, wie es sich gerade trifft, anfangen, noch, wie es sich gerade ergibt, irgendwo enden, sondern muss sich an die genannten Kriterien halten.»[57]

Wie sorgfältig im Markusevangelium der Beginn der Handlung gestaltet ist, wurde in Abschnitt 2.1.1 deutlich. Nun soll noch ein Blick auf den Schluss des Werkes geworfen werden: Wo und wie endet dieses Werk, das so überlegt begonnen hat?

Ein ursprünglicher und ein später angefügter Schluss des Markusevangeliums 2.1.2.1

Die zuverlässigsten antiken Bibelhandschriften zeigen zweifelsfrei: Das Markusevangelium endete ursprünglich mit Mk 16,8. Zwar schliessen sich in den heutigen Bibelausgaben noch ein längerer Abschnitt, der mit den Versangaben Mk 16,9–20 versehen ist (der so genannte längere Markusschluss), sowie meist auch ein kürzerer Abschnitt ohne Versangaben (der so genannte kürzere Markusschluss) an. Doch sind diese in den meisten Bibelausgaben in Klammern gesetzt oder gar nur als Fussnote abgedruckt und häufig mit entsprechenden Erklärungen versehen. Damit tragen die modernen Bibelausgaben der Tatsache Rechnung, dass diese Textab-

57 *Aristoteles*, Poetik 7, 1450b, 33f.

schnitte in den ältesten und besten Handschriften des Markusevangeliums nicht enthalten sind.

Exkurs Die textkritische Sichtung der antiken Handschriften zeigt: Sowohl der Codex Vaticanus als auch der Codex Sinaiticus, die beide aus dem 4. Jahrhundert n. Chr. stammen, lassen das Markusevangelium mit 16,1–8 enden. Dieses Ende des Markusevangeliums wird nicht nur in Aussagen des Eusebius von Caesarea sowie des Hieronymus bezeugt, sondern in weiteren Handschriften bis hin zur Minuskel 304 aus dem 12. Jahrhundert. Bis ins Mittelalter hinein gab es also Handschriften, die den Schluss des Markusevangeliums bei 16,8 ansetzten. Der «kürzere Markusschluss» nach 16,8 wird als alleinige Textform bislang nur in einer Handschrift (k) aus dem 4./5. Jahrhundert belegt. Handschriften, die nach Mk 16,8 den «längeren Markusschluss» bieten, machen zum Teil durch Zeichen oder Randnotizen deutlich, dass sie Zweifel an der Zugehörigkeit des Textes zum Markusevangelium haben. Eine ganze Reihe von Handschriften bietet beide Schlüsse nebeneinander, obwohl sie inhaltlich in Konkurrenz zueinander stehen. Sie müssen unabhängig voneinander entstanden sein, wurden jedoch, nachdem sie nun einmal beide bekannt waren, trotz ihrer inhaltlichen Unvereinbarkeit nebeneinander überliefert.[58]

Der Abschnitt Mk 16,9–20 reiht in Kurzform verschiedene Erscheinungen des Auferstandenen und andere Ereignisse aus der Zeit nach der Auferweckung Jesu hintereinander. Weder das Matthäus- noch das Lukasevangelium, die nach der Zweiquellentheorie ja das Markusevangelium vorliegen hatten und sich in ihrer Darstellung der Jesusgeschichte, soweit möglich – konkret: bis Mk 16,8 –, am Markusevangelium orientieren, lassen erkennen, dass sie diesen Abschnitt aus dem Markusevangelium gekannt haben. Umgekehrt setzen die in Mk 16,9–20 hintereinander gereihten Episoden allesamt die Langformen dieser Erzählungen in den übrigen Evangelien sowie der Apostelgeschichte voraus. Das heisst, dass dieser Abschnitt erst nach Abschluss der anderen Evangelien und der Apostelgeschichte entstanden sein kann. Da im zweiten Jahrhundert allerdings der Apologet Tatian (ca. 120–ca. 180 n. Chr.), der u. a. eine «Evangelienharmonie» aus den vorhandenen Evangelien verfasste, und der Kirchenvater Irenäus von Lyon (ca. 135–ca. 200 n. Chr.) Kenntnis von die-

58 Vgl. *Aland, K./Aland, B.*, Text 295 f.

sem Text haben, muss die Entstehung des längeren Markusschluss noch ins zweite Jahrhundert datiert werden.

Der ursprüngliche Buchschluss 2.1.2.2

Das Markusevangelium endete also ursprünglich mit der Erzählung von der Auffindung des leeren Grabes 16,1–8. Doch wo beginnt genau dieser letzte Teil des Markusevangeliums? Blicken wir zurück: In Mk 15,37 war Jesus mit einem erschütternden Schrei am Kreuz gestorben. Auf diesen Tod gibt es zwei unmittelbar folgende Reaktionen: das Zerreissen des Tempelvorhangs (15,38) und den Kommentar eines dabeistehenden römischen Hauptmanns, der angesichts dieses Todes sagt: «Wahrlich, dieser Mensch war Gottes Sohn» (15,39). Mit dem Zerrissen-Werden des Tempelvorhangs wird ein Hinweis auf die Anwesenheit des abwesend geglaubten Gottes (vgl. 15,34) gegeben: Gott ist nicht abwesend, sondern gerade hier im Tod dieses Messias und Gottessohnes Jesus anwesend und offenbar.[59] Mit dem Bekenntnis des Hauptmanns wird das Wissen der Leserinnen und Leser über Jesus, das sie seit Mk 1,1.11 mitbringen, bekräftigt und, da es gerade im Angesicht des Todes gesprochen wird, vertieft. Es wird deutlich: Der Tod am Kreuz desavouiert den Messias und Gottessohn Jesus nicht. Vielmehr erweist Jesus sich gerade in diesem Tod als dieser Messias und Gottessohn.

Mit dem Bekenntnis des Hauptmanns könnte das Werk enden. Was zu sagen ist, ist gesagt. Doch unmittelbar im Anschluss daran kommt in Mk 15,40 f. eine neue Gruppe von Protagonistinnen ins Spiel:

> «Auch einige Frauen sahen von Weitem zu, darunter Maria aus Magdala, Maria, die Mutter von Jakobus dem Kleinen und Joses, sowie Salome; sie waren Jesus schon in Galiläa nachgefolgt und hatten ihm gedient. Noch viele andere Frauen waren dabei, die mit ihm nach Jerusalem hinaufgezogen waren.» (Mk 15,40 f.)

Dieser Textabschnitt ist einerseits eng mit dem Vorausgehenden verbunden. Nicht nur, dass die Frauen dem Geschehen am Kreuz zugesehen hatten und damit Zeuginnen des soeben erzählten Todes Jesu sind. Vielmehr kommt an dieser

---

59 Vgl. *Bieberstein K./Bieberstein S.*, Angesichts des Todes 27–32.

Stelle über den erwähnten Weg der Frauen, den sie mit Jesus gegangen sind, der gesamte Weg Jesu von Galiläa nach Jerusalem in den Blick, und damit das gesamte Markusevangelium bis hierher.

Andererseits eröffnet der Textabschnitt etwas Neues: die Zeit nach dem Tod Jesu. Die Frauen, unter denen Maria aus Magdala, Maria und Salome mit Namen genannt werden, werden zu Zeuginnen des Geschehens, und als solche werden sie die weiteren Erzählschritte bis zum Schluss des Werkes begleiten. Anhand ihres Tuns wird die Erzählung der Ereignisse nach dem Tod Jesu weitergeführt, anhand ihres Sehens können Leserinnen und Leser am erzählten Geschehen bis zum Schluss teilhaben. So hat dieser Textabschnitt – ähnlich wie Mk 1,14 f. – eine Scharnierfunktion zwischen dem vorangegangenen Teil des Markusevangeliums und dessen letztem Teil, der die Zeit nach dem Tod Jesu in den Blick nimmt.[60] Im Dabeistehen und Sehen der Frauen werden beide Teile zusammengehalten.

2.1.2.3 Schritte vom Tod ins Leben (Mk 15,42–16,8)

Mit Mk 15,42 kann der eigentliche Schlussteil des Markusevangeliums angesetzt werden. So wie es in Mk 1,1–13 darum gegangen war, Jesus vorzustellen und sein öffentliches Auftreten vorzubereiten, er selbst aber als Handelnder «noch nicht» wirklich präsent war, so ist er jetzt «nicht mehr» da. Aber es gibt Menschen, die noch bewegt sind vom öffentlichen Wirken Jesu und von seiner Botschaft, und die mit dem Tod Jesu nicht vernichtet werden konnten. Mit ihren Handlungen wird die Erzählung nun weitergeführt.

Mk 15,42 setzt am Abend des «Rüsttags», unmittelbar vor Beginn des Sabbats, ein. Dass der Rüsttag der Tag vor dem Sabbat ist, muss der Leserschaft erklärt werden; es ist ihr offensichtlich nicht selbstverständlich bekannt. Dass sich hier etwas dem Ende zuneigt, wird mit der Zeitangabe am Abend ebenfalls signalisiert. Mit dem Thema des Begräbnisses Jesu ist ebenfalls ein Ende im Blick. In dieser Situation tritt mit Josef von Arimathäa ein Protagonist auf, der durch seine Charakterisierung als «vornehmer Ratsherr» einerseits als Ange-

---

60 Vgl. bes. *Iersel*, Markus 291 f.

höriger des Synhedriums identifiziert und damit der Seite derer zugeordnet wird, die den Tod Jesu betrieben hatten. Andererseits handelt er hier wie ein Anhänger Jesu, der auch nach dem furchtbaren Tod Jesu am Kreuz von der Erwartung des Gottesreiches umgetrieben ist (14,43). Damit ist das zentrale Thema der Botschaft Jesu, das vom ersten Satz seiner Verkündigung an ins Spiel gebracht worden war (Mk 1,15), selbst an dieser Stelle noch – oder wieder – präsent. Gegen das Ende, das mit dem Tod Jesu und dem Grab vor Augen steht, wird hier eine Zukunftsperspektive angedeutet.

Als Gegenspieler tritt Pilatus auf und damit der zentrale Repräsentant der römischen Besatzungsmacht im Land, der selbst das Todesurteil gegen Jesus veranlasst hatte, wenngleich er von Markus als einer dargestellt worden war, der im Grunde von der Unschuld Jesu überzeugt war. Dennoch war er es, der den Befehl zur Kreuzigung Jesu gegeben hatte (Mk 15,15). Wie vom Anfang an das Thema der römischen Macht im Markusevangelium präsent war, so auch jetzt noch am Schluss. Pilatus hat die Macht, den Leichnam Jesu bestatten zu lassen oder nicht. Auf seiner Seite steht «der» Hauptmann (*Centurio*). Da er mit dem bestimmten Artikel eingeführt wird, wird vorausgesetzt, dass er bereits bekannt ist. Der einzige *Centurio*, der bislang aufgetreten ist, ist derjenige, der angesichts des Todes Jesu diesen als «Sohn Gottes» bekannt hatte (15,39). Nun tritt er als Gewährsmann dafür auf, dass Jesus tatsächlich tot ist. Zwei Repräsentanten der römischen Macht, die auf der Seite des Todes stehen. Oder steht der *Centurio* mit seiner Gottessohn-Aussage doch auch für etwas anderes?

Im Gegenüber zu dieser durch die beiden Erzählfiguren repräsentierten römischen Macht fängt Josef von Arimathäa an zu handeln. Sein Handeln wird als mutig gekennzeichnet: Er «wagt» es, zu Pilatus zu gehen und um den Leichnam Jesu zu bitten (15,43). Nach dem Tod Jesu ist er damit der erste, der sich auf die Seite Jesu stellt. Ein riskanter Schritt, da er leicht als Anhänger des als politischer Aufrührer (vgl. 15,26) Hingerichteten ins Visier der Behörden hätte geraten können. Darüber wird im Text nicht laut gesprochen. Stattdessen werden die Handlungen dieses Jesusanhängers Schritt für Schritt nachverfolgt. Josef tut das, was jetzt getan werden kann: den Leichnam der Hand der Römer entwinden, ein Leinentuch kaufen, den Leichnam vom Kreuz nehmen und in das Tuch einwickeln, den Leichnam in ein Grabmal legen, das Grabmal sicher verschliessen.

Wieder ist damit ein möglicher Schlusspunkt der Erzählung erreicht. Und wieder kommt mit den Frauen der Anknüpfungspunkt für eine mögliche Weiterführung der Handlung in den Blick:

> «Maria aus Magdala aber und Maria, die Mutter des Joses, beobachteten, wohin der Leichnam gelegt wurde.» (Mk 15,47)

Mit dem Wissen um den Begräbnisort können sich diese Jesusjüngerinnen nach der nun beginnenden Sabbatruhe noch einmal auf den Weg zum Grab machen, um das zu tun, was Josef von Arimathäa mit seinen eiligen Handlungen nicht getan hatte: den Leichnam Jesu zu salben. Allerdings müssen sie – und mit ihnen die Leserinnen und Leser – lernen, dass es sich in vielerlei Hinsicht anders verhält als erwartet.

Die Erzählung vom Gang der Frauen zum Grab (Mk 16,1–8) ist höchst hintergründig gestaltet.[61] Einerseits führt die Erzählung bisherige Motive der vorangegangenen Episoden weiter: Die Zeitangabe nimmt den Zeitfaden seit dem Begräbnis Jesu wieder auf und führt ihn weiter; die Protagonistinnen sind wieder die mit Namen genannten Frauen, wenngleich es im Unterschied zu V. 47 nicht mehr nur zwei, sondern drei Frauen sind, und auch das Thema des Grabes wird vertieft, indem sich die Frauen mit den wohlriechenden Ölen auf den Weg dorthin machen und sich unterwegs um den Stein vor dem Grab sorgen (16,3). Alle Leseerwartungen sind also auf den Tod und das Grab gerichtet.

Dem entgegen signalisiert die Erzählung aber auch von Anfang an, dass die Geschichte eine andere Wendung nehmen wird als erwartet. Schon die Zeitangabe des ersten Tages der Woche in 16,2 ist nach dem Endpunkt des Begräbnisses ein Neubeginn, und ebenso lässt die eben aufgehende Sonne (16,2) ahnen, dass das Dunkel überwunden werden wird. Klingt hier die in den Psalmen mehrfach besungene Hilfe

---

61 Vgl. zur Auslegung dieses Textes neben den Kommentaren bes. *Bieberstein*, Spuren; *Hecking*, Anfänge; *Venetz*, Er geht euch voraus 210–228.

Gottes am Morgen, nach dem Dunkel der Nacht, an (vgl. Ps 30,6; 88,14; 143,8)? Buchstäblich greifbar wird die beginnende Wendung der Erzählung in V. 4, als die Frauen erkennen: Der Stein, den sie offenbar nicht alleine hätten vom Grab wegbewegen können, «ist weggewälzt». Aber damit noch nicht genug: Im Grab erblicken sie statt des Leichnams Jesu einen «jungen Mann» mit einer umwerfenden Botschaft:

> «Er ist auferweckt worden, er ist nicht hier» (16,6).[62]

Natürlich ist dieser junge Mann nicht irgendjemand, sondern ein Gottesbote. Das wird schon durch sein Sitzen auf der rechten Seite, der glücksverheissenden Seite, sowie durch das leuchtend weisse Gewand deutlich. Ausserdem erschrecken die Frauen bei seinem Anblick, so wie Menschen in biblischen Erzählungen bei der Begegnung mit einem Boten aus der göttlichen Welt stets zu erschrecken pflegen. Dementsprechend ist der erste Satz dieses Gottesboten an die Frauen auch gattungstypisch: «Erschreckt nicht!» (16,6)

Aber natürlich erschrecken die Frauen doch, das zeigt der Schluss der Erzählung in aller Deutlichkeit. Denn die Botschaft, die sie im Grab zu hören bekommen, ist wahrhaft unerhört: «Er ist auferweckt worden». Hinter dieser passivischen Formulierung steht Gott selbst als derjenige, der Jesus dem Tod entrissen und auferweckt hat. Damit steht die Erzählung auf dem Boden des jüdischen Glaubens an die Auferweckung der Toten durch Gott, wie er sich vor allem in den letzten beiden Jahrhunderten vor der Zeitenwende herausgebildet hatte – wenngleich dieser Glaube zur Zeit Jesu nicht von allen jüdischen Strömungen geteilt wurde.[63]

Wenn ein Toter, wie der Gottesbote den Frauen sagt, «nicht hier» ist, wenn der Ort, an dem er gelegen hatte, leer ist (16,6), lässt das in römischen Ohren noch etwas anderes anklingen: dass ein Toter unter die Götter entrückt wurde.[64]

---

62 Die Einheitsübersetzung übersetzt hier aktivisch: «Er ist auferstanden». Im Griechischen steht jedoch ein Passiv: «Er ist auferweckt worden.»

63 Vgl. *Bieberstein K.*, Todesschwelle; *Bieberstein K./Bieberstein S.*, Auferweckt.

64 So *Ebner*, Evangelium 40–42; *ders.*, Markusevangelium 179 f.; *Engels*, Entrückung 121; vorsichtig zustimmend *Heininger*, «Politische Theologie» 200.

Exkurs

Vorstellungen über die Entrückung römischer Herrscher unter die Götter

Wurzeln solcher Vorstellungen sind bereits in legendarischen Überlieferungen über die Entrückung und damit verbundene Vergöttlichung verstorbener latinischer und römischer Könige wie Aeneas oder Romulus zu finden.[65] In republikanischer Zeit wurde dies von den vornehmsten Familien Roms – entgegen der propagierten prinzipiellen Gleichrangigkeit unter den Adelsfamilien – in aufwändigen Begräbniszeremonien weitergeführt, mit Hilfe derer diese Familien ihr Sozialprestige zu vergrössern suchten. Ein herausragendes Beispiel ist die mit enormem Aufwand und symbolträchtigen Vorgängen inszenierte Bestattung Sullas im Jahr 78 v. Chr., die bewusst an die legendäre Apotheose des Romulus anknüpfte. Mit einiger Wahrscheinlichkeit spielten bei Sulla und im Jahr 44 v. Chr. auch bei der Bestattung Caesars bereits lebensechte Wachsbildnisse der Verstorbenen eine Rolle, die vermutlich gemeinsam mit der Leiche verbrannt wurden. Durch das Schmelzen der Wachsbildnisse in der Hitze des Feuers entstand der Eindruck eines wundersamen Verschwindens, was einen grossen Eindruck auf das Publikum gemacht haben muss. Ungewöhnliche Ereignisse wie das siebentägige Erscheinen eines Kometen (*sidus Iulium*) im Juli 44 v. Chr., die als Epiphanie des Verstorbenen gedeutet wurden, taten gemeinsam mit dem von Augustus erwirkten Senatsbeschluss, Caesar zu divinisieren, ein Übriges.

Auch bei der Bestattung des Augustus im Jahr 14 n. Chr. wurde gemeinsam mit der in einem Sarg liegenden und daher nicht sichtbaren Leiche des Kaisers eine für alle sichtbare Wachsfigur verbrannt. Und während das Wachsbild schmolz und «verschwand», stieg ein Adler empor, «als trüge er die Seele des Augustus himmelwärts»[66]. Nach der Bergung der Gebeine und der Beisetzung der Asche des Verstorbenen im Mausoleum beschwor ein Zeuge, er habe Augustus in den Himmel auffahren sehen, woraufhin der Senat die *consecratio* des Verstorbenen beschliessen und einen offiziellen Kult einrichten konnte.

Nach dem Vorbild des Begräbnisses des Augustus fanden in der Folge auch die Bestattungen der nachfolgenden Kaiser (mit Ausnahme von Caligula, Nero und Domitian, die aus der Erinnerung der Nachwelt getilgt werden sollten) bis hin zum letzten der nichtchristlichen Kaiser, Iulian «Apostata», statt, wenngleich die Quellen nicht über alle Bestattungen so detaillierte Auskünfte geben wie über die Bestattungsfeier für Augustus. Schon seit der Bestattung des Sulla sind grosse Mengen von Duftstoffen und Räucherwerk belegt, die dem Scheiterhaufen beigefügt waren, auf dem der Leichnam des Kaisers verbrannt wurde. Konstitutiv scheinen weiterhin die Verbrennung der Wachsfigur, das gleichzeitige

---

65 Zum Folgenden vgl. *Engels*, Entrückung 79–133.

66 *Cassius Dio* 56,42,3.

Aufsteigen-Lassen des Adlers und bis zum Beginn des zweiten Jahrhunderts n. Chr. auch das Auftreten von Zeugen, die das Auffahren des Herrschers in den Himmel beglaubigten. Parallel dazu bilden sich Elemente der Epiphanie des verstorbenen Herrschers heraus, die seine Divinisierung bekräftigen sollten. Bemerkenswert ist, dass die Verbrennung der Wachsfigur auch dann beibehalten wurde, als seit Trajan die Leichname der Kaiser nicht mehr verbrannt wurden, sondern in aufwändigen Sarkophagen beigesetzt wurden. Offensichtlich war die Inszenierung des Entschwindens des Kaisers mittels der Verbrennung der Wachsfigur weiterhin ein unaufgebbarer Bestandteil der Konsekrierung der Kaiser. So ungewohnt vielleicht für heutige christlich sozialisierte Ohren diese Bezüge zu den Inszenierungen der römischen Kaiserpropaganda klingen mögen – für einen frühen christlichen Autor, der es sich explizit zur Aufgabe gemacht hat, den christlichen Glauben gegen heidnische Angriffe zu verteidigen, lag diese Verbindung offenbar gar nicht so fern. So können wir bei dem christlichen Apologeten Justin (100–165 n. Chr.) lesen:

«Wenn wir aber weiterhin behaupten, [...] er sei gekreuzigt worden, gestorben, wieder auferstanden und in den Himmel aufgestiegen, so bringen wir im Vergleich mit euren Zeussöhnen nichts Befremdliches vor. [...] Was sollen wir noch von Ariadne sagen und denen, welche die Sage, wie sie, unter die Sterne versetzt hat? Und was von den unter euch dahinsterbenden Herrschern, die ihr immer für wert haltet, unter die Unsterblichen versetzt zu werden, so dass ihr einen vorführt, der schwört, er habe den verbrannten Kaiser vom Scheiterhaufen zum Himmel auffahren sehen?»[67]

Damit kommt die Erzählweise des Markusevangeliums erneut vor dem Hintergrund der römischen Kaiserpropaganda zum Klingen. Der Messias Jesus, der als Gottessohn bezeichnet und für den damit ein Titel beansprucht wird, der vom römischen Kaiser getragen wurde – dieser Messias und Gottessohn Jesus wurde von einem Repräsentanten der römischen Macht zum Tod verurteilt und am Kreuz hingerichtet. Nun aber wird von diesem Gekreuzigten genau das erzählt, was nach dem Tod der Kaiser über diese gesagt wurde: dass er «nicht mehr da» sei, und das heisst: in den Himmel entrückt wurde. Wie zu Beginn des Werkes wird also auch am Ende die Jesusgeschichte in Kontrast zur Kaiserpropaganda erzählt.

Damit ist die Geschichte Jesu aber noch nicht zu Ende. Vielmehr erhalten die Frauen von dem Gottesboten im Grab

67 *Iustin*, Apologia 1,21.

Scheitel des Titusbogens in Rom: Titus wird zwischen den Flügeln eines Adlers zum Himmel getragen

den Auftrag, die Botschaft von der Auferweckung Jesu in die Jüngergruppe zu tragen und dieser und insbesondere dem Petrus auszurichten, sie sollten nach Galiläa gehen, und dort würden sie Jesus sehen (16,7; vgl. 14,28).

Leserinnen und Leser, die das Markusevangelium von vorn gelesen haben, wissen, dass in Galiläa das öffentliche Auftreten Jesu begonnen hatte. In Galiläa hatte er angefangen, die Botschaft vom nahe herangekommenen Reich Gottes zu verkünden – und sie nicht nur zu verkünden, sondern sie auf verschiedenste Weise erfahrbar und dadurch plausibel zu machen. Die Frauen – und mit ihnen die Leserinnen und Leser – werden also zu dem Punkt des Buches zurückgeschickt, an dem wir den Erzählverlauf vorhin verlassen haben: dorthin, wo die öffentliche Wirksamkeit Jesu in Galiläa begonnen hatte. Offenbar soll das Buch nochmals von vorne gelesen werden, nun mit dem Wissen um die Auferweckung Jesu durch Gott. Der Weg Jesu soll nochmals nachgegangen werden, und genau dabei soll man ihm begegnen: im Nachgehen seines Weges, der ihn, wie Leserinnen und Leser wissen, von Galiläa nach Jerusalem und dort ans Kreuz geführt hatte.

Allerdings endet das Markusevangelium nicht damit, dass die Frauen die Botschaft tatsächlich ausrichten. Vielmehr endet das Buch mit dem Schweigen der Frauen (16,8). Das Buch endet offen. Es ist keinesfalls sicher, ob die Botschaft von der Auferweckung des Gottessohnes und der Auftrag, nach Galiläa zu gehen, dort ankommen, wo sie hin sollen. Das Markusevangelium riskiert es, den Ausgang in der Schwebe zu lassen.

Offene Schlüsse haben den Effekt, dass ein Buch nicht beruhigt zugeklappt und weggelegt werden kann. Vielmehr fordern sie in ihrer irritierenden Offenheit Leserinnen und Leser heraus, selbst Position zu beziehen und die Geschichte zu Ende zu führen – im eigenen Leben. Das heisst: Es liegt an den Leserinnen und Lesern, sich auf die Auferweckungsbotschaft einzulassen und «nach Galiläa» zu gehen. Es liegt an den Leserinnen und Lesern, ob nach dem «Anfang des Evangeliums» (Mk 1,1) dieses Evangelium tatsächlich «überall auf der Welt» (Mk 14,9; vgl. auch 13,10) verkündet wird.

2.1.3 Vom Anfang zum Schluss und wieder zurück: Die Entwicklung der Erzählung

Mit diesem Auftrag kehren wir erneut zum Beginn der Jesusgeschichte zurück, genauer dorthin, wo wir sie am Ende des Abschnitts 2.1.1 verlassen haben: beim Beginn der öffentlichen Wirksamkeit Jesu. Zwischen diesen beiden Polen des Anfangs und des Schlusses spannt das Markusevangelium seine Jesusgeschichte aus.

Exkurs

Wie diese Jesusgeschichte des Markusevangeliums zu gliedern ist, darüber gehen die Meinungen allerdings auseinander. Das liegt u.a. auch daran, dass uns aus den antiken Handschriften des Markusevangeliums (wie auch aller anderen biblischen Bücher) keine Hinweise auf eine Gliederung des Werkes überliefert sind. Die heute übliche Kapitelzählung stammt wie bei den übrigen biblischen Schriften aus der Spätantike und dem Mittelalter, die Einteilung in Verse aus der frühen Neuzeit. Die Zwischenüberschriften, die in heutigen Bibelausgaben den Text in überschaubare Portionen gliedern, wurden von den jeweiligen Bibelübersetzern eingefügt und unterscheiden sich von Bibelausgabe zu Bibelausgabe zum Teil erheblich. Wer sich also einen Überblick darüber verschaffen will, wie das Markusevangelium seine Jesusgeschichte strukturiert und nach welchen Prinzipien es aufgebaut ist, ist immer neu auf den Text selbst verwiesen und auf die Signale, die dem Text selbst zu entnehmen sind. Dass solche Textbeobachtungen verschieden sein können und von unterschiedlichen Menschen auch unterschiedlich ausgewertet werden, haben wir in diesem Buch bereits gesehen. Entsprechend unterschiedlich sind die verschiedenen Gliederungsentwürfe, die zum Markusevangelium vorgelegt worden sind.[68]

Ein Strukturprinzip, das bei der Analyse der Komposition des Markusevangeliums schon seit Langem aufgefallen ist, ist das Gegenüber verschiedener Orte, besonders das Gegenüber von Galiläa am Anfang und Jerusalem am Schluss des Werkes.[69] Hinzu gesellt sich die Beobachtung, dass diese beiden Regionen bzw. Orte im Markusevangelium mit je spezifischen Themen verbunden sind: Während in Galiläa das anfängliche öffentliche Wirken Jesu mit seiner Reich-Gottes-Verkündigung und -praxis dargestellt wird, ist Jerusalem natürlich vor allem mit den sich zuspitzenden Konflikten sowie dem Leiden und Sterben Jesu verbunden. Diese beiden Teile werden durch einen eigenen, mittleren Teil verbunden, der den Weg Jesu und der Jüngergruppe von Galiläa nach Jerusalem umfasst. Die Themen dieses Teils reflektieren vor allem diesen Weg Jesu als Weg ins Leiden, der auch Konsequenzen für das Leben der Nachfolgerinnen und Nachfolger Jesu nach sich zieht.

---

68 Vgl. die Zusammenstellung bei *Dschulnigg*, Markusevangelium 33f. sowie die Diskussionen bei *Broer/Weidemann*, Einleitung 79f.; *Dormeyer*, Markusevangelium 149–152.

69 Vgl. bereits 1936 *Lohmeyer*, Galiläa und Jerusalem, bes. 26–36.

Besonders konsequent ist *Bas van Iersel* den Textsignalen zur Topografie und Geografie nachgegangen und hat sie in einer Weise ausgewertet, dass er zu einer konzentrischen Gliederung gelangt, in der die drei soeben genannten Hauptteile (Galiläa – auf dem Weg – Jerusalem) von einem Prolog und einem Epilog umrahmt werden. Ausserdem hat er einige Übergangs- oder «Scharnier»-Stücke identifiziert, die die einzelnen Teile verbinden, sowie einen Titel, der dem Werk vorangestellt ist.[70] Auf seinen Vorgaben beruht der folgende Gliederungsvorschlag, der der Lektüre des Markusevangeliums in diesem Buch zugrunde gelegt ist[71]:

Prolog: in der **Wüste** (1,1–13)
Scharnier: Ende der Verkündigung des Täufers, Anfang des Wirkens Jesu (1,14 f.)
Erster Hauptteil: in **Galiläa** und Umgebung (1,16–8,21)
Scharnier: Blindenheilung (8,22–26)
Zweiter Hauptteil: auf dem **Weg** (8,27–10,45)
Scharnier: Blindenheilung (10,46–52)
Dritter Hauptteil: in **Jerusalem** und Umgebung (11,1–15,39)
Scharnier: Die Jüngerinnen als Wegbegleiterinnen und Zeuginnen (15,40 f.)
Epilog: im **Grab** (15,42–16,8)

2.1.3.1 Nochmals: Anfang und Schluss[72]

Die Lektüre des Markusevangeliums, wie sie in den Abschnitten 2.1.1 und 2.1.2 exemplarisch durchgeführt wurde, gründete auf den Überlegungen zum Aufbau des Markusevangeliums, wie sie in dieser Strukturübersicht anschaulich gemacht werden. Es zeigt sich: Die eigentliche Zeit des öffentlichen

70 Vgl. das Schema bei *Iersel* 294.

71 Auf der Basis von *Iersel* gliedert explizit auch *Ebner*, Markusevangelium 153–158.

72 Zu den Abschnitten 2.1.3.1 bis 2.1.3.5 vgl. wegweisend *Iersel* 68–72.272–300.

Wirkens Jesu – in der Strukturübersicht die drei Hauptteile genannt – wird gerahmt von einem Anfangs- und einem Schlussteil, Prolog und Epilog.

Diese beiden äusseren Rahmenteile entsprechen einander in mehrfacher Hinsicht. Beide Schauplätze, so unterschiedlich sie auch scheinen mögen, sind lebensfeindliche Orte. Das griechische Wort für Wüste (erēmos) kann auch übersetzt werden als «menschenleeres Gebiet». Die Wüste ist den bewohnten Gegenden der Dörfer und Städte entgegengesetzt, sie liegt jenseits der «Kultur», sie ist Ort der Gefahr und des Todes (aber, so zeigt die biblische Tradition, auch ein Ort der Bewährung und des Neuanfangs). Ebenso wie die Wüste sind auch Gräber Orte des Todes, an denen ebenso wie in der Wüste Dämonen und wilde Tiere hausen.

Doch beide Orte erweisen sich im Markusevangelium als überraschend anders: In der Wüste tritt ein Bote auf, der auf das Kommen des Messias und Gottessohnes Jesus vorausweist und es vorbereitet. Und auch im Grab ist ein Gottesbote zu finden, der die Todesbotschaft in eine Lebensbotschaft verwandelt und den Weg weist, Jesus als Auferstandenem neu und anders begegnen zu können. Während Jesus im Prolog ausführlich vorgestellt und sein Wirken sorgfältig vorbereitet wird, er selbst aber noch nicht mit seiner Botschaft auftritt, ist Jesus selbst im Schlussteil «nicht mehr» da; doch es wird an seinem Körper gehandelt, und die Botschaft über seine Auferweckung weist den Menschen, die Jesus nachfolgen, den Weg.

2.1.3.2 Galiläa versus Jerusalem

Auf den Prolog folgt die erste Zeit des öffentlichen Wirkens Jesu. Es ist hauptsächlich in Galiläa, genauer: in den Dörfern am nördlichen Ufer des Sees Gennesaret, vor allem Kafarnaum, angesiedelt, nur bisweilen werden entferntere Schauplätze aufgesucht wie die Gegend von Tyrus einerseits (Mk 7,24–30) oder das Gebiet der Dekapolis östlich des Jordans andererseits (Mk 5,1–20). Dieser Anfangszeit in Galiläa und Umgebung ist die letzte Zeit des öffentlichen Wirkens Jesu in Jerusalem und Umgebung gegenübergestellt. Es sind die beiden umfangreichsten Partien des Markusevangeliums. Bezüglich ihrer Textlänge halten sie sich etwa die Waage; doch inhaltlich sind die beiden Teile höchst kontrastreich gestaltet.

Die Anfangszeit des öffentlichen Wirkens 2.1.3.3

Den Übergang zwischen dem Prolog und dem ersten Hauptteil bildet ein Scharnierstück, das das Wirken des Täufers abschliesst und die Zeit des öffentlichen Wirkens Jesu eröffnet:

> «Nachdem man Johannes ins Gefängnis geworfen hatte, ging Jesus wieder nach Galiläa; er verkündete das Evangelium Gottes und sprach: Die Zeit ist erfüllt, das Reich Gottes ist nahe herangekommen. Kehrt um und glaubt an das Evangelium.» (Mk 1,14–15)

Damit ist nicht nur der Schauplatz der nächsten Kapitel erreicht, sondern es werden zentrale Themen genannt, die die nun folgende erste Zeit des öffentlichen Wirkens Jesu bestimmen: die erfüllte Zeit, das nahe herangekommene Reich Gottes – und die erwarteten Konsequenzen für die Adressatinnen und Adressaten der Botschaft, Umkehr und Glaube. Wir haben hier also eine Zusammenfassung der Botschaft Jesu nach dem Markusevangelium vor uns, die sein gesamtes Wirken eröffnet. Gleichzeitig ist aber auch deutlich: Jedes einzelne dieser Stichworte verlangt danach, genauer erklärt und anschaulich gemacht zu werden. Was ist eine «erfüllte» Zeit? Was soll man sich unter dem «Reich Gottes» vorstellen, und wo und wie ist seine «Nähe» wahrzunehmen? Und was genau soll man nun tun?

Der erste Hauptteil des Markusevangeliums füllt nach und nach alle diese Stichworte mit Leben. Er beginnt dabei interessanterweise nicht mit einer Erläuterung des Reich-Gottes-Begriffs, sondern setzt bei der zuletzt genannten Frage an: Was soll man angesichts dieses Reiches Gottes tun? Was bedeutet umkehren und glauben? Dazu erzählt das Markusevangelium in 1,16–20 zwei idealtypische Miniaturszenen: Jesus spricht Menschen an, ruft sie in die Nachfolge – und diese lassen «sogleich» (V. 18) ihre Arbeit, ihre Familie, ihr bisheriges Leben zurück und folgen ihm nach. Damit ist am Ende dieses Abschnitts eine erste kleine Jesusgemeinschaft konstituiert, zu der neben Jesus die beiden Brüderpaare Simon (Petrus) und Andreas sowie Johannes und Jakobus gehören.

Exkurs

Menschen, die Jesus nachfolgen, werden in den neutestamentlichen Schriften mit dem griechischen Wort *mathētai* (Singular: *mathētēs*) bezeichnet, das im Deutschen in der kirchlich geprägten Sprache meist mit «Jünger» übersetzt wird.

Der griechische Begriff bezeichnet Menschen, die sich in einem Schülerverhältnis zu einem Lehrer befinden, so dass man das Wort auch offener als «Schüler» übersetzen könnte, ähnlich wie man von Schülern von jüdischen Schriftgelehrten oder Rabbinen spricht. Auch die Anhänger Johannes' des Täufers werden im Neuen Testament als *mathētai* bezeichnet (Mk 2,18; 6,29 u. ö.). In diesem Buch werden für Menschen in der Nachfolge Jesu verschiedene Worte nebeneinander verwendet: Jünger, Schüler, Nachfolger, Anhänger o. ä. Und da sich unter der Jüngerschaft Jesu bekanntlich auch Frauen befunden haben, werden jeweils auch die weiblichen Formen verwendet.

Dieses Thema des Rufs in die Nachfolge wird an verschiedenen Stellen weitergeführt: In Mk 2,13 f. wird der Zöllner Levi in die Nachfolge gerufen, der ebenso wie die ersten Berufenen sofort aufsteht, um Jesus nachzufolgen. Im weiteren Verlauf der Erzählung wird deutlich, dass die Anhängerschaft Jesu ständig wächst und ihm «viele» folgten (z. B. Mk 3,7). So kann Jesus in Mk 3,13–19 bereits aus einer grösseren Schar eine Gruppe von zwölf namentlich genannten Männern auswählen, die er in Mk 6,7–13 mit Vollmacht ausstattet und jeweils zu zweit aussendet. Und tatsächlich tun sie in der Vollmacht Jesu erstaunliche Dinge:

> «Die Zwölf machten sich auf den Weg und riefen die Menschen zur Umkehr auf. Sie trieben viele Dämonen aus und salbten viele Kranke mit Öl und heilten sie.» (Mk 6,12 f.)

Die Jüngerinnen und Jünger und speziell die Zwölf sind die ständigen Begleiter Jesu, bereits hier im Galiläa-Teil, aber natürlich auch im weiteren Verlauf des Buches. Allerdings zeigt sich bald, dass sie trotz dieser Nähe zu Jesus längst nicht alles verstehen und von ihm des Öfteren eigens orientiert, belehrt oder auch ermahnt werden müssen.[73] Dennoch zeigt das Markusevangelium aber, dass es von Anfang an konstitutiv zum Wirken Jesu gehört, dass er nicht alleine unterwegs ist, sondern dass es Menschen gibt, die sich von ihm ansprechen und berufen lassen und die sich mit ihm auf den Weg machen.

73 Siehe Abschnitt 2.4.1.2.

Zurück zum Anfang des Galiläa-Teils: Nach den ersten Jüngerberufungen am Ufer des Sees Gennesaret in Mk 1,16–20 beginnt Jesus an einem Sabbat – dem ersten Sabbat des Markusevangeliums – in Kafarnaum mit all dem, was sein Tun durch den gesamten Galiläa-Teil auszeichnen wird: Er lehrt mit Vollmacht, befreit einen Menschen von einem Dämon, heilt die Schwiegermutter des Petrus, treibt viele Dämonen aus und heilt viele Kranke, zieht sich zurück an einen einsamen Ort – und zieht weiter (Mk 1,21–39). Dicht zusammengedrängt an einem einzigen Tag – der in der Exegese bisweilen der «Tag von Kafarnaum» genannt wurde – werden beispielhaft die charakteristischen Aspekte des Wirkens Jesu deutlich. Und in atemberaubender Geschwindigkeit geht es von da an weiter: Schlag auf Schlag folgen in diesem Galiläa-Teil die Ereignisse aufeinander, nicht selten einfach aneinandergereiht mittels der bereits erwähnten Wendung «und sogleich». Die kraftvollen Aufbrüche dieser Zeit des Anfangs sind förmlich mit Händen zu greifen: Die Zeit ist geprägt von zahlreichen Heilungen und Dämonenaustreibungen, in späteren Kapiteln auch von anderen Machttaten wie den beiden Erzählungen über die wunderbare Vermehrung von Brot (und Fischen, Mk 6,30–44; 8,1–10) oder auch Sturmstillung (Mk 4,35–41) und Seewandel (Mk 6,45–52). Aber Jesu Tun umfasst noch mehr: Er wendet sich den Menschen zu, versammelt sie zum Mahl, vergibt Sünden – und Kapitel für Kapitel wird greifbarer, dass all dies etwas zu tun hat mit dem zu Beginn genannten Gottesreich. In all diesen Erfahrungen von Befreiung, Heilwerden, Angenommen-Sein, Gemeinschaft wird etwas spürbar und konkret erlebbar von diesem im Kommen begriffenen Gottesreich.

Aber damit nicht genug: Jesus macht die Gegenwart des Reiches Gottes nicht nur in seiner Praxis erfahrbar, sondern tritt natürlich auch als Verkündiger der Reich-Gottes-Botschaft auf. Charakteristisch für seine Reich-Gottes-Verkündigung sind die kleinen Geschichten, mit Hilfe derer Jesus anschaulich machte, was es mit dem Reich Gottes auf sich hatte: die Gleichnisse. «Mit dem Reich Gottes ist es wie mit …» Neben den verschiedenen Wundergeschichten prägt keine Textgattung den Galiläa-Teil so sehr wie die Gleichnisse. Die meisten von ihnen sind in einer Rede Jesu in

Mk 4,1–34 zusammengestellt, die damit gleichsam ein Zentrum dieses Galiläa-Teils bildet.[74]

Und die Reaktion auf all das? Der Ruf Jesu verbreitet sich rasant in ganz Galiläa (1,28), Menschen strömen ihm zu (1,33; 3,7 u. ö.), er kann sich kaum retten vor dem Zuspruch der Menschen (1,45; 3,20 u. ö.). Aber in diese positiven Grundtöne mischen sich bald auch Missklänge: Als Jesus dem Gelähmten in Mk 2,5 die Vergebung seiner Sünden zuspricht, werten einige Schriftgelehrte dies als Gotteslästerung. Die Mahlgemeinschaft Jesu mit Sündern und Zöllnern provoziert einige Schriftgelehrte zu kritischen Anfragen (2,16). Dass Jesus nicht fastet, sondern Feste feiert, löst bei einigen Leuten Irritationen aus (2,18). Als er mit seinen Jüngerinnen und Jüngern am Sabbat Ähren rauft, werfen ihm Pharisäer vor, den Sabbat zu brechen (2,14). Als er am Sabbat in der Synagoge die gelähmte Hand eines Mannes heilt, fassen seine Gegner sogar den Beschluss, ihn umzubringen (3,6). Wie gefährlich die Lage zunehmend wird, zeigt der Vorwurf, der ihm wegen seiner erfolgreichen Dämonenaustreibungen gemacht wird: Er sei mit dem Teufel im Bund (3,27).

Das Markusevangelium zeigt also schon in seinem Galiläa-Teil: Jesus erntet nicht nur Zustimmung, sondern auch massive Ablehnung. Schon bald muss er sich mit Anfragen auseinandersetzen, Widerstände aus dem Weg räumen, in Streitgespräche eintreten, für seine Botschaft werben und argumentieren. Und Leserinnen und Leser können bereits hier ahnen, wie diese Geschichte ausgehen wird.

2.1.3.4 Der Ausgang der Geschichte in Jerusalem

Wie diese Geschichte ausgehen wird, zeigt das Markusevangelium in dem Erzählteil, der in Jerusalem und Umgebung spielt (Mk 11,1–15,39). Dieser Erzählteil ist in vielerlei Hinsicht ein Gegen-Stück zum Galiläa-Teil. Schauplatz sind nicht mehr die ländlichen Gebiete um den See Gennesaret mit den Dörfern und kleinen Synagogen, sondern eine Stadt, Jerusalem, samt ihrem Zentrum, dem Tempel. Die Menschen strömen Jesus auch nicht mehr begeistert zu wie zu Beginn die Landbevölkerung Galiläas, sondern Schritt für Schritt formiert sich der

74 Vgl. *Ebner*, Markusevangelium 157.

Widerstand gegen ihn, vorangetrieben durch führende Kreise der Stadt und des Tempels. Zwar zieht Jesus in 11,1–11 noch wie ein bejubelter König in Jerusalem ein; doch zeigt die dunkle und irritierende Episode der Verfluchung des Feigenbaumes sofort im Anschluss daran, was die Stunde geschlagen hat (11,12–14.20–25). Mit seiner prophetischen Zeichenhandlung im Tempel bringt Jesus die religiösen Autoritäten gegen sich auf, so dass sie sogleich den Beschluss fassen, ihn umzubringen, wörtlich: ihn zugrunde zu richten (11,15–19). Wie sie dies bewerkstelligen, ist Thema der folgenden Kapitel. Dabei betont Markus allerdings – und dies ist wichtig festzuhalten –, dass es die religiösen und politischen Autoritäten sind, die Jesu Tod betreiben, während er zumindest hier zu Beginn die Jerusalemer Bevölkerung noch als Jesus zugetan beschreibt, so dass die Autoritäten nach einem Weg suchen müssen, das Volk bei ihrem Plan zu umgehen.

Entsprechend dieser spannungsgeladenen Vorgabe sucht man im Jerusalem-Teil viele Themen des Galiläa-Teils vergeblich. So gibt es ausser dem negativen Zeichen der Verfluchung des Feigenbaumes keine Machttaten Jesu mehr. Auch die Zeit der Reich-Gottes-Gleichnisse scheint vorbei zu sein. Es gibt nur noch ein Gleichnis (12,1–12), und das thematisiert den bevorstehenden gewaltsamen Tod Jesu. Stattdessen dominieren Streitgespräche, die Jesus mit Vertretern verschiedener führender politischer und religiöser Kreise führt: mit Hohepriestern, Schriftgelehrten und Ältesten (11,27–33), mit Pharisäern und Anhängern des Herodes (12,13–17) oder mit Sadduzäern (12,18–27). Lediglich ein einziger Schriftgelehrter wird dabei als verständig dargestellt (12,28–34).

Im Anschluss an diese Streitgespräche folgt eine grosse Rede Jesu, die «apokalyptische Rede» (Mk 13). Damit enthält auch der Jerusalem-Teil, vergleichbar mit der Gleichnis-Rede des Galiläa-Teils, eine zentrale Rede Jesu.[75] Allerdings ist sie inhaltlich den Reich-Gottes-Gleichnissen aus Mk 4 insofern entgegengesetzt, als sie die bedrängenden Ereignisse der Endzeit, die für die Gegenwart der Leserinnen und Leser transparent werden, samt der Zerstörung des Tempels in den Blick nimmt.

75 Vgl. *Ebner*, Markusevangelium 157 f.

Ab Mk 14 folgen die eigentlichen Passionsereignisse. Überraschend scheint zunächst die Salbung in Betanien (14,3–9). Doch wenn man die Erzählung als prophetische Zeichenhandlung[76] liest, wird ihre Funktion an dieser Stelle des Werkes deutlicher: Dann führt sie zu Beginn der Passionsereignisse den Leserinnen und Lesern schlaglichtartig nochmals vor Augen, wer dieser Jesus eigentlich ist – nämlich der «Gesalbte», der Messias –, der nun auf seinen Tod zugeht, und was hier Ungeheuerliches geschieht. Gerahmt wird diese Episode, die bewusst ausserhalb der Stadt Jerusalems spielt, von den Aktivitäten der Gegner: vom Todesbeschluss der Hohepriester und Schriftgelehrten (14,1–2) auf der einen und dem Verrat des Judas (14,10 f.) auf der anderen Seite. Nach dem Abschiedsmahl und dem Gebet Jesu, die beide noch einmal mit ungeheurer Intensität verdichten, wer Jesus und was seine Sendung ist, nehmen die Ereignisse ihren Lauf, an deren Ende Jesus mit einem erschütternden Schrei am Kreuz stirbt. Doch steht am Ende nicht der Sieg des Todes, sondern ein Bekenntnis, das alles Weitere bereits in sich trägt:

> «Wahrlich, dieser Mensch war Gottes Sohn» (15,39).

2.1.3.5 Im Zentrum der Erzählung: Der Weg

Zwischen diesen beiden Polen Galiläa und Jerusalem steht ein vergleichsweise kurzes Textstück, das die hoffnungsvolle Dynamik der Anfangszeit in Galiläa mit dem gewaltsamen Tod Jesu in Jerusalem verbindet (Mk 8,27–10,45). Dabei besteht diese Verbindung nicht allein in der Überwindung der räumlichen Distanz zwischen Galiläa im Norden und Jerusalem im Süden. Vielmehr geht es darum, die thematisch auf den ersten Blick entgegengesetzten Pole der mitreissenden Reich-Gottes-Botschaft samt den ermutigenden Zeichen der erfahrbaren Gegenwart dieses Reiches Gottes auf der einen Seite und dem Leiden und Tod Jesu auf der anderen Seite theologisch so zu durchdringen, dass deutlich wird, dass diese beiden Pole im Tiefsten zusammengehören.

---

76 So u. a. *Fander*, Stellung 122–125 u. ö.

Zur Überwindung der räumlichen Distanz zu Jerusalem wird diese paradoxerweise zunächst sogar vergrössert, indem der Schauplatz über die Grenzen Galiläas hinaus in den Norden nach Caesarea Philippi verlagert wird (8,27), bevor Schritt für Schritt der Weg nach Jerusalem in Angriff genommen wird, zum Teil, so scheint es, nicht besonders geradlinig, doch stetig immer weiter nach Süden voranschreitend, bevor mit der Gegend von Jericho (10,46) der vorläufig südlichste Punkt und die letzte Station vor Jerusalem erreicht wird.

Dieser Weg-Teil hebt an mit einem Bekenntnis zu Jesus, dem eigentlich nichts hinzuzufügen wäre. Gefragt, für wen die Menschen Jesus halten, kommen zunächst einige Antwort-Bruchstücke, die allesamt Themen des allerersten Beginns des Markusevangeliums (1,1–13) anklingen lassen: der Täufer, Elija, einer der Propheten. Auch für die Jüngergruppe ist klar: Es sind allesamt ungenügende Antwortversuche. Schliesslich formuliert Petrus das Bekenntnis der Jüngergruppe:

> «Du bist der Messias.» (Mk 8,29)

Mit dieser Szene ist eine höchst bedeutsame thematische Leitlinie dieses Mittelteils formuliert: Es geht darum zu verstehen, wer Jesus ist. Leserinnen und Leser, die das Buch von vorne gelesen haben, wissen, dass das Bekenntnis des Petrus richtig ist. Als Messias war Jesus bereits in Mk 1,1 den Leserinnen und Lesern vorgestellt worden. Dennoch ist damit offenbar noch nicht alles gesagt; denn Jesus verbietet den Jüngern überraschenderweise, mit jemandem über dieses Bekenntnis zu sprechen. Der Messiastitel darf demnach nicht vorschnell verwendet werden, sondern es gilt, den Messiastitel in bestimmter Weise zu vertiefen, wenn man Jesus wirklich verstehen will.

Um Leserinnen und Leser dieses vertiefte Verständnis nahezubringen, lässt Markus seinen Jesus auf dem Weg nach Jerusalem dreimal über sein bevorstehendes Leiden und Sterben sowie über seine Auferweckung sprechen. Die erste dieser Ankündigungen schliesst sich unmittelbar an das eröffnende Bekenntnis des Petrus an (8,31), die dritte steht ganz am Ende des Weg-Teils (10,33 f.), die zweite in der Mitte zwischen diesen (9,31). Das heisst: Der Mittelteil des Markusevangeliums ist mit Hilfe dieser drei Leidensankündigungen strukturiert. Und es geht darum, Jesus als Messias (und Gottessohn) verstehen zu lernen, der leiden und sterben, aber auch von Gott auferweckt werden wird.

Dies zu verstehen ist alles andere als leicht. Es widerspricht allen Erwartungen. Es ist gegen jede Logik. Es bringt Gegensätze zusammen, die nicht zusammengehören. Weil solche Widerstände und Anfragen nicht erst heute formuliert werden, sondern von Anfang an dem Glauben an Jesus entgegenstanden, folgt im Markusevangelium auf jede der Leidensankündigungen eine Szene von eklatantem Jüngerunverständnis:

Das erste Mal ist es Petrus, der soeben das vorbildliche Bekenntnis gesprochen hatte, der nun aber Jesus von seinem Weg ins Leiden abhalten will (8,32) – und der sich daraufhin von Jesus wie sonst die Dämonen «anherrschen» lassen und sich die harsche Beschimpfung als «Satan» anhören muss, der nicht das wolle, was Gott will, sondern was die Menschen wollen (8,33). Allerdings macht der Text auch deutlich, dass es nicht um Petrus allein geht, sondern um alle Jünger, die in V. 33 explizit im Blick Jesu sind. Damit aber nicht genug: Mit der Wortwahl in dieser Perikope – Satan, anherrschen, weg von mir, nicht das wollen, was Gott will – klingt die erste Satansszene des Buches an: als Satan Jesus in der Wüste in Versuchung führte (Mk 1,12 f.). War damals der Inhalt der Versuchung noch nicht deutlich geworden, so können Leserinnen und Leser des Buches an dieser Stelle nun die Verküpfung herstellen. Offenbar gilt dem Markusevangelium als *die* widergöttliche Versuchung Jesu, nicht den Weg ins Leiden und ans Kreuz zu gehen. Und offenbar ist es *das* grosse Thema des Unglaubens, Jesus nicht als Leidenden verstehen zu wollen. Wenn sich aber Jesus nicht anders als im Hindurchgehen durch Leid und Tod als Messias und Gottessohn erweist, stellt sich an dieser Stelle die Frage, was dies für das eigene Leben in der Nachfolge *dieses* Messias und Gottessohnes Jesus bedeutet. Darauf erhalten das Volk und die Jüngergruppe die folgende Antwort:

> «Wer mein Jünger sein will, der verleugne sich selbst, nehme sein Kreuz auf sich und folge mir nach. Denn wer sein Leben retten will, wird es verlieren; wer aber sein Leben um meinetwillen und um des Evangeliums willen verliert, wird es retten.» (Mk 8,34 f.)

Nachfolge Jesu heisst also, bereit zu sein, den Weg Jesu in einer Weise nachzugehen, dass er auch für einen selbst ins Leiden und in den Tod führen kann. Und dass gerade hier, unmittelbar im Anschluss an das krasse Unverständnis des Petrus, formuliert wird, dass es darum gehe, sich selbst zu verleugnen, ist sicher nicht ohne Hintergedanken auf dessen dreimalige Verleugnung Jesu in Mk 14,66–72 geschehen.

Wie zur Bestätigung Jesu, der gegen alle Anfechtung den Weg zum Kreuz zu gehen bereit ist, folgt in Mk 9,2–10 die Szene der Verklärung Jesu, in der – zum zweiten Mal im Verlauf des Markusevangeliums – eine göttliche Stimme Jesus als Gottessohn identifiziert:

> «Das ist mein geliebter Sohn; auf ihn sollt ihr hören.» (Mk 9,7)

Nach der zweiten Leidensankündigung wird zunächst explizit gesagt, dass die gesamte Jüngergruppe den Sinn seiner Worte nicht verstanden habe (9,32). Zur Bekräftigung des Unverständnisses der Jünger kommt im Anschluss daran zutage, dass sie nach der Leidensankündigung miteinander verhandelt hatten, wer von ihnen der Grösste sei (9,34). Ganz ähnlich wird auch das Jüngerunverständnis nach der dritten Leidensankündigung konkretisiert: Dieses Mal sind es Jakobus und Johannes, die unbedingt die Ehrenplätze zur Rechten und Linken Jesu haben wollen (10,37). Beide Male antwortet Jesus mit einer Belehrung der Jünger, die die Umkehrung der gesellschaftlich üblichen Rangordnungen und Herrschaftsverhältnisse fordert. Nachfolge Jesu heisst demnach, eben keine Machtpositionen zu beanspruchen oder Herrschaft über andere auszuüben, sondern anderen wirklich und echt zu dienen und auf diese Weise den Weg Jesu nachzugehen (9,35; 10,42–45).

Damit korrigiert der Mittelteil des Markusevangeliums gängige Messiasvorstellungen, nach denen ein königlicher Messias mit militärischer Stärke das Land von den Feinden befreit und seine Stadt in Besitz nimmt. Das Markusevangelium hält zwar am Bekenntnis Jesu als Messias und Gottessohn fest, korrigiert die Vorstellungen davon aber in der Weise, dass Jesus als Messias vorgestellt wird, der den Weg ins Leiden und ans Kreuz auf sich nimmt und sich gerade darin als Messias und Gottessohn erweist. Im Anschluss daran werden anhand der unverständigen Jüngerfiguren die Verstehensschwierigkeiten aller Leserinnen und Leser thematisiert und die Konsequenzen eines solchen Glaubens für den je eigenen Nachfolgeweg bedacht. Über die besprochenen Gelegenheiten hinaus wird das Thema der Nachfolge in diesem Mittelteil in zahlreichen weiteren Textpassagen in verschiedenster Hinsicht ausgelotet.

Und weil es um das vertiefte Verstehen Jesu geht, ist dieser Mittelteil von zwei Blindenheilungen gerahmt, den beiden einzigen Blindenheilungen des Werkes. Das zeigt, dass bereits das Markusevangelium die Blindenheilungen mit einem übertragenen Sinn versieht; denn es thematisiert anhand dieser Erzählungen das Erkennen-Lernen Jesu als Messias und «Sohn Davids» (10,48), der ins Leiden und in den Tod geht. Und weil es in diesem Teil auch darum geht, zu verstehen, was der Glaube an *diesen* Messias und Gottessohn für das eigene Leben und den eigenen Nachfolgeweg bedeutet, endet die zweite Erzählung damit, dass der zum Sehen gekommene ehemals Blinde nun Jesus «auf dem Weg» folgt und damit zum Vorbild für die Leserinnen und Leser wird (10,52). Dieser Weg aber – das wissen Leserinnen und Leser, und das zeigt der Verlauf des Buches ab Kapitel 11 – führt Jesus nach Jerusalem und dort ins Leiden und ans Kreuz.

2.2 Evangelium – Biografie – Historiografie? Zur Gattung des Markusevangeliums

Für uns heute ist es selbstverständlich geworden, eine Jesusdarstellung wie die des Markusevangeliums als «Evangelium» zu bezeichnen. Und in der Tat markiert dieser Begriff den Beginn des Markusevangeliums: «Anfang des Evangeliums Jesu Christi …» (Mk 1,1). Doch ist dieses Wort hier, wie wir gesehen haben, noch nicht als literarischer Gattungsbegriff verwendet, so wie wir ihn heute kennen. Vielmehr kennzeichnet er das, was im Anschluss erzählt wird, als «gute Botschaft». Wir haben oben bereits gesehen,[77] welche Konnota-

77 Siehe Abschnitt 2.1.1.1.

tionen bei diesem «Evangelium» für antike Leserinnen und Leser mitschwingen.

Zur Bezeichnung eines Buches und damit auch zur Bezeichnung einer literarischen Gattung wird das Wort «Evangelium» erst im zweiten Jahrhundert, als die verschiedenen Jesusdarstellungen verschiedenen Verfassern zugeordnet und dazu mit Überschriften versehen wurden: «Evangelium nach Markus», «Evangelium nach Matthäus» usw. Was ist das also für ein Buch?

Das Werk, das Markus vorlegt, präsentiert sich als eine Lebensbeschreibung eines bestimmten Menschen, dessen Name – Jesus – gleich zu Beginn genannt wird. Es ist bereits deutlich geworden, wie planvoll dieses Werk aufgebaut ist:[78] Zunächst wird der Protagonist vorgestellt und in seine Funktion als Verkünder der Königsherrschaft Gottes eingesetzt (1,1–13), dann stehen seine Worte und Taten im Zentrum der Darstellung, wobei der Galiläa-Teil (1,14–8,26) einen Schwerpunkt auf die Machttaten und die Heilsverkündigung Jesu legt und der Weg-Teil (8,27–10,52) Jesus vor allem im Dialog mit der Jüngergruppe und dem mitziehenden Volk zeigt. Daran schliessen sich ausführliche Erzählungen an, wie es zum Tod des Helden kam (11,1–15,39). Abgeschlossen wird das Werk durch einen epilogartigen Teil, der eine Perspektive in die Zukunft eröffnet (15,40–16,8).

Mit diesem Aufbau ähnelt das Markusevangelium anderen antiken Lebensbeschreibungen (gr.: *bios*) bedeutender Menschen. Besonders bekannt sind die Parallelbiografien des griechischen Universalgelehrten und Schriftstellers Plutarch (45–120 n. Chr.), ein umfangreiches Werk, in dem jeweils eine griechische Persönlichkeit einer vergleichbaren römischen Persönlichkeit an die Seite gestellt wird. 22 solcher nebeneinandergestellten Paare sind erhalten. Zu Beginn der Lebensbeschreibung Alexanders des Grossen, neben den dann im Anschluss Caesar gestellt wird, erläutert Plutarch, was ihn bei seiner Darstellung geleitet hat und worauf es ihm ankam. Zunächst dämpft er mögliche Erwartungen, dass er nun alle grossen Ereignisse und Heldentaten ausführlich darstellen werde. Vielmehr gehe es ihm um etwas anderes:

78 Siehe Abschnitt 2.1.3.

> «Denn ich schreibe nicht Geschichte, sondern zeichne Lebensbilder, und hervorragende Tüchtigkeit oder Verworfenheit offenbart sich nicht durchaus in den aufsehenerregendsten Taten, sondern oft wirft ein geringfügiger Vorgang, ein Wort oder ein Scherz ein bezeichnenderes Licht auf einen Charakter als Schlachten mit Tausenden von Toten und die größten Heeresaufgebote und Belagerungen von Städten. Wie nun die Maler die Ähnlichkeit dem Gesicht und den Zügen um die Augen entnehmen, in denen der Charakter zum Ausdruck kommt, und sich um die übrigen Körperteile sehr wenig kümmern, so muss man es mir gestatten, mich mehr auf die Merkmale des Seelischen einzulassen und nach ihnen das Lebensbild eines jeden zu entwerfen, die großen Dinge und die Kämpfe aber anderen zu überlassen.»[79]

Bemerkenswert ist die Abgrenzung seines eigenen Vorhabens von der Geschichtsschreibung, bei der die Beschreibung all der grossen zeitgeschichtlichen Ereignisse zu erwarten gewesen wäre. Dagegen umschreibt er sein eigenes Projekt als das Zeichnen von Lebensbildern, bei denen die grossen Ereignisse weggelassen oder zusammengefasst werden können, hingegen kleine Details zugelassen werden, um den Charakter einer Person einzufangen.

Damit eine solche Lebensbeschreibung in dieser Weise gelingt, sind antike Biografien vielfach nach einer bestimmten Abfolge von Schritten aufgebaut, die das Leben in bestimmte Phasen einteilen: «Herkunft – Ausbildung – Taten und Worte – Tod»[80], oder auch, in eine dreiteilige Struktur gefasst, «Vorbereitung zum öffentlichen Auftreten, öffentliches Auftreten, Tod»[81].

Auch wenn das Markusevangelium Jesus nicht über seine Herkunftsfamilie und seine Ausbildung vorstellt – Informationen darüber werden erst in Mk 6,1–6 nachgereicht –, sondern über seine göttliche Herkunft und Legitimation (Mk 1,1–13), sind Parallelen zur Struktur der antiken Biografie erkennbar. Auch in weiteren Aspekten der Darstellung, besonders seines öffentlichen Auftretens und seines Todes, ist

79 *Plutarch*, Alexandros 1.
80 *Ebner*, Viten 39.
81 *Dormeyer*, Markusevangelium als Idealbiographie 8.

das Markusevangelium der hellenistischen Biografie vergleichbar.

Im Unterschied zur hellenistischen Biografie wird Jesus allerdings nicht als «gemischter Charakter» vorgestellt, sondern als eine Idealgestalt. Dies entspricht der Art und Weise, wie auch alttestamentliche und andere jüdische Texte ihre Figuren zeichnen: Diese weichen – man denke nur an David oder Salomo – zwar durchaus bisweilen vom richtigen Weg ab, lassen sich aber immer wieder zur Umkehr bewegen. Die alttestamentlichen und ausserbiblischen jüdischen Texte lassen sich zwar nicht einer einzigen Gattung zuordnen, die immer gleichen Gesetzmässigkeiten folgen würde; doch sind sie mit ihrer idealen Zeichnung der Figuren nicht ohne Einfluss auf die neutestamentlichen Texte geblieben. So wird das Markusevangelium mit guten Gründen auch als «Idealbiografie» bezeichnet.[82]

Gegenstand dieser Idealbiografie ist allerdings jemand, dessen Leben in den Augen vieler Zeitgenossen alles andere als «ideal» verlief. Im Gegenteil: Sie beschreibt das Leben eines Menschen, der ins Visier der römischen Behörden geriet und den schändlichen Kreuzestod eines politischen Aufrührers starb. Das Leben eines solchen Menschen zum Gegenstand einer Biografie zu machen, muss nicht nur als ungewöhnlich, sondern sogar als gefährlich gelten. Vom römischen Historiker Tacitus (ca. 55–nach 116 n. Chr.) wissen wir, dass das Verfassen von Lebensbeschreibungen von Personen, die sich dem Machtanspruch des flavischen Kaiserhauses widersetzten, tödlich enden konnte.[83]

> «In der Flavierzeit ist es nicht nur gefährlich, politisch nicht korrekte Viten zu schreiben, sondern sogar ein Staatsverbrechen, sie in Auftrag zu geben oder auch nur zu besitzen.»[84]

Das heisst: Wer eine *Vita* verfasste, positionierte sich damit immer auch in einem gesellschaftspolitischen Umfeld. Mit der Wahl eines bestimmten Helden wie auch durch die Art und Weise der Darstellung können bestehende gesellschafts-

82 *Dormeyer*, Markusevangelium als Idealbiogaphie.
83 *Ebner*, Viten 50 f. mit Hinweis auf die Agricolavita des Tacitus.
84 *Ebner*, Viten 51.

politische (Macht-)Verhältnisse idealisiert oder zumindest bejaht werden, oder es wird ein kritisches Gegenbild oder ein regelrechter Alternativentwurf zu den die Gegenwart bestimmenden Kräften geschaffen. In diesem Sinne stellt das Markusevangelium eine «gefährliche Vita»[85] dar: Es stellt einen Mann ins Zentrum, gegen den als politische Anklage vorgebracht wurde, sich als «König der Juden» (Mk 15,2.26) ausgegeben und sich damit gegen die römische Herrschaft gestellt zu haben, und der dieser Anklage entsprechend als politischer Aufrührer hingerichtet worden ist. Und indem es gerade *dessen* Geschichte rechtfertigt und als «ideales» Leitbild präsentiert, entwirft es ein Gegenmodell zu den bestehenden Verhältnissen. In welchen Aspekten die markinische Jesusgeschichte zeitgenössische Herrschaftsmodelle konterkariert, wird noch genauer zu zeigen sein.[86]

Das Markusevangelium kennzeichnet ausgerechnet diese Lebensdarstellung zu Beginn des Werkes als «Evangelium». Gemeint ist damit zunächst noch ohne Gattungszuschreibung die rettende und heilsbedeutsame «gute Botschaft» von und über Jesus Christus. Dieses «Evangelium» wird im Markusevangelium in Form einer Lebensgeschichte präsentiert; mit dieser Vorgabe wird eine Entwicklung nachvollziehbar, in deren Folge derartige Jesusdarstellungen regelhaft als «Evangelium» im Sinne einer Gattung bezeichnet werden konnten.

2.3 Warum und für wen das Buch geschrieben wurde: Mögliche Entstehungskontexte des Markusevangeliums

Spätestens an dieser Stelle drängt sich förmlich die Frage auf, wer ein solches Jesusbuch zu welcher Zeit aus welchem Grund und für wen geschrieben haben könnte. Wo hatte ein solches Jesusbuch seinen Ort? Für wen war diese Jesusgeschichte von Bedeutung?

85 Ebd. 56.

86 Siehe Abschnitt 2.4.2. Vgl. zum Thema der «Gegen-Biografie» insgesamt *Dormeyer*, Idealbiographie, bes. 316–320; *Ebner*, Evangelium; *Theißen*, Entstehung 88.

Exkurs

Im Unterschied zu heutiger Literatur erweist sich die Beantwortung solcher Fragen mit Blick auf die vier Jesusbücher des Neuen Testaments – und damit auch auf das Markusevangelium – als gar nicht so einfach. Wer heute nämlich ein Buch zur Hand nimmt, findet auf den ersten Seiten gewöhnlich nicht nur genaue Angaben zum Namen des Verfassers oder der Verfasserin sowie zum Ort und Jahr der Veröffentlichung, sondern kann darüber hinaus den Widmungen und Vorworten zahlreiche Einzelheiten zum Entstehungskontext des Werkes, seinen Zielen und vor allem über das besonders angesprochene Publikum entnehmen. Bei den Evangelien ist das anders. Solche expliziten Angaben zur Entstehungssituation suchen wir hier leider vergeblich. So sind wir darauf angewiesen, oft kleine Details in den Texten auszuwerten, um Hinweise auf die Entstehungskontexte der Werke zu erhalten: Auf welche Weise wird in dem betreffenden Werk von Jesus erzählt? Gibt es Unterschiede zum vorliegenden Quellenmaterial (falls solches bekannt ist) – und worauf lassen diese Unterschiede schliessen? Welche Aspekte der Jesuserzählung oder des Jesusbildes werden besonders herausgestellt, welche eher zurückhaltend behandelt? Welche Erzählzüge müssen besonders erklärt werden, weil sie vielleicht nicht (mehr) für sich selbst sprechen? Gibt es Hinweise auf zeitgeschichtliche Ereignisse, die eine zeitliche Einordnung erlauben? Tragen manche Texte vielleicht ein spezielles Lokalkolorit, das Hinweise auf ihre Entstehungssituation geben könnte? Auf welche Entstehungskontexte lässt die Sprache schliessen? Welche Fragen und Themen erscheinen in dem jeweiligen Werk besonders drängend – und welche Antworten werden erkennbar? Was lässt sich all dem über die brennenden Fragen, Sorgen und Hoffnungen der Menschen entnehmen, in deren Kreis das Werk entstanden ist? Was hat ihr Leben bestimmt, was ihren Alltag geprägt – und welches Echo hat darin die Jesusbotschaft gefunden?

Solchen und ähnlichen Fragen soll im Folgenden nachgegangen werden, um herauszufinden, in welchem Entstehungskontext die Jesusbotschaft des Markusevangeliums anzusiedeln ist. Neben den genannten innertextlichen Hinweisen werden dabei auch Nachrichten aus der frühen Kirche eine Rolle spielen, die Hinweise über Verfasser, Ort und Entstehungszeit des Markusevangeliums geben können. Auch wenn auf diese Weise kein lückenloses Bild zu erwarten ist, so werden sich doch einige Konturen erkennen lassen.

2.3.1 Ein Dolmetscher des Petrus oder ein unbekannter Jesusanhänger? Hinweise auf den Verfasser des Markusevangeliums

Das Markusevangelium war ursprünglich anonym überliefert. Erst als in den christlichen Gemeinden nicht mehr nur eine einzige Evangelienschrift vorhanden war, sondern verschiedene Evangelien bekannt waren, wurde zur Unterscheidung der Schriften eine Zuweisung an bestimmte Verfasser nötig. Die ältesten erhaltenen Handschriften des Markusevangeliums nennen bereits Markus als Verfasser; doch wird meist davon ausgegangen, dass die Evangelienüberschrift schon früher als die erhaltenen Handschriften entstanden ist, vielleicht am Ende des ersten oder zu Beginn des zweiten Jahrhunderts.[87]

Die älteste Nachricht darüber, wer dieser Markus sei, geht auf eine Notiz des Bischofs Papias von Hierapolis zurück, die vielleicht schon um 110 n. Chr. entstanden ist und als Gewährsmann für diese Information wiederum einen Presbyter namens Johannes nennt, der ein Jünger Jesu gewesen sei. Überliefert ist dies jedoch erst in der wesentlich später entstandenen Kirchengeschichte des gelehrten Bischofs Eusebius von Caesarea (vor 265–339/40 n. Chr.). Nach dieser Darstellung war Markus ein Begleiter und Dolmetscher des Petrus, der die Worte und Taten Jesu zwar genau, aber nicht der Reihe nach aufgeschrieben habe – eben so, wie sie den Predigten des Petrus zu entnehmen waren. Insgesamt klingt die Passage so, als müsse die Darstellung des Markus bereits gegen Angriffe verteidigt werden:

> «Auch dies lehrte der Presbyter: Markus hat die Worte und Taten des Herrn, an die er sich als Dolmetscher des Petrus erinnerte, genau, allerdings nicht der Reihe nach, aufgeschrieben. Denn er hatte den Herrn nicht gehört und begleitet; wohl aber folgte er später, wie gesagt, dem Petrus, welcher seine Lehrvorträge nach den Bedürfnissen einrichtete, nicht aber so, dass er eine zusammenhängende Darstellung der Reden des Herrn gegeben hätte. Es ist daher keineswegs ein Fehler des Markus, wenn er einiges so aufzeichnete, wie es ihm das Gedächtnis eingab.

87 *Dschulnigg*, Markusevangelium 53.

Denn für eines trug er Sorge: nichts von dem, was er gehört hatte, auszulassen oder sich im Berichte keiner Lüge schuldig zu machen. So berichtete Papias über Markus.»[88]

Historisch ist diese Verbindung des Verfassers des Markusevangeliums zu Petrus allerdings kaum haltbar. Vielmehr lässt sie sich auf mehrere neutestamentliche Erwähnungen eines (Johannes) Markus im Zusammenhang mit Petrus zurückführen (1 Petr 5,13; Apg 12,12 u.a.). Die Identifizierung des Verfassernamens «Markus» mit einer bekannten Persönlichkeit aus der frühesten Zeit entspricht einer Tendenz, die wir auch bei den anderen Evangelien beobachten können. Und da der Name Markus weder im Zwölferkreis noch sonst irgendwo in der engsten Umgebung Jesu zu finden ist, wurde über die Verbindung zum prominentesten der Apostel, Petrus, versucht, den Verfasser trotzdem möglichst nah an Jesus heranrücken zu lassen. Dahinter ist das Bestreben erkennbar, die Glaubwürdigkeit und Autorität dieses Evangeliums zu stärken und dauerhaft sicherzustellen. Eine historisch haltbare Identifizierung des Verfassers ist diesen Angaben daher nicht zu entnehmen. Die Identität des Verfassers des Markusevangeliums muss also als unbekannt gelten.

2.3.2 Traumatisierende Nachrichten über Kriegsereignisse in Judäa: Hinweise auf die Entstehungszeit des Markusevangeliums

Auch über die Zeit, in der es geschrieben wurde, macht das Markusevangelium keine direkte Angabe. Daher sind wir in dieser Frage ebenfalls auf indirekte Hinweise im Text angewiesen, die Aufschluss über die Entstehungszeit des Werkes geben können. Eine Leitfrage bei der Datierung der Evangelien ist die, ob sich zeitgeschichtliche Ereignisse, die auf der Basis auch anderer Quellen eindeutig datierbar sind, im Text spiegeln. Ein solches einschneidendes Ereignis, das die jüdische Welt nachhaltig erschüttert hat, war der jüdische Aufstand gegen die römische Besatzung in den Jahren 66–70 n.Chr., der von den römischen Truppen blutig niedergeschla-

88 *Eusebius*, Kirchengeschichte III 39,15.

gen wurde. Besiegelt wurde der Sieg der römischen Truppen unter dem Feldherrn Titus mit der Eroberung Jerusalems und der anschliessenden Zerstörung der Stadt und des Tempels im Jahr 70. Es ist kaum vorstellbar, dass die Evangelisten, sollten sie Kenntnis von dieser Katastrophe gehabt haben, ihre Werke verfassten, ohne dass dieses Ereignis in irgendeiner Weise Spuren hinterlassen hätte.

Im Markusevangelium wird die bevorstehende Zerstörung des Tempels im Rahmen der apokalyptischen Rede Jesu in Mk 13 in den Blick genommen. Die Rede wird durch eine aufschlussreiche Szene beim Tempel eingeleitet:

> «Als Jesus den Tempel verliess, sagte einer von seinen Jüngern zu ihm: Meister, sieh, was für Steine und was für Bauten! Jesus sagte zu ihm: Siehst du diese grossen Bauten? Kein Stein wird auf dem anderen bleiben, alles wird niedergerissen.» (Mk 13,1 f.)

Natürlich ist diese Ansage der Zerstörung des Tempels im Verlauf der Erzählung zu Lebzeiten Jesu angesiedelt und als Vorhersage durch Jesus gestaltet. Doch ist es nicht wahrscheinlich, dass die Evangelisten einen solchen – äusserst gewagten! – Spruch Jesu in ihre Werke aufgenommen hätten, wenn es nicht Anhaltspunkte gegeben hätte, dass dies tatsächlich eintreffen würde oder gar schon eingetroffen war. Mit anderen Worten: Die Formulierung eines solchen Spruches – in dieser Konkretheit – ist nur in einer Zeit vorstellbar, in der die Zerstörung des Tempels entweder bereits als Drohkulisse am Horizont stand, oder aber bereits erfolgt war.

Exkurs

Das zeigt: Verfasser wie die Gemeinde des Markusevangeliums waren von den Ereignissen des jüdischen Aufstandes gegen die Römer und dessen Niederschlagung, die eine fürchterliche Spitze in der Zerstörung des Tempels hatte, aber auch mit der Ermordung oder Gefangennahme und Verschleppung eines grossen Teils der Bewohnerschaft verbunden war, so sehr umgetrieben, dass dies auch Fragen im Blick auf Jesus aufwarf: Hätte er das nicht wissen müssen? Konnte er der Messias sein, wenn solche furchtbaren Dinge geschahen? Wie verhält es sich mit seiner Reich-Gottes-Botschaft, wenn die Römer in dieser grausamen Weise die Oberhand behielten? Und überhaupt: Sind diese Ereignisse nicht schon die Zeichen der Endzeit?

Indem das Markusevangelium Jesus die Zerstörung des Tempels ansagen lässt, macht es deutlich, dass Jesus sehr wohl um diese bevorstehenden Ereignisse wusste und die Seinen auch darauf vorbereitet hatte. Zudem ordnet das Markusevangelium in der sich anschliessenden Endzeitrede die Ereignisse in einer Weise ein, dass Leserinnen und Leser erkennen können: Diese Ereignisse sind noch nicht die Endzeit, in der der Menschensohn kommen und Gericht halten würde. Vielmehr ist die Zerstörung des Tempels Teil einer ganzen Reihe von Ereignissen, die aber auch nicht das Ende selbst, sondern allesamt erst der «Anfang der Wehen» (13,8) sind. Zu diesen Ereignissen gehören solche, die die Leserinnen und Leser nur vom Hörensagen kennen, wie Kriege, Erdbeben oder Hungersnöte (13,8). Es gehören aber auch Geschehnisse dazu, die die Leserinnen und Leser selbst erlebt haben: Bedrängnisse, Verfolgung, Denunziationen, Gerichtsprozesse, Todesurteile (13,9–13). Erst danach werden die eigentlichen Zeichen für das Ende benannt (13,24–27), die man allerdings, wenn man seinen Verstand gebraucht, erkennen kann (13,28–32), auf die man aber vorbereitet sein muss (13,33–37). Für die Leserinnen und Leser zeigt dies, dass das, wovon sie gehört haben, nämlich von den schrecklichen Ereignissen in Judäa, und das, was sie selbst erleben oder erlebt haben, nämlich Übergriffe und Verfolgung, zwar schlimm sind, doch dass deren Zeit begrenzt ist. Sie sind noch nicht das Ende. Dieses wird sich erst danach ankündigen.[89]

Die Formulierungen in Mk 13 lassen erkennen, dass der Verfasser und seine Gemeinde zumindest um die Kriegsereignisse in Judäa Ende der 60er-Jahre gewusst und die Zerstörung Jerusalems befürchtet haben müssen. Die Frage, an der sich die Urteile der Exegetinnen und Exegeten scheiden, ist, ob das Markusevangelium darüber hinaus bereits auf die erfolgte Zerstörung Jerusalems und des Tempels zurückblickt – oder noch nicht.

Nun ist die Ansage der Zerstörung des Tempels in Mk 13,2 – verglichen z. B. mit Lk 21,20–24 – so formuliert, dass sie keine konkreten Kenntnisse über die tatsächlichen Ereignisse bei der Belagerung der Stadt und der Zerstörung des Tempels sichtbar werden lässt. Vielmehr verbleibt sie in einer allgemeinen Formulierung. Das wird von einem Teil der exegetischen Forschung so ausgewertet, dass das Markusevangelium zwar die Kriegsereignisse voraussetzt und der Verfasser die Zerstörung des Tempels befürchtete, aber noch nicht auf die tatsächlich erfolgte Zerstörung des Tempels

89 Vgl. *Broer/Weidemann*, Einleitung 92; *Ebner*, Das Markusevangelium neu übersetzt und kommentiert 132–141.

zurückblickt. Vor diesem Hintergrund wird das Markusevangelium in die Zeit Ende der 60er-Jahre datiert.[90]

Die Frage ist allerdings, ob die Formulierung in Mk 13,2 nicht doch schon auf die Zerstörung des Tempels zurückblickt, also als *vaticinium ex eventu*, als eine Weissagung *nach* dem bereits erfolgten Ereignis, zu interpretieren ist. Damit wäre das Markusevangelium erst nach 70 zu datieren. Allein auf der Basis von Mk 13,2 ist die Frage kaum zu entscheiden. Da die Endzeitrede Mk 13 aber so dezidiert zwischen dem Krieg und der Endzeit unterscheidet und den Krieg eben noch nicht als das Ende ansieht, passt dies besser zu einer Entstehungszeit kurz nach 70, als der Aufstand bereits niedergeschlagen und Jerusalem und der Tempel zerstört waren, das Ende aber immer noch ausstand.[91]

2.3.3 Rom – oder doch Syrien? Hinweise auf den Entstehungsort des Werkes

Nicht nur über seinen Verfasser und die Zeit seiner Entstehung schweigt sich das Markusevangelium aus, sondern auch über den Ort seiner Entstehung. Die Lektüre der Endzeitrede Mk 13 hat gezeigt[92], dass der Verfasser und seine Adressatinnen und Adressaten nicht in Judäa oder in Jerusalem selbst leben, sondern aus einer gewissen Distanz auf die kriegerischen Ereignisse im Land blicken: So rät Mk 13,14 den Bewohnern von Judäa, in die Berge zu fliehen; er spricht diese Bewohnerschaft des Landes also nicht direkt an, sondern spricht über sie – und dies, obwohl unmittelbar zuvor die Leserinnen und Leser direkt angesprochen und zum Verstehen aufgefordert worden waren. Dazu kommt, dass der Verfasser mit der Geografie Palästinas nicht besonders vertraut gewesen sein kann, wenn er zum Beispiel in Mk 5,1–20 die Stadt Gerasa, die etwa 50 km vom See Gennesaret entfernt liegt, direkt am See lokalisiert.

90 Z. B. *Schenke*, Markusevangelium 32–34. Sogar schon in die Zeit zwischen 64 und 66 datiert *Dschulnigg*, Markusevangelium 55 f.

91 So z. B. *Broer/Weidemann*, Einleitung 90–92; *Ebner*, Markusevangelium 171 f.; *Theißen*, Das Neue Testament 64.

92 Siehe Abschnitt 2.3.2.

Daher ist sich die Exegese (einigermassen) einig, dass das Markusevangelium kaum in Palästina oder gar in Jerusalem entstanden sein kann. Damit beginnt aber erst die Suche nach dem Entstehungsort des Buches.

Die ersten Nachrichten über den Entstehungsort des Markusevangeliums verdanken wir, wie schon den ältesten Hinweis auf seinen Verfasser, der im Jahr 325 abgeschlossenen Kirchengeschichte des Bischofs Eusebius von Caesarea.[93] Für diesen Aspekt beruft sich Eusebius auf Bibelerklärungen des Philosophen und Theologen Klemens von Alexandria (ca. 150–215 n. Chr.). Demnach sei das Markusevangelium in Rom entstanden, als sich nämlich nach den mitreissenden Predigten des Petrus die Zuhörer an Markus wandten mit der Bitte, die Worte des Petrus niederzuschreiben.[94]

Lässt sich dieser frühkirchliche Hinweis auf den Entstehungsort Rom durch weitere Indizien erhärten? Eine erste Spur legt die Sprache des Werkes.[95] Das Markusevangelium ist auf Griechisch geschrieben. Das ist die Sprache, mit der man sich im Osten des Römischen Reiches verständigte, die aber auch in den Städten des Westens und natürlich in Rom verstanden wurde. Vor allem die einfachen Leute, Händler, (ehemalige) Sklavinnen und Sklaven, von denen es viele aus dem Osten des Reiches nach Rom verschlagen hatte, sprachen Griechisch. Es ist nicht zu erkennen, dass im Hintergrund des Markusevangeliums ursprünglich eine semitische Sprache, etwa das Aramäische, gestanden hätte. Wenn aramäische oder auch hebräische Worte begegnen, dann müssen sie übersetzt werden:

> «Jesus fasste das Kind an der Hand und sagte zu ihm: Talita kum!, das heisst übersetzt: Mädchen, ich sage dir, steh auf!» (Mk 5,41; vgl. auch 7,11.34; 14,36; 15,22.34).

Dagegen weist das Griechische des Markusevangeliums einige Latinismen auf, also Anklänge an und Übernahmen aus der lateinischen Sprache. Das könnte ein Indiz dafür sein, dass in der Umgebung Latein gesprochen wurde. Dafür

93 Siehe Abschnitt 2.3.1.

94 *Eusebius*, Kirchengeschichte VI 14,6–7.

95 Zum Folgenden vgl. *Bieberstein*, Evangelien 17 f.

kommen zunächst römische Standorte im gesamten Reich in Frage, etwa römische Kolonien oder Militärlager. Lediglich ein sprachliches Detail verweist konkret in Richtung Rom: In Mk 12,42 wird erklärt, dass die zwei *Lepta*, die eine Witwe in den Kasten am Jerusalemer Tempel warf, einem *Quadrans* entsprächen. Damit werden Münzen, wie sie in den östlichen Provinzen und speziell Judäa geläufig waren (*Lepta*), den Leserinnen und Lesern mit Hilfe der kleinsten römischen Münze, wie sie typisch für Italien und Rom war (*Quadrans*), erklärt. Eine solche Erklärung ist nur dort sinnvoll, wo solche Münzen zum Alltag gehören – zum Beispiel in Rom.[96]

Allerdings könnten einige der Beobachtungen ebenso gut auch in andere Gegenden passen. Dazu kommt, dass für Markus als den Ersten, der vorhandene Jesustraditionen in dieser Weise sammelte und zu einem Buch verarbeitete, noch eine gewisse Nähe zum Ursprungsland der Jesusbewegung veranschlagt wird. Sollten all die Traditionen, die das Markusevangelium voraussetzt und aufnimmt, in so kurzer Zeit schon nach Rom gelangt sein? Ausserdem setze die erzählte Welt des Markusevangeliums ein stark agrarisch geprägtes Milieu voraus, was nicht gut zu einer urbanen Gemeinde in Rom zu passen scheint.

Aufgrund solcher Beobachtungen plädiert daher ein Teil der Forschung alternativ für den syrischen Raum als Entstehungsregion des Werkes.[97] Doch sind die Gründe für Rom nicht leicht von der Hand zu weisen. Und gerade im Kontext der Hauptstadt des Imperiums lassen sich manche Aspekte der Situation, die das Werk für die angesprochene Gemeinde erkennen lässt, besonders gut nachvollziehen.[98] So sprechen m. E. die Indizien eher für eine Entstehung des Werkes in Rom.[99]

---

96 Vgl. ausführlich *Ebner*, Markusevangelium 172 f.

97 So *Broer/Weidemann*, Einleitung 93 f.; *Theißen*, Das Neue Testament 64 f. Positiv erwägend auch *Schenke*, Markusevangelium 40–42.

98 Siehe Abschnitt 2.3.4.

99 So *Ebner*, Markusevangelium 172 f.

Bedrängende Erfahrungen als beargwöhnte Minderheit: Hinweise auf die Gemeinde, in deren Kontext das Werk entstand 2.3.4

Ein erster Fingerzeig auf die Gemeinde, in deren Kontext das Werk entstanden ist, ergibt sich daraus, dass das Markusevangelium von Anfang an und durch das gesamte Werk hindurch in zahlreichen Aspekten auf die jüdische Bibel zurückgreift, um seine Jesusgeschichte zu erzählen. Es setzt also bei seinen Leserinnen und Lesern voraus, dass dieser «Resonanzkörper» der jüdischen Heiligen Schriften als ebenso bedeutsam wie plausibel empfunden wird. Gleichzeitig müssen jüdische Bräuche erläutert werden, und es wird bereits mit einer gewissen Distanz von diesen Bräuchen gesprochen:

> «Die Pharisäer essen nämlich wie alle Juden nur, wenn sie vorher mit einer Handvoll Wasser die Hände gewaschen haben, wie es die Überlieferung der Alten vorschreibt. Auch wenn sie vom Markt kommen, essen sie nicht, ohne sich vorher zu waschen. Noch viele andere überlieferte Vorschriften halten sie ein, wie das Abspülen von Bechern, Krügen und Kesseln.» (Mk 7,3f; vgl. auch 14,12; 15,42)

Selbst so grundlegende Dinge wie der Auftakt zum Pesachfest mit dem Schlachten der Lämmer (14,12) oder der Rüsttag zum Sabbat (15,42) werden erklärt. Die Tora wird in einer Weise interpretiert, wie es für christusgläubige Gemeinschaften charakteristisch ist: Texte wie Mk 2,23–3,6 machen deutlich, dass die Weisungen der Tora für den Menschen da sein müssen und nicht umgekehrt, und in 10,17–27 und 12,28–34 wird die Tora mit Hilfe der Nächstenliebe konkretisiert.

Dies deutet darauf hin, dass die Gemeinde sich zwar im jüdischen Horizont und insbesondere in den literarischen Traditionen des Judentums beheimatet sieht und zum Teil sicher aus dem Judentum stammt («Judenchristen»). Doch muss ein namhafter Teil der Gemeinde bereits nichtjüdischer Herkunft gewesen sein («Heidenchristen»). So erscheinen Menschen nichtjüdischer Herkunft («Heiden») im Markusevangelium als Adressaten der Verkündigung (Mk 5,20; 7,24–37), kultische Reinheit wird in einer Weise definiert, dass Juden und Heiden miteinander essen und Gemeinschaft pflegen können (Mk 7,1–23), und der erste, der Jesus nach dessen

Tod als «Sohn Gottes» bezeichnet, ist ein römischer Hauptmann (Mk 15,39).

Für die gesellschaftliche Position der Gemeinde bedeutet dies, dass sie einerseits nicht mehr zur Synagoge gehörte und daher auch nicht mehr von deren garantierten Rechten als Minderheit im römischen Imperium profitieren konnte. Andererseits hatte sie in der nichtjüdischen Mehrheitsgesellschaft noch keinen eigenen anerkannten Stand, sondern wurde als Gruppierung, die man nicht so recht einzuordnen wusste, entsprechend beargwöhnt. Das Markusevangelium spiegelt Erfahrungen von Ausgrenzung und sozialer Isolation bis hin zu gewaltsamen Bedrängnissen. Denn wenn es in der Erklärung des Sämanngleichnisses in Mk 4,17 heisst, dass es Menschen gebe, die das Wort zwar annehmen, jedoch sofort zu Fall kämen, sobald es Bedrängnisse oder Verfolgungen gebe, dann ist dies eine Situation, die so zur Zeit Jesu noch nicht gegeben war. Vielmehr müssen sich Erfahrungen der Gemeinde, in deren Kontext das Werk entstanden ist, in solchen Sätzen spiegeln. Ähnlich deuten Mk 10,30 und Mk 13,9.13.19 solche Verfolgungs- und Bedrängnissituationen an, die erst in einer späteren Zeit anzusiedeln sind und daher die Situation der Gemeinde (und nicht die Zeit Jesu) reflektieren. Als Verfolger erscheinen dabei an einer Stelle Synagogen (13,9); ansonsten werden «Statthalter und Könige» (13,9) oder «Gerichte» (13,11), also staatliche Behörden, als verfolgende Instanzen genannt, oder die verfolgende Instanz bleibt unspezifisch (Mk 4,17; 10,30).

Um solcher Gewalt zu entgehen, scheinen sich nicht wenige Gemeindemitglieder von der Gemeinde abgewandt zu haben. Nicht umsonst wird also vor allem im Mittelteil des Markusevangeliums intensiv über die Implikationen von Nachfolge nachgedacht: Nachfolge kann demnach durchaus Verfolgung, ja, Tod bedeuten. Doch wird diese Nachfolge als ein Nach-Gehen des Weges Jesu bis hin zum Kreuz gedeutet, so dass der eigene Nachfolgeweg wie bei Jesus mit «Kreuz auf sich nehmen» und Tod verbunden sein kann.[100] Angesichts dessen, so versucht das Markusevangelium seinen Leserin-

100 Siehe Abschnitt 2.1.3.5.

nen und Lesern plausibel zu machen, gilt es durchzuhalten und gerade darin das wahre Leben zu erlangen (Mk 8,34–38).

Eine solche Situation ist natürlich nicht nur in Rom vorstellbar. Gerade im Blick auf Rom sind allerdings für das Jahr 64 n. Chr. gewaltsame Übergriffe gegen Christen und Christinnenen belegt, denen zahlreiche Angehörige der Gemeinden zum Opfer fielen.[101] Der römische Historiker Tacitus schreibt über diese Gewaltmassnahmen des Kaisers Nero, der auf diese Weise versuchte, Gerüchte zu zerstreuen, er selbst habe den Brand Roms befohlen:

> «Daher schob Nero, um dem Gerede ein Ende zu machen, andere als Schuldige vor und belegte die mit ausgesuchtesten Strafen, die, wegen ihrer Schandtaten verhasst, vom Volk Chrestianer genannt wurden. Der Mann, von dem sich dieser Name herleitete, Christus, war unter der Herrschaft des Tiberius auf Veranlassung des Prokurators Pontius Pilatus hingerichtet worden; und für den Augenblick unterdrückt, brach der unheilvolle Aberglaube wieder hervor, nicht nur in Judäa, dem Ursprungsland dieses Übels, sondern auch in Rom, wo aus der ganzen Welt alle Greuel und Scheußlichkeiten zusammenströmen und gefeiert werden. So verhaftete man zunächst diejenigen, die ein Geständnis ablegten, dann wurde auf ihre Anzeige hin eine ungeheure Menge nicht so sehr des Verbrechens der Brandstiftung als einer hasserfüllten Einstellung gegenüber dem Menschengeschlecht schuldig gesprochen. Und als sie in den Tod gingen, trieb man noch seinen Spott mit ihnen in der Weise, dass sie, in die Felle wilder Tiere gehüllt, von Hunden zerfleischt umkamen oder, ans Kreuz geschlagen und zum Feuertod bestimmt, sobald sich der Tag neigte, als nächtliche Beleuchtung verbrannt wurden.»[102]

Ganz gewiss ist Tacitus alles andere als ein Sympathisant der Christen. Den christlichen Glauben betrachtet er als einen «unheilvollen Aberglauben» und rechnet ihn zu allen Scheusslichkeiten, die in Rom zusammenkamen. Doch beurteilt er andererseits das Treiben Neros äusserst kritisch. Bemerkenswert sind für unsere Fragestellung

---

101 Zu den im Folgenden hergestellten Zusammenhängen vgl. *Ebner*, Markusevangelium 175; *Heininger*, «Politische Theologie» 199–204; *Theißen*, Lokalkolorit 270–284.

102 *Tacitus*, Annalen 15,44.

- erstens seine Darstellung der Art und Weise, wie Christinnen und Christen hauptsächlich in die Fänge der Behörden kamen: nämlich durch Denunziation durch bereits verhaftete Gemeindemitglieder,
- und zweitens seine Formulierung der Vorwürfe, die den Christinnen und Christen gemacht wurden: sie hätten eine hasserfüllte Einstellung gegenüber dem Menschengeschlecht.

Davon, dass Denunziationen ganze Familien spalten und Familienmitglieder sich gegenseitig den Behörden ausliefern, ist in Mk 13,12 die Rede. Und Mk 13,13 beschreibt die Situation der Angesprochenen so, dass sie «von allen gehasst sind». In der Darstellung des Tacitus werden die Christen zunächst als «wegen ihrer Schandtaten verhasst (*per flagitia invisos*)» gekennzeichnet, und im Zuge der Prozesse gegen sie wird ihnen umgekehrt eine hasserfüllte Haltung gegenüber allen Menschen (*odium humani generis*) vorgeworfen. Sowohl die Denunziationen, als auch das Gehasst-Werden zählen zu den Erfahrungen, die das Markusevangelium als Realität der Gemeindemitglieder voraussetzt (13,9).

All dies würde gut zu einer Situierung des Markusevangeliums in Rom passen, wo der Gemeinde die Traumatisierungen noch in den Knochen stecken mussten, die sie durch die Gewaltexzesse unter Nero erlitten haben musste.[103] Wenn dazu noch die Datierung des Markusevangeliums kurz nach dem Jahr 70 zutrifft, dann haben die Gemeindemitglieder ja nicht nur die Nachrichten von der Eroberung Jerusalems und der Zerstörung des Tempels erhalten, sondern sie mussten mit eigenen Augen mitansehen, wie zahllose gefangene Jüdinnen und Juden samt einigen der herausragendsten Tempelschätze wie der Menora im Triumphzug des Kaisers Vespasian und seines Sohnes Titus durch Rom geschleift und dem Volk vorgeführt wurden. Und damit dieser Sieg und die damit verbundene Demütigung Judäas täglich buchstäblich sichtbar und greifbar blieb, wurden zu diesem Ereignis Münzen geprägt, die als Aufschrift trugen: *Ivdea capta*.

Da ist es nicht verwunderlich, wenn neue Ängste geschürt wurden und Endzeitphantasien aufkamen.

103 Vgl. auch *Gnilka*, Evangelium nach Markus II, 192.

Münze des Kaisers Vespasian mit der Prägung *IVDEA CAPTA*

Forum Romanum: Das Relief auf dem Titusbogen (errichtet nach 81 n. Chr.) zeigt den Triumphzug Vespasians und seines Sohnes Titus unter Mitführung der Menora und anderer Beutestücke aus dem Jerusalemer Tempel nach der Zerstörung Jerusalems und dem Sieg über Judäa 70 n. Chr.

Quellen des Werkes 2.3.5

Es hat sich gezeigt: Das Markusevangelium formuliert seine Jesusgeschichte in Auseinandersetzung mit den Ereignissen der eigenen Zeit, und es versucht, auf die Fragen und Herausforderungen der eigenen Zeit tragfähige Antworten zu geben. Dabei fing das Markusevangelium allerdings nicht «bei null» an. Vielmehr ist an verschiedenen Stellen des Markusevangeliums erkennbar, dass dem Verfasser bereits älteres Quellenmaterial vorlag, das Eingang in sein Werk gefunden hat.

Exkurs Dass älteres Material in einem Text verarbeitet wurde, kann mit Hilfe des exegetischen Methodenschrittes der Literarkritik aufgespürt werden, der anhand von feinen Inkonsistenzen im Text – wie Doppelungen, inhaltlichen Spannungen, Wechsel im Vokabular o.ä. – auf feine «Bruchstellen» im Text aufmerksam machen kann, die auf ein Textwachstum hindeuten.

Dieses Quellenmaterial lag zu einem Teil als mündliche Überlieferung, zum Teil bereits als schriftliche Sammlungen vor.

Exkurs Dass diese Quellen zum Teil bis zu den ältesten Jesusüberlieferungen zurückreichen, zeigt sich daran, dass es zu einigen Jesusworten des Markusevangeliums Parallelen in der Spruchquelle Q gibt, und dies, obwohl das Markusevangelium die Spruchquelle sicher nicht in schriftlicher Form zur Verfügung hatte; sonst wäre kaum erklärbar, warum so wichtige Texte wie das Vaterunser oder die Feindesliebe im Markusevangelium fehlen. Dass es diese Parallelen zwischen dem Markusevangelium und der Spruchquelle gibt, verweist vielmehr auf einen Strom von Jesusüberlieferungen, wohl überwiegend in mündlicher Form, aus dem beide Schriften schöpfen konnten.

Zu den Überlieferungen, die dem Markusevangelium bereits in schriftlicher Form vorlagen, gehört eine Passionserzählung, die, weil einige Motive eine gewisse Vertrautheit mit den Jerusalemer Verhältnissen voraussetzen, vielleicht sogar auf Jerusalemer Ortsüberlieferungen zurückgeht und der Darstellung in Mk 14–16 zugrundeliegt.[104]

Ausserdem hatte Markus bereits eine Sammlung von Streitgesprächen, die in Galiläa angesiedelt sind (Mk 2–3), eine Sammlung von Gleichnissen (Mk 4), eine Sammlung von Wundergeschichten (Mk 4–6), wahrscheinlich eine Sammlung von Sprüchen (Mk 9,41–50 sowie Mk 10,1–12.17–27.35–45) und Teile der apokalyptischen Rede (Mk 13) vor-

104 *Theißen*, Lokalkolorit 177–211.

liegen.[105] Zwar ist die genaue Abgrenzung des vorliegenden Quellenmaterials im Einzelfall durchaus umstritten; doch besteht ein weitgehender Konsens darüber, *dass* Markus Quellen verarbeitet hat. Besonders in den genannten Textkomplexen lassen kleinere Spannungen und Ungereimtheiten im heute vorliegenden Text erkennen, wie Markus solche Traditionen aufgenommen, an manchen Stellen überarbeitet oder nachjustiert und sie seinem eigenen Entwurf der Jesusgeschichte eingefügt hat.

Welche Leitlinien dabei seinem eigenen Entwurf zu Grunde lagen, ist das Thema des folgenden Kapitels.

2.4 Was dem Markusevangelium wichtig ist: Zentrale Themen und Motive des Buches

Im Zuge der bisherigen Lektüre des Markusevangeliums ist bereits eine Reihe von Eigenheiten der markinischen Jesusgeschichte sichtbar geworden. Einige Aspekte davon sollen hier nochmals als thematische Leitlinien durch das Markusevangelium hindurch nachverfolgt werden, um auf diese Weise wichtige Akzentsetzungen des Buches besser erkennen zu können.

2.4.1 Zwischen Offenbarung und Unverständnis: Dem Geheimnis Jesu auf der Spur

Von Anfang an steht im Markusevangelium die Frage nach der wahren Identität Jesu im Raum. Leserinnen und Leser erfahren es gleich zu Beginn: Er ist der Messias und Gottessohn (Mk 1,1). Noch zweimal wird dieses Vorauswissen der Leserinnen und Leser im Verlauf des Werkes durch eine göttliche Stimme bestätigt: zunächst anlässlich der Taufe, wenn die göttliche Stimme aus dem geöffneten Himmel Jesus als «mein geliebter Sohn» identifiziert (1,11), und zum zweiten Mal anlässlich der «Verklärung» Jesu auf dem Berg (9,7). Ein drittes Mal ist eine identifizierende Stimme am Schluss des

105 Vgl. *Broer/Weidemann*, Einleitung 96f.; *Ebner*, Markusevangelium 166; *Schnelle*, Einleitung 275–277.

Werkes zu hören: die Stimme des Gottesboten im Grab, der den Gekreuzigten als von Gott Auferweckten identifiziert (16,6). Da, wie die Erzählung voraussetzt, die Frauen davon nichts weitergesagt haben (16,8), wird dieses Wissen auch an dieser Stelle in besonderer Weise den Leserinnen und Lesern anvertraut.

Dieses Wissen haben Leserinnen und Leser den meisten Erzählfiguren voraus. Zu Beginn des Werkes sind es lediglich die Dämonen, die Jesus als Gottes Sohn erkennen (Mk 3,11; 5,7). Überhaupt scheinen die Dämonen mehr zu wissen als andere. Sie benennen Jesus gleich in der ersten Dämonenaustreibungsszene des Buches als «Heiligen Gottes» (Mk 1,24) und später sogar als «Sohn des höchsten Gottes» (5,7), und (nur) über sie wird gesagt, dass «sie wussten, wer er war» (1,34). Anderen Erzählfiguren ist dieses Wissen in dieser Weise nicht gegeben. Geradezu schmerzlich vermissen wir ein Bekenntnis zu Jesus als Gottessohn aus der Jüngergruppe. Zwar hören wir ein bedeutsames Bekenntnis zu Jesus als «Messias» aus dem Munde des Petrus als des Sprechers der Jünger (8,29); doch wird schnell deutlich, dass Petrus damit zwar etwas Wahres gesagt, aber dennoch Wichtiges noch nicht verstanden hat.[106] Im Verlauf des Prozesses wird Jesus vom Hohepriester gefragt, ob er der «Messias, der Sohn des Hochgelobten» sei, worauf Jesus selbst mit dem Bekenntnis antwortet «Ich bin es» und sich damit zum ersten und einzigen Mal im Markusevangelium in dieser Weise zu seiner Identität äussert (14,61 f.). Aus dem Munde eines Menschen ist das Bekenntnis zu Jesus als Gottessohn erst am Schluss des Werkes zu vernehmen, wenn der römische Hauptmann angesichts des Sterbens Jesu diesen als «Sohn Gottes» identifiziert (15,39).

Diese Erzählweise scheint zunächst befremdlich: Einerseits werden von Anfang an und für die Leserinnen und Leser deutlich vernehmbar Signale gesetzt, wer Jesus ist, nämlich der Messias und Gottessohn. Andererseits verfügen nur wenige Erzählfiguren über dieses Wissen. Und gerade den Jüngerinnen und Jüngern, von denen man dieses Wissen zuallererst erwarten würde, fehlt es.

106 Siehe Abschnitt 2.1.3.5.

Diese seltsam anmutende Erzählweise hat ihren Grund. Der liegt darin, dass es ohne weitere Erklärung oder Konkretisierung überhaupt nicht klar ist, was es genau bedeutet und worin es sich zeigt, dass Jesus «Messias» und «Gottessohn» ist. Bei dieser Frage konnte man offenbar – so lässt es das Markusevangelium erkennen – leicht auf falsche Fährten geraten. Um solche falschen Fährten aufzudecken und zu zeigen, in welche Sackgassen sie führen, gibt es im Markusevangelium verschiedene Erzählstrategien. Mit deren Hilfe werden Leserinnen und Leser in einen Verstehensprozess hineingenommen, in dessen Verlauf sie dem Geheimnis Jesu immer tiefer auf die Spur kommen:

Jesus als Wundertäter – und mehr als ein Wundertäter 2.4.1.1

Wer das Markusevangelium von vorne durchliest, stellt schnell fest, dass Jesus von Anfang an als Wundertäter vorgestellt wird. Besonders im Galiläa-Teil (Mk 1,16–8,26) reihen sich zunächst zahlreiche Erzählungen über Heilungen und Dämonenaustreibungen aneinander, und dazu kommen bald andere Wundertaten wie die Sturmstillung und der Seewandel sowie zwei Speisungswunder. Wenn so viele Wundergeschichten in das Werk aufgenommen wurden, muss sich in ihnen Wesentliches über Jesus zeigen. Und in der Tat werden diese Geschichten im Markusevangelium nicht einfach als «Wunder» (gr.: *terata*) o. ä. bezeichnet, sondern als «Machttaten» (gr.: *dynameis*) Jesu. Und nicht selten heisst es am Schluss, dass Menschen beeindruckt sind von einer solchen Machttat, dass sie sich «wundern», erstaunt sind, dass sie erschrecken oder «ausser sich» sind, oder dass die Machttat Fragen über Jesus auslöst. Das zeigt: Jesus ist in der Perspektive des Markusevangeliums zweifellos auch ein Wundertäter. In den Machttaten Jesu offenbart sich etwas von seiner Vollmacht.

Allerdings gibt es auch Signale in diesen Erzählungen, die aufhorchen lassen. So verbietet Jesus an einigen Stellen, über das Geschehene zu sprechen. Diese «Schweigegebote» ergehen sowohl an Dämonen, die ein besonderes Wissen über Jesus haben (Mk 1,25; 1,34; 3,11 f.), als auch an einen Geheilten, der die Vollmacht Jesu am eigenen Leib erfahren hat (Mk 1,44 f.), als auch an Menschen, die bei einer solchen Wundertat zugegen waren (Mk 5,43; 7,36). Petrus ist nach seinem Messiasbekenntnis in Caesarea Philippi ebenfalls von einem solchen Schweigegebot betroffen (Mk 8,30), und nach der Verklärung soll über dieses Widerfahrnis – zumindest zeitlich begrenzt – nicht gesprochen werden (Mk 9,9).

Das Schweigegebot nach dem Messiasbekenntnis des Petrus führt auf die Spur, welche Funktion die Schweigegebote im Kontext der Wundergeschichten haben; denn nach dem Messiasbekenntnis des Petrus wird sogleich deutlich, dass Petrus trotz seines korrekten Bekenntnisses Wesentliches noch nicht verstanden hatte. Das zeigt sich eklatant, als Petrus nach der Leidensankündigung Jesu diesen von seinem Weg abhalten möchte und dafür von Jesus sogar als «Satan» bezeichnet wird (Mk 8,32). Offensichtlich darf erst über die Messianität Jesu gesprochen werden, wenn klar ist, dass diese Messianität auch Leiden und Tod – und natürlich die Auferweckung – umfasst. Bestätigt wird dies durch Mk 9,9, dem letzten Schweigegebot, das so lange dauern soll, «bis der Menschensohn von den Toten auferstanden ist». Erst dann ist es möglich, Jesus angemessen zu verstehen.

Übertragen auf die Wundergeschichten bedeutet dies: Nach der Konzeption des Markusevangeliums sagen diese Machttaten zwar Wichtiges über Jesus aus – aber noch nicht alles. Ein Glaube, der sich nur auf die Wunder Jesu stützt, greift zu kurz: Er kann im Leben nicht tragen – und er wird der Bedeutung Jesu im Tiefsten nicht gerecht. Im Leben wird ein Glaube, der sich nur auf Wunder stützt, rasch an seine Grenzen kommen, wenn Krankheit, Leid und Tod in ein Leben einbrechen und ein «Wunder» ausbleibt. Wenn Jesus nur als Wundertäter verstanden wird, hat er in einer solchen Situation schnell seine Relevanz verloren; denn wieso greift der Wundertäter jetzt nicht ein? Hat er doch nicht die Macht, die ihm zugeschrieben wird? Ein Glaube hingegen, der sich auf den gesamten Weg Jesu – der auch Leiden und Tod umfasst – gründet, wird eher das Potenzial in sich haben, auch an den Abgründen des Lebens ein tragender Grund zu sein. So betont das Markusevangelium also beides: Hoheit und Vollmacht Jesu erweisen sich durchaus in seinen Machttaten. Sie erweisen sich aber auch und gerade im Hindurchgehen durch Leiden und Sterben. Und erst dann, im Angesicht des Kreuzes, darf das Bekenntnis mit ganzer Berechtigung gesprochen werden, das sicher nicht umsonst erst am Ende des Werkes aus menschlichem Mund erklingt:

> «Wahrlich, dieser Mensch war Gottes Sohn» (Mk 15,39).

Schwierigkeiten, Jesus zu verstehen 2.4.1.2

Es liegt auf der Hand: Ein solcher Jesus ist nicht leicht zu verstehen. Daher bietet das Markusevangelium seinen Leserinnen und Lesern Hilfen an, das Geheimnis Jesu zu ergründen. So zeigt es durch das ganze Werk hindurch auf, welche Schwierigkeiten schon die engsten Vertrauten Jesu – und sogar Petrus selbst – hatten, Jesus wirklich zu verstehen. Fast von Anfang an kommt das Unverständnis der Jünger immer wieder zum Vorschein: So verstehen sie weder die Gleichnisse Jesu (Mk 4,10.13) noch seine Worte über Reinheit und Unreinheit (7,17 f.), sie rätseln über seine Person (4,40 f.) und sehen sich sogar mit dem Vorwurf der Verstocktheit konfrontiert (6,52; 8,17 f.21). Im Mittelteil des Werkes wird anhand dreier Szenen eklatanten Nichtverstehens deutlich gemacht, welche Mühe die Jünger haben, den Weg Jesu, der auch Leiden und Kreuz umfasst, zu verstehen. Darüber hinaus muss den Jüngerinnen und Jüngern mehrfach erklärt werden, dass der eigene Nachfolgeweg in der Konsequenz ebenfalls Leiden und sogar Tod bedeuten kann.[107] Und nicht zuletzt werden zwei Figuren aus dem Zwölferkreis in ihrem Scheitern an den Herausforderungen der Nachfolge gezeigt: Judas, der Jesus ausliefert, und Petrus, der Jesus verleugnet.

Es ist deutlich, dass es bei dieser Erzählweise weniger um das Nichtverstehen historischer Jüngerfiguren aus dem Umkreis Jesu geht, als vielmehr um die Verstehensschwierigkeiten der ersten Leserinnen und Leser in der Gemeinde des Markus. Indem das Markusevangelium die Jünger der ersten Stunde in diesen Nöten zeigt, stellt es den Leserinnen und Lesern Identifikationsfiguren vor Augen, mit deren Hilfe sie ihren eigenen Verstehensschwierigkeiten auf die Spur kommen können. Sie bekommen drastisch vor Augen geführt, wie man es *nicht* machen soll, oder auch, wie man Jesus *nicht* ver-

107 Siehe Abschnitt 2.1.3.5.

stehen soll. Sie erhalten aber auch – gemeinsam mit den Jüngerfiguren – Erklärungen und Wegweisungen, wie es stattdessen gehen könnte. Mit Hilfe der Jüngerfiguren können Leserinnen und Leser Lernprozesse in ihrem eigenen Glauben und ihrem eigenen Nachfolgeweg durchlaufen und auf diese Weise richtig sehen und verstehen lernen und nicht zuletzt zu einem angemessenen Handeln als Nachfolger, Nachfolgerinnen Jesu finden.

2.4.2 Die Jesusgeschichte als ein Anti-Evangelium zum Aufstieg der Flavier

Allerdings befand sich die Gemeinde, wie wir gesehen haben,[108] in einer Situation, die es nicht so leicht machte, ein Leben in der Nachfolge Jesu zu führen. Das Markusevangelium spiegelt Erfahrungen von Ausgrenzung, Übergriffen und Verfolgung, angesichts derer nicht wenige Gemeindemitglieder dabei waren, die Gemeinde zu verlassen oder ihr bereits den Rücken gekehrt hatten. Dazu kamen die deprimierenden Nachrichten aus Judäa und Jerusalem, wo der jüdische Aufstand gegen die römische Besatzung mit Gewalt niedergeschlagen worden war. Mit Vespasian war im Jahr 69 n. Chr. ausgerechnet derjenige römische Feldherr, der ausgezogen war, diesen Aufstand niederzuschlagen, in Alexandria zum Kaiser proklamiert worden. Die damit eingetretene Stabilisierung der politischen Lage nach den Wirren in der Folge des Selbstmordes Neros im Jahr 68 n. Chr. wurde als so hoffnungsvoll erlebt, dass die Nachrichten über die Kaiserproklamation Vespasians im Imperium als «Evangelien» gefeiert wurden.[109] Titus, der Sohn Vespasians, hatte mit der Belagerung und Zerstörung Jerusalems und des Tempels das Werk seines Vaters zu Ende geführt. Nichts schien den kometenhaften Aufstieg Vespasians, der als Sohn eines Steuereintreibers eine beispiellose Karriere gemacht hatte und nun dabei war, eine eigene Kaiserdynastie zu etablieren, bremsen zu können.

Angesichts solcher Ereignisse war es alles andere als selbstverständlich, ausgerechnet an jemanden zu glauben, der

108 Siehe Abschnitt 2.3.4.

109 *Flavius Josephus*, Der Jüdische Krieg IV 618; siehe Abschnitt 2.1.1.

von den Vertretern der römischen Macht zum schändlichsten und qualvollsten aller Tode, dem Kreuzestod, verurteilt worden war. Sollte das wirklich der Messias und Gottessohn sein? War er nicht gescheitert? War es nicht näherliegend und auch klüger, auf das «römische Evangelium» zu vertrauen?

Vor diesem Hintergrund erzählt das Markusevangelium eine Jesusgeschichte, die in vielen Aspekten als ein Gegenmodell zur römischen Herrschaft und insbesondere zum Aufstieg Vespasians zum Kaiser und zur Etablierung der Dynastie der Flavier gelesen werden kann[110]:

- Die «gute Nachricht», das Evangelium, ist eben nicht die Ausrufung Vespasians zum Kaiser im Jahr 69, sondern die Geschichte von Jesus, dem Messias, der als Sohn Gottes proklamiert wird – wiederum in Abgrenzung zu den römischen Kaisern, die diesen Titel für sich beanspruchten.
- Während Vespasian als Sohn eines Steuereintreibers sein Legitimationsdefizit durch inszenierte Wunderheilungen ausgleichen und auf diese Weise seine göttliche Herkunft beweisen musste,[111] braucht Jesus keine Wunder zur Legitimation. Seine Machttaten gehen ohnehin weit über die Wunderheilungen Vespasians hinaus. Und noch mehr: Indem Jesus in Gerasa eine «Legion» Dämonen austreibt und sie in eine Schweineherde fahren lässt, die sich sogleich in den See stürzt und dort jämmerlich ertrinkt (Mk 5,1–20), erweist sich Jesus in dieser hintergründigen Geschichte als der römischen Besatzungsmacht überlegen und vernichtet – symbolisch – eine ganze Legion; denn die *Legio X Fretensis,* eine römische Legion, die sich seit 6 n. Chr. im Land befand und zur Niederschlagung des jüdischen Aufstands verstärkt wurde, führte den Eber in ihrem Feldzeichen.
- Eine weitere frappierende Parallele zur Geschichte Vespasians ist in der Mitte des Markusevangeliums zu finden, wenn der Weg Jesu nach Jerusalem ausgerechnet in Caesarea Philippi beginnt. In dieser Stadt hatte bereits Herodes der Grosse einen Tempel für Augustus bauen lassen, und diese Stadt hatte dessen Sohn Philippos zu Ehren des Kaisers Tibe-

110 Vgl. ausführlich *Ebner*, Evangelium; *Heininger*, «Politische Theologie».

111 Zu den Wundertaten Vespasians vgl. u. a. *Tacitus*, Historien IV 81; *Sueton*, Vespasian 7,2 f.

Ziegelstempel-Abdruck der *LEG(IO) X F(RETENSIS)* mit den Wappentieren Delfin (oben) und Eber (unten)

rius «Caesarea» benannt. Hier legte Vespasian nach der Darstellung des Flavius Josephus eine Ruhepause ein, nachdem er den jüdischen Aufstand in weiten Teilen Galiläas niedergeschlagen hatte und nun als Gast des Klientelkönigs Agrippa II. «viel an festlichen Gelagen teilnahm und für die ihm geschenkten Erfolge Gott Dankopfer darbrachte»[112]. Von hier brach er zu den nächsten militärischen Aktionen auf, die ihn seinem Ziel Jerusalem Schritt für Schritt näherbringen sollten. Nicht ohne Grund beginnt also der Weg Jesu nach Jeru-

112 *Flavius Josephus*, Der Jüdische Krieg III 444; vgl. insgesamt ebd. 443–446.

salem nach dem Markusevangelium gerade in dieser Stadt, die weit entfernt von den bisherigen Wirkungsorten Jesu liegt. Allerdings führt ihn dieser Weg nicht zu einem militärischen Sieg, sondern ans Kreuz und in den Tod.

- Mit der Gegend um Caesarea Philippi ist eine weitere entscheidende Episode auf dem Weg Vespasians verbunden. Denn hier wird ihm die Prophezeiung aus dem Munde des Kriegsgefangenen (Flavius) Josephus zuteil, dass er, Vespasian, zum Kaiser und Alleinherrscher werden würde:

> «Du, Vespasian, wirst Kaiser und Alleinherrscher, sowohl du wie dieser dein Sohn. [...] Denn du, Caesar, wirst nicht nur mein Herr sein, sondern der über Erde und Meer und das ganze Menschengeschlecht.»[113]

- So ist es sicher nicht von ungefähr, dass im Markusevangelium das Bekenntnis des Petrus zu Jesus als Messias in den Dörfern um Caesarea Philippi lokalisiert ist (8,27–29); allerdings, so zeigt das Markusevangelium, bedarf dieses Bekenntnis einer Vertiefung: Es darf sich – im Unterschied zu Vespasian, der seine göttliche Legitimation auf Wunderheilungen stützte – nicht allein auf Wundertaten gründen, sondern muss den Weg ans Kreuz mit einbeziehen.
- Auf dem Weg nach Jerusalem stellt Jesus den Seinen immer wieder vor Augen, was für sie ein Leben in der Nachfolge bedeutet. So soll im Unterschied zum Aufstieg Vespasians die Leitlinie ihres Handelns weder gesellschaftlicher Aufstieg noch die Erlangung von Herrschaft über andere sein, sondern Status- und Machtverzicht (Mk 10,42–45).
- Dieser wahre Gottessohn Jesus wird am Ende seines Weges nach Jerusalem von den römischen Behörden wie ein Verbrecher gekreuzigt. Doch zuvor klingen in einigen Stationen und Motiven der Passion Jesu Motive der Triumphzüge siegreicher römischer Kaiser – darunter der Triumphzug Vespasians und seiner Söhne Titus und Domitian nach dem Sieg über die jüdischen Aufständischen – an: Nicht umsonst wird der Ort der Geisselung Jesu als *Praetorium* bezeichnet (Mk 15,16). Dort findet sich die ganze Kohorte ein (15,16), so

113 Ebd. 401 f.

wie sich die Soldaten vor dem Triumphzug auf dem Marsfeld in Rom versammelten. Während der römische Triumphator Purpurgewand und Lorbeerkranz erhält, wird Jesus in einer persiflierten Königshuldigung mit einem Purpurgewand und einer Dornenkrone ausgestattet (15,17–19). Und wie dem Triumphator auf dem Weg Wein gereicht wird, den dieser jedoch ablehnt, verweigert auch Jesus am Kreuz den ihm dargebotenen Wein (15,23). Nicht zuletzt mag in der Kreuzigung Jesu inmitten zweier anderer Verurteilter das Bild ein Echo finden, das Vespasian den Zuschauern bot, als er beim Triumphzug von seinen Söhnen Titus und Domitian flankiert wurde.

- Nach dem Tod dieses von den Römern Gekreuzigten ist es ausgerechnet ein römischer Hauptmann, der ihn als «Sohn eines Gottes» bekennt (Mk 15,39). Und im Unterschied zu den römischen Kaisern, deren Apotheose nach ihrem Tod mit viel Aufwand inszeniert werden musste, ist nach der Darstellung des Markusevangeliums Jesu Leichnam ohne Inszenierung und Tricks am Ende «wirklich» unauffindbar. Was das zu bedeuten hat, macht die Rede des Gottesboten im Grab explizit: Jesus wurde von Gott auferweckt.

Dieser Weg des wahren Messias und Gottessohnes Jesus, so lädt das Markusevangelium seine Leserinnen und Leser am Schluss ein, ist Schritt für Schritt nachzugehen, von Galiläa und seinen alternativen Sinnerfahrungen an. So wird Jesus, der von den römischen Behörden Gekreuzigte, als von Gott Auferweckter erfahrbar, im Leben von allen, die sich auf diesen Weg und diese Botschaft einlassen.

Zum Weiterlesen

Bibel und Kirche 66 (2/2011): Das Markusevangelium.

Butting, Klara/Minaard, Gerard/Sutter Rehmann, Luzia: Markus. Mit Beiträgen aus Judentum, Christentum, Islam, Literatur, Kunst (Die Bibel erzählt), Wittingen 2007.

Dschulnigg, Peter: Das Markusevangelium (Theologischer Kommentar zum Neuen Testament 2), Stuttgart 2007.

Ebner, Martin: Das Markusevangelium neu übersetzt und kommentiert, Stuttgart 2008 (^{3}2012).

Fander, Monika: Das Evangelium nach Markus. Frauen als wahre Nachfolgerinnen Jesu, in: *Schottroff, Luise/Wacker, Marie-Theres (Hg.):* Kompendium Feministische Bibelauslegung, Gütersloh ²1999, 499–512.

Füssel, Kuno/Füssel, Eva: Der verschwundene Körper. Neuzugänge zum Markusevangelium, Luzern 2001.

Iersel, Bas van: Markus. Kommentar, Düsseldorf 1993.

Katholisches Bibelwerk e. V./*Leinhäupl, Andreas (Hg.):* Das Markusevangelium. «Jesus Christus – was ist das für ein Mensch?» (Bibelauslegungen mit Praxisvorschlägen), Stuttgart 2012.

Rondez, Pascale: Markus, in: *Krieg, Matthias (Hg.)*: Erklärt. Der Kommentar zur Zürcher Bibel, Bd. 3, Zürich 2010 (²2011), 2030–2084.

Schenke, Ludger: Das Markusevangelium. Literarische Eigenart – Text und Kommentierung, Stuttgart 2005.

Venetz, Hermann-Josef: Er geht euch voraus nach Galiläa. Mit dem Markusevangelium auf dem Weg, Freiburg i. Ue. 2005.

Zürn, Peter: Erinnern und erzählen. Das Markusevangelium in- und auswendig lernen (WerkstattBibel 12), Stuttgart 2008.

Eine frühe Sammlung von Worten und Reden Jesu: Die Spruchquelle Q

3

Ein Vergleich der synoptischen Evangelien zeigt: Das Matthäus- und Lukasevangelium weisen neben dem Stoff, den sie mit dem Markusevangelium gemeinsam haben, weitere Übereinstimmungen auf, die bis in die wörtlichen Formulierungen hineinreichen. Nach der Zweiquellentheorie[114] sind diese Übereinstimmungen einer (neben Markus) zweiten Quelle zuzuweisen, die vor allem Reden, Aussprüche oder Worte Jesu (gr.: *logia*) enthalten haben muss und daher nach ihrem Hauptinhalt Spruch-, Rede- oder Logienquelle genannt wird.

Johannes Weiß (1863–1914) führte 1890 als erster das Siglum «Q» (für «Quelle») in die exegetische Diskussion ein. Dieses Siglum wurde daraufhin, vor allem aber seit der im Jahr 1899 erschienenen Untersuchung «Die synoptische Frage» des Basler Neutestamentlers Paul Wernle (1872–1939), zur allgemeinen wissenschaftlichen Konvention.

Gegenüber dem Charakter dieser Schrift als «Quelle» wurde in jüngerer Zeit vermehrt betont, dass sie nicht nur als eine reine Sammlung von Sprüchen angesehen werden dürfe, sondern vielmehr ein eigenständiges Werk sei, das die Sprüche thematisch ordnet, sie ansatzweise historisch situiert und mit biografisierenden Elementen versieht, so dass durchaus theologische Profilierungen und verkündende – evangelisierende – Absichten zu erkennen sind. Vor allem in der englischsprachigen Forschung wurde das Werk deshalb auch als «Spruchevangelium» (*Sayings Gospel*) bezeichnet, was zum Teil auch in der deutschsprachigen Literatur ein positives Echo gefunden hat.[115]

Erhalten ist diese Schrift allerdings nicht. Dass es sie gegeben hat, lässt sich jedoch im Rahmen der Zweiquellentheorie

114 Siehe Abschnitt 1.2.5.

115 Vgl. *Heil,* Einleitung 19; *ders.*, Evangelium; *Hoffmann,* Mutmaßungen 288; *Wolter,* Lukasevangelium 12.

überzeugend begründen – wenngleich die Existenz des Werkes nur im Rahmen dieser Theorie seine Plausibilität erhält. Da es als solches nicht mehr greifbar ist, muss (und kann) es allein aus den wörtlichen Übereinstimmungen zwischen Matthäus- und Lukasevangelium rekonstruiert werden.

Exkurs Immer wieder wurde in der früheren Forschung als Argument gegen die Existenz von Q ins Feld geführt, dass in der urchristlichen Literatur Parallelen für eine solche Art von Schrift fehlten. War eine solche Schrift überhaupt vorstellbar, die fast ausschliesslich aus Aussprüchen Jesu bestand? Doch wurde 1945 im oberägyptischen Nag Hammadi – neben anderen Dokumenten – eine frappierende Parallele zu Q entdeckt: das (apokryphe) Thomasevangelium, das – wie die postulierte Spruchquelle Q – ebenfalls vor allem Worte und Reden Jesu enthält.[116] Die Parallelen zwischen beiden Werken beziehen sich wohlgemerkt nicht auf den Inhalt des überlieferten Spruchguts, sondern lediglich auf den formalen Aspekt, dass beide Werke vor allem Aussprüche Jesu enthalten – wenngleich Q gegenüber dem Thomasevangelium das Spruchmaterial etwas stärker historisch situiert. Dennoch zeigt der Fund des Thomasevangeliums, dass eine solche Schrift wie die postulierte Spruchquelle Q in frühchristlicher Zeit durchaus vorstellbar ist.

Hält man die Existenz dieses Werkes auf der Basis der Zweiquellentheorie grundsätzlich für plausibel, dann stellt es eine wichtige frühe Stimme im Konzert der Jesusüberlieferungen dar. Daher soll es hier eine entsprechende Würdigung erfahren.

3.1 Der literarische Befund: Was enthielt die Spruchquelle Q?

3.1.1 Möglichkeiten und Grenzen der Rekonstruktion der Spruchquelle Q

Da dieses Werk nicht erhalten ist, muss es rekonstruiert werden. Theoretisch ist das Verfahren einfach: Man arbeitet eine Synopse der drei ersten Evangelien durch, und all die Stoffe, die parallel nur bei Matthäus und Lukas (nicht jedoch bei

116 Zum Thomasevangelium siehe Abschnitt 7.1.2.

Markus) überliefert sind, stellen in ihrer Gesamtheit die Spruchquelle Q dar.

So weit, so (scheinbar) klar. Doch fangen hier die Fragen erst an:

- Denn die genaue Arbeit an der Synopse zeigt, dass Matthäus und Lukas die Stoffe aus Q zum Teil an verschiedenen Stellen in den Erzählfaden des Markusevangeliums eingebaut haben. Welcher der beiden hat nun die ursprüngliche Abfolge in Q erhalten? Oder haben beide die Abfolge verändert?
- Der genaue Textvergleich zeigt darüber hinaus, dass die Übereinstimmungen zwar zu weiten Teilen wortwörtlich sind, dass der Wortlaut bei Matthäus und Lukas aber doch hin und wieder voneinander abweicht. Auch hier stellt sich die Frage, welcher der beiden Evangelisten den Wortlaut aus der Vorlage Q übernommen und welcher ihn verändert hat. Oder wäre es nicht auch vorstellbar, dass beide ihre Vorlage an die Bedürfnisse des eigenen Werkes angepasst haben?
- Wenn nun schon diese ersten Beobachtungen zeigen, dass Matthäus und Lukas mit ihrer Vorlage zum Teil recht frei umgegangen sind – wie im Übrigen auch ein Vergleich der beiden Werke mit dem Markusevangelium deutlich vor Augen führt –, dann fragt sich, ob nicht manche Stoffe, die heute entweder nur bei Matthäus oder nur bei Lukas erhalten sind, ebenso aus Q stammen könnten; denn theoretisch wäre es ja denkbar, dass einer der beiden diesen Text ausgelassen hat, weil er ihn für sein eigenes Werk für nicht so bedeutsam hielt oder aus welchen Gründen auch immer. Ein solcher Text kann im Rahmen der Zweiquellentheorie nicht mit ausreichender Begründung Q zugewiesen werden.
- Noch weiter führt die Überlegung, dass prinzipiell auch beide Evangelisten unabhängig voneinander denselben Text aus Q ausgelassen haben könnten, so dass ein solcher Text heute weder bei Matthäus noch bei Lukas erhalten geblieben wäre. Für die Rekonstruktion von Q bedeutet dies, dass grundsätzlich mit Stoffen zu rechnen ist, die als verloren gelten müssen, weil weder Matthäus noch Lukas sie in ihr Buch übernommen haben.

Entsprechend dieser komplexen Sachlage ist, seit sich die Zweiquellentheorie im 19. Jahrhundert durchzusetzen begann, innerhalb der neutestamentlichen Wissenschaften eine vielfältige Forschungslandschaft zu Q entstanden. Im Laufe dieser intensiven Diskussionen wurde nicht nur eine differenzierte Kriteriologie für die Rekonstruktion des Textes entwickelt, sondern der rekonstruierte Text wurde auch unter vielerlei Fragestellungen beleuchtet. So ergibt sich heute ein facettenreiches Bild dieser Schrift, das allerdings in manchen Aspekten immer noch heftig umstritten ist.

3.1.2 Umfang und Aufbau der Spruchquelle Q: Ein erster Überblick

Eine erste Rekonstruktion des Gesamttextes wurde bereits 1907 durch Adolf von Harnack (1851–1930) vorgelegt. Heute dient als Grundlage die im Jahr 2000 erschienene kritische Edition des *International Q Project*,[117] die mittlerweile auch in einer handlichen griechisch-deutschen Studienausgabe vorliegt[118].

Exkurs Weil man durch die genauen Textvergleiche zwischen Matthäus und Lukas einerseits und durch die Beobachtung der Arbeitstechnik der Evangelisten bei der Übernahme des Markusstoffes andererseits zum Ergebnis kam, dass die Abfolge der Perikopen im Lukasevangelium treuer bewahrt wird als im Matthäusevangelium, werden die Textstellen aus Q heute zumeist mit dem Siglum Q und der lukanischen Kapitel- und Verszählung angegeben. Q 11,20 bedeutet also: der aus Lk 11,20 par Mt 12,28 rekonstruierte Text aus der Spruchquelle Q. Dagegen scheint Matthäus den Wortlaut von Q eher bewahrt zu haben, so dass im Falle von unterschiedlichem Wortlaut zwischen Matthäus und Lukas des Öfteren – jedoch nicht immer – dem Matthäusevangelium der Vorzug bei der Rekonstruktion des Textes gegeben wird.

Für einen ersten Überblick über Aufbau und Themen des Werkes sei hier die Gliederung vorgestellt, wie sie die griechisch-deutsche Studienausgabe der Spruchquelle Q auf der

117 *Robinson/Hoffmann/Kloppenborg (Hg.),* Critical Edition of Q.
118 *Hoffmann/Heil (Hg.),* Spruchquelle Q.

Basis der Forschungsergebnisse des *International Q Project* vorschlägt[119]:

A Johannes, der Täufer, und Jesus von Nazaret (Q 3,2–7,35)
Die Botschaft des Johannes (Q 3,2b–17)
Taufe und Bewährung Jesu (Q 3,21 f.; 4,1–13)
Jesu programmatische Rede (Q 4,16; 6,20–49)
Der Glaube eines Nichtjuden an Jesu Wort (Q 7,1–10)
Johannes, Jesus und die Kinder der Weisheit (Q 7,18–35)

B Die Boten des Menschensohnes (Q 9,57–11,13)
Radikale Nachfolge (Q 9,57–60)
Missionsinstruktion (Q 10,2–16)
Das Geheimnis des Sohnes (Q 10,21–24)
Das Gebet der Jüngerinnen und Jünger (Q 11,2b–4.9–13)

C Jesus im Konflikt mit dieser Generation (Q 11,14–52)
Zurückweisung des Beelzebul-Vorwurfs (Q 11,14–26)
Die Ablehnung der Zeichenforderung (Q 11,16.29–35)
Androhung des Gerichts (Q 11,39–52)

D Die Jünger in Erwartung des Menschensohnes (Q 12,2–13,21)
Bekenntnis zu Jesus ohne Furcht (Q 12,2–12)
Sucht die Königsherrschaft Gottes (Q 12,33 f.22b–31)
Das unerwartete Kommen des Menschensohnes (Q 12,39–46.49–59)
Zwei Gleichnisse von der Königsherrschaft Gottes (Q 13,18–21)

E Die Krisis Israels (Q 13,24–14,23)

F Die Jüngerinnen und Jünger in der Nachfolge Jesu (Q 14,26–17,21)

G Das Ende (Q 17,23–22,30)
Der Tag des Menschensohnes (Q 17,23–37)
Das Gleichnis vom anvertrauten Geld (Q 19,12–26)
Ihr werdet die zwölf Stämme Israels richten (Q 22,28.30)

119 Die Gliederung richtet sich nach *Heil,* Einleitung 14–15; vgl. die entsprechenden Kapitelüberschriften auch im rekonstruierten Text bei *Hoffmann/Heil (Hg.),* Spruchquelle Q 32–113 sowie *Hoffmann,* Mutmaßungen. Eine Synopse verschiedener in der Forschungsliteratur vorgelegter Gliederungsentwürfe bietet *Ebner,* Spruchquelle Q 89–90.

3.1.3 Der Gedankengang der Spruchquelle Q: Annäherungen an einen rekonstruierten Text

Hinter der skizzierten Gliederung steht ein plausibler Gedankengang. Demnach begann das Werk mit dem Auftreten und der Umkehrpredigt Johannes' des Täufers (Q 3,2b–17).[120] Wahrscheinlich schloss sich die Taufe Jesu an, die heute allerdings, da sie in Dreifachüberlieferung auch im Markusevangelium vorliegt, nicht mehr in der Q-Fassung rekonstruiert werden kann. Darauf folgte die Versuchung Jesu in der Wüste mit einem dreiteiligen Rededuell zwischen dem Versucher und Jesus (Q 4,1–13).

Das öffentliche Auftreten Jesu beginnt mit einer grossen programmatischen Rede, die im Matthäus- und Lukasevangelium zu einem grossen Teil in der Bergpredigt bzw. Feldrede verarbeitet ist (Q 6,20–49). Sie wird eröffnet mit den Seligpreisungen der Armen, Hungernden, Trauernden und Verfolgten (Q 6,20–23), sie enthält so bedeutsame Texte wie die Aufforderung zur Feindesliebe (Q 6,27 f.35c) und die goldene Regel (Q 6,31) und endet mit den Vergleichen von den Häusern, die auf Fels bzw. auf Sand gebaut sind (Q 6,47–49).

Daran schliesst sich mit der Fernheilung des Burschen des Hauptmanns in Kafarnaum die einzige ausgefaltete Wundererzählung des Werkes an (Q 7,1–10*[121]). Während dieser Nichtjude Jesus vertraut und ihn anerkennt, verhält sich der Täufer mit seiner anschliessenden Frage, ob Jesus der Kommende sei, abwartend. Diese Frage wird mit Hinweisen auf die Taten und die Verkündigung Jesu beantwortet (Q 7,18–23). Damit wird Jesus als der – von Johannes erwartete und angekündigte – Kommende qualifiziert, während der Täufer im folgenden Abschnitt zwar gewürdigt wird als «mehr als ein Prophet», doch als kleiner als «der Kleinste im Königreich Gottes» (Q 7,24–28). «Dieser Generation» jedoch wird unter Zuhilfenahme des Gleichnisses von den spielenden Kindern auf dem Marktplatz vorgeworfen, weder auf das

120 Zum skizzierten Gedankengang vgl. *Hoffmann,* Mutmaßungen 271–388; *Theißen,* Das Neue Testament 25–27.

121 Nach der Rekonstruktion bei *Hoffmann/Heil (Hg.),* Spruchquelle Q 47 gehören die Verse Q 7,1.3.6b–9.?10? zur Q-Fassung der Erzählung.

Kommen des Johannes noch auf das Kommen des Menschensohnes adäquat reagiert zu haben (Q 7,31–35).

Das Kommen des Menschensohnes stellt die Menschen vor die Entscheidung der Nachfolge. So wird zunächst die Kompromisslosigkeit der Nachfolge betont (Q 9,57–60), bevor Instruktionen für die Jesusboten gegeben werden (Q 10,2–16). Wie zur Bestärkung der Entscheidung für die Nachfolge wird in Q 10,21–24 das Geheimnis des Sohnes thematisiert, das viele Propheten und Könige zu sehen gewünscht hätten, nun aber den Adressatinnen und Adressaten zu sehen geschenkt ist. Dieser Abschnitt wird beschlossen durch Ausführungen zum Gebet der Jüngerinnen und Jünger: Das Vaterunser-Gebet Jesu hat hier ebenso seinen Ort (Q 11,2b–4) wie die Aufforderung zum vertrauensvollen (und hartnäckigen) Bitten (Q 11,9–13).

Das Auftreten Jesu stiess nach der Darstellung in Q jedoch nicht nur auf Zustimmung, sondern auch auf Ablehnung. Daher zeigt der nächste grössere Block Jesus im Konflikt mit «dieser Generation» (Q 11,14–52). Eine Dämonenaustreibung Jesu löst eine heftige Debatte darüber aus, ob Jesus dies vielleicht mit Hilfe des Obersten der Dämonen tue – ob er also mit dem Teufel im Bund sei (Q 11,14–26). Natürlich wird dies scharf zurückgewiesen. Doch die Stimmung verdüstert sich nun, Konflikte spitzen sich zu, Zeichenforderungen werden zurückgewiesen (Q 11,16.29–35), das Gericht wird angedroht (Q 11,39–52), wobei zunächst Pharisäer und Gesetzeslehrer, schliesslich aber die gesamte gegenwärtige Generation ins Visier geraten. In harter Kritik wird dieser Generation vorgeworfen, die Boten der Weisheit, Weise und Propheten, wie von Anfang an, so auch jetzt in dieser Zeit, zu verfolgen und zu töten. Dies kann als ein Hinweis auf den gewaltsamen Tod Jesu gelesen werden, der damit im Horizont des gewaltsamen Prophetengeschicks gedeutet wird.

Wie eine Zusage des Beistandes in dieser schwierigen Situation liest sich der nun folgende Abschnitt Q 12,2–13,21, der die Situation der Jüngerinnen und Jünger beleuchtet und den Blick auf das bevorstehende Kommen des Menschensohnes lenkt. So bekannte Texte wie die Rede über das Nicht-Sorgen (Q 12,22b–31) gehören ebenso dazu wie der Vergleich des Kommens des Menschensohnes mit dem unerwarteten

Kommen eines Diebes in der Nacht (Q 12,39–46) oder das irritierende Wort, dass Jesus nicht gekommen sei, Frieden auf die Erde zu «werfen», sondern das Schwert, und dass das Auftreten Jesu Spaltung bis in die Familien hinein bringe (Q 12,51.53). Am Ende dieses Abschnitts aber stehen wie zur Bekräftigung der Botschaft Jesu von der sich durchsetzenden Königsherrschaft Gottes die beiden Gleichnisse vom Senfkorn und vom Sauerteig (Q 13,18–21).

Noch einmal wird in Q 13,24–14,23 die Entscheidungssituation betont, bevor in Q 14,26–17,21 erneut die Jüngerschaft in den Blick genommen wird. In provokativen Worten werden die Herausforderungen der Nachfolge, aber auch die Gefährdungen der Jüngerinnen und Jünger benannt. Worte vom Hassen der Familie (Q 14,26) und vom Kreuztragen (Q 14,27) haben hier ebenso ihren Ort wie stärkende Texte, zum Beispiel die Gleichnisse vom verlorenen Schaf und – wahrscheinlich – von der verlorenen Drachme (Q 15,4–10), das allerdings allein bei Lukas überliefert ist. Doch könnte es sich hier ebenfalls um ein ursprüngliches Doppelgleichnis handeln wie beim Doppelgleichnis vom Senfkorn und vom Sauerteig (Q 13,18–21), so dass auch das Gleichnis von der verlorenen Drachme ursprünglich aus Q stammen könnte.[122]

Das Werk schliesst mit Ausblicken auf das bevorstehende Ende (Q 17,23–22,30). Der Tag des Menschensohnes kommt wie ein Blitz und lässt die einen Rettung erfahren, während andere verloren gehen (Q 17,23–37). Darum gilt es, wach zu sein und alles auf eine Karte zu setzen, wie das Gleichnis vom anvertrauten Geld drastisch vor Augen führt (Q 19,12–26). Am Ende aber werden die Jüngerinnen und Jünger auf Thronen sitzen und über die zwölf Stämme Israels Recht sprechen (Q 22,28.30).

Es ist bemerkenswert: Die Spruchquelle Q enthält zweifellos zentrale Texte der christlichen Überlieferung wie grosse Teile der Bergpredigt bzw. der Feldrede mit den Seligpreisungen, der Aufforderung zur Feindesliebe oder dem Vaterunser, die Gleichnisse vom Senfkorn und vom Sauerteig oder das Gleichnis vom verlorenen Schaf. Diese Texte gehören zum

122 Vgl. die Textrekonstruktion bei *Hoffmann/Heil (Hg.)*, Spruchquelle Q 103, die den Text zwar aufführt, aber in Klammern setzt.

Kern unseres heutigen Bildes der Botschaft Jesu. Gleichzeitig fehlen wichtige Teile der Jesustradition wie Kindheitsgeschichten – die allerdings auch bei Markus und Johannes fehlen –, der grösste Teil der Wundererzählungen sowie vor allem die Passions- und Ostererzählungen. Die Schrift konzentriert sich damit auf die Verkündigung Jesu, während das Leben des Verkündigers eher in den Hintergrund tritt. Inhaltlich präsentiert sich Q in seiner vorliegenden rekonstruierten Gestalt als ein recht herbes Werk, das keine bequeme Botschaft verkündet, sondern seine Leserinnen und Leser vor ziemliche Herausforderungen stellt.[123]

An diesen Befund schliessen sich eine Reihe von Fragen an: Wie kann man sich die Entstehung eines solchen Werkes vorstellen? Wer sind die Trägerinnen und Träger einer solchen Botschaft? Und wer sollte damit angesprochen werden?

Der Entstehungsprozess der Spruchquelle Q 3.2

Frühe Jesusboten in Galiläa: Hinweise auf erste Trägergruppen 3.2.1

Hinweise darauf, wer am Anfang dieser Traditionen steht, die in der Spruchquelle Q gesammelt wurden, lassen sich mit einiger Wahrscheinlichkeit in den verschiedenen Jünger-Texten aus Q finden: Es scheint sich um Menschen gehandelt zu haben, die überzeugt waren von der von Jesus verkündeten Nähe der Königsherrschaft Gottes und sich mit ihrer ganzen Existenz auf diese ausgerichtet hatten. Angesichts dieser sich durchsetzenden Gottesherrschaft hatten sie sich aus ihren familiären Bindungen gelöst und ihre Häuser und Äcker verlassen (Q 9,57–60; 10,4; 14,26). Stattdessen hatten sie sich auf den Weg von Ort zu Ort gemacht, um die Jesusbotschaft zu verkünden und Menschen zu überzeugen (Q 10,2–16). Mit ihrer Besitz-, Heimat- und Schutzlosigkeit und ihrem Unterwegssein ohne jegliche Ausrüstung realisieren, ja, verkörpern sie die Botschaft, die sie verkünden: Sorglosigkeit und rück-

123 Vgl. die Kritik an den kontextlosen Jesus-Sprüchen bei *Kahl*, Vom Ende der Zweiquellentheorie 439.

haltloses Vertrauen allein auf Gott (Q 12,22–31) ebenso wie radikale Gewaltlosigkeit (Q 6,27–36). Ihre Erfahrungen von Akzeptanz, viel mehr aber von Ablehnung und Konflikten (Q 10,3.10–12), spiegeln sich ebenso in den Texten.

Diese wandernden Jesusboten werden in der Forschung als «Wandermissionare», «Wanderpropheten», «Wandercharismatiker», «Wanderradikale» oder auch, verschiedene Aspekte kombinierend, als «charismatische Wanderradikale»[124] bezeichnet. In ihrem Milieu scheint die Überlieferung des sehr radikalen Ethos, das die Spruchquelle Q widerspiegelt, gut vorstellbar:

> «Der ethische Radikalismus der Wortüberlieferung ist Wanderradikalismus. Er läßt sich nur unter extremen Lebensbedingungen praktizieren und tradieren: Nur wer aus den alltäglichen Bindungen der Welt entlassen ist, wer Haus und Hof, Frau und Kind verlassen hat, wer die Toten ihre Toten begraben läßt und sich die Vögel und die Lilien zum Vorbild nimmt, kann Verzicht auf Wohnsitz, Familie, Besitz, auf Recht auf Verteidigung verbindlich praktizieren. Nur hier können entsprechende ethische Weisungen tradiert werden, ohne unglaubwürdig zu werden.»[125]

Mit ihrer Botschaft und ihrer Lebensweise standen diese charismatischen Wanderprediger der Lebensweise und dem Ethos Jesu noch sehr nahe:

> «Es sind Charismatiker, die Jesu Wanderleben fortsetzten, um seine Lehre zu verbreiten.»[126]

Doch sind diese charismatischen Wandermissionare nicht völlig isoliert von Gemeinden in den Dörfern vorstellbar. So wird man sich neben diesen Wanderpredigern auch Ortsgemeinden vorzustellen haben, in denen die Wandermissionare Aufnahme und Unterstützung fanden. Denn einige Texte gehen von Adressatinnen und Adressaten aus, die in den Strukturen der Dörfer verblieben sind: So können nur diejenigen, die (noch) über eine gewisse materielle Basis verfügen,

---

124 Vgl. schon *Hengel*, Nachfolge und Charisma; *Hoffmann*, Studien 312–331. Begriffsprägend bes. *Theißen*, Wanderradikalismus.

125 *Theißen*, Wanderradikalismus 86.

126 *Theißen*, Das Neue Testament 26.

sich zwischen Gott und dem Mammon (Q 16,13) oder zwischen beständigen und vergänglichen Schätzen (Q 12,33 f.) entscheiden, und nur diejenigen, die etwas haben, können in der Weise uneingeschränkt geben, wie es Q 6,30 voraussetzt.[127]

Exkurs

In welchem Ausmass bereits von Anfang an mit Ortsgemeinden als Trägerinnen der Überlieferung von Q gerechnet werden muss, wird in der Forschung unterschiedlich eingeschätzt. Während eine Forschungsmehrheit vor allem im deutschsprachigen Raum, wie oben skizziert, die wandernden Jesusboten als erste Träger der Überlieferung der Spruchquelle Q betrachtet, wird von einem Teil der Forschung besonders im US-amerikanischen Raum die Spruchquelle Q von Anfang an eher als ein Gemeindedokument angesehen, das von sesshaften Schriftgelehrten in den Dörfern verfasst worden sei. Vermittelnd zwischen diesen beiden Modellen geht *Thomas Schmeller* davon aus, dass die Träger von Q zwar in den Dörfern zu suchen seien, dass aus diesen Dörfern aber auch die zu sendenden Wandermissionare kamen. Diese hätten durchaus das propagierte radikale Ethos verwirklicht, doch lediglich für eine bestimmte Zeit.[128]
Wahrscheinlich ist von verschiedenen Stadien der Überlieferung auszugehen, in denen die unterschiedlichen soziologischen Milieus unterschiedlich einflussreich waren. Erscheinen für die frühe Zeit die Wanderradikalen als die in erster Linie prägende Gruppe, erlangten im Laufe der Zeit wahrscheinlich die Ortsgemeinden grösseren Einfluss auf die Überlieferungen. Und schliesslich dürften diese Überlieferungen nochmals von Schriftgelehrten in den Gemeinden nachjustiert worden sein.[129]

Die Welt, die die Texte voraussetzen, ist eine ländliche Welt im palästinischen Raum. Neben der Wüste, die zu Beginn als Schauplatz des Auftretens des Täufers und der Bewährung Jesu genannt wird, kommen galiläische Orte wie Kafarnaum, Chorazin oder Betsaida in den Blick. Auch Jerusalem wird erwähnt, im Unterschied zu Kafarnaum allerdings nicht als Schauplatz einer Handlung. Das vorausgesetzte Milieu ist jüdisch geprägt, als Opponenten erscheinen Pharisäer (und Gesetzeslehrer), allerdings tritt mit dem Hauptmann aus Kafarnaum auch ein Nichtjude als vorbildlich Glaubender auf.

127 Weitere Belege, die in diese Richtung deuten, bei *Schnelle*, Einleitung 258 f.
128 *Schmeller*, Brechungen.
129 So *Ebner*, Spruchquelle Q 98 f.

Diese Hinweise deuten darauf hin, dass jene Wanderprediger – wohl nicht allzu lange Zeit nach dem Tod Jesu – in Galiläa aufgetreten sind, um die Jesusbotschaft von Ort zu Ort zu tragen. Mit ihrer Botschaft wandten sie sich zunächst an die jüdische Bevölkerung; doch lassen die in Q thematisierten Konflikte mit «dieser Generation», die Weherufe gegen Chorazin, Betsaida und Kafarnaum (Q 10,13.15) oder auch die harte Kritik an den Pharisäern und Gesetzeslehrern darauf schliessen, dass sie dabei auf nur wenig Akzeptanz stiessen. Dementsprechend kommen mit dem römischen Hauptmann nichtjüdische Menschen in den Blick, die sich der Jesusbotschaft öffnen (Q 7), und im Kontrast zu den sich gleichgültig oder ablehnend verhaltenden jüdischen Dörfern werden nichtjüdische Städte und Völker als potenzielle Verheissungsträger genannt (Q 10,14; 13,28 f.).

3.2.2 Griechisch sprechende Gemeinden im syrischen Raum: Der Weg zur Verschriftlichung

Haben die ersten Jesusboten in Galiläa ihre Botschaft noch auf Aramäisch verkündet, so deuten die neutestamentlichen Texte eher darauf hin, dass die Spruchquelle Q den beiden Evangelisten auf Griechisch vorlag. Der hohe Grad an wörtlichen Übereinstimmungen und die teilweise gleiche Abfolge bei beiden Evangelisten lassen ausserdem auf eine schriftliche Vorlage schliessen.

Zwar ist eine schriftliche Fixierung des Werkes in griechischer Sprache im Prinzip auch in Galiläa vorstellbar, und zum Teil wird die Endredaktion des Werkes in der Tat in Galiläa[130] oder sogar in Jerusalem[131] lokalisiert. Doch gibt es auch Anzeichen im Text, die in eine andere Richtung deuten. Wie im Markusevangelium entscheidet sich auch bei der zeitlichen Ansetzung von Q vieles an der Frage, inwiefern sich Spuren des jüdischen Aufstandes gegen die Römer ab dem Jahr 66 n. Chr. im Text niedergeschlagen haben, oder ob es

---

130 Zum Beispiel *Pokorný/Heckel*, Einleitung 342; *Schnelle*, Einleitung 250; *Theißen*, Lokalkolorit 232–245.

131 So bereits *Wellhausen*, Einleitung, 1905, 88 ([2]1911, 79); *Frenschkowski*, Galiläa oder Jerusalem? 535–559.

gar Anzeichen gibt, dass die Verfasser bereits Kenntnis von der Eroberung und Zerstörung Jerusalems und des dortigen Tempels durch die Römer hatten. Q 13,34 f. könnte solch ein Reflex darauf sein, dass die Eroberung und Zerstörung Jerusalems entweder unmittelbar bevorstand oder dass die Verfasser bereits auf diese Zerstörung zurückblickten:

> «Jerusalem, Jerusalem, die die Propheten tötet und die zu ihr Gesandten steinigt! Wie oft wollte ich deine Kinder sammeln, wie eine Henne ihre Küken unter die Flügel sammelt, und ihr habt nicht gewollt. Siehe, euer Haus wird euch verlassen (werden)... Ich sage euch, ihr werdet mich nicht mehr sehen, bis [«der Tag» kommen wird, da] ihr sagt: Gesegnet, der im Namen des Herrn kommt!» (Q 13,34 f.)[132]

Ausserdem scheint sich, wie Paul Hoffmann anhand der Versuchungsgeschichte nach Q 4,1–13 gezeigt hat, die Q-Trägerschaft vom jüdischen Aufstand gegen Rom distanziert und demgegenüber eine gewaltlose und damit antizelotische Haltung propagiert zu haben.[133] Daher geht ein Teil der Forschung davon aus, dass die Jesusanhängerschaft, die sich in Q zu Wort meldet, in der Folge des jüdischen Aufstandes, spätestens aber vor der römischen Eroberung Galiläas im Jahr 67 n. Chr., aus Galiläa in die angrenzenden Gebiete geflohen ist. So kommt speziell der südliche syrische Raum als Ort der Endredaktion der Spruchquelle Q infrage: In diesen Gebieten, die zur Zeit Jesu dem Tetrarchen Philippos († 34 n. Chr.), einem Sohn Herodes des Grossen, und später dem römischen Vasallenkönig Agrippa II. († ca. 92/93 n. Chr.) unterstanden, gab es einen ansehnlichen jüdischen Bevölkerungsanteil, so dass eine Verkündigung der Jesusboten hier gut vorstellbar ist. Als mögliche Städte, in denen Q seine Letztgestalt erhal-

---

132 Rekonstruierter Text nach *Hoffmann/Heil (Hg.)*, Spruchquelle Q 93. Die dort verwendeten textkritischen Zeichen von Klammern und Punkten deuten verschiedene Wahrscheinlichkeitsgrade der Textrekonstruktion an. Was in eckigen Klammern steht, hat eine «schwache Wahrscheinlichkeit» für sich. Wo zwei Punkte stehen, reichte die Wahrscheinlichkeit für eine Rekonstruktion im Wortlaut nicht aus (ebd. 29). In runden Klammern stehen hingegen Worte, die lediglich zur Vollständigkeit des deutschen Textes benötigt werden.

133 *Hoffmann*, Tradition 193–207.

ten haben könnte, werden Damaskus, Caesarea Philippi oder auch Betsaida-Julias genannt.[134]

Diese Hinweise deuten auf eine Schlussredaktion des Werkes um das Jahr 70 in einer der Städte des südsyrischen Raumes hin. Dieser Übergang in einen anderen kulturellen Raum und vor allem die fortschreitende Zeit hatten wohl zu dieser Verschriftlichung geführt:

> «Nun – etwa 40 Jahre nach dem Tod Jesu – starben die Augenzeugen aus, und die mündlichen Überlieferungswege waren gefährdet.»[135]

Doch ist wie die Lokalisierung der Schlussredaktion auch deren zeitliche Ansetzung keineswegs gesichert, und so werden mit beachtlichen Gründen auch eine frühere Entstehungszeit noch vor dem jüdischen Aufstand[136] oder – vereinzelt – auch eine Spätdatierung erst um das Jahr 75 vertreten[137].

3.3 Was der Spruchquelle Q wichtig ist: Einige thematische Akzente

Mit der Entdeckung und Erforschung von Q haben sich in gewissen Phasen der Forschung weitgehende Hoffnungen verbunden, nun endlich den «wahren Jesus» gefunden zu haben. Doch ist demgegenüber festzuhalten, dass auch Q nicht den direkten Blick zurück in die Zeit Jesu erlaubt, sondern ebenso wie die Evangelien ein Produkt der nachösterlichen Zeit ist, das einen langen Entstehungsprozess durchlaufen hat und in seiner heute rekonstruierten Form als eine bewusste Komposition mit verkündigender Absicht angesehen werden muss. Allerdings zeigt sich, dass die Spruchquelle Q in zahlreichen Aspekten gegenüber Markus oder auch Paulus andere Akzente setzt und alternative Bilder und Deutungen zur Jesusüberlieferung beisteuert.

---

134 Vgl. *Heil,* Einleitung 22 f. mit weiterführenden Literaturhinweisen.

135 *Heil,* Einleitung 21.

136 So *Pokorný/Heckel,* Einleitung 342; *Schnelle,* Einleitung 250; *Theißen,* Lokalkolorit 212–245.

137 *Myllykoski,* Social History, bes. 199.

Anfang und Schluss: Gericht 3.3.1

Das Werk, soweit es sich heute rekonstruieren lässt, beginnt mit der Gerichts- und Umkehrpredigt Johannes' des Täufers:

> «Er sagte zu der [Volksmenge], die [kam, um sich] taufe[n zu lassen]: Schlangenbrut! Wer hat euch in Aussicht gestellt, dass ihr dem bevorstehenden Zorn<<gericht>> entkommt? Bringt darum Frucht, die der Umkehr entspricht, und bildet euch nicht ein, bei euch sagen <<zu können>>: Wir haben Abraham zum Vater. Denn ich sage euch: Gott kann aus diesen Steinen dem Abraham Kinder erwecken. Aber schon ist die Axt an die Wurzel der Bäume gelegt; jeder Baum, der nicht gute Frucht bringt, wird daher herausgehauen und ins Feuer geworfen.» (Q 3,7–9)[138]

Drastisch wird so von Anfang an vor Augen geführt, was die Stunde geschlagen hat: Das Endgericht Gottes steht unmittelbar bevor, niemand kann sich einfach – als «Kind Abrahams» – auf seine Zugehörigkeit zum Gottesvolk verlassen, sondern alle sind von diesem Gericht betroffen und dazu aufgerufen, umzukehren und das Leben von Grund auf zu ändern: Früchte der Umkehr zu bringen.

Diese Ausrichtung auf das apokalyptische Endgericht zieht sich durch das gesamte Werk hindurch und kulminiert im Schlussteil der Schrift mit dem überraschenden Kommen des Menschensohnes:

> «Wenn sie euch sagen: Siehe, er ist in der Wüste, geht nicht hinaus; siehe, er ist in den Kammern, lauft <<ihnen>> nicht nach. Denn wie der Blitz vom Osten ausgeht und bis zum Westen leuchtet, so wird der Menschensohn [an seinem Tag] sein.» (Q 17,23–37)[139]

Dieses Kommen des Menschensohnes geschieht zwar völlig unerwartet, es wird die Menschen mitten im Alltag ereilen (Q 17,26–30), und es ist ein Kommen zum Gericht, das Menschen unerbittlich voneinander scheiden wird (Q 17,34 f.); doch endet das Werk mit einer Verheissung für diejenigen, die Jesus, dem Menschensohn, nachgefolgt sind:

---

138 Rekonstruierter Text nach *Hoffmann/Heil*, Spruchquelle Q 33.

139 Rekonstruierter Text nach ebd. Q 107.

> «Ihr.., die ihr mir gefolgt seid, werdet.. auf Thronen sitzen und die zwölf Stämme richten.» (Q 22,28.30)[140]

Dies ist nichts weniger als das, was nach PsSal 17,26–28 der Messias selbst tut.[141]

Zwischen diesen beiden Polen spielt sich das Drama des Kommens des Menschensohnes ab. Auf diesen Kommenden hatte bereits der Täufer in seiner Predigt verwiesen (Q 3,16 f.). Zwar hat der Täufer, historisch betrachtet, Gott selbst als diesen Kommenden, Stärkeren erwartet; doch ist es aus der Perspektive von Q eindeutig, dass Jesus mit diesem Kommenden identifiziert werden muss. Angesichts dieses Kommenden sind die Angesprochenen zur Entscheidung aufgerufen.

3.3.2 Jesusdeutungen

Mit dieser Konzeption trägt das Jesusbild der Spruchquelle Q gegenüber den anderen Evangelien deutlich eigenständige Züge.[142] Am stärksten zeigt sich dies wohl darin, dass das Werk nicht mit Passions- und Ostererzählungen endet, sondern, wie gezeigt, mit jenem Ausblick auf das bevorstehende Gericht. Es gibt also keine eigenen Erzählungen über den Kreuzestod Jesu und seine Auferweckung. Der gewaltsame Tod Jesu wird zwar vorausgesetzt; doch erhält er keinen erzählerischen Raum. Auch hat der Tod Jesu im Unterschied zu anderen Konzeptionen des Neuen Testaments keinerlei Heilsbedeutung für die Menschen. Vielmehr wird Jesus (wie auch Johannes) in die Tradition der alttestamentlichen Propheten und Weisen eingereiht, die ein gewaltsames Schicksal erlitten, weil sie Gottes Wort kompromisslos verkündigten:

> «Darum sagte auch die Weisheit..: Ich werde [zu] ihnen Propheten und Weise senden, und «einige» von ihnen werden sie töten und verfolgen,

---

140 Rekonstruierter Text nach ebd. Q 113.

141 Vgl. *Fiedler*, Matthäusevangelium 316. Die Psalmen Salomos sind ausserbiblische jüdische Dichtungen, die wahrscheinlich um die Mitte des 1. Jahrhunderts v. Chr. entstanden sind, vgl. *Holm-Nielsen*, Psalmen Salomos 51–61.

142 Zum Folgenden vgl. *Ebner*, Spruchquelle Q 104–109; *Heil*, Einleitung 23–25; *Hieke*, Logienquelle – Spruchquelle, Abschnitt 5.

damit das Blut aller Propheten, das von Anfang der Welt an vergossen wurde, von dieser Generation eingefordert wird, vom Blut Abels bis zum Blut des Zacharias, der zwischen dem Altar und dem Tempel umgekommen ist. Ja, ich sage euch, von dieser Generation wird es eingefordert werden.» (Q 11,49–51; vgl. auch 13,34)[143]

Es wird deutlich, dass nicht der Tod Jesu oder der anderen ermordeten Propheten sühnende Wirkung hat, sondern dass Gott selbst die ungerechten Tode sühnen wird, indem er die Verantwortlichen im Gericht zur Rechenschaft ziehen wird.

Dennoch erhält der Tod Jesu Bedeutung auch für diejenigen, die ihm nachfolgen: Er wird zum Modell für das eigene Leben in der Nachfolge, die eben auch bedeuten kann, das Kreuz auf sich zu nehmen (Q 14,27) oder sein Leben zu verlieren (Q 17,33).

Aber nicht nur die Passionserzählungen fehlen in der Spruchquelle Q, sondern auch Erzählungen von der Auffindung des leeren Grabes und von Erscheinungen des von Gott Auferweckten. Überhaupt kommt die Spruchquelle Q ohne explizite Formulierung des Bekenntnisses aus, dass Jesus von Gott auferweckt wurde. Möglicherweise ist allerdings die Vorstellung einer Entrückung angedeutet (Q 11,16.29 f.; 13,34 f.). Diese ist besser mit der drängenden Erwartung des bevorstehenden Endgerichts vereinbar als die Vorstellung, die sich in den Evangelien und bei Paulus findet: dass mit und in der Auferweckung dieses Einzelnen aus den Toten die Endzeit bereits begonnen hat.[144]

Sucht man nach christologischen Titeln, die Jesus in der Spruchquelle Q erhält, so findet man auch diesbezüglich spezifische eigene Akzente gegenüber den Evangelien. Jesus ist nach Q einer der Propheten und Weisen, die unschuldig zu Tode kommen (Q 11,49–51; 13,34), er erscheint als Bote der Weisheit (Q 11,49), ja, handelt wie die Weisheit selbst (Q 13,34). Hingegen fehlt der in den anderen Evangelien so bedeutsame Titel «Messias/Christos» völlig, und auch bezüglich des Hoheitstitels «Sohn Gottes» zeigt sich ein anderes Bild als in den Evangelien. Dieser Titel begegnet insgesamt

143 Rekonstruierter Text nach *Hoffmann/Heil*, Spruchquelle Q 73.

144 So *Ebner*, Spruchquelle Q 107.

nur zweimal: ein erstes Mal im Kontext der Taufe Jesu – doch ist dieser Text für Q nicht eindeutig zu rekonstruieren (Q 3,22) – und ein zweites Mal in der Perikope über die Versuchung Jesu, hier im Munde des Versuchers (Q 4,3.9). Allerdings wird an anderer Stelle deutlich gemacht, dass Jesus «der Sohn» ist (Q 10,21 f.).

Grössere Bedeutung hat demgegenüber die Bezeichnung Jesu als Menschensohn; doch wird diese in unterschiedlicher Weise verwendet: Während zu Beginn des Werkes vom bereits *gekommenen* Menschensohn gesprochen wird (Q 6,22; 7,34; 9,58), beziehen sich die Stellen gegen Ende des Werkes auf den *kommenden* Menschensohn, der als endzeitlicher Richter erwartet wird (Q 11,30; 12,8.10.40; 17,24.26.30). Mag sein, dass die beiden Verwendungsweisen unterschiedlichen Phasen der Textentstehung zuzuordnen sind.[145] In ihrer Kombination im vorliegenden Text identifizieren sie jedenfalls Jesus als den gekommenen Menschensohn mit der erwarteten endzeitlichen Richtergestalt des Menschensohnes. Das bedeutet in der Konsequenz, dass die Entscheidung jedes einzelnen Menschen für oder gegen Jesus und seine Botschaft höchst relevant für das erwartete Endgericht ist.

Im Unterschied zu den anderen Evangelien erscheint Jesus in Q nicht so sehr als Wundertäter, sondern als Verkünder einer Botschaft, angesichts derer die Menschen zur Stellungnahme herausgefordert sind. Selbst die einzige Heilungserzählung aus Q, die Heilung des Burschen des römischen Hauptmanns (Q 7,1–9), unterstreicht die Wirkmächtigkeit des Wortes Jesu und zeigt den Hauptmann als einen Menschen, der sich durch ein enormes Vertrauen gegenüber Jesus auszeichnet. Direkt im Anschluss an diese Perikope erscheinen die Wundertaten Jesu, die als Antwort auf die Täuferfrage angeführt werden, als Erfüllung der Verheissungen aus dem Buch Jesaja und dienen dazu, Jesus als den Erwarteten zu erweisen (Q 7,18–23).

Natürlich bleibt bei der Interpretation dieses Textes eine gewisse Unsicherheit bestehen, weil der Text ja nur als eine

145 Vgl. *Heil*, Einleitung 24 f. mit Hinweisen auf entsprechende Forschungspositionen.

zwar gut begründete, aber dennoch hypothetische Rekonstruktion vorliegt. Wir können nicht wissen, ob Teile des Textes verloren gegangen sind, weil sie weder in das Matthäus- noch in das Lukasevangelium eingegangen sind, und wir können erst recht nicht wissen, welche Akzente diese Textteile eventuell gesetzt hätten. In der Form, wie sich die Spruchquelle Q beim jetzigen Forschungsstand rekonstruieren lässt, erweist sie sich jedoch als eine interessante Deutung Jesu und seiner Botschaft, die das Lokalkolorit Galiläas und der angrenzenden Gebiete atmet und die Verkündigung der frühen Zeit ahnen lässt. Besonders interessant ist diese Deutung, weil sie mit jüdischen Augen auf Jesus schaut und von innerjüdischen Kontroversen um Jesus Zeugnis gibt. Erst ansatzweise wird der Horizont auch auf Menschen nichtjüdischer Herkunft ausgeweitet. Bemerkenswert ist schliesslich, dass dieses Werk mit einer so herben Botschaft seine Zuhörerinnen und Zuhörerinnen zu erreichen suchte – und damit, wie es scheint, zwar einige Ablehnung hervorgerufen hat, doch auch, wie die Aufnahme in die Evangelien beweist, nachhaltig überzeugt hat.

Zum Weiterlesen

Bibel und Kirche 54 (2/1999): Die Logienquelle. Ein frühes Dokument über Jesus.

Hoffmann, Paul/Heil, Christoph (Hg.): Die Spruchquelle Q. Studienausgabe Griechisch und Deutsch, Darmstadt/Leuven 2002.

Hieke, Thomas: Die Logienquelle in deutscher Übersetzung – Auszug aus Bibel und Kirche 54 (2/1999); mit einer Einführung zur Übersetzung von Thomas Hieke und einer Einführung zur Logienquelle von Klaus-Stefan Krieger, online unter: www.bibelwerk.de/sixcms/media.php/169/WUB214_LogienquelleDL.pdf (24.11.2014).

Das Matthäusevangelium 4

An erster Stelle des neutestamentlichen Kanons steht das Matthäusevangelium. Dass dies so ist, verdankt sich dem hohen Ansehen dieses Evangeliums in der frühen Kirche. Wie dem Johannesevangelium, so wurde auch dem Matthäusevangelium ein apostolischer Ursprung zugeschrieben. Das Werk galt als von «Matthäus, dem früheren Zöllner und späteren Apostel Jesu Christi»[146] verfasst. Schon in der Didache, einer um 110 n.Chr. verfassten und in manchen frühen Gemeinden hochgeschätzten «Apostellehre», erscheint das Matthäusevangelium als «das» Evangelium, es wird als «Evangelium des Herrn» oder auch als «sein Evangelium» bezeichnet, auf dessen Autorität in vergleichbarer Weise verwiesen wird wie auf die Schriften des (heute so genannten) Alten Testaments.[147] Zudem sah man das Matthäusevangelium als das zuerst verfasste Evangelium an, das (auch) deshalb in den frühen Kanonlisten fast immer als erstes der Evangelien genannt wird. Einen Anhaltspunkt dafür sah man in den Stammbäumen, die in dem Werk enthalten sind. So urteilt der gelehrte Bischof Eusebius von Caesarea (vor 265–339/40 n.Chr.) in seiner Kirchengeschichte unter Berufung auf Klemens von Alexandria:

> «In dem gleichen Werke teilt Klemens bezüglich der Reihenfolge der Evangelien eine Überlieferung mit, welche er von den alten Presbytern erhalten hatte. Dieselbe lautet: diejenigen Evangelien, welche die Genealogien enthalten, seien zuerst geschrieben worden.»[148]

Genealogien enthalten sowohl das Matthäus- als auch das Lukasevangelium, die demnach zuerst entstanden sein müssten. Aufgrund der Zweiquellentheorie wissen wir jedoch, dass diese beiden Evangelien erst nach dem Markusevange-

146 *Eusebius*, Kirchengeschichte VI 25,4.
147 Vgl. Didache 8,2; 11,3; 15,3f. Vgl. *Wengst*, Didache 24–32.
148 *Eusebius*, Kirchengeschichte VI 14,5.

lium entstanden sind und neben diesem auch die Spruchquelle Q als Quellen voraussetzen. Daher finden diese beiden Evangelien in diesem Buch ihren Platz erst nach dem Markusevangelium und der Spruchquelle Q. Als erstes soll das Matthäusevangelium besprochen werden, das den neutestamentlichen Kanon eröffnet.

Dass wir um die Quellen des Matthäusevangeliums wissen, heisst nun keinesfalls, dass das Werk allein im Vergleich mit seinen Vorgängerwerken gelesen werden soll. Im Gegenteil: Selbstverständlich ist das Matthäusevangelium in seiner heute vorliegenden Form als eine eigenständige Stimme im Konzert der Jesusüberlieferungen wahrzunehmen, auszulegen und zu würdigen. Auch wenn es auf die bekannten Quellen zurückgreift, bietet es einen neuen und eigenständigen Zugang zur Jesusgeschichte. Seine spezifischen Akzentsetzungen wird man allerdings besonders gut wahrnehmen können, wenn man seine Darstellung mit den bekannten früheren Darstellungen des Markusevangeliums und der Spruchquelle Q vergleicht. Im folgenden Kapitel sollen beide Wege der Matthäuslektüre ihren Platz erhalten.

4.1 Wie das Matthäusevangelium erzählt: Der Aufbau des Buches

Mit dem Markusevangelium lag bereits ein zusammenhängender und – wie die genaue Lektüre zeigt – gut durchdachter Entwurf der Jesusgeschichte vor. Das Matthäusevangelium orientiert sich deutlich erkennbar an der Jesusgeschichte des Markusevangeliums und integriert grosse Teile dieses Vorgängerwerkes in das eigene. Doch blieb es nicht bei der einfachen Aufnahme dieser Vorlage. Vielmehr schuf der Matthäusevangelist eine neue und eigenständige Jesusgeschichte, indem er Materialien aus der Spruchquelle Q sowie weitere Traditionen, das so genannte Sondergut, in den Erzählbogen des Markusevangeliums einfügte und ausserdem vor allem den Anfang und das Ende des Werkes ganz neu gestaltete. So setzt das Werk nicht wie das Markusevangelium erst mit dem Auftreten des Täufers und des bereits erwachsenen Jesus ein, sondern beginnt bereits mit einer

«Vorgeschichte»[149], die unter verschiedenen Perspektiven die besondere Herkunft Jesu in den Blick nimmt (Mt 1–2), bevor sich der Gang der Erzählung ab Mt 3 dem Auftreten des Täufers, der Taufe Jesu (Mt 3,13–17) sowie seiner Versuchung in der Wüste (Mt 4,1–11) zuwendet. Am Ende des Werkes steht auch nicht der offene Schluss des Markusevangeliums mit der Auffindung des leeren Grabes durch die Frauen. Vielmehr wird die entscheidende Perspektive, die in Mk 16,1–8 nur angedeutet wird, nämlich die Verheissung, dem Auferstandenen in Galiläa zu begegnen, am Schluss des Matthäusevangeliums zu einer eindrücklichen Erscheinungsszene des Auferstandenen vor der Jüngergruppe auf «dem» Berg in Galiläa erzählerisch ausgefaltet und die Jüngergruppe mit einem Verkündigungsauftrag und einer Beistandszusage des Auferstandenen in eine – wiederum offene – Zukunft entsandt (Mt 28,16–20).

Offenbar galt es, in einer anderen Zeit und an einem anderen Ort auf andere Fragen zu antworten, so dass ein Neuentwurf der Jesusgeschichte notwendig erschien. Lesen wir also auch dieses Buch von vorne.[150]

Mehr als ein Stammbaum: Der Buchanfang (Mt 1,1–17) 4.1.1

Wer das Matthäusevangelium zum ersten Mal von vorne zu lesen beginnt, steht vor einem für heutige Lesegewohnheiten vermutlich befremdlichen Befund: Das Werk setzt mit einem Stammbaum ein (Mt 1,1–17). Dies ist auf den ersten Blick nicht das, was man sich gewöhnlich unter einem spannenden Buchanfang vorstellt, der Leserinnen und Leser sofort in seinen Bann zieht. Vielmehr verlangt er von den Lesenden einige Geduld, bis die eigentliche Erzählung dann in Mt 1,18 beginnt. Zudem setzt er die Kompetenz voraus, mit all den hintereinandergehängten Namen auch Bilder und Geschich-

149 So die Bezeichnung des ersten Teils des Matthäusevangeliums (Mt 1,1–4,16) in den meisten Kommentierungen.

150 Zur folgenden Darstellung vgl. durchgehend die Kommentierungen und Analysen bei *Fiedler*, Matthäusevangelium; *Frankemölle*, Matthäus I; *Gielen*, Geburt; *Gnilka*, Matthäusevangelium; *Konradt*, Israel; *Luz*, Evangelium; *Mayordomo-Marin*, Anfang; *Poplutz*, Erzählte Welt; *dies.*, Jesusgeschichte.

ten verbinden zu können. Nur dann nämlich wandelt sich die trockene Namensliste im Telefonbuchstil zu einer Darstellung der Geschichte Israels im Zeitraffer.

Dies gibt bereits erste Hinweise sowohl auf den denkerischen Horizont des Verfassers, dem dies offenbar so wichtig war, dass er einen solch spröden Buchanfang in Kauf nahm, als auch auf die Leseerwartungen und -kompetenzen der Gemeinde, für die dieses Buch verfasst wurde.

4.1.1.1 Ein erster Satz, der Perspektiven eröffnet (Mt 1,1)

Wie bereits das Markusevangelium, so stellt auch das Matthäusevangelium in seinem ersten Satz bedeutsame Weichen zum Verständnis des folgenden Buches und seiner Hauptperson:

> «Stammbaum Jesu Christi, des Sohnes Davids, des Sohnes Abrahams.» (Mt 1,1)

Der Ausdruck, der in der Einheitsübersetzung als «Stammbaum» wiedergegeben ist, heisst im Griechischen *biblos geneseōs*. Wie er genau zu übersetzen ist, ist nicht ganz eindeutig; denn die beiden griechischen Worte umfassen je ein breites Spektrum an Bedeutungen: *Biblos* bedeutet Buch, aber auch Urkunde oder Dokument. *Genesis* heisst Entstehung, Ursprung oder Abkunft. Je nachdem, welche Bedeutung man an dieser Stelle jeweils für gegeben hält, wird man diesen ersten Satz verschieden interpretieren: Ist der Ausdruck als «Buch des Ursprungs»[151] zu verstehen und damit als Überschrift über das gesamte Buch, das wiederum die Geschichte Jesu erzählt, so dass man die Wortverbindung sogar als «Buch von der Geschichte Jesu Christi»[152] wiedergeben müsste? Oder ist die Bedeutung enger und bezieht sich als «Stammbuch»[153] oder eben «Stammbaum» nur auf die ersten 17 Verse des Buches? Vielleicht sind beide Aspekte auch nicht zu trennen, sondern der erste Satz umfasst beides: Eine grosse Perspektive auf das gesamte Buch ebenso wie die

---

151 So die Übersetzung z. B. bei *Fridolin Stier*. Ähnlich die Bibel in gerechter Sprache.

152 So z. B. die Luther-Übersetzung. Ähnlich *Frankemölle*, Matthäus I, 17 u. ö.

153 So *Fiedler*, Matthäusevangelium 39 f.

Ankündigung dessen, was ab Mt 1,2 folgt: ein Stammbaum, der auf Jesus hinführt. In diesem Sinne paraphrasiert die Gute Nachricht Bibel die Stelle folgendermassen:

> «Dieses Buch berichtet über die Herkunft und Geschichte von Jesus Christus, dem Nachkommen Davids und Nachkommen Abrahams.» (Mt 1,1)

Sicher ist, dass das Matthäusevangelium mit dem Ausdruck *biblos geneseōs* einen grossen Bogen zurück zu den Anfangskapiteln der Bibel im Buch Genesis schlägt. Zweimal wird der Ausdruck dort verwendet: zum ersten Mal zum Abschluss der ersten Schöpfungserzählung in Gen 2,4 und zum zweiten Mal in Gen 5,1 am Anfang des ersten Stammbaumes der Bibel, der die Geschichte der Menschen von der Erschaffung Adams und Evas bis zu Noah weiterführt. Noch einmal geht es demnach für Matthäus in seinem Buch um eine solche konstituierende und zugleich universale Geschichte: So klingt «die Geschichte der Entstehung von Himmel und Erde» aus Gen 2,4 auch am Schluss des Matthäusevangeliums an, wenn der Auferstandene über sich selbst sagt, dass ihm «alle Macht im Himmel und auf der Erde» gegeben sei und dass er bei den Seinen sein werde «bis zum Ende der Welt» (Mt 28,18.20). Und Gen 5,1 ff. steht im Hintergrund des in Mt 1,2–16 folgenden Stammbaums, der zwar nicht schon bei Adam, sondern erst bei Abraham einsetzt, doch, wie sich sogleich zeigen wird, ebenso wie der Stammbaum in Gen 5,1 ff. den Blick über Israel hinaus auf die Völker weitet.

Dieser Stammbaum führt in Mt 1,16 auf Jesus, den Christus hin. Bereits in Mt 1,1 war Jesus als Christus, Sohn Davids und Sohn Abrahams bezeichnet worden. Damit sind drei grundlegende Titel für die Hauptperson des Buches benannt.

«Christus» ist die lateinische Version des griechischen Wortes *Christos*, das wiederum eine Übersetzung des hebräischen Wortes *māšīaḥ* ist, das in die deutsche Sprache in der lautlichen Übertragung ins Griechische als «Messias» eingegangen ist. Übersetzt heisst dies: der Gesalbte.[154] Auch wenn in Mt 1,1 «Christus» ohne Artikel steht, so dass es zusammen mit «Jesus», wie dies in der frühen christlichen Literatur

154 Zur Herkunft und Bedeutung des Messiastitels siehe Abschnitt 2.1.1.1.

öfters der Fall ist, wie ein Doppelname gebraucht ist,[155] so schwingt für bibelkundige Leserinnen und Leser der Messias-Titel dennoch mit. Damit ist ein erstes Bekenntnis abgelegt: Jesus ist der in den Heiligen Schriften Israels verheissene und ersehnte Messias, der Gesalbte Gottes.

Dies wird bestätigt und vertieft durch den nächsten Titel, der in Mt 1,1 Verwendung findet: «Sohn Davids». Im Hintergrund dieses Titels steht die grosse Verheissung an König David und seine Dynastie in 2 Sam 7:

> «Und fest gegründet werden wird sein Haus und seine Königsherrschaft für immer vor mir, und sein Thron wird aufgerichtet sein bis in Ewigkeit.» (2 Sam 7,16)

Im Anschluss an diese Verheissung wird der Messias Israels aus dem «Haus Davids» und als «Sohn Davids» erwartet. Immer wieder wird Matthäus im Verlauf seines Werkes auf diesen Titel zurückkommen, mit dessen Hilfe vor allem die Christusgläubigen aus dem Judentum die einzigartige Bedeutung Jesu ins Wort brachten (vgl. Röm 1,3). Aus diesem Grund ist der Messiastitel für Jesus im Matthäusevangelium öfter zu finden als in den anderen Evangelien.[156]

Doch damit nicht genug. Jesus wird in Mt 1,1 zudem als «Sohn Abrahams» identifiziert. Gewiss ist Abraham der Stammvater Israels. Von ihm sollen nach Gen 17,6 Könige abstammen (wie es übrigens nach Gen 17,16 ebenso über Sara ausgesagt wird). Vor allem aber gilt Abraham, der «heimatlose Aramäer» (Dtn 26,5), der von Gott selbst Land und Nachkommenschaft erhielt, als «Vater der Völker» (Gen 17,4–6). In seinem Namen sollen «alle Geschlechter der Erde» bzw. «alle Völker der Erde» Segen erlangen (Gen 12,3; 18,18). Abraham hat eine besondere heilsgeschichtliche Bedeutung für die Völker (17,1–22).

Schon am Ende des ersten Verses zeigt sich also: Jesus, über den das folgende Buch handelt, ist auf vielfältige Weise sowohl mit den Heiligen Schriften als auch mit den Verheis-

155 *Luz*, Evangelium I, 119.
156 Vgl. Mt 9,27; 12,23; 15,22; 20,30; 21,9.15; 22,42.

sungen und Erwartungen Israels verbunden. Gleichzeitig deutet sich an, dass die Perspektive über Israel hinausgeht, indem Jesus auch als der Sohn Abrahams betitelt wird und so die Völker in den Blick kommen. Dies ist der Beginn eines Spannungsbogens, der das gesamte weitere Matthäusevangelium prägen wird und ganz am Ende des Werkes im Missionsauftrag des Auferstandenen an «alle Völker» seine Entsprechung findet (Mt 28,19 f.). Freilich wird auch in dieser Schlussszene der Bogen nicht zu einem endgültigen Abschluss geführt. Vielmehr wird dezidiert eine Perspektive in die Zukunft eröffnet, indem an dieser Stelle lediglich der Auftrag formuliert wird, ohne schon seine Ausführung zu erzählen.

Die Jesusgeschichte verankert in der Geschichte Israels (Mt 1,2–17) 4.1.1.2

Der Stammbaum, der sich ab Mt 1,2 an die Überschrift anschliesst, setzt mit der Figur ein, die in Mt 1,1 als Letzte genannt wurde: Abraham. Dieser eröffnet eine Geschlechterfolge, die in 3×14 Generationen (1,17) über König David, den glanzvollen Höhepunkt der Geschichte Israels, über das babylonische Exil, den traumatischen Tiefpunkt der Geschichte Israels, bis hin zu Jesus führt (1,16).

Um auf diese 3×14 Generationen zu kommen, braucht es beim Rechnen allerdings ein wenig Kreativität. So werden in der ersten und der dritten Abteilung der 14 Generationen jeweils nur 13 «Erzeuger» genannt. Deshalb müssen die jeweils letzten Glieder der Kette, nämlich David und Jesus, die an diesen Stellen lediglich als Gezeugte in Erscheinung treten (1,6.16), mitgezählt werden, um die 14 Generationen zu erreichen. Dann freilich zählt David, der die zweite Abteilung als Erzeuger eröffnet, doppelt, damit auch die mittlere Abteilung auf 14 Generationen kommt. Doch geht es kaum um rechnerische Genauigkeit. Vielmehr soll durch die Betonung der 3×14 Generationen deutlich werden, wie planmässig Gott die Geschichte lenkt und dass Gott selbst Herr der Geschichte und der Zeit ist.

Exkurs

Über die Bedeutung der 3×14 Generationen ist viel gerätselt worden, zumal es sich hier nicht um die in biblischen Zusammenhängen häufig verwendete Zahl zwölf handelt. Doch lässt sich die Zahl vierzehn aufteilen in 2×7, die Zahl der Fülle, der Vollendung oder Vollkommenheit. In der Tat spielt die Zahl sieben bei apokalyptischen Periodisierungen der Zeit immer wieder eine bedeutende Rolle (vgl. Dan 9,1–27). Eine weitere Erklärungsmöglichkeit für die Zahl vierzehn liegt im Zahlenwert der hebräischen Buchstaben des Namens David: Die Buchstabenfolge *d–w–d* entspricht den Zahlen 4+6+4, was in der Summe 14 ergibt.

Die Planmässigkeit der Geschichte wird unterstrichen durch das regelmässige Satzschema «A zeugte B», das sich fast durch den gesamten Stammbaum hindurchzieht. Doch wird dieses Schema an einigen Stellen markant unterbrochen: So werden die in Mt 1,17 genannten Gliederungspunkte der Geschichte herausgehoben, indem David in Mt 1,6 als einziger aus der Reihe der Könige mit dem Königstitel versehen wird, und indem in Mt 1,11 f. der tiefe Einschnitt des babylonischen Exils sogar zweimal benannt wird. Einen weiteren Akzent setzt Mt 1,2, indem hier nicht nur Juda als Gezeugter aufgelistet wird, sondern auch «seine Brüder» genannt werden, so dass an dieser Stelle das Zwölfstämmevolk Israel anklingt. Wie als Gegenpol dazu werden in Mt 1,11 im Zusammenhang des babylonischen Exils und damit am Tiefpunkt der Geschichte auch die Brüder Jojachins genannt.

Besonders auffällig wird die Zeugungsreihe durch die Nennung von vier Frauen durchbrochen: Tamar (1,3), Rahab (1,5), Rut (1,5) und «die des Urija», also Batseba, deren Name jedoch nicht genannt wird (1,6). Die Einfügung dieser Frauen in den Stammbaum ist bemerkenswert. Denn sie wären für die eigentliche Verheissungslinie, die Matthäus hier vor Augen führt, nicht nötig gewesen. Zudem handelt es sich nicht um die bekannten und bedeutsamen Stammmütter Sara, Rebekka, Lea und Rahel, sondern um vier Frauen, die an ganz unterschiedlichen Stellen der Geschichte(n) Israels ihren Ort haben und über die völlig verschiedene Geschichten erzählt werden. Worin liegt also die Bedeutung gerade dieser vier Frauen?

Gemeinsam haben diese vier Frauen nicht, wie dies seit der frühen Kirche immer wieder gesagt wurde, dass sie Sünderinnen seien und dass daher durch die Nennung der vier Frauen die Erlöserrolle Christi vorbereitet werde. Denn keine der vier Frauen gilt in den biblischen Texten oder in der jüdischen Tradition als Sünderin: Rahab (Jos 2; 6) und Rut gelten ohnehin als vorbildlich in ihrem Glauben und in ihrer Treue. Tamar (Gen 38) wird trotz ihres unkonventionellen Handelns, das ihr den rechtmässigen Sohn verschaffen soll, nicht als Sünderin gezeichnet, sondern erweist sich als gegenüber ihrem Schwiegervater Juda «im Recht» (Gen 38,26). Und mit Blick auf Batseba suchen die biblischen und nachbiblischen Traditionen die Schuld für den Ehebruch bei David und nicht bei ihr (2 Sam 11).

Gemeinsam ist den vier Frauen vielmehr, dass sie aus nichtjüdischen Völkern stammen: Tamar galt nach ausserbiblischen frühjüdischen Traditionen als Aramäerin oder syrische Palästinerin,[157] Rahab wird schon in der biblischen Tradition als eine Bewohnerin des kanaanäischen Jericho, Rut als Moabiterin gekennzeichnet. Bei Batseba wird in Mt 1,6 nicht ihr eigener Name genannt, sondern der Name ihres Mannes Urija, der nach 2 Sam 11 ein Hethiter und damit ein Nichtjude war. Damit bringen diese vier Frauen die nichtjüdischen Völker in den Stammbaum ein. Aber noch mehr: Alle vier Frauen tun als Nichtjüdinnen etwas Entscheidendes für Israel und erhalten daher eine wichtige Funktion in der Heilsgeschichte. Für Leserinnen und Leser können sie auf diese Weise zu Identifikationsfiguren werden. Dies gibt bereits erste Hinweise auf die Leserschaft des Matthäusevangeliums.[158]

Neben diesen vier nichtjüdischen Frauen wird noch eine fünfte Frau genannt: Maria. Auch bei ihrer Nennung wird das strenge Zeugungsschema durchbrochen, indem in Mt 1,16 als der letzte «Gezeugte» des Stammbaums Josef genannt wird, der als «Mann Marias» identifiziert wird. Um auf Jesus hinzuführen, wird nun bei Maria eine passivische Formulierung verwendet, die singulär in diesem Stammbaum ist: «aus ihr wurde gezeugt Jesus, der Christus genannt wird» (1,16). Damit ist angedeutet, was ebenfalls zum Bekenntnis der Matthäusgemeinde gehört: die Gottgewirktheit Jesu – oder auch: seine Gottessohnschaft. Um dies zum Ausdruck zu bringen, nimmt es der Verfasser in Kauf, zwei verschiedene Konzeptionen nebeneinanderzustellen: Zum einen läuft der Stammbaum patrilinear auf Josef zu. Da die-

157 Aramäerin: Jubiläenbuch 41,1; Testamente der zwölf Patriarchen: Juda 10,1; syrische Palästinerin: *Philo von Alexandria*, De Virtutibus 221.

158 Vgl. *Fiedler*, Matthäusevangelium 41 f.

ser aber nicht als der «wirkliche» Vater Jesu gelten kann, muss – zum anderen – an dieser Stelle der Sprung zu Maria gemacht werden, um die Einzigartigkeit der Herkunft und Geburt Jesu darzustellen.

So ungewöhnlich also für unsere heutigen Lesegewohnheiten der Beginn eines Buches mit einem Stammbaum auch sein mag: Mit Hilfe dieses Stammbaums gelingt es Matthäus, eine Reihe entscheidender Aspekte seiner Jesusdarstellung zu thematisieren. Denn mit den Namen dieses Stammbaums und den wenigen zusätzlichen Hinweisen zieht die Geschichte Israels wie im Zeitraffer vor den Augen der Leserinnen und Leser vorbei. Jesus wird in diese Geschichte Gottes mit seinem Volk eingeordnet, und es wird aufgewiesen, dass Jesus tatsächlich der Sohn Davids und der Sohn Abrahams ist. Gleichzeitig wird vor Augen geführt, wie die Geschichte Israels auf Jesus, den Messias, hinführt, aber auch, wie mit ihm eine neue Qualität des Handelns Gottes eröffnet wird, indem dieser Jesus als Messias und Gottessohn bekannt wird. Inmitten der strengen Linie der Geschichte Israels wird darüber hinaus die Öffnung der Heilsgeschichte auf die Völker angedeutet, indem Jesus nicht nur als «Sohn Davids», sondern auch als «Sohn Abrahams» qualifiziert wird und die vier nichtjüdischen Frauen in den Stammbaum eingeflochten werden. Wie dieses Thema des Heils für die Völker genau zu verstehen ist, wird sich allerdings erst im weiteren Verlauf des Matthäusevangeliums und vor allem am Schluss des Buches (Mt 28,16–20) zeigen.

4.1.2 Ein schriftgemässer Anfang der Geschichte Jesu: Die Geburts- und Kindheitserzählungen (Mt 1,18–2,23)

An den Stammbaum schliessen sich ab Mt 1,18 Erzählungen über die Geburt und die frühe Kindheit Jesu an. Sie werden in Mt 1,18 durch eine Zwischenüberschrift eingeleitet, die noch einmal das Wort *genesis* aus Mt 1,1 aufnimmt und damit zu den Erzählungen überleitet:

> «Mit dem Ursprung (*genesis*) Jesu Christi war es so: …» (Mt 1,18)

Die so eingeleiteten Geburts- und Kindheitserzählungen entfalten sich in fünf Etappen, die jeweils mit Hilfe eines Erfüllungszitates aus dem Alten Testament bedacht, vertieft und bekräftigt werden:

Mt 1,18–25
Der geistgewirkte Ursprung Jesu
und die Umstände seiner Geburt
Erfüllungszitat aus Jes 7,14

Mt 2,1–12
Die Identifizierung Jesu als König
und verschiedene Reaktionen darauf
Erfüllungszitat aus Mi 5,1.3; 2 Sam 5,2; 1 Chr 11,2

Mt 2,13–15
Die tödliche Bedrohung des königlichen Kindes
und seine Rettung durch die Flucht nach Ägypten
Erfüllungszitat aus Hos 11,2

Mt 2,16–18
Der Kindermord von Betlehem
Erfüllungszitat aus Jer 31,15

Mt 2,19–23
Die Rettung des königlichen Kindes
und die Wohnungnahme in Nazaret
«Erfüllungszitat» aus Ri 13,5.7; 16,7

Der geistgewirkte Ursprung Jesu und die Umstände seiner Geburt (Mt 1,18–25) 4.1.2.1

Im Zentrum der ersten Episode, mit der Matthäus seine Jesusgeschichte beginnen lässt, steht nicht die Geburt selbst, sondern vielmehr die Ankündigung dieser besonderen Geburt. Dazu lehnt sich Matthäus in zentralen Motiven an alttestamentliche Erzählmuster an: An verschiedenen Stellen, meist in Krisensituationen oder an wichtigen Übergangsstellen im grossen Erzählbogen des Alten Testaments, heisst es, dass Gott selbst oder ein Gottesbote einem menschlichen Gegenüber, zum Beispiel Abraham, die Geburt eines Kindes ankündigt (z.B. Gen 16,7–12; 17,15–17; Ri 13,2–5). Dabei werden einige charakteristische Erzählmotive verwendet:

1. Ein himmlisches Wesen erscheint.
2. Die Geburt eines Sohnes wird angekündigt.
3. Sein Name wird festgelegt.
4. Seine Zukunft wird enthüllt.[159]

Leicht lassen sich diese Elemente auch in unserer Erzählung wiederfinden. Dabei wird das Erscheinen des himmlischen Boten ausgelöst von der unerwarteten und in dieser Situation «unmöglichen» Schwangerschaft Marias, durch die sich Josef veranlasst sieht, sich in aller Stille von seiner Verlobten trennen zu wollen. Um dies zu verhindern, erscheint ihm im Traum der himmlische Bote, der ihn über die wahren Hintergründe der Schwangerschaft aufklärt und ihn anweist, Maria als seine Frau anzunehmen.

Doch ist dies noch nicht das Ziel der Erzählung. Vielmehr nehmen in der Rede des Engels diejenigen Erzählmotive einen breiten Raum ein, die oben als wesentliche Bestandteile der alttestamentlichen Geburtsankündigungen identifiziert wurden: die Ankündigung der Geburt eines Sohnes, die Festlegung seines Namens sowie die Offenbarung der Bedeutung des Kindes. Noch mehr: Genau diese Erzählmotive werden in Mt 1,22 f. mit Hilfe eines Zitates aus Jes 7,14 nochmals wiederholt, und Aspekt für Aspekt wird das Geschehen als übereinstimmend mit den Schriften vor Augen geführt und auf diese Weise als sinnvoll und gottgewollt gedeutet. Dass der hier genannte Name des Kindes nicht wie in Mt 1,21 «Jesus» lautet, sondern «Immanuel» (Gott ist mit uns), stört den Erzähler nicht; denn in diesem aus Jes 7,14 entnommenen Namen sieht er die Bedeutung Jesu verdichtet: In diesem Jesus ist Gott selbst zu den Menschen gekommen.

Exkurs

Zum Erzählmotiv der «Jungfrauengeburt»

Wie selbstverständlich geht der Text von der geistgewirkten Schwangerschaft Marias und damit von einer «Jungfrauengeburt» aus. Doch wird ebenso deutlich, dass der Text bei diesem Motiv weder lange verweilt, noch es spektakulär in den Vordergrund stellt, sondern es eher diskret voraussetzt, den theologischen Akzent aber auf andere Aspekte legt. Schliesslich steht das Matthäus-

159 Vgl. *Gielen*, Geburt 22.43 auf der Basis älterer Literatur, bes. *Lohfink*, Jetzt verstehe ich die Bibel 109–112.

evangelium mit solchen Motiven wunderbarer Umstände rund um die Geburt eines bedeutenden Menschen nicht allein, sondern greift «nur» einen verbreiteten literarischen Topos auf: Religionsgeschichtliche Parallelen zur göttlichen Zeugung wie auch zur Jungfrauengeburt lassen sich in einiger Variationsbreite in verschiedenen Kulturkreisen finden.[160] In Ägypten ist seit dem 2. Jahrtausend v. Chr. der Mythos einer Zeugung des Pharao durch den höchsten Gott (Ammun-) Re mit der jungfräulichen Königin bekannt. Dieser Mythos, der den Pharaonen zum Titel «Sohn des Re» verhalf, wurde im Rahmen der Thronbesteigungsrituale aktualisiert und inszeniert und diente der Legitimation des Herrschaftsanspruchs des jeweiligen Pharao.

Auch im griechisch-römischen Raum ist das Motiv der göttlichen Zeugung eines bedeutenden Menschen bekannt. Allerdings tritt das Motiv der Jungfräulichkeit gegenüber dem der göttlichen Zeugung in den Hintergrund. So habe nach Plutarch der göttliche Partner in Gestalt einer Schlange der Mutter Alexanders des Grossen beigewohnt.[161] Das Motiv der Schlange findet sich auch in der Geburtserzählungen über Augustus, dessen Mutter im Tempel des Apollon im Schlaf ebenfalls von einer Schlange heimgesucht worden sei und zehn Monate später ihren Sohn, den späteren Kaiser Augustus, geboren habe.[162] Auch Platons Herkunft wird mit dem Gott Apollon in Verbindung gebracht.[163] Die Liste liesse sich lange fortsetzen.

Sogar im hellenistischen Judentum findet sich das Motiv einer göttlichen Zeugung besonderer Menschen. Der jüdische Philosoph Philo von Alexandria (15/10 v. Chr. – nach 40 n. Chr.) lässt die Stammmütter Israels von Gott selbst schwanger werden, der sie eigens dazu wieder in den Stand der Jungfrauenschaft zurückversetzt.[164] In vielfältiger Weise variiert Philo dieses Motiv der Vaterschaft Gottes, das sich in dieser Weise nicht in den alttestamentlichen Texten findet, aber, wie die Belege bei Philo zeigen, nicht lange vor der Entstehung der neutestamentlichen Evangelien ihre Bedeutung auch im hellenistischen Judentum hatten.

Inwieweit Matthäus diese Erzählungen kannte, ist schwer zu sagen. Angesichts der zeitlichen und geografischen Verbreitung dieser Motive ist es jedoch schwer vorstellbar, dass die matthäische Erzählung – wie im Übrigen auch die lukanische Verkündigungserzählung Lk 1,26–38, die ebenfalls das Motiv der Jungfrauengeburt voraussetzt – ohne Kenntnis solcher Geschichten über die Geburt

160 Zum Folgenden vgl. *Broer*, Göttliche Zeugung; *Ebner*, Versuch; *Gnilka*, Matthäusevangelium 22–33; *Klauck*, Kind.

161 *Plutarch*, Vita Alexandri 2.

162 *Sueton*, Divus Augustus 94.

163 *Diogenes Laertius*, Leben III 2.

164 *Philo von Alexandria*, De Cherubim 50.

bedeutender Menschen entstanden ist. Andererseits zeigt sich, dass die neutestamentlichen Geburtsgeschichten solche Motive nicht einfach eins zu eins aus der Umwelt übernehmen, vor allem jede allzu direkte Vorstellung von einer Zeugung Jesu durch Gott vermeiden, sondern viel offener von der schöpferischen Kraft Gottes im Heiligen Geist sprechen und so mit Bedacht ganz eigene theologische Akzente setzen.

Ziel der matthäischen Erzählung ist also nicht der Nachweis der spektakulären Schwangerschaft einer Jungfrau, sondern das christologische Bekenntnis zu Jesus als Messias und Gottessohn. Als Messias hatte Matthäus seinen Protagonisten durch den Nachweis der Davidsohnschaft in 1,1–17 identifiziert. Zwar mündete der Stammbaum in 1,16 zunächst beim Davididen Josef, der ja, so viel ist mittlerweile deutlich geworden, nach der Darstellung des Matthäus nicht als der leibliche Vater Jesu gelten darf. Doch schliesst Matthäus diese Lücke, indem Josef dem Kind Marias den vom Gottesboten verheissenen Namen Jesus gibt und es damit adoptiert. Inwiefern Jesus als Gottessohn zu verstehen ist, zeigt Matthäus, indem er schon seine Empfängnis als geistgewirkt und seine Geburt als bereits vor Jahrhunderten in den Heiligen Schriften verheissen darstellt. Der vom Engel angewiesene Name «Jesus» zeigt Jesus als Retter und Erlöser von den Sünden. Und der in den Schriften genannte Name «Immanuel» schliesslich macht deutlich, dass in diesem Jesus Gott selbst auf einzigartige Weise gegenwärtig und in Jesus zu erfahren ist.

4.1.2.2 Die Identifizierung Jesu als König und verschiedene Reaktionen darauf (Mt 2,1–12)

Bislang waren in der Geburtsgeschichte nur die Hauptfiguren benannt worden: Josef, der durch den Stammbaum in Mt 1,16 als Davidide ausgewiesen worden war, seine Verlobte Maria, in der der Heilige Geist auf nie dagewesene Weise wirkte, ein Gottesbote, der Josef im Traum Orientierung verschafft, und natürlich das neugeborene Kind mit dem Namen Jesus: «Gott rettet», mit dem die Geburtsgeschichte in 1,25 endet.

Erst in Mt 2,1 werden nun auch Ort und Zeit der Geschehnisse benannt, die bislang noch ausser Acht geblieben waren: Schauplatz ist Betlehem in Judäa, die Stadt, aus der König

David stammte (1 Sam 17,12.58; 20,6). Die Zeit fällt in die Regentschaft des Königs Herodes (37–4 v. Chr.).

Es treten neue Protagonisten auf: Magier (gr.: *magoi*) aus dem Osten, die sich von einem Stern nach Jerusalem leiten lassen; König Herodes, historisch gesehen ein König von Roms Gnaden, dem durch geschickte Machtpolitik ein unerhörter Aufstieg zu einer immensen Machtfülle gelungen war, über den in unserem Text aber nicht viel mehr deutlich wird, als dass er in Jerusalem residiert; schliesslich Hohepriester und Schriftgelehrte des Volkes, die Auskunft über die Heiligen Schriften geben können.

Zwar sind auch die Magier in der späteren christlichen Legende zu «Königen» geworden; doch davon ist in unserem Text noch keine Rede. Als *magoi* wurden ursprünglich persische Priester, dann aber auch andere Gelehrte aus den Bereichen der Theologie, Philosophie oder Astronomie bezeichnet. In unserem Text werden sie als wachsame und gelehrte Sterndeuter gekennzeichnet, charakterisiert durch ihre Herkunft «aus dem Osten», was einen weiten geografischen Horizont eröffnet und die Magier als Nichtjuden kennzeichnet. Ausgerechnet im Munde dieser Nichtjuden aber findet sich ein Titel für Jesus, der für das Matthäusevangelium von Bedeutung werden wird: der neugeborene «König der Juden». Und ausgerechnet diese Nichtjuden wollen das tun, was sich gegenüber einem König gebührt: Sie wollen ihm huldigen (Mt 1,2.11).

Exkurs

Es wird sich noch zeigen,[165] dass die matthäischen Kindheitserzählungen in zahlreichen Motiven auf die biblische Mosegeschichte anspielen. Überdies sind Parallelen zu frühjüdischen Ausgestaltungen der Mosegeschichte zu beobachten (ohne literarische Abhängigkeiten behaupten zu wollen). So kündigen nach rabbinischen Traditionen[166] Magier, nach der Mosegeschichte bei Flavius Josephus[167] Schriftgelehrte dem ägyptischen Pharao die Geburt des Mose an, was diesen wiederum in Schrecken versetzt.

165 Siehe Abschnitt 4.1.2.3.

166 Targum Jonathan zu Ex 1,15; Exodus Rabbah 1,18 zu Ex 1,22.

167 *Flavius Josephus*, Antiquitates II 205 f.

Indem sich die Magier mit dieser Huldigungsabsicht ausgerechnet zum «König Herodes» nach Jerusalem begeben, wird ein spannungsvoller Kontrast zwischen verschiedenen Königen eröffnet: zwischen dem neugeborenen König der Juden auf der einen Seite – und dem König Herodes auf der anderen Seite. Wer der wirkliche König ist, wissen Leserinnen und Leser sehr gut. Matthäus macht es in seiner Erzählung auf verschiedene Weisen deutlich:

Zunächst weist der Stern darauf hin, wer der eigentliche König ist. Von diesem Stern lassen sich die Magier leiten, er führt sie zum richtigen Ort und identifiziert das neugeborene Kind als den gesuchten König. Das Motiv des Sterns weist erstens zurück auf die Bileamsweissagung:

> «Ein Stern wird aufgehen aus Jakob, ein Mensch wird aufstehen aus Israel.» (Num 24,17)

Diese Weissagung wurde in frühjüdischer Zeit messianisch gelesen,[168] so dass Matthäus das Sternmotiv aufgegriffen haben könnte, um den Davidssohn Jesus als Messias zu kennzeichnen.

Exkurs

Für diese Verbindung zur Bileamsgeschichte sprechen weitere erzählerische Details: So wurde Bileam nach Num 23,7 «von den Bergen aus dem Ostens» gerufen, was in der antiken griechischen Übersetzung des Alten Testaments, der Septuaginta, mit dem gleichen Wort ausgedrückt wird wie im matthäischen Text. Der Seher Bileam wird von Philo von Alexandria als *magos* bezeichnet.[169] Schliesslich geht es in beiden Erzählungen auf vergleichbare Weise darum, wie ein feindlicher König – Balak bzw. Herodes – den Seher Bileam bzw. die Magier aus dem Osten für seine Absichten gegen Israel bzw. gegen Jesus instrumentalisieren will und wie dies durch Gott selbst vereitelt wird.[170]

Zweitens lässt sich der Stern auch in der antiken Herrscherikonografie finden. Seit Alexander dem Grossen liessen sich sowohl griechische als auch römische und jüdische Herrscher mit einem Stern über ihrem Haupt abbilden.

---

168 Z.B. in den Qumranschriften 1QM 11,6f.; 4Q175, 9–13; vgl. mit weiteren Belegen *Fiedler*, Matthäusevangelium 57; *Luz*, Evangelium I, 161.

169 *Philo von Alexandria*, De Vita Mosis I 276.

170 Vgl. insgesamt *Fiedler*, Matthäusevangelium 57.

Münze (Denarius) des Kaisers Augustus, auf der Rückseite ein achtstrahliger Komet (*sidus Iulium*) mit der Inschrift *DIVVS IVLIV(S)* (ca. 19–18 n. Chr.)

Wer der wahre König ist, zeigt sich in der matthäischen Erzählung auch in einer überlegten Verwendung des Königstitels. Wird Herodes zu Beginn der Erzählung noch als König bezeichnet (Mt 2,1.3.9), so verliert er diesen Titel im Laufe der Erzählung. Schon in Mt 2,7 steht nur noch sein Name, und nachdem er in 2,9 zum letzten Mal mit dem Königstitel bedacht worden war, heisst er von da an nur noch Herodes (2,12.13.15.16.19.22).

So wird deutlich: Der wirkliche König ist Jesus, der Sohn Davids,[171] und er empfängt daher am Ende der Episode die einem König angemessene Huldigung sowie die königlichen Geschenke Gold, Weihrauch und Myrrhe (vgl. Jes 60,6; Hld 3,6) von den Magiern.

Exkurs

Dass aus den «Magiern» aus dem Osten in der späteren christlichen Rezeption Könige geworden sind, hat einen Grund darin, dass in der Schlussszene unserer Erzählung (Mt 2,11 f.) die Motive der «Völkerhuldigung» an den Jerusalemer König sowie der «Völkerwallfahrt» zum Zion mitschwingen. Nach Ps 72,10 f.15 kommen Könige von überallher und bringen dem Jerusalemer König Geschenke und speziell Gold. Nach Jes 60 werden Völker und Könige aus Midian, Efa, Saba und anderen Orten mit Kamelen, die mit Gold und Weihrauch beladen sind, zum

171 Vgl. auch Mt 27,11.37.42.

Zion kommen und ihre Geschenke darbringen (bes. Jes 60,6). Dass es in der westlichen christlichen Tradition drei Könige geworden sind, hängt mit der Dreizahl der Geschenke in Mt 2,11 sowie mit der Dreizahl der in Jes 60,6 genannten Länder zusammen. In der östlichen Tradition ging man dagegen öfters von zwölf Magiern aus, die mit grossem Gefolge nach Jerusalem gezogen seien.[172]

Es kommt nicht von ungefähr, dass es in der matthäischen Erzählung ausgerechnet die nichtjüdischen Sterndeuter aus dem Osten sind, die Jesus als König erkennen und ihm königliche Ehren entgegenbringen. Im Kontrast zu diesen wird Herodes gezeichnet, der auf die Freudenbotschaft von der Geburt des «Königs der Juden» nicht wie die Magier mit übergrosser Freude und Huldigung reagiert, sondern mit Bestürzung (Mt 2,3), und der dann auch alles tut, um den neugeborenen Konkurrenzkönig aus dem Weg zu räumen. Darüber hinaus werden in der matthäischen Darstellung die religiösen jüdischen Repräsentanten, «alle Hohepriester und Schriftgelehrten des Volkes» (Mt 2,4), mit harscher Kritik überzogen: Wie es ihrer Profession entspricht, kennen sie zwar sehr wohl die Heiligen Schriften und wissen genau Auskunft zu geben, wo der Messias geboren werden soll. Doch lassen auch sie sich von der Nachricht über die Geburt des königlichen Kindes nicht in freudige Bewegung bringen, sondern bleiben wie Herodes in Jerusalem sitzen, ohne den neugeborenen Messias zu erkennen, ihn in Betlehem aufzusuchen und ihm zu huldigen. Und noch mehr: Sie stellen ihr Wissen dem Jesus feindlich gesinnten Herodes zur Verfügung und tragen so zur tödlichen Bedrohung des Jesuskindes bei. In diesem Erzählzug klingt bereits der Konflikt zwischen Jesus und den politischen und religiösen Führern seines Volkes an, der das weitere Matthäusevangelium durchziehen und am Ende in der Kreuzigung Jesu in Jerusalem seinen gewaltsamen Gipfel erreichen wird.

Zudem findet in dieser kleinen Erzählung das Thema «Israel und die (nichtjüdischen) Völker» eine Fortsetzung, das schon zu Beginn des Werkes mit der Bezeichnung Jesu als Abrahamssohn und der Einführung der vier nichtjüdischen Frauen in den Stammbaum anklang. Im Werk des

172 Vgl. *Luz*, Evangelium I, 177 f.

Matthäus sind es Menschen aus fremden Völkern, die als erste den Messias erkennen und in der angemessenen Weise auf ihn reagieren.

Bedrohung, Flucht und Rettung des Messiaskindes: Die Jesusgeschichte im Horizont der Moseerzählungen (Mt 2,13–23) 4.1.2.3

Wie schon Josef in Mt 1,20f., so waren auch die Magier im Traum zum richtigen Handeln instruiert worden (2,12). Daher kehren sie in ihre Heimat zurück, ohne Herodes über den Aufenthaltsort des Kindes zu informieren. Doch ist damit die Bedrohung des Kindes noch nicht abgewendet. Vielmehr entfaltet sich nun in drei weiteren Etappen das Drama von der tödlichen Bedrohung, der Flucht und der wunderbaren Rettung des Messiaskindes (2,13–23). Schritt für Schritt wird dabei deutlich gemacht, wie erstens Gott selbst das Geschehen begleitet und rettend eingreift, indem Josef auch weiterhin im Traum Weisungen zum rechten Handeln zuteil werden (2,13.19f.22). Zweitens wird die Jesusgeschichte in allen erzählten Etappen als übereinstimmend mit den Heiligen Schriften dargestellt, indem jede der folgenden Etappen mit einem Erfüllungszitat aus dem Alten Testament abgeschlossen wird (2,15.17f.23).

Exkurs

Die **Erfüllungs- oder Reflexionszitate** sind ein bemerkenswertes gestalterisches Mittel nicht nur in den Kindheitsgeschichten des Matthäusevangeliums, sondern auch im weiteren Verlauf des Werkes.[173] Sie werden eingeleitet durch eine mit nur kleinen Varianten immer wiederkehrende formelhafte Wendung, wie sie bereits beim ersten Erfüllungszitat des Matthäusevangelium begegnet: «Dies [...] ist geschehen, damit sich erfüllte, was der Herr durch den Propheten gesagt hat» (Mt 1,22).

Neben diesen explizit ausgewiesenen Erfüllungszitaten wird auch an zahlreichen weiteren Stellen des Matthäusevangeliums auf das Alte Testament – die jüdische Bibel – Bezug genommen. Das Alte Testament bildet also so etwas wie ein «Koordinatensystem» oder den massgeblichen Referenzrahmen für die Lektüre und das angemessene Verständnis der Jesusgeschichte. Gerade in den ersten beiden Kapiteln des Matthäusevangeliums wird damit Schritt für Schritt aufgewiesen, wie das Jesusgeschehen mit diesen Schriften und damit mit dem

173 Mt 1,22; 2,15.17.23; 4,14; 8,17; 12,17; 13,35; 21,4; 26,54.56; 27,9.

Willen und Plan Gottes übereinstimmt und wie gerade in den überraschenden Aspekten der Jesusgeschichte dieser göttliche Plan verwirklicht und die Schrift «erfüllt» wird.[174]

Immer plastischer wird in Mt 2,13–23 erkennbar, wie die Mosegeschichte für die Erzählungen des Matthäusevangeliums Pate stand. Greifbar wird dies bereits im Fluchtort Ägypten (2,13), der mit Hilfe eines Reflexionszitates aus Hos 11,1 mit der Exodustradition in Verbindung gebracht wird. Deutlich sind auch die Parallelen zwischen dem gewaltsamen Vorgehen des Herodes hier und dem Pharao in der Exodusgeschichte, der die neugeborenen Söhne der Hebräer umbringen lässt (Ex 1,15–22). Und nach ausserbiblischen frühjüdischen Mosetraditionen, wie sie zum Beispiel bei Flavius Josephus zu finden sind, erhält der Vater des Mose inmitten der tödlichen Bedrohung durch den Pharao im Traum eine göttliche Beistandszusage sowie Handlungsanweisungen.[175] Auf diese Weise werden vielfältige Assoziationen zur Grunderfahrung Israels, der Befreiung aus der Sklaverei in Ägypten, wachgerufen, und Jesus erscheint als der endzeitliche Mose, in dessen Erscheinen sich Gottes befreiendes und rettendes Handeln neu Bahn bricht.

Exkurs

Wie ein dunkler Kontrapunkt erscheint der **Kindermord in Betlehem**. So weit geht die Feindschaft des Herodes zu Jesus, dass er das Leben zahlreicher Kinder auslöscht, um des einen Konkurrenten habhaft zu werden. Historisch ist ein solcher umfassender Kindermord durch Herodes aus den Quellen nicht zu belegen, wenngleich er gut zu einigen auch andernorts dokumentierten Charakterzügen und Verhaltensweisen des Herodes zu passen scheint, so zu seinem extremen Sicherheitsbedürfnis, das, gepaart mit entsprechender Grausamkeit und Skrupellosigkeit, dazu führte, dass sogar Mitglieder der eigenen Familie umgebracht wurden, wenn Herodes durch sie seine eigenen Machtansprüche bedroht sah. Unsere Erzählung ist vielmehr literarisch angeregt von der Erzählung Ex 1,15–22, wonach der ägyptische Pharao den massenhaften Mord an hebräischen Kindern anordnen liess, um die in Ägypten lebenden Hebräer zu vernichten. Doch

174 Zur matthäischen Schriftlektüre siehe ausführlich Abschnitt 4.2.
175 *Flavius Josephus*, Antiquitates II 210–216.

trotz dieser Todesmaschinerie, so erzählt Ex 2 ff., wurde das Kind Mose auf wunderbare Weise gerettet und konnte so von Gott berufen werden, das Volk aus der Sklaverei in Ägypten in die Freiheit des gelobten Landes zu führen. Noch enger ist der Bezug zur Ausgestaltung der Mosegeschichte in der frühjüdischen Tradition, wie es zum Beispiel bei Flavius Josephus deutlich wird: Seiner Erzählung zufolge habe ein Schriftkundiger dem Pharao die Geburt eines Kindes geweissagt, das «die Herrschaft der Ägypter vernichten, die Israeliten hingegen mächtiger machen werde.»[176] Diese Weissagung habe den Pharao derart erschreckt, dass er alle israelitischen Knaben ermorden liess, um sich dadurch auch seines Konkurrenten zu entledigen. Vor diesem Hintergrund zeigt die matthäische Erzählung, wie trotz der tödlichen Bedrohung durch Herodes, dessen Hass gegen seinen Konkurrenten keine Grenzen kannte, das Jesuskind durch den göttlichen Heilsplan gerettet wurde und so selbst zum Retter (Mt 1,21) seines Volkes werden konnte. Gleichzeitig ist in dieser Episode bereits das gewaltsame Ende Jesu angedeutet, das nach der matthäischen Darstellung massgeblich von den politischen und religiösen Eliten Jerusalems betrieben wurde.

Nach alledem kann das Jesuskind nach dem Tod des Herodes mit Hilfe der göttlichen Regieführung in das «Land Israel» (2,20 f.) zurückkehren, allerdings nicht in seinen Geburtsort Betlehem, sondern nach Nazaret in Galiläa. Begründet wird dies damit, dass in Betlehem inzwischen der Herodessohn Archelaos[177] an die Macht gekommen war und Josef sich daher fürchtete, nach Betlehem zurückzukehren. Dass in Galiläa ebenfalls ein Herodessohn, nämlich Herodes Antipas,[178] die Macht übernommen hatte, wird dagegen vom Erzähler weder thematisiert noch hindert es ihn daran, die Familie trotzdem dort Wohnung nehmen zu lassen. Das zeigt, dass nach dem Aufweis der schriftgemässen Geburt des Messiaskindes in Betlehem nun das unbestreitbare Faktum der Herkunft Jesu aus Nazaret mit dieser messias-gemässen Geburt in eine erzählerische Verbindung gebracht und auch diese als schriftgemäss erwiesen werden soll. Dass das dazu notwendige Erfüllungszitat aus dem Alten Testament etwas allgemein bleiben muss (Mt 2,23), tut dieser Absicht keinen Abbruch.

176 Ebd. 205. Siehe bereits Abschnitt 4.1.2.2.

177 Er regierte 4 v. Chr. bis 6 n. Chr.

178 Er regierte 4 v. Chr. bis 39 n. Chr.

Exkurs

Mit Hilfe des Erfüllungszitats «er wird Nazoräer genannt werden» (2,23) soll die begründungsbedürftige Herkunft Jesu aus Nazaret als schriftgemäss ausgewiesen werden. Denn wenn Jesus der Messias sein sollte, musste er aus Betlehem, der Stadt Davids, stammen, wie dies bereits Mt 2,6 mit Hilfe des Zitats aus Mi 5,1.3 aufgewiesen hatte. Die offenbar allgemein bekannte und nicht wegzudiskutierende Herkunft Jesu aus Nazaret hingegen bildete einen Makel, der für jüdische Schriftgelehrsamkeit gegen die Messianität Jesu sprach und mit dem sich zum Beispiel auch Joh 1,46 und 7,41 f. auseinandersetzen. Um nun auch die Herkunft Jesu aus dem unbedeutenden Dorf Nazaret in Galiläa als schriftgemäss auszuweisen, behauptet Matthäus in sehr allgemeiner Weise einen Schriftbezug, indem er im Plural recht vage auf «die Propheten» verweist (vgl. sonst nur Mt 26,56). Ob er mit dem von ihm verwendeten Wort *Nazōraios* auf die Nasiräer-Institution anspielt, die in Ri 13,5 und 16,17 erwähnt wird, ist nicht eindeutig. Es würde sich um eine reine Klangähnlichkeit der Worte «Nasiräer» (*Naziraios*) und «Nazarener» (*Nazōraios*) handeln und hätte keinen wirklichen inhaltlichen Bezug. Denn als Nasiräer wurden Menschen bezeichnet, die in besonderer Weise als Gottgeweihte lebten und dies dadurch kenntlich machten, dass sie keinen Wein tranken und ihr Haar nicht abschnitten. Auch die zweite Möglichkeit, das von Matthäus verwendete Wort *Nazōraios* mit dem hebräischen Wort *nēṣær* («junger Trieb») aus dem messianisch gelesenen Text Jes 11,1 in einen Bezug zu setzen, kann nicht eindeutig festgemacht werden. So muss es bei dem allgemeinen Schriftbezug bleiben, der zum Ersten die Herkunft Jesu aus Nazaret mit einer Schriftbasis versieht, der zum Zweiten aber auch den zur Zeit des Matthäus bereits verwendeten Namen der Jesusanhänger als «Nazoräer» mit einer schriftgemässen Bedeutung auffüllt.[179]

4.1.2.4 Leitmotive für die gesamte Jesusgeschichte: Zur Funktion der matthäischen Kindheitsgeschichte

Wie in einer Ouvertüre werden in der matthäischen Kindheitsgeschichte zahlreiche Motive intoniert, die von grundlegender Bedeutung für die gesamte matthäische Jesusgeschichte sind. Jesus wird sowohl in die Geschichte Israels eingeordnet als auch in seiner göttlichen Herkunft vorgestellt.

179 Das Wort *Nazōraios* als Beiname für Jesus begegnet 12-mal im Neuen Testament. Ausser im Matthäusevangelium (2×) ist es auch im Lukas- (1×) und Johannesevangelium (3×) sowie in der Apostelgeschichte (6×) zu finden. Den einzigen neutestamentlichen Beleg für die Bezeichnung der Jesusanhängerschaft als *Nazōraioi* bietet Apg 24,5.

In einer Reihe von Titeln, die im weiteren Verlauf des Werkes weiter ausgefaltet werden – Sohn Davids, Sohn Abrahams, Messias, König, Immanuel –, klingt von Anfang an die besondere Bedeutung Jesu an. So steht im Zentrum der Erzählungen das Bekenntnis zu ebendiesem Messias und Gottessohn Jesus, nicht das faktentreue Berichten historischer Details aus dem Leben Jesu.

Wichtige Themen, die im weiteren Verlauf des Matthäusevangelium zur Entfaltung kommen, klingen hier ebenfalls bereits an; so die Bedeutung des Heils, das mit Jesus Christus gekommen ist, für die nichtjüdischen Völker, und im Gegenzug dazu die Ablehnung Jesu durch politische und religiöse Führer seines eigenen Volkes, die am Ende in tödliche Gewalt gegen ihn münden wird.

Mit Hilfe der Erfüllungszitate wird schliesslich die Beglaubigung Jesu Christi durch Gott vor Augen geführt und die Jesusgeschichte in den Sinn-Raum der biblischen Schriften eingeschrieben.

4.1.3 Eine offene Perspektive in die Zukunft: Der Schluss des Buches (Mt 28,16–20)

Das Matthäusevangelium endet mit einer Szene, die nicht anders als beeindruckend bezeichnet werden kann. Nachdem erzählt worden war, wie Jesus gekreuzigt wurde und am Kreuz starb (Mt 27,32–56), wie er noch am gleichen Abend begraben wurde (27,57–61) und am folgenden Tag von behördlicher Seite Massnahmen ergriffen wurden, das Grab durch Soldaten zu sichern (27,62–66), wie die Frauen das Grab dennoch leer auffanden (28,1–8) und auf dem Weg zurück zur Jüngergruppe dem Auferstandenen selbst begegneten (28,9–10) und wie von den Hohepriestern und Ältesten das Gerücht in die Welt gesetzt wurde, der Leichnam Jesu sei von seinen Jüngern gestohlen worden (Mt 28,11–20), findet sich schliesslich die verbliebene Elfergruppe in Galiläa ein, wo ihnen der Auferstandene begegnet, so wie es zuerst der Gottesbote am leeren Grab und sodann auch der Auferstandene selbst den Frauen angekündigt hatte.

Schon der Ort dieser Begegnung auf dem «Berg, den Jesus ihnen genannt hatte» (28,16), ist im wahrsten Sinne des

Wortes erhaben. Berge sind in der Bibel des öfteren Orte der Gottesbegegnung. Und auch im Matthäusevangelium hatten Berge bislang eine Rolle gespielt:

Zunächst knüpft dieser Berg am Schluss des Matthäusevangeliums an den Ort der Lehre Jesu «auf dem Berg» (Mt 5,1–8,1) an. Und war schon dort die Szene in Anklang an die Gabe der Tora an Mose auf dem Berg Sinai gestaltet und hatte Jesus in dieser Rede die Tora in Vollmacht neu ausgelegt, so schwingt dies alles auch in der Schlussszene mit. Noch einmal erscheint also der Auferstandene am Schluss des Buches als vollmächtiger Lehrer, wenn er hier den Jüngern aufträgt, alle Völker zu Jüngern zu machen, was konkret heisst, sie zu «lehren, alles zu befolgen, was ich euch geboten habe» (28,20).

Im weiteren Verlauf des Matthäusevangeliums zieht sich Jesus zum Gebet auf einen Berg zurück (Mt 14,23), um sich unmittelbar im Anschluss daran der Jüngergruppe auf dem See als der rettende und da-seiende «Ich-bin» zu offenbaren (14,27). Nach Mt 15,29–31 ist ein Berg nahe dem See der Ort zahlreicher Heilungen, woraufhin die Menschen «den Gott Israels preisen» (15,31). Schliesslich wird noch einmal ein Berg zum Ort einer denkwürdigen Gottesbegegnung: In der Szene der Verklärung (Mt 17,1–9) steigt Jesus mit Petrus, Jakobus und Johannes «auf einen hohen Berg» (17,1), wo Jesus – wiederum in deutlichem erzählerischen Anklang an die Gottesbegegnung des Mose auf dem Sinai (Ex 24,13–18) – vor ihren Augen verwandelt wird und Mose und Elija als Repräsentanten der Tora und der Prophetie erscheinen. In dieser Szene auf dem Berg wird Jesus von einer göttlichen Stimme als Gottessohn identifiziert, und die anwesenden Jünger werden angewiesen, auf diesen zu hören. Jesu Vollmacht als Lehrer und Ausleger der Tora wird demnach von Gott selbst bestätigt, und in dieser Vollmacht erscheint Jesus auch am Ende des Werkes auf dem Berg.[180]

Nicht zuletzt wird mit diesem Erscheinen Jesu als mit umfassender Vollmacht ausgestatteter Weltenherrscher ein Bezug zur Versuchungserzählung hergestellt, als ihm der Teufel auf einem Berg schon einmal die Weltherrschaft ange-

180 Weitere Berg-Szenen im Matthäusevangelium: Mt 14,23; 15,29–31.

boten hatte – wenn sich Jesus *ihm* unterwerfe, d.h. sich vor ihm huldigend niederwerfe (Mt 4,8–10). Damals hatte Jesus mit einem Verweis auf Dtn 6,13 gekontert: Allein vor *Gott* dürfe man sich niederwerfen und ihn allein verehren. Jetzt, am Ende des Buches, zeigt sich, wem nun tatsächlich «alle Macht» im Himmel und auf Erden gegeben ist – und von wem sie diesem verliehen wurde.

Auch in der Reaktion der Jünger auf die Erscheinung des Auferstandenen (Mt 28,17) finden bedeutsame Motive des Werkes ein Echo: So spielt sich Glaube im Matthäusevangelium in dieser Spannung zwischen dem Niederfallen auf der einen Seite und dem Zweifel auf der anderen Seite ab. Im Verlauf des Matthäusevangeliums hatten die Magier aus dem Osten als erste die Proskynese, das huldigende Sich-niederwerfen, vor dem «neugeborenen König der Juden» praktiziert (2,11). Im weiteren Verlauf des Werkes tun dies neben Menschen, die sich Hilfe von Jesus erhoffen (8,2; 9,18; 15,25), und neben der Mutter der Zebedäussöhne, die Privilegien für ihre Söhne erbittet (20,20), an bedeutsamer Stelle nach dem Seewandel Jesu die Jünger mit einem Gottessohnbekenntnis (14,33), die Frauen bei ihrer Begegnung mit dem Auferstandenen nach der Auffindung des leeren Grabes (28,9) sowie die Jünger hier am Schluss des Buches. In der Perspektive des Matthäusevangeliums ist dieses Sich-Niederwerfen vor Jesus Ausdruck der glaubenden Verehrung des königlichen Messias und Gottessohnes Jesus. Auf der anderen Seite werden durch das gesamte Matthäusevangelium hindurch immer wieder die Schwierigkeiten des Glaubenkönnens deutlich. So ist «Kleingläubige» ein spezielles Wort des Matthäusevangeliums,[181] das Menschen mit solchen Glaubensschwierigkeiten bezeichnet. Vor solchem Kleinglauben ist niemand gefeit (6,30), weder Petrus (14,31) noch die übrigen Jünger (8,26; 16,8). Allerdings wird in Mt 28,17 nicht das Wort «Kleingläubige» verwendet, sondern das Verb «zweifeln»; doch begegnet dieses Verb ausserhalb dieser Stelle nur ein einziges Mal, und zwar im Kontext der Seewandelgeschichte, wenn Petrus, hier als «Kleingläubiger» bezeichnet, gefragt wird, warum er gezweifelt habe (14,31). So ist also diese Spannung des gläubigen

181 Ausserhalb des Matthäusevangeliums nur Lk 12,28.

Lebens selbst hier am Ende des Werkes noch zu spüren, wenn die Jünger sich einerseits glaubend niederwerfen, andererseits jedoch einige immer noch zweifeln.

Die abschliessende Rede, die der Auferstandene an die Elfergruppe richtet, nimmt ebenfalls fast Wort für Wort Motive aus dem Matthäusevangelium auf. Von der Vollmacht (gr.: *exousia* 28,18) Jesu war bereits in Mt 7,29 (bezogen auf seine Lehre in Vollmacht) sowie in 9,6 (bezogen auf seine Vollmacht, Sünden zu vergeben) die Rede gewesen, und bereits in 11,27 war gesagt worden, dass ihm «alles» vom Vater übergeben worden sei. Nun erscheint er am Ende des Evangeliums als Gekreuzigter und von Gott Auferweckter in einer von Gott gegebenen Vollmacht, die umfassender nicht sein könnte: «alle Vollmacht im Himmel und auf der Erde» (28,18).

Von diesem mit umfassender Vollmacht Ausgestatteten werden die Jünger mit einem Missions- und Taufauftrag ausgesandt, und zwar zu «allen Völkern» (Mt 28,19). Damit wird das im gesamten Evangelium präsente Thema des Heils für alle Völker und der Zugehörigkeit der Menschen aus den (nichtjüdischen) Völkern aufgegriffen, und es wird deutlich: Der Auferstandene selbst gibt den Auftrag dazu, über die Grenzen Israels hinaus alle Völker in die von Gott eröffnete Gemeinschaft des Heils aufzunehmen, sie zu taufen und zu Jüngern zu machen. Inhaltlich gefüllt wird das Jünger-Sein dadurch, dass sie gelehrt werden sollen, «alles zu halten, was ich euch geboten habe» (28,20). Profilierter als in den anderen Evangelien war Jesus im Matthäusevangelium als Lehrer und Ausleger der Tora gezeichnet worden,[182] und diese von Jesus vermittelte Lehre wird nun zum Gegenstand der Verkündigung und zur Grundlage des Handelns. Stärker als in den anderen Evangelien ist im Matthäusevangelium dadurch das Leben in der Nachfolge Jesu vom rechten Tun gekennzeichnet.

Mit diesem Auftrag werden die Jüngerinnen und Jünger aber nicht alleingelassen. Vielmehr steht am Ende eine umfassende Beistandszusage des Auferstandenen (Mt 28,20). Der Immanuel des Anfangs (1,23), der, in dessen Geburt das Mit-Sein Gottes eine konkrete Gestalt erhielt, erweist sich nun als der, der den Seinen sein Mit-Sein bis zum Ende aller Zeiten

182 Siehe Abschnitt 4.4.4.

zusagt. Damit ist eine doppelte Klammer um das gesamte Buch gespannt: Der Ur-Anfang, mit dem das Buch einsetzte und auf die Schöpfung des Himmels und der Erde anspielte (1,1), findet seine Entsprechung in der Vollendung der Weltzeit am Ende des Buches. Und der «Gott-ist-mit-uns» des Anfangs ist der «Ich-bin-mit-euch» des Endes.

Bei alledem ist in Mt 28,20 allerdings nicht ein Schlusspunkt erreicht, mit dem das Buch endgültig aus der Hand gelegt werden könnte. Vielmehr weist der Auftrag des Auferstandenen in die Zukunft, und es ist an allen, die sich als Jünger und Jüngerinnen dieses Auferstandenen verstehen, diesen Weg in die Zukunft «mit ihm» zu gehen.

Vom Anfang zum Schluss: Die Entwicklung der Erzählung 4.1.4

Zwischen den beiden aufeinander bezogenen Polen des Anfangs und des Endes entfaltet das Matthäusevangelium seine Jesusgeschichte. Einen Kern und roten Faden bildet zweifellos das Erzählgerüst des Markusevangeliums mit seinem Dreischritt des Wirkens Jesu in Galiläa und dem angrenzenden Umland, dem Weg Jesu von Galiläa nach Jerusalem und den letzten Tagen Jesu in Jerusalem.[183]

Dieser vorgegebene Dreischritt ist allerdings im Matthäusevangelium schon dadurch anders gewichtet, dass in diesen Erzählfaden des Markusevangeliums umfassende Materialien aus der Spruchquelle Q sowie verschiedene Traditionen aus dem Sondergut eingeflochten wurden. Und nicht nur der Kern des Buches über das öffentliche Wirken Jesu wurde auf diese Weise erweitert. Vielmehr sind weitere kräftige erzählerische Akzente dadurch entstanden, dass dem markinischen Erzählfaden Geschichten über Herkunft, Geburt und frühe Kindheit Jesu vorangestellt und der Schluss des Buches durch österliche Erzählungen ausgestaltet wurden.

Prägend für das Matthäusevangelium: Fünf grosse Redekompositionen 4.1.4.1

Charakteristisch für den Neuentwurf der matthäischen Jesusgeschichte ist, dass grosse Teile des Spruchmaterials aus den Q-Traditionen in den Erzählfaden des Markusevangeliums

183 Siehe ausführlich Kapitel 2 in diesem Band.

an Stellen eingebracht wurden, an denen entweder bereits kleinere Lehrpassagen Jesu vorhanden waren oder an denen summarisch auf die Lehre Jesu verwiesen wurde, ohne diese auszuführen. Auf diese Weise sind fünf grosse Redekompositionen entstanden, die die Jesusgeschichte des Matthäusevangeliums prägen:[184]

Die Rede auf dem Berg (Mt 5–7)
Die Aussendungsrede (Mt 10)
Die Gleichnisrede (Mt 13)
Die Gemeinderede (Mt 18)
Die Gerichtsrede (Mt 23–25)

Alle diese Reden werden mit vergleichbaren formelhaften Wendungen abgeschlossen:

> «Und es geschah, als Jesus diese Rede beendet hatte …» (Mt 7,28; ähnlich 11,1; 13,53; 19,1; 26,1)

Deshalb hat man versucht, diese fünf Reden als strukturgebendes Prinzip für die Gliederung des gesamten Werkes zugrundezulegen. Doch können die jeweils den Reden folgenden oder vorangehenden erzählerischen Passagen inhaltlich nicht so den Reden zugeordnet werden, dass sich eine solche auf den Reden beruhende Strukturierung des Gesamtwerkes überzeugend begründen liesse.[185] Daher muss nach einem anderen übergreifenden Gliederungsmittel gesucht werden.

4.1.4.2 Die grosse Struktur: Drei Hauptteile

Die Abfolge der Reden wird überlagert von zwei anderen Textsignalen, die auf eine Gliederung des Gesamtwerkes hindeuten. Es sind zwei fast gleichlautend beginnende Verse in Mt 4,17 sowie Mt 16,21:

> «Von da an begann Jesus zu verkünden: Kehrt um! Denn das Himmelreich ist nahe.» (Mt 4,17)

184 Zur Bedeutung dieser Reden siehe Abschnitt 4.4.4.

185 Vgl. ausführlich *Ebner*, Matthäusevangelium 126–128.

«Von da an begann Jesus, seinen Jüngern zu erklären, er müsse nach Jerusalem gehen und von den Ältesten, den Hohepriestern und Schriftgelehrten vieles erleiden» (Mt 16,21).

Demnach beginnt mit Mt 4,17 das öffentliche Wirken Jesu in Wort und Tat. Angesprochen ist hier eine unbestimmte Zuhörerschaft; gedacht ist wohl an eine unbegrenzte Öffentlichkeit, in deren Mitte Jesus in Galiläa auftritt. In 16,21 sind dagegen die Jüngerinnen und Jünger angesprochen, die sich mit Jesus auf dem Weg befinden. Ab jetzt wird das Thema des Leidens und Sterbens Jesu ins Zentrum der Aufmerksamkeit gerückt, und die Erzählung bewegt sich unaufhaltsam in Richtung Jerusalem, dem Ort der Gefangennahme, des Prozesses und der Kreuzigung, aber auch der Auferweckung Jesu.

Damit kann das Matthäusevangelium in drei grosse Teile gegliedert werden.[186]

Erster Teil: Die Vorgeschichte Jesu
Mt 1,1–4,16

Zweiter Teil: Das öffentliche Wirken Jesu in Wort und Tat
Mt 4,17–16,20

Dritter Teil: Der Weg Jesu durch Leiden und Tod
zur Auferweckung und universalen Vollmacht
Mt 16,21–28,20

Die Vorgeschichte eröffnet in vielerlei Hinsicht das gesamte Werk: Jesus wird unter verschiedenen Perspektiven vorgestellt und den Leserinnen und Lesern in seiner umfassenden Bedeutung als Messias und Gottessohn präsentiert. Grundlegende Themen des gesamten Werkes klingen hier bereits an. Auf die Vorstellung Jesu im Stammbaum und in den Geburts- und Kindheitserzählungen (Mt 1–2) folgt das Wirken des Täufers (Mt 3,1–4,12), der mit seiner Verkündigung vom nahe

186 So zum Beispiel *Frankemölle*, Matthäus I, 81–84; *Poplutz*, Jesusgeschichte. *Gnilka*, Matthäusevangelium I und II legt seiner Gesamtgliederung zwar die genannten erzählerischen Einschnitte zugrunde, trennt dann aber «der besseren Übersicht willen» (ebd. II, 524) doch noch die eigentliche Passions- und Ostergeschichte ab 26,1 als eigenen Abschnitt ab.

gekommenen Himmelreich (3,1) auf das Wirken Jesu hinarbeitet und es durch seine Umkehrpredigt und Taufpraxis vorbereitet. In diesen Abschnitt gehören auch die Taufe Jesu (3,13–17), die geschieht, um «alle Gerechtigkeit zu erfüllen» (3,15), sowie die Versuchung durch den Teufel (4,1–11), aus der Jesus siegreich hervorgeht. Ein kurzer Abschnitt, in dem mit dem Hinweis auf die Gefangennahme des Täufers dessen Wirken abgeschlossen und mit einem ausführlichen Erfüllungszitat das öffentliche Wirken Jesu in Kafarnaum und am See Gennesaret vorbereitet wird, schliesst diesen ersten Hauptteil ab und leitet zugleich zum zweiten Hauptteil über.

Der zweite Teil beginnt mit dem Zentralsatz der Verkündigung Jesu, der bei Matthäus bemerkenswerterweise mit dem Zentralsatz der Täuferverkündigung (3,1) identisch ist, und gibt damit das Thema für diesen Erzählteil vor:

> «Kehrt um! Denn das Himmelreich ist nahe.» (Mt 4,17)

Im Zentrum dieses Erzählteils steht dieses nahe herangekommene «Himmelreich», wörtlich: «Reich der Himmel». Mit diesem Ausdruck gibt Matthäus die Wendung «Reich Gottes» (gr.: *basileia tou theou*) wieder, die im Markusevangelium charakteristisch für die Verkündigung Jesu ist und auch in der Spruchquelle Q verwendet wird. Matthäus greift diesen Zentralbegriff der Verkündigung Jesu auf, umschreibt aber in gut jüdischer Manier den Gottesnamen, indem er statt von «Gott» von «den Himmeln» spricht.[187]

Dieses Himmelreich wird den Leserinnen und Lesern sowohl in der Verkündigung als auch in den Taten Jesu nahegebracht, wobei im matthäischen Erzählaufriss die Verkündigung Jesu seinen Taten vorangestellt wird. Dies ist zunächst im Kleinen zu beobachten: Im Anschluss an die Berufung der ersten Jünger (Mt 4,18–22) wird in einem kurzen summarischen Text das Wirken Jesu vorgestellt (4,23–25), indem zuerst seine Lehre und dann erst die Heilungen benannt werden. Dies wiederholt sich im weiteren Erzählaufriss: Auch hier ist das Wort Jesu den Machttaten, das heisst den Heilungen und Dämonenaustreibungen, vorangestellt. So folgt auf das Sum-

187 Die Wendung *basileia tou theou* kommt im Matthäusevangelium nur dreimal vor: Mt 12,28; 21,41.43.

marium zunächst die erste grosse Rede Jesu, die Rede auf dem Berg, die Wesentliches seiner Botschaft enthält (5,1–8,1). Erst danach wird Jesus auch mit seinen Machttaten portraitiert (8,2–9,35). Zwei weitere grosse Reden bilden wichtige Stationen in diesem zweiten Hauptteil: die Aussendungsrede an die Jünger (9,36–11,1) sowie die grosse Gleichnisrede (13,1–53). Auf diese Weise wird Jesus den Leserinnen und Lesern eindrücklich als Verkündiger und Lehrer vor Augen geführt; schliesslich gehören seine Machttaten untrennbar zu seiner Verkündigung, machen sie doch das nahe herangekommene Himmelreich konkret erlebbar und erfahrbar. Und nicht zuletzt ist Jesus als Messias und Gottessohn (auch) an diesen Machttaten erkennbar.

Auch der dritte Teil wird mit einer Vorschau auf das ihn prägende Thema eröffnet:

> «Von da an begann Jesus, seinen Jüngern zu erklären, er müsse nach Jerusalem gehen und von den Ältesten, den Hohepriestern und den Schriftgelehrten vieles erleiden; er werde getötet werden, aber am dritten Tag werde er auferstehen.» (Mt 16,21)

Die Erzählung wendet sich nun immer deutlicher dem Weg Jesu nach Jerusalem und seinem bevorstehenden Leiden und Sterben zu. Dieses Thema des Leidens und Sterbens des Messias ist der Aspekt, der im Messiasbekenntnis des Petrus, mit dem der zweite Teil geschlossen hatte, noch nicht enthalten war. Diesen gilt es nun zu vertiefen. Dabei wird für Jüngerinnen und Jünger deutlich: Nur wer Jesus auch und gerade auf diesem Weg nachfolgt, kann Jünger, Jüngerin Jesu sein (Mt 16,24).

Bevor Jesus Jerusalem erreicht, erhalten zwei weitere grosse Reden Raum: Die Gemeinderede in Mt 18 sowie die Gerichtsrede in Mt 23–25. Letztere besteht eigentlich aus zwei Reden, von denen die erste die Schriftgelehrten und Pharisäer kritisch in den Blick nimmt (Mt 23) und die zweite – nach einer erneuten Redeeinleitung Mt 24,1 – die endzeitlichen Geschehnisse und das Gericht thematisiert (Mt 24–25). Am Ende der letzten Rede findet sich eine zusammenfassende Formel, die nicht nur diese Rede, sondern alle bisherigen Reden Jesu abschliesst und auf diese Weise eine bedeutsame erzählerische Zäsur schafft (26,1):

> «Und es geschah, als Jesus alle diese Reden beendet hatte, sagte er zu seinen Jüngern: Ihr wisst, dass nach zwei Tagen das Pascha ist und dass der Menschensohn ausgeliefert werden wird, um gekreuzigt zu werden.» (Mt 26,1)

Daran schliessen sich die Passions- und Ostererzählungen an (Mt 26,1–28,20). Das Werk endet, wie wir gesehen haben, mit der beeindruckenden Szene der Begegnung des Auferstandenen mit der Jüngergruppe und ihrer Aussendung in alle Welt (28,16–20).

In diesen Hauptteilen des Werkes finden sich wiederum sorgfältig ausgearbeitete kleinere Kompositionen, in denen Matthäus seine Vorliebe für Inklusionen und Ringkompositionen unter Beweis stellt.[188] Besonders zu nennen ist hier der erste Teil des öffentlichen Wirkens Jesu mit der Bergpredigt und dem anschliessenden Zyklus von Wundererzählungen Mt 4,23–9,35. Dieser Teil wird gerahmt von zwei fast gleichlautenden Sätzen, die die beiden Aspekte des Wirkens Jesu, Lehre und Machttaten, nebeneinanderstellen:

> «Er zog in ganz Galiläa / in allen Städten und Dörfern umher, lehrte in den Synagogen, verkündete das Evangelium vom Reich und heilte im Volk alle Krankheiten und Leiden.» (Mt 4,23 / 9,35)

Dazwischen werden die beiden genannten Aspekte der Lehre und der Machttaten Jesu konkretisiert: in der Lehre auf dem Berg (Mt 5,1–8,1) auf der einen und den Erzählungen über die Machttaten Jesu (8,2–9,35) auf der anderen Seite. Doch wird sowohl durch die Appelle in der Bergpredigt als auch durch die Komposition des Zyklus der Wundertaten Jesu deutlich, dass diese Darstellung nicht einfach eine Dokumentation des Wirkens Jesu ist, sondern auf das Leben der Leserinnen und Leser zielt: Die Lehre Jesu in der Bergpredigt ruft ebenso wie das heilende und rettende Handeln Jesu in seinen Machttaten nach dem konkreten Tun, nach der Nachfolge im Leben jedes einzelnen Menschen. So schliesst die Rede auf dem Berg mit dem Aufruf, diese Worte nicht nur zu hören, sondern auch zu tun (7,24–27), und der Wunderzyklus ist durchzogen von Szenen der Nachfolge (8,18–22; 9,9–13).

---

188 Vgl. *Ebner*, Matthäusevangelium 129–132.

Über solche wohlgestalteten kleineren Kompositionen hinaus gibt es eine Vielzahl von Themenlinien und Querverbindungen über das gesamte Werk hinweg, die ein dichtes Netz von Bezügen schaffen, die es in einer sorgfältigen und immer wieder neuen Lektüre aufzuspüren gilt.

Exkurs

Es sei nicht verschwiegen, dass das Werk mit guten Gründen auch anders gegliedert werden kann und dass in der Literatur zahlreiche alternative Gliederungsvorschläge vorgelegt worden sind. Zum Teil werden die beiden oben herausgestellten erzählerischen Einschnitte mit Hilfe der beiden fast gleichlautenden Verse Mt 4,17 und 16,20 weniger stark gewichtet und das Buch in mehrere kleinere Sequenzen gegliedert.[189] In einem Teil der alternativen Gliederungsvorschläge wird zwar ebenfalls ein erzählerischer Dreischritt herausgearbeitet, doch werden die drei Teile anders profiliert:[190] So wird der Anfang des öffentlichen Wirkens bisweilen nicht in 4,17, sondern in 4,12 oder 4,23 angesetzt, und der dritte Hauptteil beginnt in einigen Entwürfen erst mit den eigentlichen Passionserzählungen in 26,1. Schliesslich wird in einem Teil der Gliederungsvorschläge – wie im vorigen Abschnitt bereits erwähnt – mit Hilfe der fünf grossen Reden ein ganz anderes Strukturprinzip zugrunde gelegt.
Auch in diesen Gliederungsentwürfen können jeweils bestimmte Struktur gebende Prinzipien und Erzählkonzepte des matthäischen Werkes sichtbar gemacht werden. Doch scheinen demgegenüber die sprachlichen Signale in 4,17 und 16,20 so bewusst gesetzt, dass sie trotz aller Alternativentwürfe hier der Gliederung zugrunde gelegt werden.

4.2 «Dies ist geschehen, damit erfüllt wird ...» Die Jesusgeschichte des Matthäus im Sinn-Horizont des Alten Testaments

Noch konsequenter als die anderen Evangelien gestaltet Matthäus seine Jesusgeschichte unter Rückgriff auf das Alte Testament, und das heisst: auf die Schriften der jüdischen Bibel, die zur Zeit der Entstehung des Neuen Testaments von den

189 So zum Beispiel *Broer/Weidemann*, Einleitung 109; *Luz*, Evangelium; *Schnelle*, Einleitung 294 f.; *Schreiber*, Begleiter 105.

190 So zum Beispiel *Ebner*, Matthäusevangelium 132; *Fiedler*, Matthäusevangelium.

christusgläubigen Gemeinschaften ebenso wie von den Synagogengemeinschaften als massgeblich angesehen wurden.

Exkurs

Die neutestamentlichen Gemeinden lasen ihre Bibel in der Regel nicht auf Hebräisch, sondern in der griechischen Übersetzung des hebräischen Textes, der Septuaginta (LXX); denn sie sprachen ebenso wie die Verfasser der neutestamentlichen Schriften Griechisch. Die Schriften des Alten Testaments hingegen sind zum allergrössten Teil auf Hebräisch verfasst worden, kleinere Partien wurden auf Aramäisch geschrieben, und nur ein kleiner Teil der Schriften wurde ursprünglich auf Griechisch verfasst. Weil die Kenntnis der hebräischen oder aramäischen Sprache selbst für Menschen jüdischer Herkunft, die ausserhalb Palästinas lebten, nicht selbstverständlich war, griffen die neutestamentlichen Autoren also auf die griechische Septuaginta zurück. Diese hat ihren Ursprung in der jüdischen Diaspora der Metropole Alexandria in Ägypten und ist dort, beginnend mit der Tora, seit dem 3. Jahrhundert v. Chr. entstanden. Die griechischen Übersetzungen unterschieden sich in manchen Punkten erheblich von ihrer hebräischen Vorlage und wurden daher im Lauf der Zeit mehrmals überarbeitet und zum Teil wieder an den hebräischen Text rück-angeglichen, so dass verschiedene Septuaginta-Revisionen bzw. -Rezensionen entstanden. Aufgrund dieser komplizierten Sachlage ist es nicht immer leicht, die Textform der LXX ausfindig zu machen, auf die die neutestamentlichen Autoren zurückgriffen. Auf jeden Fall aber unterscheidet sich der Text ihrer griechischen Übersetzung in manchen Passagen oder Worten vom hebräischen Text, wie er den heutigen deutschsprachigen Übersetzungen zugrunde liegt. Aus diesem Grund wird in diesem Buch für die alttestamentlichen Zitate nicht die Einheitsübersetzung, die auf dem Hebräischen Text beruht, sondern die «Septuaginta Deutsch» verwendet.[191]

Dieser Rückgriff des Matthäusevangeliums auf die alttestamentlichen Schriften geht so weit, dass Hubert Frankemölle das Alte Testament neben dem Markusevangelium und der Spruchquelle Q als durchgehende dritte Quelle bezeichnet und versuchsweise eine Ablösung der Zwei- durch eine «Drei-Quellen-Theorie» postuliert hat.[192] In der Tat bilden die alttes-

191 Septuaginta Deutsch, hg. von *Wolfgang Kraus* und *Martin Karrer* (2009). Zur Entstehung, Überlieferung und Bedeutung der Septuaginta vgl. ebd. IX–XXIII; *Ziegert/Kreuzer*, Septuaginta (mit weiterer Literatur). Der griechische Text ist am einfachsten zugänglich in der 1935 von *Alfred Rahlfs* herausgegeben und zuletzt 2006 von *Robert Hanhardt* überarbeiteten Ausgabe.

192 Vgl. *Frankemölle*, Matthäus I, 124–127.

tamentlichen Schriften ein Reservoir an Traditionen, aus dem das Matthäusevangelium zur Ausgestaltung seiner Jesuserzählung kontinuierlich schöpft. Schon hier wird also deutlich: Die alttestamentlichen Schriften bilden den umfassenden Glaubens- und Verstehenshorizont, in den die Jesusgeschichte des Matthäusevangeliums eingebettet wird. Sie geben die grundlegende Perspektive vor, unter der die Jesusgeschichte gelesen und gedeutet wird und in deren Horizont sie sich als sinnvoll erweisen muss.

Besonders deutlich wird dies anhand der regelmässig wiederkehrenden Erfüllungs- oder Reflexionszitate, die bereits bei der Lektüre der Anfangskapitel des Matthäusevangeliums aufgefallen waren.[193] Diese Erfüllungs- oder Reflexionszitate sind ein bemerkenswertes gestalterisches Mittel nicht nur in den Kindheitsgeschichten, sondern auch im weiteren Verlauf des Werkes.[194] Sie werden eingeleitet durch eine mit nur kleinen Varianten immer wiederkehrende formelhafte Wendung, wie sie bereits beim ersten Erfüllungszitat des Matthäusevangelium begegnet:

> «Dies ... ist geschehen, damit sich erfüllte, was der Herr durch den Propheten gesagt hat» (Mt 1,22).

Dazu kommen eine Reihe weiterer Zitate, die zwar nicht mit dieser Formel, wohl aber mit recht ähnlichen Wendungen eingeleitet werden.[195] Neben diesen explizit ausgewiesenen Zitaten wird auch an zahlreichen weiteren Stellen des Matthäusevangeliums auf das Alte Testament Bezug genommen, indem entweder Passagen wörtlich zitiert werden, indem auf Texte, Themen oder Motive angespielt wird, oder indem diese Texte, Themen und Motive so etwas wie «Gestaltungsmuster» vorgeben, nach denen die Jesusgeschichte geformt und erzählt wird. Besonders häufig werden dabei die Bücher Exodus, Deuteronomium, die Psalmen sowie Jesaja herangezogen.

Auf diese Weise wird das Jesusgeschehen Schritt für Schritt und Aspekt für Aspekt im Licht der alttestamentlichen Schriften gelesen, gedeutet und als übereinstimmend mit die-

193 Siehe oben bes. Abschnitt 4.1.2.

194 Mt 1,22; 2,15.17.23; 4,14; 8,17; 12,17; 13,35; 21,4; 26,54.56; 27,9.

195 Z. B. Mt 2,5; 3,3; 13,14 u. a.

sen Schriften verstanden. So sehr waren demnach Matthäus und seine Adressatinnen und Adressaten im Kontext dieser Schriften beheimatet und dachten und argumentierten in den Plausibilitäten dieser Schriften, dass für sie die Jesusgeschichte ohne diesen «Wahrheitsraum»[196] des Alten Testaments offenbar nicht adäquat verstanden werden konnte.

Dabei geht es allerdings um mehr und um anderes als um die vordergründige «Erfüllung» prophetischer Zukunftsansagen im Jesusgeschehen. Zwar werden zum Teil tatsächlich alttestamentliche Hoffnungsbilder, Ankündigungen oder eben Verheissungen aufgenommen und als im Jesusgeschehen eingelöst – «erfüllt» – interpretiert. Meist greift diese Betrachtung aber zu kurz; denn viele Bezugnahmen sind völlig anderer Art: So wird zum Beispiel in Mt 2,15 Hos 11,1 zitiert, das nicht auf ein zukünftig einzulösendes, sondern auf ein vergangenes Geschehen Bezug nimmt: «Aus Ägypten habe ich meinen Sohn gerufen.» Hier geht es nicht um die Einlösung eines Versprechens oder die Erfüllung einer Verheissung; vielmehr werden mit dem Zitat mannigfache Exodus-Assoziationen wachgerufen, in deren «Sinn-Raum»[197] die Jesusgeschichte gestellt wird.

> «Sicher ist weder heute noch damals eindeutig und von vornherein klar, wer welche Assoziationen hat und wie viele und welche Aspekte des Kontextes mitschwingen. Aber etwas von dieser Fülle klingt immer mit, und damit wird das Geschehen um Jesus in Beziehung gesetzt, und so der Sinn umfassender, eben voll gemacht.»[198]

Wenn das Matthäusevangelium also die Schriften zum Erzählen der Jesusgeschichte heranzieht, wird ein umfassender Sinn-Kontext wachgerufen, in dem all das lebt und zur Geltung kommt, was über Jesus gesagt wird. Viel eher als um ein vordergründiges «Erfüllen» der Schrift geht es demnach um ein «Entsprechen», «als wahr Unterstreichen», «ins Recht Setzen» oder auch «zur Geltung Bringen» der Schrift.[199] Die Gel-

196 Vgl. den Titel der Studie von *Crüsemann*, Das Alte Testament als Wahrheitsraum des Neuen.

197 Ebd. 243 u. ö.

198 Ebd.

199 Ebd. 246.

tung der Schrift wird vorausgesetzt, das Jesusgeschehen wird mit Worten der Schrift in die Fülle der Schrift eingezeichnet.

> «Die Schrift wird vorausgesetzt, bestätigt, neu in Kraft gesetzt, die Gegenwart gestaltend und die Zukunft bestimmend. So wird sie vollgemacht, indem an ihrer Fülle partizipiert wird.»[200]

Zwar ist klar: Diese Lektüre der alttestamentlichen Schriften ist eine christusgläubige Lektüre. Nicht-christusgläubige jüdische Gruppierungen werden diese Leseweise ihrer Bibel nicht geteilt haben. Dennoch bleibt festzuhalten: Das Matthäusevangelium bezieht sich durchgehend positiv auf die Schriften des Alten Testaments und gewinnt die Sinnhaftigkeit der eigenen Jesusdarstellung massgeblich aus den alttestamentlichen Schriften. Und noch mehr: Die Bedeutung Jesu wird nur über die Schrift überhaupt verstehbar. Frühere christliche Leseweisen wie die, dass das Neue Testament die Verheissungen des Alten Testaments einfach einlöse, oder gar, dass das Neue Testament mit diesen Bezugnahmen auf das Alte dieses überbieten wolle, greifen viel zu kurz und werden weder der positiven Bezugnahme auf das Alte Testament, noch den beobachteten vielfältigen Sinnbezügen gerecht. Dass das Neue Testament die Schriften «voll macht», indem es an ihrer Fülle partizipiert, kann daher nicht genug betont werden und muss in seinen Konsequenzen auch für den jüdisch-christlichen Dialog erst noch erschlossen werden.

4.3 Warum und für wen das Buch geschrieben wurde: Mögliche Entstehungskontexte des Matthäusevangeliums

Wie die anderen Evangelien, so wurde auch das Matthäusevangelium zunächst anonym überliefert und enthält keine direkten Hinweise auf die Person des Verfassers, den Entstehungsort oder die Entstehungszeit. Auch wenn sich schon

200 Ebd. Vgl. zu den Erfüllungszitaten auch *Fiedler*, Matthäusevangelium 50 f.; *Luz*, Evangelium I, 189–197; zur Lektüre der jüdischen Bibel durch Matthäus insgesamt *Frankemölle*, Matthäus I, 124–127.

deutlich gezeigt hat, wie selbstverständlich der Verfasser und die angesprochene Gemeinde in der jüdischen Tradition beheimatet sind, so müssen doch alle weiteren Eckdaten zur Situierung des Werkes kleinen Hinweisen im Text entnommen werden. Und wie schon beim Markusevangelium, so können auch im Blick auf das Matthäusevangelium zwar einige Konturen gezeichnet werden; doch wird auch hier die eine oder andere Frage unbeantwortet bleiben müssen.

4.3.1 Ein profunder Kenner der alttestamentlichen Schriften: Hinweise auf den Verfasser des Matthäusevangeliums

Wann genau die Überschrift *euangelion kata Matthaion* – «Evangelium nach Matthäus» und damit die Zuschreibung des Werkes an den Apostel Matthäus entstanden ist, ist schwer zu sagen. In der um 110 n. Chr. wohl in Syrien entstandenen Didache (Apostellehre) wird auf den Text des Matthäusevangeliums noch ohne Nennung eines Verfassernamens Bezug genommen.[201] Dagegen zeugt eine Notiz des Bischofs Papias von Hierapolis, die vermutlich ebenfalls um 110 n. Chr. entstanden, jedoch erst in der um 325 abgeschlossenen Kirchengeschichte des Eusebius von Caesarea überliefert ist, bereits von der Zuschreibung eines Evangeliums an Matthäus:

> «Matthäus hat in hebräischer Sprache die Reden zusammengestellt; ein jeder aber übersetzte dieselben so gut er konnte.»[202]

Nun ist diese Notiz insofern sicher unzutreffend, als das Matthäusevangelium auf Griechisch und nicht auf Hebräisch verfasst wurde. Doch ist sie das früheste Zeugnis dafür, dass das Werk dem Apostel Matthäus zugeschrieben wurde.

Allerdings ist diese Zuschreibung historisch kaum haltbar. Vielmehr beruht sie einerseits auf dem auch bei anderen neutestamentlichen Schriften zu beobachtenden Bestreben, die Evangelienschriften auf anerkannte Autoritäten im möglichst nahen Umfeld Jesu zurückzuführen, und andererseits auf der aufmerksamen Lektüre des Werkes. Denn im matthä-

---

201 Siehe zu Beginn des Kapitels 4: Didache 8,2; 11,3; 15,3 f.

202 *Eusebius von Caesarea*, Kirchengeschichte III 39,16.

ischen Text sind zwei kleine Auffälligkeiten zu beobachten, die zu dieser Zuschreibung geführt haben:

So heisst – erstens – der Zöllner, der nach Mt 9,9 von Jesus berufen wurde, nicht Levi, wie bei Markus (Mk 2,14), sondern Matthäus. Zweitens findet sich der Name Matthäus in den Namenslisten des Zwölferkreises (Mk 3,18 par). Dieser Matthäus wird aber nur in der Zwölferliste des Matthäusevangeliums (Mt 10,3) als Zöllner identifiziert, wodurch die Verbindung zu dem in Mt 9,9 berufenen Zöllner eindeutig wird. Daraus wurde schon in der frühen Auslegung auf den Zöllner und späteren Apostel Matthäus als Verfasser des Buches geschlossen.

Exkurs

Allerdings dürfte genau dieser Zusammenhang historisch gegen Matthäus als Verfasser des Werkes sprechen. Denn dieser hätte seine eigene Berufung kaum unter Verwendung einer Erzählung aus dem Markusevangelium (Mk 2,13–17) erzählt. Ausserdem ist es höchst unwahrscheinlich, dass der Verfasser, wenn er denn tatsächlich ein Augenzeuge gewesen wäre, sich bei der Abfassung des gesamten Werkes so weitgehend auf Quellen von Nichtaugenzeugen, insbesondere auf das Markusevangelium, gestützt hätte. Dennoch ist nicht auszuschliessen, dass die Namensänderung in der Berufungstradition einen besonderen Grund in der Gemeinde des Matthäus hatte. Vielleicht hatte der Apostel Matthäus tatsächlich eine besondere Bedeutung für die Gemeinde, sei es, dass er als Gründer der Gemeinde galt, sei es aus einem anderen, nicht mehr erkennbaren Grund.[203]

Das heisst, der Verfasser des Matthäusevangeliums bleibt unbekannt. Die Eigenheiten des Werkes lassen lediglich einige Konturen erahnen: Wie sehr der Verfasser in den Traditionen des Judentums verwurzelt war, ist bereits mehrfach deutlich geworden. Daher darf man mit der Mehrheit der gegenwärtigen Forschung auf die Herkunft des Verfassers aus dem Judentum schliessen. Ebenso deutlich sind seine profunden Kenntnisse der alttestamentlichen Schriften, die er virtuos einsetzt, um seine Jesusgeschichte zu erzählen. Vielleicht war er tatsächlich ein Schriftgelehrter, wie sich der kleinen Notiz in Mt 13,52 entnehmen lassen könnte:

203 Vgl. *Broer/Weidemann*, Einleitung 117.

> «Jeder Schriftgelehrte also, der ein Jünger des Himmelreiches geworden ist, gleicht einem Hausherrn, der aus seinem reichen Vorrat Neues und Altes hervorholt.» (Mt 13,52)

Kann also Matthäus als ein solcher Schriftgelehrter angesehen werden, der ein Jünger des Himmelreiches, also ein Jesusanhänger, geworden ist? Sicher beweisen lässt sich das nicht. Es würde aber gut zu vielen Eigentümlichkeiten des Werkes passen. Bisweilen wird Matthäus in der Forschungsliteratur noch konkreter als Lehrer seiner Gemeinde interpretiert. Auch dies lässt sich nicht zweifelsfrei erhärten, würde aber gut in das Bild des gelehrten Kenners der alttestamentlichen Schriften passen, der auf dieser Basis seiner Gemeinde die Jesusgeschichte nahebringen will.

4.3.2 Wissen um die Zerstörung Jerusalems und des Tempels: Hinweise auf die Entstehungszeit des Matthäusevangeliums

Wann das Werk entstanden ist, muss ebenfalls aus verschiedenen Indizien erschlossen werden. Im Rahmen der Zweiquellentheorie ist unumstritten, dass das Matthäusevangelium das Markusevangelium bereits vorliegen hatte und also nach diesem entstanden sein muss. Damit kommt die Zeit nach 70 in den Blick.

Diese Datierung wird unterstützt durch textinterne Hinweise, die darauf hindeuten, dass der Verfasser bereits um die Zerstörung Jerusalems (21,41; 22,7; 23,38) und des Tempels (24,2.15) durch die römischen Truppen im Jahr 70 wusste.

Andererseits wird das Matthäusevangelium zu Beginn des zweiten Jahrhunderts von einigen christlichen Schriften schon vorausgesetzt. Neben der bereits erwähnten Papiasnotiz sowie der Didache sind zwei Stellen aus den Briefen des Bischofs Ignatius von Antiochia zu nennen, der wahrscheinlich in der Regierungszeit des Kaisers Trajan (98–117 n. Chr.) in Rom den Märtyrertod erlitt. Allerdings sind dessen genaue Lebensdaten ebenso unsicher wie die Datierung seiner insgesamt sieben Briefe. Trotz der Datierungsunsicherheit: Der Beginn seines Briefes an die Gemeinde von Smyrna (1,1) spiegelt den Text Mt 3,15 wider, und eine Passage in seinem

Brief an die Gemeinde von Philadelphia (3,1) könnte sich auf Mt 15,13 beziehen.

Wenn man nun damit rechnet, dass das Markusevangelium nach seiner Entstehung einige Zeit benötigte, um in weiteren Kreisen bekannt zu werden, wird man die Entstehung des Matthäusevangeliums kaum vor 80 datieren können. Auf der anderen Seite wird das Matthäusevangelium seinerseits einige Zeit benötigt haben, um einige Bekanntheit zu erlangen. Wenn es, wie wir gesehen haben, bereits zu Beginn des zweiten Jahrhunderts in anderen Schriften zitiert wird, wird man mit der Entstehung des Werkes noch im ersten Jahrhundert rechnen müssen. Daher wird die Entstehungszeit des Matthäusevangeliums meist zwischen 80 und 90 (oder auch 100) angesetzt.[204]

4.3.3 Ein grosses Interesse an Syrien: Hinweise auf den Entstehungsort des Matthäusevangeliums

Auch der Entstehungsort des Matthäusevangeliums wird in dem Buch selbst nicht explizit benannt. Doch könnten einige Indizien auf Syrien als Entstehungsraum schliessen lassen. So heisst es in Mt 4,24 gleich zu Beginn des öffentlichen Auftretens Jesu, dass sich die Kunde über Jesus «in ganz Syrien» verbreitet habe. Erst danach wird ergänzt, dass sich auch viele Menschen aus dem jüdischen Kerngebiet und der Dekapolis Jesus angeschlossen hätten. Diese Betonung des syrischen Gebietes entgegen aller geografischen Wahrscheinlichkeiten gleich zu Beginn der Auflistung der Menschen, die sich von Jesus und seiner Botschaft überzeugen liessen, und dies, noch bevor auf das eigentliche (und historisch wahrscheinliche) Wirkungsgebiet Jesu eingegangen wird, könnte auf ein besonderes Interesse des Verfassers an eben diesem syrischen Gebiet hinweisen.

Zudem gilt die Bezeichnung Jesu als «Nazoräer» (Mt 2,23; 26,71) als eine typische Bezeichnung für Anhängerinnen und Anhänger Jesu – die später «Christen» genannt wurden – im

204 Vgl. *Broer/Weidemann*, Einleitung 118–121; *Ebner*, Matthäusevangelium 147; *Fiedler*, Matthäusevangelim 19; *Luz*, Evangelium I, 103f.; *Poplutz*, Jesusgeschichte 6; *Schnelle*, Einleitung 291; *Schreiber*, Begleiter 45.

syrischen Raum. Dazu kommt, dass der Märtyrerbischof Ignatius von Antiochia (wahrscheinlich) im frühen zweiten Jahrhundert das Matthäusevangelium kennt,[205] so dass auch diese frühe Bezeugung des Werkes auf den syrischen Raum verweist. Die griechische Sprache lässt auf ein städtisches Umfeld schliessen. Um welche syrische Stadt es sich dabei gehandelt hat, ist allerdings kaum mehr zu entscheiden. Von einem Teil der Forschung wird die Grossstadt Antiochia am Orontes als Entstehungsort favorisiert.

Exkurs

In Antiochia gab es einen bedeutenden jüdischen Bevölkerungsanteil, in dessen Milieu sich die erste Verkündigung und Ansiedlung des Christusglaubens gut vorstellen lässt. Ausserdem war nach dem Zeugnis von Gal 2 bereits früh eine christusgläubige Gemeinschaft entstanden, die sich zudem schon bald auch für Menschen nichtjüdischer Herkunft öffnete. Dass über die genaue Praxis des Miteinanders zwischen Menschen jüdischer und nichtjüdischer Herkunft durchaus kein Konsens bestand, bezeugt wiederum eindrücklich der Streit zwischen Paulus und Petrus, der ebenfalls in Gal 2,11–21 ein Echo findet (der so genannte «Antiochenische Streitfall»). Interessant ist die Überlegung, ob das Matthäusevangelium in diesem Richtungsstreit die Position des Petrus favorisiert, der für eine weitgehende Beachtung der Tora optiert, und daher der Figur des Petrus im eigenen Werk jene besondere Rolle zubilligt, die er vor allem durch das «Fels-Wort» (Mt 16,18 f.) erhält.[206] Dies alles passt jedenfalls gut zu Antiochia sowie zu entsprechenden Diskussionen, die sich im Matthäusevangelium in vielerlei Hinsicht beobachten lassen.

Hält man Antiochia, das unbestrittenermassen eines der wichtigsten Zentren der frühen Christus-Verkündigung darstellt, als Entstehungsort des Matthäusevangeliums für wahrscheinlich, so wäre weiter zu vermuten, dass die matthäische Gemeinde eine von mehreren Hausgemeinden in dieser Metropole gewesen wäre. Als gesichert kann die Lokalisierung in Antiochia allerdings nicht gelten – wohingegen hinsichtlich einer allgemeineren Verortung des Werkes im syrischen Raum ein recht weitgehender Forschungskonsens besteht.[207]

205 IgnSmyrn 1,1; IgnPhld 3,1; siehe Abschnitt 4.3.2.

206 So *Fiedler*, Matthäusevangelium 20.

207 Vgl. *Broer/Weidemann*, Einleitung 121 f.; *Ebner*, Matthäusevangelium 147; *Fiedler*, Matthäusevangelium 19 f.; *Luz*, Evangelium I, 100–103; *Poplutz*,

Nähe und Distanz zur Synagoge – Öffnung für Menschen aus anderen Völkern: Hinweise auf die Situation der matthäischen Gemeinde 4.3.4

Das Matthäusevangelium setzt in der Art und Weise, wie es seine Jesusgeschichte erzählt, voraus, dass die Leserinnen und Leser im jüdischen Horizont denken und sich mit jüdischen Bräuchen und den Heiligen Schriften gut auskennen.[208]

Exkurs

Besonders deutlich wird dies im Vergleich zum Markusevangelium. Während dort einige jüdische Bräuche erklärt werden, weil sie den Leserinnen und Hörern offenbar nicht selbstverständlich sind (Mk 7,3 f.; 14,12), finden sich diese Erklärungen im Matthäusevangelium nicht mehr. Matthäus konnte die Erklärungen wohl streichen, weil er sie für allgemein bekannt hielt. Darüber hinaus fragt Jesus in der Erzählung über die Heilung des Menschen mit der erstarrten Hand (Mk 3,1–6) in der matthäischen Version die Anwesenden nicht, ob es «erlaubt» sei, «am Sabbat Gutes zu tun oder Böses, jemanden zu retten oder zu heilen» (Mk 3,4). Vielmehr bezieht er sich auf die jüdische Sabbatdiskussion, wonach Lebensgefahr das Sabbatgebot ausser Kraft setze, so dass es selbstverständlich sei, am Sabbat ein Schaf aus einer Grube zu befreien. Daher sei es ebenso selbstverständlich erlaubt, am Sabbat Gutes zu tun – und das heisst: den Mann zu heilen (Mt 12,11 f.). An anderen Stellen wird deutlich, dass die Gemeinde das Reiseverbot für den Sabbat (Mt 24,20) sowie weitere Vorschriften der Tora einhält (Mt 23,23). Und insgesamt setzt der kontinuierliche Bezug der Jesusgeschichte zu den alttestamentlichen Schriften natürlich voraus, dass auch die Leserinnen und Leser diesen Sinnhorizont teilen und für ebenso plausibel halten wie der Verfasser.

So kann man sich die Gemeinde des Matthäusevangeliums als eine Gemeinde vorstellen, die ihren Ursprung in einer Synagoge hatte. Denkbar ist es auch, dass die Gemeinde von Wanderpropheten gegründet wurde, die zu den Trägerkreisen der Spruchquelle Q gehörten und mit ihrer Verkündigung in den Synagogen anknüpften.[209]

Allerdings lässt das Matthäusevangelium erkennen, dass das Verhältnis zu dieser Ursprungs-Synagoge nicht (mehr)

Jesusgeschichte 6; *Schnelle*, Einleitung 291; *Schreiber*, Begleiter 45.

208 Zum Folgenden vgl. *Bieberstein*, Evangelien 21 f.

209 Vgl. *Luz*, Evangelium I, 90; *Ebner*, Matthäusevangelium 142.

ungebrochen war. Dem Text sind heftige Auseinandersetzungen und geradezu schmerzhafte Abgrenzungsbestrebungen anzumerken. So spricht das Matthäusevangelium mehrmals distanzierend von «ihren Synagogen» (Mt 4,23; 9,35 u. ö.) oder «ihren Schriftgelehrten» (Mt 7,29). Pharisäer und Schriftgelehrte werden mit polemisch-verzerrender Kritik überzogen, wie sie im Neuen Testament ihresgleichen sucht (Mt 5,20; 23). Israel wird, soweit es sich nicht dem Glauben an den Messias Jesus angeschlossen hat, als dem Gericht verfallen betrachtet (Mt 8,11 f.; 21,43). Ursachen für eine solche Heftigkeit sind in schmerzhaften Erfahrungen in diesen Auseinandersetzungen zu suchen und spiegeln entweder im Gang befindliche Trennungsprozesse oder aber die Narben einer bereits erfolgten Trennung wider. All das hat die Gemeinde in eine tiefe Krise gestürzt und die Frage ihrer Identität neu aufgeworfen. Dabei versteht sich die Gemeinde weiterhin als Teil Israels – sieht sich nun allerdings in der Situation, mit der Synagoge um die rechtmässige Auslegung und Weiterführung der jüdischen Tradition streiten zu müssen.

Um diese Auslegung der Tradition waren in der Gemeinde des Matthäus Schriftgelehrte besorgt, die neben die Propheten und Weisen traten, wie sie aus der Q-Tradition bekannt waren (Mt 13,52). Ihrer Gelehrsamkeit ist es wohl zu verdanken, dass die Jesusgeschichte des Matthäusevangelium noch stärker, als dies bei Markus der Fall war, die alttestamentlichen Schriften aufnimmt. Darüber hinaus wird im Matthäusevangelium die Lehre Jesu als relevant für die schriftgelehrte Diskussion des Judentums dargestellt, indem sie in einen Dialog mit der vorgegebenen Tradition gebracht und deren Fragestellungen zugeordnet wird (Mt 5,21–48). Auf diese Weise werden manche Neujustierungen der Tradition vorgenommen, und Jesus selbst wird – nicht zuletzt mit Hilfe der fünf grossen Reden im Verlauf des Evangeliums – als Lehrer, Schriftgelehrter und autoritativer Ausleger der Schrift dargestellt.

Eine grosse Bedeutung in diesem Ringen um Identität hat die Frage der Aufnahme von Menschen nichtjüdischer Herkunft in die Gemeinde. Von Anfang des Werkes an wird daher der Erzählhorizont auf Menschen aus den nichtjüdischen Völkern ausgeweitet. Im Verlauf des Werkes wird die «Heidenmission» als ein Lernprozess dargestellt, an dessen Ende an prominenter Stelle der Missionsbefehl des Auferstandenen steht (Mt 28,19 f.). Das könnte ein Hinweis darauf sein, dass zur Gemeinde bereits Mitglieder gehörten, deren Wurzeln nicht im Judentum lagen («Heidenchristen»), und dass die Praxis, sich auch für diese Menschen zu öffnen, durch jene Erzählweise plausibel gemacht wurde. Zugleich müssen durch die Aufnahme dieser Menschen mit ihren nichtjüdischen Hintergründen auch Fragen an die bisherige eigene jüdische Denkweise und Praxis aufgeworfen worden sein.

Abgrenzung von der Heimatsynagoge und Verlust dieser Heimat auf der einen Seite – Aufnahme von Menschen nichtjüdischer Herkunft auf der anderen Seite: Es liegt auf der Hand, dass sich die Gemeinde dadurch vor grosse Herausforderungen gestellt sah. Gegenüber der Gerechtigkeit der Pharisäer und Schriftgelehrten aus der Synagoge musste das eigene Tun als überzeugender, als die «grössere Gerechtigkeit» (Mt 5,20) plausibel gemacht werden. So spielt das Tun der Tora eine grosse Rolle, allerdings in der Neuinterpretation Jesu: Leitlinie bei der Erfüllung der Tora soll die Barmherzigkeit sein (Mt 9,13; 12,7). Durch die Lehre Jesu aktualisiert, erscheint die Tora als relevant für alle Völker (Mt 28,20).

Für das Zusammenleben in der Gemeinde gibt die grosse Gemeinderede in Mt 18 den Gemeindemitgliedern Leitlinien an die Hand. Diese Rede lässt Rückschlüsse auf innergemeindliche Fragen und Konfliktfelder zu: Da gab es offenbar Gemeindemitglieder, die sich mit Machtpositionen über andere stellen wollten. Denen werden machtlose Kinder als Leitbilder vor Augen gestellt. Andere hatten in einer Weise gehandelt, dass es die Gemeinschaft nachhaltig verletzt hatte – wie sollte man mit solchen «Sündern» umgehen? Hierzu werden klug durchdachte Schritte vom Vier-Augen-Gespräch bis zur Gemeindeöffentlichkeit und dem Ausschluss aus der Gemeinde vorgestellt. Wie als Gegenakzent wird allerdings auch die grenzenlose Vergebungsbereitschaft gefordert. Manche Gemeindefrage wird anhand der Jüngerfiguren zur Sprache gebracht. Besonders Petrus als der «Erste» unter den Aposteln (Mt 10,2) erscheint mit seinem «Kleinglauben» (Mt 14,22–33) oder seinem Versagen während der Passion Jesu (Mt 26,69–75) als eine exemplarische

Gestalt, in der die Gemeindemitglieder sich selbst wiedererkennen können. Eine grosse Wirkungsgeschichte hatte das «Fels-Wort» (Mt 16,18f.), in dem Petrus die Schlüssel zum Aufschliessen des Himmelreiches sowie die Vollmacht zum Binden und Lösen erhält: Im Unterschied zu den Pharisäern, die das Himmelreich zuschliessen (Mt 23,13), soll Petrus den Willen Gottes so auslegen, dass er das Himmelreich zugänglich macht. Damit erhebt die Gemeinde des Matthäus gegenüber den jüdischen Autoritäten den Anspruch, den Gotteswillen in richtiger Weise zu interpretieren. Interessant ist, dass die selbe Vollmacht zum Binden und Lösen in Mt 18,18 der gesamten Gemeinde gegeben wird. In Petrus kann und soll sich also auch im Blick auf die verbindliche Auslegung des Willens Gottes die gesamte Gemeinde wiedererkennen. Eine grössere Würde kann man einer Gemeinde kaum zusprechen.

4.4 Was dem Matthäusevangelium wichtig ist: Zentrale Themen und Motivlinien des Buches

Wie erzählt man die Jesusgeschichte in dieser tiefgreifenden Umbruchsituation mit all ihren Herausforderungen von verschiedenen Seiten? Klar ist, dass sie so erzählt werden musste, dass sie auf die Situation der Leserinnen und Hörer transparent und in ihrer Relevanz für deren Lebensfragen erkennbar wurde. Daher war es nicht nur eine oberflächliche Frage, ob das Buch als lesenswert und «spannend» empfunden wurde, wie wir das aus der Erzähltheorie kennen.[210] In dieser Frage ging es vielmehr darum, ob die erzählten Ereignisse in ihrer existenziellen Bedeutsamkeit erkannt und daher für die eigene Lebensorientierung herangezogen werden konnten. Denn genau dies brauchten die christusgläubigen Gemeinschaften nach dem traumatisierenden Einschnitt des Jahres 70 n. Chr.

210 Vgl. *Poplutz*, Erzählte Welt bes. 53–56 mit erzähltheoretischer Literatur.

Debatten um die Neuausrichtung des Judentums 4.4.1

In den Jahren nach 70 befand sich das Judentum in einer Phase der Neukonsolidierung. Für einige massgebliche jüdische Strömungen wie die Aufstandspartei der Zeloten, die Jerusalemer Tempelaristokratie der Sadduzäer oder auch die Reformpartei der Essener waren mit dem Scheitern des Aufstandes gegen Rom und der Zerstörung Jerusalems und des Tempels sowohl die ideelle und theologische als auch die ökonomische Basis weggebrochen. Daher waren es nach dem weitgehenden Ausscheiden dieser Gruppierungen vor allem die Pharisäer und Schriftgelehrten unterschiedlicher Zugehörigkeiten, die die Diskussionen um eine Neuausrichtung des Judentums prägten. Sie lösten mit ihrer auf das Studium der Tora bezogenen Frömmigkeit die auf den (Opfer-)Kult ausgerichtete Frömmigkeit des Jerusalemer Tempels ab, so dass man von einer «Substitution» der Tempelfrömmigkeit durch das Studium der Tora sprechen kann.[211] Die Schriften und insbesondere die Tora konnten in der Tat eine akzeptierte Alternative zum Tempel bilden, da sie bereits zeitgleich mit ihm existiert hatten und nun bestehen bleiben konnten. Daher wurde das Studium der Schriften in den Synagogen und Lehrhäusern, die zum Teil neu entstanden, auf jeden Fall aber an Bedeutung gewannen, zentral. Aus dem Studium der Tora wurden Richtlinien für die Gestaltung des Lebens in Heiligkeit an jedem Tag und an jedem Ort abgeleitet.

Exkurs

Wie sehr die Synagogen und Lehrhäuser in einen Bezug zum Tempel gesetzt und als dessen «Ersatz» angesehen wurden, zeigt deren architektonische Ausgestaltung, die archäologisch allerdings erst ab etwa dem 3. Jahrhundert n. Chr. nachgewiesen werden kann: In einigen frühen Synagogen werden in Bildern und Mosaiken Motive aus der Beschreibung des ersten Tempels nach 1 Kön 6,14–36; 7,15–51 aufgenommen, so dass auf diese Weise der Tempel in der Synagoge präsent gemacht wird.

Auch die zunehmende Zentralstellung der Tora ist erst späteren rabbinischen Quellen zu entnehmen. Klassisch geworden sind in dieser Hinsicht zwei Zitate aus den *Pirqe Avot* («Sprüche der Väter»), einem Traktat der Mischna (mAv), deren erstes auf den Hohepriester Schim'on den Gerechten zurückgeführt wird.

211 Zum Folgenden vgl. *Schreiner*, Wo man Tora lernt.

Wahrscheinlich ist damit nicht der Hohepriester Schim'on I. (um 300 v. Chr.), sondern Schim'on II. (um 200 v. Chr., vgl. Sir 50,1–21) gemeint. In beiden Fällen aber handelt es sich um Autoritäten, die noch vor der Zerstörung des Tempels gewirkt haben:

«Schim'on der Gerechte gehörte zum Rest der grossen Versammlung. Er sagte: ‹Auf drei Dingen ruht die Welt: auf der Tora, auf dem Gottesdienste und auf den Werken der Barmherzigkeit.›»[212]

Das Zweite wird auf einen Gelehrten der Zeit nach 70 n. Chr. zurückgeführt, Rabban Schim'on ben Gamli'el:

«Rabban Schim'on ben Gamli'el sagt: Auf drei Dingen ruht die Welt: Auf Recht, auf Wahrheit und auf Frieden, denn es wird gesagt: ‹Ihr sollt Wahrheit und Recht zum Frieden richten in euren Toren.› (Sach 8,16)»[213]

Die Parallelität der Stellen zeigt, dass die ersten drei Säulen, auf denen die Welt ruht, durch die zweiten ersetzt werden sollen. Die rabbinische Diskussion darüber lässt zunächst erkennen, dass das synagogale Gebet als Ersatz für den Tempelgottesdienst angesehen wurde. Unterschiedliche Antworten werden sodann auf die Frage gefunden, wie in tempelloser Zeit Sühne erwirkt werden könne, was also die Opfer im Tempel ersetzen könnte. Eine Antwort auf diese Frage wird auf Rabban Jochanan ben Zakkai (1. Jahrhundert n. Chr.) zurückgeführt:

«Einmal ging R. Jochanan b. Zakkai weg von Jerusalem und R. Jehoschua hinter ihm her. Als. R. Jehoschua den Tempel in Trümmern sah, sprach er: ‹Weh uns, daß in Trümmern liegt der Ort, an dem man Sühne wirkt für Israels Sünden.› Da erwiderte ihm R. Jochanan [b. Zakkai]: Mein Sohn, sei nicht traurig, wir haben ein anderes [Mittel zur] Sühne, das ihm gleich ist. Welches ist das? Das sind die Taten der Nächstenliebe, wie es heißt (Hos 6,6): Denn an Liebeswerken habe ich Gefallen, und nicht am Schlachtopfer.›»[214]

Andere Antworten sahen den Ersatz für das sühnende Opfer im Fasten. Letztlich durchgesetzt hat sich die Antwort, dass das Studium der Tora den Ersatz für das tatsächliche Darbringen von Opfern darstelle.

Auch wenn der Pharisäismus grossen Einfluss ausübte, heisst das nicht, dass das Judentum nach 70 n. Chr. völlig einheitlich war. Vielmehr muss man auch für diese Zeit noch mit unterschiedlichen Strömungen rechnen, die miteinander um die Neuorientierung rangen. Darunter befanden sich auch jene

212 mAv 1,2 (Übersetzung: *Correns*, Mischna).

213 mAv 1,18 (Übersetzung: *Correns*, Mischna).

214 Abot de Rabbi Natan: ARN B 5 [9b], zitiert nach *Schreiner*, Wo man Tora lernt 384.

jüdischen Gruppierungen, die Jesus als Messias Israels bekannten und also ein messianisch geprägtes Judentum propagierten und praktizierten. Für einige von ihnen hiess dies wiederum, auch Menschen aus den nichtjüdischen Völkern in diese messianischen Gemeinschaften aufzunehmen, ohne dass diese sich beschneiden lassen und alle Ritualgesetze einhalten mussten. Nach dem Zeugnis der Paulusbriefe (Gal 2) und der Apostelgeschichte war Antiochia ein Ort, an dem dies wegweisend praktiziert wurde – mit entsprechenden Folgekonflikten mit den übrigen christusgläubigen und nichtchristusgläubigen jüdischen Gruppierungen.

4.4.2 Jesus, der Messias Israels und der anderen Völker

Vor dem Hintergrund dieser Neuformierung des Judentums erzählt Matthäus seine Jesusgeschichte. Es ist bereits deutlich geworden, wie sehr die matthäische Jesusgeschichte Schritt für Schritt in den Schriften der jüdischen Bibel verankert wird.[215] Von Anfang des Buches an wird Jesus als Davidssohn und verheissener Messias Israels präsentiert.[216] Seine Herkunft, seine Bedeutung und seine Geschichte werden von den Schriften der jüdischen Bibel her plausibel gemacht und erhalten ihren vollen Sinn erst im Kontext dieser Schriften und von der Fülle dieser Schriften her.

Zugleich wird ebenfalls von Anfang an deutlich, dass die rein innerjüdische Perspektive auf alle Völker hin geöffnet wird. So ist Jesus nicht nur der Sohn Davids, sondern auch der Sohn Abrahams, und in seinen Stammbaum gehören vier nichtjüdische Frauen, die in vorbildlicher Weise an Israel und zugunsten Israels gehandelt haben. Diese Öffnung gegenüber den anderen Völkern wird damit ebenso aus den Schriften erwiesen wie die Sinnhaftigkeit der Jesusgeschichte im Binnenhorizont des Judentums. Sie ist als Thema durch das gesamte Evangelium hindurch präsent. In einer Reihe von Episoden führt das Matthäusevangelium vor Augen, in welch positiver Weise Menschen aus den anderen Völkern von Anfang an teilhaben an der Jesusgeschichte, wie sie in vor-

215 Siehe Abschnitt 4.2.
216 Siehe Abschnitt 4.1.1.

bildlicher Weise an Jesus glauben, auf ihn vertrauen oder sich ihm gegenüber verhalten:

- Die nichtjüdischen Magier aus dem Osten sind im Verlauf des Werkes die Ersten, die den «neugeborenen König der Juden» erkennen und ihm durch ihr verehrendes Niederfallen und die königlichen Geschenke in der ihm angemessenen Weise begegnen (Mt 2,1–12).
- Der Hauptmann von Kafarnaum erweist sich mit seinem Vertrauen auf Jesus als vorbildlich Glaubender, was Jesus zu dem erstaunten Ausruf provoziert, in Israel noch bei niemandem einen solchen Glauben gefunden zu haben (Mt 8,5–13).
- Im nichtjüdischen Gebiet von Gadara jenseits des Jordans wird Jesus von zwei Besessenen als «Sohn Gottes» betitelt (Mt 8,28–34).
- Ebenfalls im nichtjüdischen Gebiet, nun im Gebiet von Tyrus und Sidon, wird Jesus von einer kanaanäischen Frau mit dem Titel «Sohn Davids» um Erbarmen angerufen, und ihre Bitte um Hilfe wird von einem huldigenden Niederfallen begleitet. Ihre Argumentation bringt Jesus zur Einsicht, dass das Heil, das er zu bringen hat, nicht auf die «verlorenen Schafe des Hauses Israels» (Mt 15,24) begrenzt ist, sondern die Menschen aus den anderen Völkern einschliesst (Mt 15,21–28).

Damit wird deutlich: Die Zuwendung Jesu zu den Menschen aus den nichtjüdischen Völkern ist im gesamten Evangelium bereits angelegt. Sie hat ihren tiefsten Grund in den Schriften und damit im Plan und Willen Gottes, und sie findet ihren Höhepunkt, wie bereits gezeigt, in der Schlussszene des Buches mit der Aussendung der Jüngergruppe zu «allen Völkern» durch den Auferstandenen (Mt 28,19 f.).

Dennoch treten die anderen Völker nicht einfach an die Stelle Israels – auch wenn das Matthäusevangelium in gewissen Phasen christlicher Exegese in dieser antijüdischen Weise ausgelegt worden ist. Vielmehr geht es, veranlasst durch die Katastrophe des Jahres 70, um eine Neuausrichtung Israels, die aber, so optiert das Matthäusevangelium, unter Einbezug aller Völker geschehen muss. Um dieses spannungsvolle Miteinander von Israel und den anderen Völkern aufzuzeigen, wendet das Matthäusevangelium verschiedene erzählerische Mittel an:

Basis ist und bleibt die Heilsgeschichte Gottes mit seinem Volk, wie sie sich in den Schriften der jüdischen Bibel zeigt. Sinnhorizont der Geschichte Jesu bleiben die Schriften der jüdischen Bibel. Jesus weiss sich selbstverständlich, ja, sogar «*nur* zu den verlorenen Schafen des Hauses Israel gesandt» (Mt 15,24). Dazu passt, dass Jesus die Verkündigung an Nichtjuden und Samaritaner sogar verbietet und die Jünger anweist, «zu den verlorenen Schafen des Hauses Israel» zu gehen und ihnen die Botschaft vom nahe herangekommenen Himmelreich zu verkünden, Kranke zu heilen usw. (Mt 10,5–8). Dazu kommen weitere Momente der erzählerischen Konzentration auf Israel: Während in der Markusvorlage eine der beiden Speisungsgeschichten in der nichtjüdischen Dekapolis angesiedelt war (Mk 8,1–10), spielt diese Geschichte in der matthäischen Version im jüdischen Kernland (Mt 15,29–31.32–39). Oder in der Erzählung über die Dämonenaustreibung an zwei Besessenen in Gadara eliminiert Matthäus gegenüber der Markusvorlage den Aspekt der Verkündigung in diesem nichtjüdischen Gebiet (Mk 5,1–20 und Mt 8,28–34).

In dieses Bild mischen sich allerdings auch irritierend dunkle Töne: Die oben aufgelisteten positiven Erzählbeispiele über Menschen aus den nichtjüdischen Völkern, die Jesus glaubend und vertrauend begegnen, werden von harten Worten gegen Israel flankiert: So werden im Gegenzug zu den Magiern aus dem Osten, die den neugeborenen König der Juden erkennen und verehren, die Jerusalemer Hohepriester und Schriftgelehrten harsch kritisiert; denn sie machen sich zu Handlangern der Macht, die Jesus nach dem Leben trachtet (Mt 2,1–12). In der Erzählung über die Heilung des Knechtes des Hauptmanns von Kafarnaum wird der Glaube des Hauptmannes dem nicht vorhandenen Glauben Israels kontrastierend gegenübergestellt, und die Erzählung mündet in einen erschreckenden Ausspruch Jesu, wonach die *basileia* von Israel auf die Völker übergehen werde (Mt 8,11 f.).

In der gesamten Jesusgeschichte des Matthäusevangeliums lässt sich als ein wesentliches erzählerisches Movens der Konflikt Jesu mit den religiösen und politischen Autoritäten seines Volkes beobachten. Sie begegnen in den Erzählfiguren bzw. Figurengruppen der Sadduzäer, Pharisäer, Schriftgelehrten, Hohepriester und Ältesten des Volkes, die in verschiedenen Konstellationen auftreten.[217] Dies beginnt bereits mit der eben erwähnten negativen Zeichnung der jüdischen Autoritäten in der Magier-Erzählung und setzt sich im ersten Hauptteil des Werkes in der Gerichtspredigt des Täufers fort, die an die «Pharisäer und Sadduzäer» (Mt 3,7) gerichtet ist. Im zweiten Hauptteil, dem öffentlichen Wirken Jesu in Wort und Tat (vor allem) in Galiläa, findet die Auseinandersetzung zunächst nur zwischen Jesus und den Schriftgelehrten und/oder den Pharisäern statt (ab Mt 4,17). Gegenstand ist die jesuanische Verkündigung des Willens Gottes in Wort und Tat. Hermeneutische Vorgabe ist dabei die Erfüllung von «Gesetz und Propheten» (Mt 5,17–20), allerdings in Jesu vollmächtiger Auslegung. Darauf, so zeichnet es das Matthäusevangelium, sind die Schriftgelehrten und Pharisäer nicht bereit, sich einzulassen. Damit erkennen sie seine von Gott verliehene und geistgewirkte Vollmacht nicht an. Im Gegenteil: Bereits in Mt 12,14 gibt es einen Todesbeschluss der Pharisäer gegen Jesus, was wiederum Jesus zu harten Gerichtsworten gegen die Pharisäer herausfordert (12,25–45). Ab Mt 15 wird eine neue Stufe des Konflikts erreicht. Sie ist dadurch gekennzeichnet, dass Jesus sich nun auf dem Weg nach Jerusalem befindet und mehrmals auf sein bevorstehendes Leiden und Sterben vorausblickt, das massgeblich von den Führern seines Volkes betrieben wird. Daher kommen jetzt auch die Hohepriester und Ältesten als Konfliktparteien in den Blick. Doch treten die direkten Auseinandersetzungen gegenüber den vorherigen Kapiteln zurück. Der Konflikt eskaliert schliesslich in Jerusalem (Mt 21–27). Streitgespräche mit Hohepriestern, Ältesten, Sadduzäern, Pharisäern und sogar mit Anhängern des Herodes beherrschen die Szenerie. Düstere Gerichtsgleichnisse und eine Wehe-Rede gegen die Pharisäer kommen hinzu. Gegenstand der Auseinandersetzungen sind der messianische Anspruch Jesu sowie seine Vollmacht. Die direkte Auseinandersetzung zwischen Jesus und seinen Gegnern endet in Mt 26,3. Ab dann gibt es nicht einmal mehr Streitgespräche, sondern die Gegner arbeiten nur noch auf die Verhaftung und Hinrichtung Jesu hin. Pharisäer gehören in den eigentlichen Passionserzählungen nicht

217 Vgl. *Gielen*, Konflikt; zusammengefasst bei *dies.*, Blick.

zu denen, die den Tod Jesu betreiben. Sie treten erst nach dem Tod Jesu wieder auf den Plan, um die Bewachung des Grabes zu erwirken (Mt 27,62). Ausserdem sind nach dem Tod Jesu die Hohepriester und Ältesten aktiv, um gezielte Falschgerüchte über einen Diebstahl des Leichnams Jesu zu streuen (Mt 28,11 f.).

Anders wird demgegenüber das Volk gezeichnet. Schon zu Beginn der öffentlichen Wirksamkeit Jesu in Galiläa wird deutlich gemacht, dass das Volk offen für die Botschaft und die Machttaten Jesu ist (Mt 4,23–25). Nach der Bergpredigt zeigt sich die Volksmenge betroffen von der Lehre Jesu, und viele folgen ihm (Mt 7,28–8,1). Dies bleibt die Szenerie auch in den folgenden Kapiteln. Viele Menschen folgen Jesus, beobachten, was geschieht, nehmen Anteil, erfahren Heilung – und nähern sich so dem Geheimnis Jesu an:

> «Da gerieten alle Leute ausser sich und sagten: Ist er etwa der Sohn Davids?» (Mt 12,23)

Im weiteren Verlauf der Erzählung gerät das Volk allerdings zunehmend in den Hintergrund. Die Distanz zu Jesus wird grösser, positive Reaktionen auf seine Verkündigung werden seltener. Im Kontext der Passionserzählungen lässt sich das Jerusalemer Volk schliesslich von den Hohepriestern und Ältesten instrumentalisieren, um die Freilassung des Barabbas und die Kreuzigung Jesu zu fordern. Diese Negativzeichnung des Jerusalemer Volkes kulminiert in dem Ruf des «ganzen Volkes»:

> «Sein Blut komme über uns und unsere Kinder!» (Mt 27,25)

Die Wirkungsgeschichte dieses Verses war verheerend. Sie angemessen darzustellen, würde einen eigenen Band füllen.[218] Darum sei hier nur im Vorübergehen daran erinnert und ein bewusster und historisch differenzierender Umgang mit solchen Textstellen angemahnt. Dem Matthäusevangelium ist diese Wirkungsgeschichte nicht anzulasten, wenngleich es sie mitverursacht hat.[219] Denn Matthäus sieht das von den Auto-

218 Einige Schlaglichter bei *Luz*, Evangelium IV, 285–291; für die Schweiz des 20. Jahrhunderts: *Keller*, Blutruf.

219 *Luz*, Evangelium IV, 289.

ritäten verführte Jerusalemer Volk in der Verantwortung für das unrechtmässige Urteil gegen Jesus und damit für den Tod Jesu. Die Strafe dafür sieht er in der Zerstörung Jerusalems und des Tempels gekommen.[220] An diesem Schluss führt wohl trotz der ihm inhärenten Problematik kein Weg vorbei; denn in Mt 22,7 und 23,37–39 wird eine enge erzählerische Verbindung zwischen der Ablehnung Jesu und seiner Boten und der ihr folgenden Bestrafung durch die Zerstörung der Stadt bzw. des Tempels hergestellt, was nur vor dem Hintergrund der historischen Ereignisse des Jahres 70 verständlich wird. Allerdings bedeutet diese Strafe für Matthäus nicht die endgültige Verwerfung ganz Israels; vielmehr dient sie ihm «zur Delegitimation der Autoritäten, denn an ihr wird ansichtig, wer auf Gottes Seite steht und wer nicht. Oder anders: Die Zerstörung Jerusalems wird zur Warnung, dass die, die sich gegen Jesus und seine *ecclesia* stellen, dem eschatologischen Gericht entgegengehen.»[221]

Das zeigt: Bei Matthäus ist jener Ruf des Jerusalemer Volkes in Mt 27,25 Teil einer insgesamt vielschichtigen Darstellung. Im Zentrum der Kritik stehen die religiösen und politischen Führer Israels, deren Versagen von Anfang des Werkes an vor Augen geführt wird. Sie haben für Matthäus ihre Legitimation verloren. Von diesen lässt sich aber das Jerusalemer Volk beeinflussen, so dass es den Tod Jesu fordert. Das übrige Volk hingegen wird als durchaus offen dargestellt. Seine endgültige Entscheidung gegenüber Jesus ist noch nicht getroffen.

Diese spannungsreiche Darstellung hat ihren Ort in schmerzhaften Erfahrungen in der Zeit des Ringens um eine Neukonstituierung des Judentums nach der Katastrophe des Jahres 70. Israel ist nach der Darstellung des Matthäusevangeliums in ganz besonderer Weise Adressat des Wirkens Jesu (Mt 15,24), er ist der Hirte des darniederliegenden Volkes (9,36). Und: Israel bleibt nach wie vor Adressat des Wirkens der Jünger (9,37; 10,5f.). Allerdings gehören für Matthäus und seine Gemeinde die Menschen aus den anderen Völkern in ein erneuertes Judentum hinein. Auch dies entspricht nach

220 So mit vielen anderen *Gielen*, Blick 159; *Konradt*, Israel 177; *Luz*, Evangelium IV, 281.

221 *Konradt*, Israel 283.

Matthäus dem Plan und Willen Gottes, wie er in den Schriften offenbar geworden ist. Doch bedeutet dies keine Alternative zur Zuwendung zu Israel, sondern setzt die Zuwendung zu Israel voraus und führt sie weiter. Dabei bleibt die Perspektive auf die nicht-christusgläubigen Jüdinnen und Juden offen. Denn auch und gerade für sie gilt nach Matthäus, dass Jesus als der verheissene Davidssohn und Messias der Retter seines Volkes ist (Mt 1,21).[222]

4.4.3 Jesus, der Retter seines Volkes und der «Vielen»

In der nächtlichen Ankündigung der Geburt Jesu durch den Engel bekommt Josef nicht nur die besonderen Hintergründe der Schwangerschaft seiner Verlobten Maria, sondern auch den Namen des Kindes und dessen Bedeutung erklärt:

> «Josef, Sohn Davids, fürchte dich nicht, Maria als deine Frau zu dir zu nehmen; denn das Kind, das sie erwartet, ist vom Heiligen Geist. Sie wird einen Sohn gebären; ihm sollst du den Namen Jesus geben; denn er wird sein Volk von seinen Sünden retten.» (Mt 1,20 f.)

Diese Erklärung des Namens Jesus spielt zunächst – sprachlich zwar nicht ganz korrekt, sachlich jedoch durchaus angemessen – auf die Bedeutung des hebräischen Namens *Jehoschua* bzw. *Jeschua* an: «Jahwe ist Hilfe» oder auch «Jahwe erweist sich als Rettung/Heil/Erlösung»[223]. Dass der Messias der Retter seines Volkes sein würde, gehört selbstverständlich in den Kontext der jüdischen Messiashoffnungen. Aussergewöhnlich ist allerdings die Verbindung der «Rettung» mit den Sünden; denn Sündenvergebung war Sache Gottes (vgl. Ps 129,8 LXX).

Exkurs

Zwar gehört es nach einigen Textbelegen auch zum Motivkreis jüdischer Messiashoffnungen, dass der Messias die Sünder beseitigen (PsSal 17,22–25[224]) oder

222 Vgl. insgesamt *Gielen*, Konflikt; *dies.*, Blick; *Konradt*, Israel.

223 *Frankemölle*, Matthäus I, 157.

224 Die Psalmen Salomos sind ausserbiblische jüdische Dichtungen, die wahrscheinlich um die Mitte des 1. Jahrhunderts v. Chr. entstanden sind, vgl. *Holm-Nielsen*, Psalmen Salomos 51–61.

richten (äthHen 62,2; 69,27–29[225]) werde; doch sprechen die Texte nicht davon, dass der Messias Sünden vergeben bzw. aus Sünden retten werde.[226]

Damit schwingt von nun an im Matthäusevangelium bei jeder Nennung des Jesusnamens diese besondere Bedeutung mit. Und es wird deutlich: Wie Jesus als Retter seines Volkes vorgestellt wurde, so handelt er auch. Schon am Übergang zwischen der Vorgeschichte zum Beginn des öffentlichen Wirkens Jesu wird dieses mit einem Erfüllungszitat inhaltlich zusammengefasst:

> «Das Volk, das im Dunkel lebte, hat ein helles Licht gesehen; denen, die im Schattenreich des Todes wohnten, ist ein Licht erschienen.» (Mt 4,16)

Wie dies geschieht, wird sodann im Wirken Jesu in Wort und Tat deutlich. Dazu gehört, dass Jesus konkret Sünden vergibt und damit bei den Schriftgelehrten Widerstand, beim Volk hingegen ehrfürchtiges Erschrecken und Gotteslob hervorruft (Mt 9,2–8). Unmittelbar im Anschluss an diese Heilungs- und Vergebungsgeschichte formuliert der matthäische Jesus im Kontext der Berufung des Zöllners Matthäus (9,9–13) seinen Sendungsauftrag folgendermassen:

> «Denn ich bin gekommen, um die Sünder zu rufen, nicht die Gerechten.» (Mt 9,13)

Aus dieser Berufungsepisode und den sich anschliessenden Diskussionen mit den Pharisäern lässt sich nicht nur Wesentliches über das matthäische Jesusbild, sondern auch über das matthäische Gemeindeverständnis ablesen. Demnach gehört es zentral zum Programm der Jesusgemeinschaft, Sünden zu vergeben, Sünder wie den Zöllner Matthäus zu integrieren sowie auch und besonders mit solchen Menschen Mahlgemeinschaft zu pflegen.[227] Nicht umsonst steht gerade in dieser

225 Das äthiopische Henochbuch ist eine ausserbiblische jüdische Apokalypse, die vollständig nur in einer äthiopischen Übersetzung erhalten ist. Sie besteht aus verschiedenen Büchern, die zwischen dem dritten Jahrhundert v. Chr. und dem ersten Jahrhundert n. Chr. entstanden sind, vgl. *Uhlig*, Henochbuch 494.

226 Vgl. *Luz*, Evangelium I, 148 f.

227 Vgl. ausführlich *Venetz*, Kirche 197–205.

Erzählung das Hoseazitat (Hos 6,6), das als eine Leitlinie der matthäischen Torainterpretation angesehen werden muss:

> «Darum lernt, was es heisst: Barmherzigkeit will ich, nicht Opfer.» (Mt 9,13; vgl. auch Mt 12,7)

Die Bedeutung der Sündenvergebung für die matthäische Gemeinde spiegelt sich auch in der Gemeinderede (Mt 18) wider, die verschiedene Facetten der Sündenproblematik aus unterschiedlichen Perspektiven beleuchtet.[228]

Die Sündenvergebung hat nach dem Matthäusevangelium ihren tiefsten Grund im Handeln Jesu und in der letzten Konsequenz und Vollendung in seinem Tod. Dieser wird als ein Tod *für* die Menschen verstanden, wobei in der Formulierung «für viele» bereits die Öffnung auf alle Völker anklingt:

> «Denn auch der Menschensohn ist nicht gekommen, um sich dienen zu lassen, sondern um zu dienen und sein Leben hinzugeben als Lösegeld für viele.» (Mt 20,28)

Dezidierter als in den anderen Evangelien wird im Matthäusevangelium der Tod Jesu mit der Sündenvergebung verknüpft, wenn im letzten Mahl Jesu – unter Rückgriff auf das Leiden des Gottesknechtes für «die Sünden der Vielen» (Jes 53,12) – das Kelchwort mit der Sündenvergebung verbunden wird:

> «Das ist mein Blut, das Blut des Bundes, das für viele vergossen wird zur Vergebung der Sünden.» (Mt 26,28)

In der Konsequenz wird die Sündenvergebung in jeder Feier des Mahles vergegenwärtigt und in das Leben der Gemeinde hineingeholt. Wer sich von dieser grundsätzlich geschehenen Vergebung her versteht, wird anderen ebenso vergeben, wie ihm selbst vergeben worden ist (Mt 18,23–35; 6,14–15). Nicht umsonst findet sich dieser Zusammenhang sogar in dem Gebet, das nicht nur das Zentrum und die theologische Mitte der Bergpredigt bildet, sondern als «Gebet Jesu» das Grundgebet aller Christinnen und Christen ist:

> «Und erlass uns unsere Schulden, wie auch wir sie unseren Schuldnern erlassen haben.» (Mt 6,12)

228 Vgl. bereits Abschnitt 4.3.4 (letzter Absatz).

Damit ist nun gleichzeitig eine weitere Rahmung des Matthäusevangeliums deutlich geworden: Die grosse Verheissung, die zu Beginn des Werkes mit der Deutung des Namens Jesu eröffnet wird (Mt 1,21), findet ihr Ziel und ihre Einlösung im Kelchwort Mt 26,28 und dem damit eingeleiteten und gedeuteten Geschehen des Todes Jesu am Ende des Matthäusevangeliums. So wird deutlich, dass in Jesus zunächst für ganz Israel (1,21), aber darin auch für die «Vielen» (26,28), das heisst: für alle Völker[229], das Heil gekommen ist und ihnen allen offen steht.

Exkurs Die Formulierung, dass das Blut Jesu «für viele» vergossen werde, hat Matthäus bereits in seiner Markusvorlage vorgefunden (Mk 14,24). «Viele» stehen hier nicht in einem Gegensatz zu «alle». Vielmehr führen beide Texte ein Gespräch mit dem Vierten Gottesknechtslied (Jes 53,11 f.). Hier stehen die «Vielen» dem «Einen» (dem «Knecht») gegenüber, der die Schuld «der Vielen» auf sich genommen hat und durch sein Leiden «den Vielen» Gerechtigkeit verschafft. Diese «Vielen» sind als ein umfassendes Kollektiv im Blick; es geht nicht darum, aus «allen» etwa eine Gruppe von «Vielen» auszugrenzen. Ebenso soll beim Abendmahlswort ausgedrückt werden, dass das Blut des «Einen» (Jesu) zur Vergebung der Sünden des Kollektivs vergossen wird.

4.4.4 Jesus, der Lehrer und Ausleger der Tora

Ein weiteres Kennzeichen des matthäischen Jesus sind die fünf grossen Reden, durch die er seinen Adressatinnen und Adressaten als vollmächtiger Lehrer vorgestellt wird (Mt 5–7; 10; 13; 18; 23–25).[230]

Bereits der Beginn des öffentlichen Wirkens Jesu ist durch eine grosse – und «inhaltlich großartige»[231] – Rede markiert, die als «Bergpredigt» in die Weltliteratur eingegangen ist (Mt 5–7). Ihr steht am Ende des öffentlichen Wirkens Jesu die

229 So u.a. *Frankemölle*, Matthäus II, 449f.; *Konradt*, Israel 330; *Poplutz*, Erzählte Welt 41.

230 Zum Folgenden vgl. bes. *Frankemölle*, Matthäus I, 92–102. Zur Bedeutung der Reden für das Matthäusevangelium siehe die Abschnitte 4.1.4.1 und 4.1.4.2.

231 *Frankemölle*, Matthäus I, 92.

grosse Gerichtsrede gegenüber, die eigentlich aus zwei Reden besteht und umfangmässig und im inhaltlichen Gewicht in etwa der Bergpredigt entspricht (Mt 23–25). Während diese beiden Reden an das Volk und die Jüngergruppe gemeinsam gerichtet sind, nennen die zweite und vierte Rede jeweils nur die Jüngergruppe als Adressaten. Sie thematisieren die Aussendung und Beauftragung der Jüngergruppe (Mt 10) sowie das Miteinander in der christusgläubigen Gemeinde (Mt 18). Auch diese beiden Reden entsprechen einander in etwa im Umfang und sind deutlich kürzer als die beiden Reden am Anfang und am Schluss. Die mittlere Rede richtet sich wieder an das Volk und die Jüngergruppe gemeinsam und steht hinsichtlich ihres Umfangs in der Mitte zwischen den grossen Reden am Anfang und am Ende und den beiden kleineren Reden. Thema ist die Wirklichkeit des nahe herangekommenen Himmelreiches, anschaulich gemacht in einer Reihe von Gleichnissen (Mt 13).

Mt 5–7
Bergpredigt
an Jüngergruppe und Volk / Jesus sitzt auf dem Berg
«Und es geschah, als Jesus diese Worte beendet hatte ...» (Mt 7,28)

Mt 10
Aussendungsrede
an Jüngergruppe
«Und es geschah, als Jesus die Unterweisung beendet hatte ...» (Mt 11,1)

Mt 13
Gleichnisrede
an Jüngergruppe und Volk / Jesus sitzt im Boot
«Und es geschah, als Jesus diese Gleichnisse beendet hatte ...» (Mt 13,53)

Mt 18
Gemeinderede
an Jüngergruppe
«Und es geschah, als Jesus diese Worte beendet hatte ...» (Mt 19,1)

Mt 23–25
Gerichtsrede
an Jüngergruppe und Volk / 24,3: Jesus sitzt auf dem Ölberg
«Und es geschah, als Jesus alle diese Worte beendet hatte ...» (Mt 26,1)

Dahinter steht ein wohlüberlegtes Konzept. Die konzentrische Gestaltung ist nicht zu übersehen. Im Zentrum steht die Rede, die anhand einer Reihe von Gleichnissen die Wirklichkeit des Himmelreiches (gr.: *basileia tōn ouranōn*) anschaulich macht. Mit der Verkündigung der *basileia* aber hatte die öffentliche Wirksamkeit Jesu begonnen:

> «Von da an begann Jesus zu verkünden: ‹Kehrt um! Denn das Himmelreich ist nahe.›» (Mt 4,17)

Die *basileia* steht damit als Thema und Überschrift über der gesamten Wirksamkeit Jesu, die sowohl seine Worte als auch seine Taten umfasst.

Exkurs

Wie sehr die Worte und Taten Jesu aufeinander bezogen werden, zeigt sich besonders im ersten Teil des öffentlichen Wirkens Jesu, wenn in Mt 4,23–25 zunächst summarisch auf die Worte und Machttaten Jesu verwiesen wird, um dies sodann in Mt 5–7 zuerst in der grossen Rede Jesu und anschliessend in Mt 8–9 in einer Reihe von Erzählungen über die Machttaten Jesu zu entfalten. Diese Komposition wird in 9,35 mit einem Vers abgeschlossen, der wörtlich den Beginn der Komposition in 4,23 wieder aufnimmt.

Das Thema der nahe gekommenen *basileia* sowie der Konsequenzen, die sich daraus für die Menschen ergeben, bildet den roten Faden durch alle weiteren Redekompositionen des Werkes. So lassen sich diese Kompositionen «als Entfaltung des ‹Evangeliums von der Basileia/Wirklichkeit Gottes› (4,23)» lesen.[232] Sie werden in Mt 26,1 am Übergang zu den Passionserzählungen mit einer abschliessenden Formulierung zusammengefasst, die auf alle Reden Jesu im Matthäusevangelium zurückblickt:

> «Als Jesus *alle* diese Worte beendet hatte, sagte er zu seinen Jüngern …» (Mt 26,1).

Wenn sich der Auferstandene in der Schlussszene des Buches dann an die verbliebene Jüngergruppe mit dem Auftrag wendet, alle Völker zu Jüngern zu machen, und ihnen dies mit der inhaltlichen Konkretisierung aufträgt, diese zu lehren, «*alles*

232 *Frankemölle*, Matthäus I, 95.

zu befolgen, was ich euch geboten habe», bezieht sich dies über Mt 26,1 auf alle Reden Jesu im Matthäusevangelium zurück. Wer Jünger, Jüngerin Jesu sein will, hat sich an all das zu halten, was Jesus in seinen Reden vermittelt hatte. Und in diesem Tun darf er, darf sie, auf das Mit-sein des «Immanuel» (1,23) und «Ich-bin-bei-euch» (28,20) vertrauen.

Exkurs

Dieses «Evangelium von der *basileia*» ist ein Ausdruck, der so nur bei Matthäus vorkommt. Er bildet eine Inklusion um den ersten Block des öffentlichen Wirkens Jesu in Wort und Tat in Mt 4,23 und 9,35, und er wird ein drittes und letztes Mal in der eschatologischen Rede in 24,14 als Vorausblick auf die Verkündigung in nachösterlicher Zeit aufgegriffen. Als Variante wird in 13,19 der Ausdruck «das Wort von der *basileia*» und in 26,13 «dieses Evangelium» verwendet. Auch diese beiden Stellen sind transparent auf die Verkündigungssituation nach Ostern. Der Zentralbegriff für die Verkündigung Jesu, wie ihn das Markus- und Lukasevangelium verwenden, *basileia tou theou* (Reich Gottes), begegnet bei Matthäus nur dreimal (12,28; 21,41.43). Ansonsten wird der Begriff im Matthäusevangelium 34-mal durch die Wendung «*basileia* der Himmel» umschrieben. Inhaltlich geht es aber wie bei den beiden anderen Synoptikern um die Gegenwart der Gottesherrschaft. Diese ist bei Matthäus bereits Inhalt des ersten Wortes des öffentlich auftretenden Jesus (4,17), sie ist aber auch Inhalt des Auftrags an die Jünger: Auch diese sollen nach 10,7 die *basileia* verkünden – und auch sie sollen sie auf gleiche Weise erfahrbar machen, wie dies Jesus selbst getan hat (10,8).

Wenn aber dieser Jesus, wie die Namensdeutung in Mt 1,21 gezeigt hatte, derjenige ist, in dem sich Gott selbst als Heil, Rettung und Erlösung erweist, und wenn dieser tatsächlich der «Immanuel», der «Gott ist mit uns» (1,23) ist, dann ist daraus zu schliessen, dass in diesem Jesus Gott selbst erfahrbar ist, und dass sich in Jesu Worten und Taten die Wirklichkeit seiner *basileia* zeigt. Weil also in Jesus Gott selbst erfahrbar ist, hat diese Botschaft von der nahe herangekommenen *basileia* nicht nur eine zeitliche, sondern auch eine personale Dimension: Sie ist in und durch Jesus zu erfahren.[233] Was dies bedeutet, wird in den fünf Redekompositionen entfaltet:

233 *Frankemölle*, Matthäus I, 98.

Die Bergpredigt (Mt 5–7) ist in ihrer Szenerie und Thematik unter Rückbezug auf die Gabe der Tora am Sinai gestaltet. Doch wird die Tora durch Jesus in vollmächtiger Weise interpretiert. Allerdings ist dies nicht als ein Gegensatz zur vorherigen Offenbarung zu verstehen; vielmehr wird die «Erfüllung» von Gesetz und Propheten durch Jesus betont und programmatisch – (relativ) am Anfang der Rede – ausgerechnet vor die so genannten «Antithesen» gestellt:

> «Denkt nicht, ich sei gekommen, um das Gesetz und die Propheten aufzuheben. Ich bin nicht gekommen, um aufzuheben, sondern um zu erfüllen. Amen, das sage ich euch: Bis Himmel und Erde vergehen, wird auch nicht der kleinste Buchstabe des Gesetzes vergehen, bevor nicht alles geschehen ist. Wer auch nur eines von den kleinsten Geboten aufhebt und die Menschen entsprechend lehrt, der wird im Himmelreich der Kleinste sein. Wer sie aber hält und halten lehrt, der wird gross sein im Himmelreich. Darum sage ich euch: Wenn eure Gerechtigkeit nicht weit grösser ist als die der Schriftgelehrten und Pharisäer, werdet ihr nicht in das Himmelreich kommen.» (Mt 5,17–20)

Für Matthäus steht demnach ausser Frage, dass die Tora – und mit ihr die prophetischen Schriften und damit die Gesamtheit der Schriften der jüdischen Bibel – in Kraft ist und bleibt. Doch geht es darum, mit den Augen Jesu auf den ursprünglichen Sinn des Gotteswillens zu schauen und die Tora entsprechend zu «erfüllen». Dies ist nach Mt 5,20 die «grössere Gerechtigkeit», die sich von bisher erfahrener Auslegung und Praxis unterscheidet. Für Matthäus ist klar, dass Jesus legitimiert ist, den Gotteswillen in vollmächtiger Weise neu auszulegen. Doch befindet er sich darin im Dissens zu anderen jüdischen Positionen. So stellt die Bergpredigt Jesus in den so genannten «Antithesen» (Mt 5,21–48) in Auseinandersetzung mit anderen Positionen zur Tora dar. Dabei soll weder die Tora noch die jüdische Auslegungsgeschichte der Tora aufgehoben werden; denn das Matthäusevangelium kann in 23,2 die Auslegungsvollmacht (wenn auch nicht das konkrete Tun) der Pharisäer und Schriftgelehrten durchaus respektieren. Vielmehr wird Jesus – in Auseinandersetzung mit anderen Positionen – als Interpret der Tora gezeichnet, und zwar in einer Weise, dass deutlich wird: Seine Tora-Interpretation ist relevant für die bisherige schriftgelehrte

Diskussion. Daher ist es viel angemessener, die «Antithesen» als «Kommentarworte»[234] zu bezeichnen; sie machen deutlich, wie die Interpretation und Anwendung der Tora durch Jesus in matthäischer Perspektive aussieht. Das kann in der Bergpredigt in der «goldenen Regel» zusammengefasst werden (Mt 7,12), an anderer Stelle im Doppelgebot der Liebe (22,37–40). Entscheidend ist demnach das konkrete Tun, das «Früchte Bringen» (7,16–20), das Tun der Gerechtigkeit, jedoch unter dem Vorzeichen der Barmherzigkeit (12,7).

In der Aussendungsrede (Mt 10) kommen die «Boten der *basileia*»[235] in den Blick. Sie sollen das Gleiche tun wie Jesus: die nahe herbeigekommene *basileia* verkünden und dies durch begleitende Machttaten erfahrbar machen (10,7 f.). Entsprechend erleiden die Boten das gleiche Schicksal wie Jesus selbst (10,17–25). Auf diese Weise wird die Aussendungsrede transparent auf die Jesusboten der nachösterlichen Zeit. Die Verkündigung der *basileia* wird als bleibende Aufgabe der Gemeinde ebenso erkennbar wie die Herausforderungen, Chancen und Schwierigkeiten, die diese mit sich bringt.

In der Gleichnisrede (Mt 13) als der theologischen und literarischen Mitte des Werkes werden die «Geheimnisse der *basileia*» ausgelotet (13,11). In vielerlei Geschichten, den Gleichnissen, wird die Kraft der *basileia* anschaulich gemacht. Es wird aber auch deutlich, dass jenes «Geheimnis» des Himmelreiches sich nur den Glaubenden erschliesst (13,10–17). Es geht also darum, sich mit dem ganzen Leben auf die *basileia* einzulassen, so wie der Knecht, der alles auf eine Karte setzt, um an den Schatz im Acker zu gelangen, oder der Kaufmann, der alles daran setzt, um die eine kostbare Perle zu erhalten (13,44–46). Nur wer mit dem eigenen Leben eine Antwort auf die Wirklichkeit der *basileia* gibt, wird deren Kraft erfahren und Anteil an ihr gewinnen. Wie sehr dies bereits in der jüdischen Tradition verankert ist, macht der Abschluss der Gleichnisrede deutlich, der christusgläubige Schriftgelehrte mit einem Menschen vergleicht, «der aus seinem Schatz Neues und Altes hervorholt.» (13,52)

---

234 *Crüsemann*, Das Alte Testament 240 unter Aufnahme eines von Klaus Haacker und Martin Vahrenhorst verwendeten Ausdrucks.

235 *Frankemölle*, Matthäus I, 98.

Die Gemeinderede (Mt 18) führt vor Augen, dass das Zusammenleben in der Gemeinschaft angesichts der *basileia* eine neue Qualität erhält und ein von der *basileia* bestimmtes Miteinander erfordert. Da müssen manche alt eingefahrenen Muster weichen und neue Weisen des Miteinanders gefunden werden. Gemeinde ist der Ort, an dem die Handlungsperspektiven unter dem Vorzeichen der *basileia*, wie sie in der Bergpredigt aufgezeigt wurden, konkret Verwirklichung finden (sollen). Auf diese Weise kann (und soll) Gemeinde ein Zeichen für die *basileia* sein und ein Ort, an dem die neue Welt Gottes bereits erfahrbar werden kann. Auch wenn der Text erkennen lässt, dass die Realität noch anders aussieht: Er ist ein Programm für ein Zusammenleben unter dem Vorzeichen der *basileia.*

Die Gerichtsrede (Mt 23–25) nimmt schliesslich Israel, die Kirche und letztlich alle Völker (25,31 f.) in eschatologischer Perspektive in den Blick. Im Fokus steht das rechte Tun – und die Konsequenzen daraus, die im Gericht offenbar werden. Massstab für das als richtig angesehene Handeln – und daher für die Rettung – ist das Verhalten gegenüber Notleidenden aller Art. Dazu zählt Matthäus sechs Taten der Barmherzigkeit auf, die für das Urteil entscheidend sind:

> «Ich war hungrig, und ihr habt mir zu essen gegeben; ich war durstig, und ihr habt mir zu trinken gegeben; ich war fremd und obdachlos, und ihr habt mich aufgenommen; ich war nackt, und ihr habt mir Kleidung gegeben; ich war krank, und ihr habt mich besucht; ich war im Gefängnis, und ihr seid zu mir gekommen.» (Mt 25,35 f.)

Wieder steht also das konkrete Tun im Zentrum. Es wird letztlich damit begründet, dass in den Notleidenden der Christus selbst verkörpert ist (25,40). So «werden Barmherzigkeit und Christologie miteinander verschränkt.»[236]

Es genügt nach Matthäus also nicht, die richtige Lehre oder das richtige Bekenntnis zu haben. Damit wäre man zwar im Besitz der «Schlüssel des Himmelreichs» (23,13); doch kommt es darauf an, den Menschen dieses Himmelreich nicht zu verschliessen, sei es durch eine unaufrichtige Praxis, sei es durch Amtsanmassung. Dabei macht Matthäus

236 *Ebner*, Matthäusevangelium 150.

deutlich, dass seine harte Kritik an den Pharisäern nicht nur die Pharisäer der «Gegenseite» im Blick hat; vielmehr wird die Kritik durch 23,8–12 auch transparent für Vorgänge in der eigenen Gemeinde.[237]

Doch nicht nur die letzte der Reden hat das Gericht im Blick. Vielmehr schliesst jede einzelne Rede mit einer Ankündigung des Gerichts (7,21–27; 10,40–42; 13,49–50; 18,23–35). Nach Matthäus ist es also nicht gleichgültig, wie sich Menschen angesichts der nahe herbeigekommenen *basileia* verhalten. Die Wirklichkeit der *basileia* ist ihnen zwar zugesagt, so wie es die Seligpreisungen zu Beginn der Bergpredigt deutlich machen (Mt 5,3–12). Doch kommt es darauf an, sich auf die *basileia* einzulassen und mit dem «Rückenwind» der angebrochenen *basileia* die «grössere Gerechtigkeit» - im Sinne der Barmherzigkeit - zu tun.

Zum Weiterlesen

Frankemölle, Hubert: Das Matthäusevangelium. Neu übersetzt und kommentiert, Stuttgart 2010.

Frankemölle, Hubert: Vater Unser – Avinu. Das Gebet der Juden und Christen, Paderborn 2012.

Gnadt, Martina S.: Das Evangelium nach Matthäus. Judenchristliche Gemeinden im Widerstand gegen die *Pax Romana*, in: *Schottroff, Luise/Wacker, Marie-Theres (Hg.)*: Kompendium Feministische Bibelauslegung, Gütersloh ²1999, 483–498.

Grilli, Massimo/Langner, Cordula: Das Matthäus-Evangelium. Ein Kommentar für die Praxis, Stuttgart 2010.

Köhnlein, Manfred: Die Bergpredigt, Stuttgart 2005.

Luz, Ulrich: Die Jesusgeschichte des Matthäus, Neukirchen-Vluyn 1993.

Mayordomo, Moisés: Matthäus, in: *Krieg, Matthias (Hg.)*: Erklärt. Der Kommentar zur Zürcher Bibel, Bd. 3, Zürich 2010 (²2011), 1046–2029.

Neusner, Jacob: Ein Rabbi spricht mit Jesus. Ein jüdisch-christlicher Dialog, München 1997.

Poplutz, Uta: Eine universale Jesusgeschichte. Das Matthäusevangelium aus dem Urtext übersetzt und kommentiert, Stuttgart 2011.

Scholl, Norbert: Ein Bestseller entsteht. Ds Matthäus-Evangelium, Regensburg 1998.

Venetz, Hermann-Josef: Das Vaterunser, oder: Worauf es ankommt, Freiburg i. Ue. 2013.

237 *Frankemölle*, Matthäus I, 100.

Wengst, Klaus: Das Regierungsprogramm des Himmelreichs. Eine Auslegung der Bergpredigt in ihrem jüdischen Kontext, Stuttgart 2010.

Zeilinger, Franz: Zwischen Himmel und Erde. Ein Kommentar zur «Bergpredigt» Mt 5–7, Stuttgart 2002.

Zürn, Peter/Nuber, Michael: Damit sich erfüllt … Mit Matthäus die Bibel lesen (WerkstattBibel 14), Stuttgart 2010.

5 Das Lukasevangelium und die Apostelgeschichte: Die beiden Bände des lukanischen Doppelwerks

Der Verfasser des dritten Evangeliums wird in der kirchlichen Tradition seit dem zweiten Jahrhundert «Lukas» genannt. Ihm verdanken wir nicht nur eine einzige Schrift im Neuen Testament, sondern gleich zwei. Neben dem Lukasevangelium ist dies die Apostelgeschichte, die sich zu Beginn des Werkes mit einem Rückblick auf das «erste Buch» (Apg 1,1) als ein Fortsetzungsband zu erkennen gibt. Beide Werke sind überdies derselben Person gewidmet: dem «hochverehrten Theophilus» (Lk 1,4) bzw. «Theophilus» (Apg 1,1). Eine Reihe von sprachlichen Eigentümlichkeiten lassen darüber hinaus erkennen, dass die beiden Bände auf denselben Verfasser zurückgehen. So wurde die Zusammengehörigkeit der beiden Werke schon seit der Auslegung in der frühen Kirche erkannt.

Dieses «lukanische Doppelwerk» spannt einen weiten Bogen von den Anfängen der Jesusgeschichte bis hin zur Geschichte der nachösterlichen Verkündigung «in Jerusalem und in ganz Judäa und Samarien bis an die Grenzen der Erde» (Apg 1,8). Zwar endet die Apostelgeschichte, geografisch betrachtet, nicht an den Grenzen der Erde, sondern in Rom. Doch die Perspektive einer weitergehenden Verkündigung der Jesusbotschaft steht am Schluss des Buches offen und wird in die Hände der Leserinnen und Leser gelegt.

Damit liegt in den beiden Bänden des Lukas eine «Gründungsgeschichte des Christentums in zwei Teilen»[238] vor. Der erste Band stellt in biografischer Tendenz die Hauptfigur Jesus in den Mittelpunkt. Der zweite Band trägt in seiner Darstellung der nachösterlichen Ausbreitung der Jesusbotschaft stärker historiografischen Charakter, wenngleich auch hier mit Blick auf Paulus biografische Elemente zum Tragen kommen.[239] In den beiden Bänden präsentiert sich ein gewandter

238 *Schröter*, Lukas 241.

239 Vgl. dazu *Bieberstein/Kosch*, Paulus.

und gebildeter Erzähler, der sich durch eine im Neuen Testament vergleichsweise gehobene und dezidiert «schöne» Sprache, einen differenzierten Wortschatz sowie gezielt eingesetzte rhetorische Stilmittel auszeichnet. Anklänge an die klassische griechische Ausdrucksweise sind ebenso zu finden wie eine bewusste Anlehnung an die Sprache der griechischen Bibel, der Septuaginta (LXX). So zeichnet er nuancierte Bilder – er wird in der kirchlichen Tradition sicher nicht umsonst als Maler Marias, Jesu Christi und der Apostel gekennzeichnet[240] – und versteht es, der Jesusgeschichte neue und herausfordernde Aspekte abzugewinnen. Dabei verliert er nie das Leben und die Alltagsfragen seiner Adressatinnen und Adressaten aus den Augen.[241] Wie überlegt er dabei vorgegangen ist, macht Lukas von Beginn seines Werkes an deutlich.

5.1 Wie das Lukasevangelium erzählt: Der Aufbau des Buches

Wer von einer lang zurückliegenden Zeit erzählt, muss sich überlegen, wie er oder sie das genau anpacken will: Wo sind Informationen über die Zeit zu finden, über die erzählt werden soll? Welcher Art sind die vorhandenen Quellen, und wie glaubwürdig sind sie? Wie kann der Stoff am besten geordnet werden? Wer wird die Darstellung lesen, und was sind die Erwartungen dieser Leserschaft? Wozu soll es diese Darstellung geben, und was soll sie bewirken? Das ging dem Verfasser des Lukasevangeliums sicher nicht anders als heutigen Autorinnen und Autoren. Wie die anderen neutestamentlichen Verfasser schrieb auch er aus einigem zeitlichen Abstand zu den Ereignissen, über die er erzählen wollte, und so sah er sich vor entsprechende Fragen und Herausforderungen gestellt. Nach der Zweiquellentheorie schrieb Lukas etwa zeit-

240 Diese Legende ist wohl zuerst um 530 beim Kirchenhistoriker Theodor Lektor belegt, vgl. *Schmid*, Evangelium 7. Nach *Belting*, Bild 70 ist die Legende von Lukas dem Maler ab dem frühen 8. Jahrhundert weit verbreitet. Die spätere Kunstgeschichte stellt Lukas häufig als Ikonen- oder Portraitmaler dar.

241 Vgl. den Titel des Buches von *Hermann-Josef Venetz*, Der Evangelist des Alltags.

gleich zu Matthäus und setzt wie dieser das Markusevangelium ebenso wie die Spruchquelle Q voraus. Im Unterschied zu Markus und Matthäus legt Lukas allerdings zu Beginn seines Werkes ausdrücklich Rechenschaft über die Art und Weise ab, wie er sein Werk verfasst hat und wie er es verstanden haben will.[242]

Ein neuer Entwurf: Das Proömium (Lk 1,1–4) 5.1.1

Anders als die anderen Evangelien des neutestamentlichen Kanons beginnt das Lukasevangelium mit einem formalen Vorwort, einem *Proömium* (Lk 1,1–4). Damit folgt Lukas einer literarischen Konvention, wie sie in der griechisch-römischen Antike sowohl in Sach- und Fachbüchern im Bereich der Technik und Naturwissenschaft als auch in historiografischen Werken zu beobachten ist. Zwar sind die meisten Vorworte, die diesen Geschichtswerken vorangestellt wurden, ungleich viel länger als das Vorwort des Lukasevangeliums; doch leiten sie zumeist auch ein ungleich viel längeres Werk als das Lukasevangelium ein. Mit solchen Vorworten hat das Proömium nicht nur einige sprachliche Wendungen gemeinsam, sondern auch inhaltliche Motive und Formen, die sich auch im Repertoire solcher Vorworte finden:

- Es wird auf den Inhalt des Werkes vorausgeblickt.
- Es wird auf Vorgängerwerke zurückgeblickt, die sich schon früher dem gleichen oder einem vergleichbaren Gegenstand gewidmet haben.
- Es wird deutlich gemacht, worin sich das eigene Werk von diesen Vorgängerwerken unterscheidet, warum es also nötig wurde, sich des bereits behandelten Stoffes noch einmal anzunehmen.
- Es wird das eigene Vorgehen erklärt.
- Es wird auf das Ziel und den Nutzen des eigenen Werkes verwiesen.
- Es wird eine Widmung formuliert. Eine solche kann entweder als Ausdruck der engen Verbundenheit an einen

242 Zur folgenden Darstellung vgl. durchgehend die Kommentierungen bei *Bovon*, Evangelium I; *Ernst*, Evangelium; *Löning*, Geschichtswerk I; *Radl*, Evangelium; *Schürmann*, Lukasevangelium I; *Wolter*, Lukasevangelium.

Freund gerichtet sein oder aber als Zeichen der Ehrerbietung und Dankbarkeit an Gönner oder hochstehende Persönlichkeiten bis hin zu den höchsten politischen Machthabern der eigenen Zeit.

Im jüdischen Kontext ist die nächste Parallele beim Historiker Flavius Josephus (ca. 37/38 – ca. 100 n. Chr.) zu finden, der sein umfangreiches Werk über den «Jüdischen Krieg» (*De Bello Iudaico*) ebenfalls mit einem ausführlichen Vorwort beginnt:

> «Der Krieg der Juden gegen die Römer erweist sich als der größte im Vergleich nicht nur mit den Kriegen unserer Zeit, sondern auch mit all denen, von denen wir Kunde überkommen haben, sei es, dass Städte gegen Städte oder Völker gegen Völker losbrachen. Nun haben Leute, die nicht bei den Ereignissen zugegen gewesen sind, sondern sie nur nach dem Hörensagen zusammengestellt haben, diesen Krieg in planlosen und widersprechenden Berichten sophistisch beschrieben. Andere aber, die zwar Augenzeugen waren, haben aus Schmeichelei gegen die Römer oder aus Hass gegen die Juden die Tatsachen verfälscht; deswegen enthalten ihre Bücher einerseits Anklage, andererseits Lob, nirgends aber genaue geschichtliche Darstellung. Aus diesem Grunde habe ich, Josephus, Sohn des Matthias, aus Jerusalem, ein Priester, der ich anfänglich die Römer bekämpft und an den späteren Ereignissen notgedrungen teilgenommen habe, mir vorgenommen, denen, die unter römischer Herrschaft leben, in griechischer Übersetzung das darzulegen, was ich schon früher für die innerasiatischen Nichtgriechen in der Muttersprache zusammengestellt und übersandt habe.»[243]

In diesem Vorwort stellt sich Flavius Josephus nicht nur selbst mit seinem Namen, seiner Abkunft und einigen für das Werk relevanten Details aus seinem Leben vor, sondern er grenzt sich auch von anderen Autoren ab, die es ebenfalls schon unternommen haben, über die Ereignisse zu berichten. Diese überzieht er mit gravierenden Vorwürfen, die ihre Werke in Misskredit bringen. Anders als diese präsentiert sich Flavius Josephus selbst als Augenzeuge der Geschehnisse, und anders als diese gibt er vor, frei von schmeichelnden Absichten oder hasserfüllten Ressentiments eine «genaue geschichtliche Dar-

243 *Flavius Josephus*, Der Jüdische Krieg I 1.

stellung» zu geben. Darüber hinaus umreisst er seinen Stoff bereits mit klaren Strichen: Er unternehme es, über den grössten aller Kriege zu berichten, und er meint damit den bewaffneten jüdischen Aufstand gegen die römische Herrschaft in den Jahren 66 bis 70/73 n. Chr. Dabei hat er ein Zielpublikum vor Augen: Alle – vor allem Jüdinnen und Juden –, die unter römischer Herrschaft leben.

Das Vorwort des Lukasevangeliums ist bei Weitem nicht so ausführlich wie das des Flavius Josephus; doch auch im lukanischen Vorwort wird auf andere Werke zurückgeblickt, die die gleichen Ereignisse zum Gegenstand hatten, und auch hier wird im Voraus Rechenschaft über Besonderheiten und Absichten des Werkes abgelegt:

> «Schon viele haben es unternommen, einen Bericht über all das abzufassen, was sich unter uns ereignet und erfüllt hat. Dabei hielten sie sich an die Überlieferung derer, die von Anfang an Augenzeugen und Diener des Wortes waren. Nun habe auch ich mich entschlossen, allem von Grund auf sorgfältig nachzugehen, um es für dich, hochverehrter Theophilus, der Reihe nach aufzuschreiben. So kannst du dich von der Zuverlässigkeit der Lehre überzeugen, in der du unterwiesen wurdest.» (Lk 1,1–4)

Thema und Gegenstand des Buches sind nach diesem Vorwort sehr besondere Ereignisse: Sie sind nicht einfach geschehen, sondern sie haben sich «erfüllt». Mit diesem Wort kommt auch bei Lukas eine Dimension ins Spiel, die wir bereits für das Markus- und Matthäusevangelium als grundlegend kennengelernt haben: der Kontext der jüdischen Bibel, in deren Horizont und Referenzrahmen offensichtlich auch Lukas seine Darstellung verstanden haben will.

Exkurs

Zwar verwendet Lukas ein anderes Verb als das für die Erfüllungszitate des Matthäusevangeliums so typische *plēroō*.[244] Doch hat das Verb *plērophoreō*, das hier gebraucht wird, eine ganz ähnliche Bedeutung wie jenes, wenngleich etwas stärker die Dimension mitschwingt, dass sich etwas tatsächlich ereignet hat und darin etwas Unfertiges zum Abschluss gebracht wird. Das Verb ist im lukanischen Proömium mit dem Wort Ereignisse (*pragmata*) verbunden, so dass hier

244 Siehe Abschnitte 4.1.2.3 und 4.2.

gegenüber dem matthäischen Interpretationsschema der Erfüllungszitate stärker im Vordergrund steht, dass sich die Ereignisse tatsächlich vollzogen haben und nun vollendet bzw. beendet sind.

Kunde von diesen besonderen Ereignissen geben besondere Menschen: Augenzeugen, Augenzeuginnen und «Diener des Wortes», die hinter den Überlieferungen stehen, die bis in die Zeit des Lukas gelangt sind. Diese Augenzeugen waren «von Anfang an» dabei. Nach dem Kriterium der Augenzeugenschaft, das in Apg 1,22 f. für die Nachwahl in den Zwölferkreis genannt wird, ist damit die Taufe Jesu durch Johannes gemeint. Zwar konstituiert sich die Jüngergruppe nach der Darstellung des Lukasevangelium erst einige Zeit nach der Taufe (Lk 5,1–11); doch geht es genau um diese Jünger und natürlich auch Jüngerinnen (vgl. Lk 8,2–3), die die gesamte Wirkungszeit Jesu erlebt haben und nun für die Glaubwürdigkeit dessen einstehen, was erzählt wird (vgl. auch Apg 10,37–41). Speziell haben für Lukas die Apostel, die er im Unterschied zu anderen neutestamentlichen Autoren wie z. B. Paulus mit den Zwölfen gleichsetzt, diese besondere Funktion der Zeugenschaft und der Verkündigung.

Auf Grund solcher glaubwürdiger Überlieferungen haben es nun schon «viele» (Lk 1,1) unternommen, darüber einen Bericht – genauer übersetzt: eine Erzählung (*diēgēsis*) – zu verfassen.

Exkurs

Mit dem Begriff *diēgēsis* ordnet Lukas nicht nur diese Werke, sondern vor allem sein eigenes, das er in einer Reihe mit diesen sieht, in die griechische Geschichtsschreibung ein.[245] Auf den historiografischen Horizont deutet auch das Wort *pragmata* (Ereignisse), über die er berichten will (1,1). Gleichzeitig macht die Dimension der «Erfüllung» (1,1) deutlich, dass Lukas in seinen historiografischen Darstellungen auch verkündigende Absichten hat.

Lukas scheint diese Werke gut zu kennen; doch anders als Flavius Josephus muss er sich nicht so vehement von diesen Vorgängerwerken abgrenzen. Im Gegenteil: Er zollt ihnen Lob; denn sie hielten sich an das, was von Augenzeuginnen und Verkündern überliefert wurde (1,2). Und er stellt sich in

245 Vgl. *Dormeyer*, Geschichtsschreibung 17.

eine Reihe mit ihnen: «Nun habe auch ich mich entschlossen ...» (1,3). Auf Grund der Zweiquellentheorie wissen wir heute, dass Lukas ebenso wie Matthäus das Markusevangelium – bzw. eine Fassung des Markusevangeliums, die sich nur geringfügig von dem heute überlieferten Markusevangelium unterschied – kannte und für seine eigene Darstellung verwendet hat. Ein anderes Werk, das ihm vorlag, war die Spruchquelle Q.[246] Schliesslich muss Lukas weitere Zusammenstellungen von Jesustraditionen gekannt haben, die heute in der Forschung «Sondergut des Lukas» genannt werden. Ob damit all das erfasst ist, was Lukas mit «viele» meint, lässt sich nicht mehr genauer herausfinden.

Als dritte Stufe – nach den Augenzeugen und denen, die ihre Erzählungen auf deren Überlieferungen gründeten, – präsentiert Lukas sich selbst. Damit macht er transparent, dass er erstens selbst nicht zu den Augenzeugen gehört und dass er zweitens auf deren Überlieferungen nur vermittels von Vorgängerwerken Zugriff hat. Aber er hat ein grosses Programm: Er möchte den ganzen Bogen von den Ereignissen bis in die Gegenwart spannen und alles noch einmal, und zwar der Reihe nach, aufschreiben. Die Gründe können wir nur erschliessen: Offenbar genügte das, was ihm vorlag, trotz seines Respekts gegenüber den Vorgängerwerken seinen Ansprüchen noch nicht: Sei es, dass diese Vorgängerwerke nicht «alles» umfassten, sei es, dass sie nicht «von Anfang an» die Ereignisse dokumentierten, sei es, dass sie nicht «genau» – *akribisch*, wie sich das griechische Wort am besten übersetzen liesse – genug waren, oder sei es, dass die Dinge nicht in der richtigen Ordnung präsentiert wurden.

Offenbar konnten nämlich all die Vorgängerwerke nicht das gewährleisten, was Lukas möchte: der Person Gewissheit zu geben, der er dieses Buch widmet und persönlich zueignet, dem «hochverehrten Theophilus». Dieser Theophilus wird noch einmal zu Beginn der Apostelgeschichte angesprochen und erscheint auch hier als derjenige, dem das Buch gewidmet ist. Über diese beiden Widmungen hinaus ist nichts über diesen Theophilus bekannt. Vermutlich handelte es sich um eine höhergestellte Persönlichkeit aus dem Umfeld des Lukas,

246 Zur Spruchquelle Q vgl. Kapitel 3 in diesem Buch.

vielleicht sogar den Auftraggeber des Werkes, von dem Lukas im Gegenzug zu seiner Widmung erwarten durfte, dass er das Werk verbreitete oder es (samt seinem Verfasser) in anderer Weise förderte.

Exkurs Weniger wahrscheinlich ist eine Vermutung, die in der frühkirchlichen Auslegung seit Origenes zu finden ist: dass der sprechende Name *Theo-philos*, den man mit «Gottesfreund» oder auch «Gottlieb» übersetzen könnte, jeden Gläubigen meine; dass er also eine fiktive Adressatenangabe darstelle, mit der sich alle Leserinnen und Hörer als solche Gottesfreunde angesprochen fühlen sollen.

So oder so entsteht aber vor dem inneren Auge der Leser und Hörerinnen das Bild eines Mannes von Rang und Namen, der offenbar gerne Sicherheit in seinem Wissen über Jesus hätte und dem der Autor des vorliegenden Buches diese Zuverlässigkeit persönlich verbürgt. Wer das Buch des Lukas liest, darf sich mit Theophilus in seinem eigenen Bedürfnis nach Zuverlässigkeit und einem «sicheren Grund»[247] ernst genommen fühlen, und er (oder sie) darf sich vertrauensvoll und Schritt für Schritt auf den Weg durch die Schrift des Lukas machen, um (wieder) festen Boden unter die Füsse zu bekommen.

5.1.2 «Von Anfang an …»: Die Kindheitsgeschichten (Lk 1–2)

Vielleicht hat es mit der im Vorwort formulierten Arbeitsweise zu tun, dass Lukas – ebenso wie Matthäus – seine Jesusgeschichte mit einer Kindheitsgeschichte beginnen lässt.[248] Doch schon eine erste und oberflächliche Lektüre zeigt, dass sich die lukanischen Erzählungen beträchtlich von den Kindheitsgeschichten des Matthäusevangeliums unterscheiden. Im Lukasevangelium gibt es weder Sterndeuter aus dem Osten noch einen Kindermord, weder eine Flucht nach Ägypten samt glücklicher Rettung noch Engel, die den Menschen im Schlaf auf die Sprünge helfen. Vielmehr stellt das Lukasevangelium die Geschichte des Anfangs in zwei Erzählsträngen

247 So treffend die Lutherübersetzung.

248 Zu Abschnitt 5.1.2 vgl. neben den bereits genannten Kommentaren auch *Bieberstein*, Verkündigung; *Gielen*, Geburt 17–40; *Schreiber*, Weihnachtspolitik.

dar, die ineinander verwoben sind: die Erzählung von der Verheissung und der Geburt Johannes' des Täufers auf der einen Seite – und die Erzählung von der Verheissung und der Geburt Jesu auf der anderen Seite.

Die grundlegenden Unterschiede zwischen den Kindheitserzählungen des Matthäus- und Lukasevangeliums zeigen: Es handelt sich um ganz unterschiedliche Geschichten, die weder literarisch voneinander abhängig sind noch auf eine gemeinsame Quelle zurückgreifen.

Zwei ineinander verwobene Erzählfäden 5.1.2.1

Die Jesusgeschichte des Lukasevangeliums beginnt gleich mit zwei ausführlichen Geburtsgeschichten, die wie zwei Flügel eines Diptychons einander gegenübergestellt – oder auch zugeordnet – werden: Der Erzählung über die Verheissung der Geburt Johannes' des Täufers an seinen Vater Zacharias (Lk 1,5–25) steht die Erzählung über die Verheissung der Geburt Jesu an Maria (Lk 1,26–38) gegenüber, und der Erzählung über die Geburt des Täufers (Lk 1,57–80) wird die Erzählung über die Geburt Jesu (Lk 2,1–21) an die Seite gestellt. Ferner wird die Jesusgeschichte – ohne Entsprechung in der Johannesgeschichte – in Lk 2 noch durch die Erzählungen über die Darstellung des neugeborenen Jesus im Tempel von Jerusalem und die Begegnung mit Simeon und Hanna (Lk 2,22–40) sowie über den zwölfjährigen Jesus im Tempel (Lk 2,41–52) ergänzt.

An einer Stelle berühren sich die beiden Erzählfäden: In der Begegnung der beiden schwangeren Frauen Elisabet und Maria im Hause des Zacharias, in deren Verlauf Maria ihr berühmt gewordenes Magnifikat singt (Lk 1,39–56), eigentlich ein psalmartiger poetischer Text, in dem – unter Rückgriff auf alttestamentliche Texte wie das Lied der Hanna (1 Sam 2,1–11) – auf prophetische Weise interpretiert wird, was sich in der Geburt Jesu ereignet.

Grafisch lassen sich die lukanischen Geburts- und Kindheitserzählungen mit ihren strukturellen Entsprechungen etwa so darstellen:[249]

249 Ähnliche grafische Darstellungen finden sich verschiedentlich in der Literatur, z. B. *Gielen*, Geburt, Umschlaginnenseite.

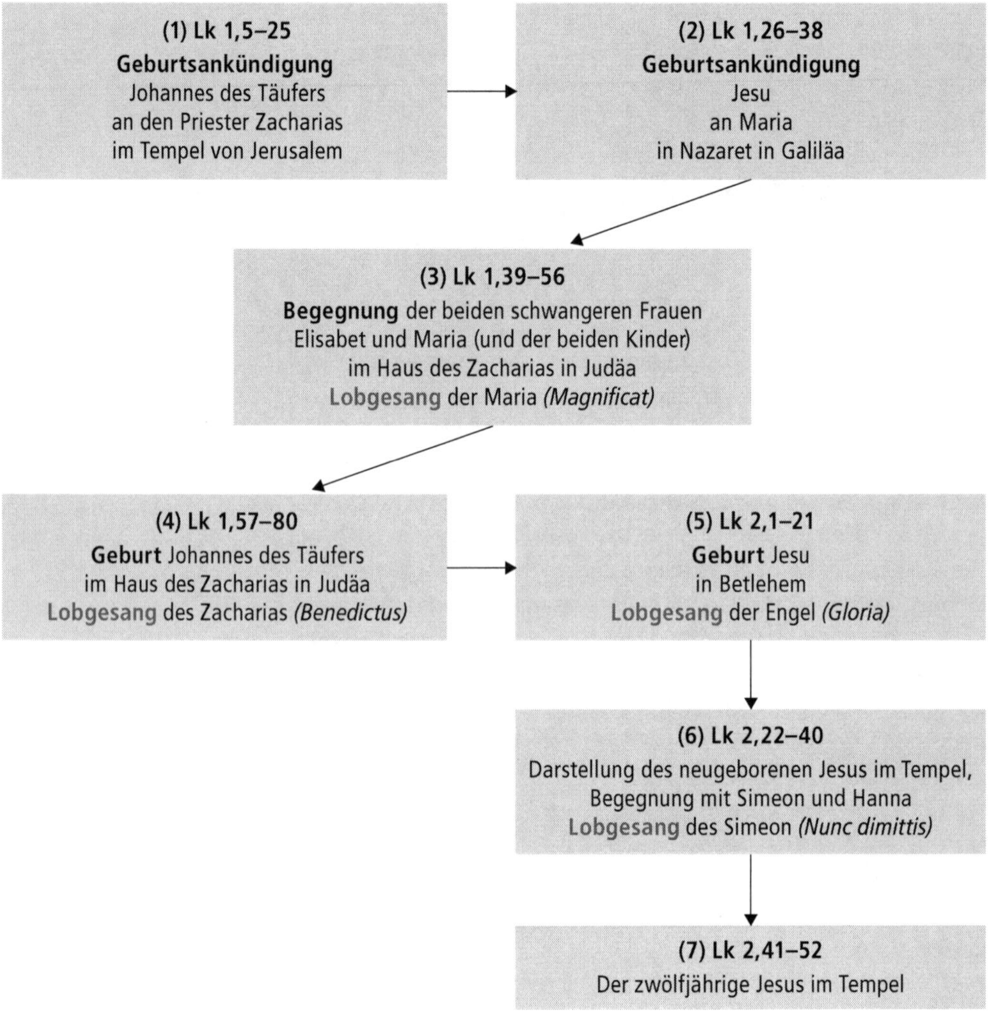

Auf vielfältige Weise werden die beiden Erzählstränge aufeinander bezogen. Dabei greift das in gewissen Phasen der Auslegung bisweilen verwendete Schema von der «Überbietung» der Geschichte des Johannes durch die Geschichte Jesu zu kurz. In der antiken Literatur und insbesondere bei Plutarch[250] lässt sich das Phänomen von «Parallelviten» beobachten, die

250 *Plutarch*, Doppelbiographien.

nicht dazu dienen, eine der Figuren abzuwerten, sondern durch den Vergleich die Besonderheiten der einzelnen Figuren besser zeigen zu können.[251] Das heisst, dass die beiden Geschichten einander eher ergänzen als dass sie in Konkurrenz zueinander stehen.

Geburtsverheissungen im Horizont des Alten Testaments 5.1.2.2

Sowohl die Geschichte Jesu als auch die Geschichte des Täufers beginnen mit einer Verheissung ihrer Geburt an ein Elternteil.

Exkurs

Beide Geschichten sind durch einige Erzählzüge miteinander verbunden und werden so aufeinander bezogen. So findet die Angabe am Schluss der Verheissungserzählung an Zacharias, dass sich Elisabet nach Entdeckung ihrer unerwarteten Schwangerschaft «fünf Monate» verbarg (Lk 1,25), eine Fortsetzung in der einleitenden Zeitangabe der zweiten Verheissungsgeschichte: «im sechsten Monat« (Lk 1,26). In beiden Geschichten übernimmt überdies der Engel Gabriel die Funktion des Boten, der jeweils die Geburt des Kindes verheisst. Vor allem aber sind die beiden Erzählungen in paralleler Weise aufgebaut und strukturiert.

In der Gestaltung beider Erzählungen lehnt sich das Lukasevangelium an alttestamentliche Erzählmuster an: An verschiedenen Stellen, meist in Krisensituationen oder an wichtigen Übergangsstellen im grossen Erzählbogen des Alten Testaments, wird erzählt, dass Gott selbst oder ein Gottesbote einem menschlichen Gegenüber, zum Beispiel Abraham, die Geburt eines Kindes ankündigt.[252] Dabei werden einige charakteristische Erzählmotive verwendet:

1. Ein himmlisches Wesen erscheint.
2. Die Geburt eines Sohnes wird angekündigt.
3. Sein Name wird festgelegt.
4. Seine Zukunft wird enthüllt.

Dieses «Verkündigungsschema» bestimmt den Aufbau der beiden Verheissungserzählungen zu Beginn des Lukasevangeliums. Es stellt das erzählte Geschehen in den Horizont des Alten Testaments und weckt bei den Leserinnen und Lesern

251 Vgl. *Rusam*, Lukasevangelium 193.

252 Vgl. z. B. Gen 16,7–12; 17,15–17; Ri 13,2–5.

Assoziationen, dass hier offenbar etwas Vergleichbares geschieht wie das, was sie aus ihren Schriften kennen. Und sie können lernen: Wie damals Gott Zukunftslosigkeit überwunden und heilvoll und befreiend zugunsten des Volkes Israel eingegriffen hat, so ist es auch jetzt bei Johannes dem Täufer und Jesus. Es wird deutlich, dass sowohl diejenigen, denen eine solche «Verkündigung» zuteil wird, als auch und besonders diejenigen, deren Geburt auf diese Weise angekündigt wird, von Gott ausgezeichnet sind und dass sie für die Heilsgeschichte eine wichtige Funktion erhalten, wenn sie sich dieser Verantwortung stellen.

Damit aber noch nicht genug. In beiden Geschichten gibt es Erzählzüge, die über dieses Schema hinausgehen. So stellen sowohl Zacharias als auch Maria eine Rückfrage an den Engel, diese wird jeweils beantwortet, und beide erhalten überdies noch den Hinweis auf ein Zeichen, an dem sie jeweils erkennen können, dass dies alles seine Richtigkeit hat. Diese Zeichen machen allerdings deutlich, dass die Rückfragen der beiden Protagonisten unterschiedlich gewertet wurden: So wird die Rückfrage des Zacharias durch die Antwort des Engels als Unglaube interpretiert (Lk 1,20), und entsprechend erhält Zacharias ein negatives Zeichen: Er wird stumm sein, bis die Verheissung erfüllt sein wird. Maria hingegen bekommt als Zeichen den Hinweis auf die ähnlich wunderbare Schwangerschaft ihrer Verwandten Elisabet. Sie wird in ihrer Haltung gegenüber dem Engel positiv gewürdigt und am Ende sogar mit dem Ehrentitel «Magd des Herrn» (1,38) ausgezeichnet. Dieser hat seine Entsprechung im alttestamentlichen «Knecht Gottes» – ein Titel, den in Röm 1,1 auch Paulus für sich reklamiert.

Trotz dieses Unterschieds schimmern in beiden Erzählungen gerade in dieser Gestaltungsweise Motive aus einem weiteren alttestamentlichen Erzählschema durch: Wenn Menschen von Gott für einen besonderen Auftrag in Dienst genommen werden, wird meist auf solche Weise erzählt (vgl. Ex 3,7–12; Jer 1,4–10). Zu diesem «Berufungsschema» gehören im Idealfall die folgenden Motive:

1. Gott oder ein Bote Gottes spricht gegenüber einem Menschen eine Berufung aus.

2. Der Mensch reagiert mit einem Einwand oder Bedenken.
3. Der Einwand oder das Bedenken wird mit einer Erklärung ausgeräumt.
4. Dem Menschen wird ein Zeichen zur Bekräftigung gewährt.[253]

Damit überlagern sich in den beiden Verkündigungserzählungen jeweils zwei aus dem Alten Testament bekannte Erzählschemata. Ein Mensch – Zacharias bzw. Maria – wird wie die alttestamentlichen Propheten von Gott bzw. dem Gottesboten in Dienst genommen, wobei an der Stelle, an der der Auftrag erklärt werden müsste, die Verkündigung der Geburt des Kindes einsetzt. Diese Erzählweise macht unmissverständlich deutlich, dass es nicht um eine im modernen Sinne historische Darstellung biografischer Details aus dem Leben der beiden Protagonisten geht; vielmehr handelt es sich um bewusst nach bekannten Schemata konstruierte, theologisch verdichtete Erzählungen, die die heilsgeschichtliche Bedeutung der beiden Kinder ins Wort bringen.

Durch die Kombination der beiden Erzählschemata wird in den Verkündigungserzählungen ein besonderer Akzent auf die Offenbarung der Zukunft des jeweils angekündigten Kindes gelegt. Dabei zeigt sich allerdings, dass sich die Bedeutungen, die den beiden Kindern zugeschrieben werden, beträchtlich voneinander unterscheiden.

Zacharias bekommt über das verheissene Kind vom Engel zu hören:

> «Fürchte dich nicht, Zacharias! Dein Gebet ist erhört worden. Deine Frau Elisabet wird dir einen Sohn gebären; dem sollst du den Namen Johannes geben. Grosse Freude wird dich erfüllen, und auch viele andere werden sich über seine Geburt freuen. Denn er wird gross sein vor dem Herrn. Wein und andere berauschende Getränke wird er nicht trinken, und schon im Mutterleib wird er vom Heiligen Geist erfüllt sein. Viele Israeliten wird er zum Herrn, ihrem Gott, bekehren. Er wird mit dem Geist und mit der Kraft des Elija dem Herrn vorangehen, um

253 Vgl. *Gielen*, Geburt 23, auf der Basis der älteren Studie von *Lohfink*, Jetzt verstehe ich die Bibel 109–120.

> das Herz der Väter wieder den Kindern zuzuwenden und die Ungehorsamen zur Gerechtigkeit zu führen und so das Volk für den Herrn bereit zu machen.» (Lk 1,13–17)

Dass sich Zacharias über die Geburt dieses lange ersehnten Kindes freuen werde (1,14), müsste ihm der Engel wahrscheinlich nicht eigens vorhersagen. Diese Freude wird ergänzt durch die Freude der «Vielen», womit nicht einfach das familiäre Umfeld gemeint ist, sondern die Gesamtheit des Volkes Israel. Damit klingt die Bedeutung des Kindes für ganz Israel an. Dem entspricht, dass das verheissene Kind «gross sein» werde «vor dem Herrn». Dies wird in Lk 1,15 zunächst in zwei Motivkontexte eingebettet: Dass er keine berauschenden Getränke zu sich nehmen werde, kennzeichnet ihn als Nasiräer (Num 6,3), einen Gottgeweihten. «Vom Mutterleib» an auserwählt und berufen sind nach Jes 49,1 und Jer 1,5 Propheten. Allerdings ist Johannes nicht nur vom Mutterleib an «auserwählt», sondern sogar vom Mutterleib an «vom Heiligen Geist erfüllt». Damit übertrifft er die Propheten. Dies zeigt sich auch in seinem erfolgreichen Tun, seiner Umkehrpredigt, auf die V. 16 vorausblickt. Mit Lk 1,17 erfährt dies nochmals eine Steigerung, indem auf die Verheissung aus Mal 3,23–24 zurückgegriffen wird. Nach der hier anklingenden Vorstellung wird dem «Tag YHWHs», den das Buch Maleachi erwartet, Elija als Gottesbote vorangehen.[254] Das Lukasevangelium schreibt dem Täufer also diese Rolle des Gottesboten Elija zu. Seine Aufgabe ist auf das gesamte Volk Israel bezogen, impliziert bei Lukas aber interessanter Weise nicht auch, wie bei Maleachi vorgegeben, die Umkehr der Kinder zu ihren Vätern, sondern nur die Umkehr der Väter zu ihren Kindern. Im Kontext des Lukasevangeliums bezieht sich die Vorläuferfunktion des Elija allerdings nicht wie bei Maleachi auf Gott, sondern auf den Gottessohn Jesus, als dessen Wegbereiter Johannes hier gezeichnet wird.

In der Erzählung über die Verheissung der Geburt Jesu an Maria wird die Zukunft des Kindes (Jesus) so umrissen:

254 Siehe Abschnitt 2.1.1.2.

> «Er wird gross sein und Sohn des Höchsten genannt werden.
> Gott, der Ewige, wird ihm den Thron seines Vaters David geben.
> Er wird über das Haus Jakob in Ewigkeit herrschen,
> und seine Herrschaft wird kein Ende haben.» (Lk 1,32 f.)

Mit dieser Ankündigung geraten wir gegenüber der Zukunftsoffenbarung Johannes des Täufers in ganz andere alttestamentliche Kontexte. Der Text greift die Natansverheissung an König David auf:

> «Und es wird sein, wenn deine Tage erfüllt sind
> und du schlafen wirst mit deinen Vätern,
> dann werde ich deinen Samen nach dir aufstehen lassen,
> der aus deinem Schosse sein wird,
> und ich werde seine Königsherrschaft bereiten.
> Er wird mir ein Haus bauen, für meinen Namen,
> und ich werde seinen Thron aufrichten bis in Ewigkeit.
> Ich werde ihm zum Vater werden,
> und er wird mir zum Sohn werden …
> Und fest gegründet werden wird sein Haus und seine Königsherrschaft für immer vor mir,
> und sein Thron wird aufgerichtet sein bis in Ewigkeit.»
> (2 Sam 7,12–14.16)

Damit ist die christologische Zuspitzung des Textes deutlich. In dem angekündigten Kind erfüllen sich die Verheissungen an das «Haus David», die nach der babylonischen Eroberung Jerusalems im 6. Jahrhundert v. Chr. und dem damit verbundenen Ende der davidischen Dynastie zunächst obsolet geworden waren, dann aber als messianische Verheissungen in die Zukunft verlagert wurden. Sie finden ihren Ausdruck auch in Texten wie Jes 9,6, die in nachexilischer Zeit messianisch gelesen wurden und nach denen ein Friedenskönig herbeigesehnt wird, dessen Herrschaft kein Ende haben wird. All diese messianischen Hoffnungen und Erwartungen sollen nun in dem in Lk 1,32 f. verheissenen Kind endgültig und für alle Zeit erfüllt werden.

Dies allein hätte als Inhalt der Verkündigungserzählung längst ausgereicht. Doch wird mit dem Einwand Marias («Wie soll das geschehen, da ich keinen Mann erkenne?» Lk 1,34) eine neue Dimension der Erzählung ins Spiel gebracht: die geistgewirkte Empfängnis des Kindes. Damit birgt die Erzählung einen weiteren «Überschuss» gegenüber der Geburtsverheissung an Zacharias.

Eigentlich ist der Einwand Marias erzähllogisch nicht zwingend. Denn als verlobte junge Frau, als die sie zu Beginn der Erzählung dargestellt worden war, kann sie die Ankündigung des Engels durchaus auf eine baldige Schwangerschaft nach der bevorstehenden Hochzeit mit Josef beziehen. Die Geburtsverheissung in dieser Situation muss nicht auf eine «wunderbare» Empfängnis hindeuten. So muss der Einwand Marias als ein erzählerisches Mittel interpretiert werden, um das Motiv der geistgewirkten Empfängnis in die Erzählung einzuführen.

Auch dabei ist die erzählerische Absicht christologisch bestimmt. Es geht nicht um ein spektakuläres biologisches Wunder, sondern um das Bekenntnis zu Jesus als Gottessohn, das hier gleich zu Beginn des Werkes auf diese Weise ins Spiel gebracht wird:

> «Der Heilige Geist wird über dich kommen,
> und die Kraft des Höchsten wird dich überschatten.
> *Deshalb* wird auch das Kind *heilig* und *Sohn Gottes* genannt werden.»
> (Lk 1,35)

Dieser Gottessohn Jesus verdankt sich ganz und gar dem schöpferischen Handeln Gottes, dem nichts unmöglich ist (Lk 1,37). Er ist mehr als der Prophet Johannes, der schon im Mutterleib vom Heiligen Geist erfüllt war (Lk 1,15), was sich dann bei der Begegnung der beiden schwangeren Frauen im Hüpfen des Kindes im Leib seiner Mutter konkret zeigen wird (Lk 1,41). Demgegenüber wird Jesus nicht nur als vom Heiligen Geist erfüllt, sondern als geistgewirkt qualifiziert. Seine Einzigartigkeit und unvergleichliche Bedeutung können offenbar nicht anders ausgedrückt werden als durch dieses Motiv der Neuschöpfung durch Gott selbst.

Mit diesem Bekenntnis zur Geistgewirktheit Jesu sind sich das Lukas- und Matthäusevangelium einig. Beide wiederum stehen mit solchen Motiven wunderbarer Umstände rund um die Geburt eines bedeutsamen Menschen nicht allein. Religionsgeschichtliche Parallelen zur göttlichen Zeugung wie auch zur Jungfrauengeburt lassen sich in einiger

Variationsbreite in verschiedenen Kulturkreisen finden.[255] Allerdings setzen die beiden neutestamentlichen Geburtserzählungen gegenüber diesen in der Umwelt belegten Motiven jeweils eigene theologische Akzente. Vor allem vermeiden sie jede allzu direkte Vorstellung von einer Zeugung Jesu durch Gott, sondern sprechen viel offener von der schöpferischen Kraft Gottes im Heiligen Geist.

Die Lieder der Kindheitsgeschichte als Deutungen des Jesusgeschehens 5.1.2.3

Charakteristisch für die lukanische Kindheitsgeschichte sind die poetischen Texte, die an verschiedenen Stellen in die Erzählung eingeflochten sind und das Geschehen aus einer anderen und neuen Perspektive reflektieren und vertiefen.[256]

Das Magnifikat

Der erste in der Erzählfolge des Lukasevangeliums, und wohl der Bekannteste, ist das Magnifikat, das Lied Marias anlässlich der Begegnung der beiden schwangeren Frauen Maria und Elisabet.

Exkurs

Die heute geläufige Bezeichnung dieses Dankeshymnus als Magnifikat rührt vom Beginn des Textes in der lateinischen Übersetzung her: *magnificat anima mea Dominum* («es erhebt meine Seele den Herrn»). Ebenso haben auch die anderen Hymnen der lukanischen Kindheitsgeschichten lateinische Namen erhalten: So wird der Lobpreis des Zacharias nach der Geburt des Johannes nach seinem lateinischen Anfangswort als Benediktus bezeichnet, und das Lied des Simeon im Tempel als Nunc dimittis («nun entlässt du …»). Diese Hymnen haben einen festen Platz im kirchlichen Stundengebet erhalten: Das Benediktus in der Laudes, das Magnifikat in der Vesper und das Nunc dimittis in der Komplet.

In der Begegnung der beiden Protagonistinnen berühren sich an dieser Stelle auch die beiden Erzählfäden, die bislang mit je einer Geburtsverheissung begonnen hatten. Noch mehr: Diese Begegnung ist in jeder Hinsicht besonders. Nicht nur, dass das Kind im Bauch der Elisabet – von dem in Lk 1,15 gesagt worden war, dass es schon im Mutterleib mit Heiligem Geist erfüllt

255 Vgl. ausführlich Abschnitt 4.1.2.1.
256 Vgl. die Gliederung der lukanischen Kindheitsgeschichten in Abschnitt 5.1.2.1.

sein werde – durch «Hüpfen» zu erkennen gibt, dass es Maria – und in ihr das verheissene Kind – erkennt (1,41). Auch Elisabet wird in diesem Moment mit Heiligem Geist erfüllt und gibt ihrer Erkenntnis mit «lauter Stimme» (1,42) Ausdruck. Damit wird auch sie als Prophetin gezeichnet, nachdem bereits Maria durch das in der Geburtsverheissung verwendete Erzählschema als von Gott berufene Prophetin interpretiert worden war. In diesem prophetischen Geist hebt nun Maria zu einem Hymnus an, in dem das, was sich in der Geburt Jesu im Tiefsten ereignet, reflektiert und gedeutet wird.

Vorbild für diesen Dankeshymnus ist das alttestamentliche Lied der Hanna, mit dem sie Gott für die Geburt ihres lange vergeblich erhofften Sohnes Samuel preist (1 Sam 2,1–10). Daneben sind aber auch Anleihen aus einer Reihe weiterer Schriftstellen, vor allem aus den Psalmen, zu beobachten. Wie im Lied der Hanna ist Gott selbst Adressat des Lobes: Er wird gepriesen für das, was sich da ereignet. Zwar wird auf die Schwangerschaft Marias oder das verheissene Kind nicht explizit Bezug genommen; doch werden die im ersten Teil des Hymnus besungenen Grosstaten Gottes (Lk 1,46–49) transparent auf das erwählende Handeln Gottes an Maria. Nach dem verbindenden V. 50 weitet sich der Blick im zweiten Teil des Hymnus (Lk 1,51–55) auf die Machttaten Gottes an verschiedenen Menschengruppen: an Mächtigen und Niedrigen, an Reichen und Hungernden. Auf diese Machttaten wird eigentlich – anders als dies die geläufigen Übersetzungen nahelegen – in der Vergangenheitsform zurückgeblickt, so wie auch alttestamentliche Dankpsalmen auf das hilfreiche Handeln Gottes in der Vergangenheit zurückblicken; doch werden diese Machttaten im Kontext der lukanischen Kindheitsgeschichte wiederum transparent auf das hin, was jetzt, in der erzählten Gegenwart des Textes, dabei ist, sich zu ereignen. Und dies kann nicht anders denn als revolutionär bezeichnet werden. Da werden bestehende Macht- und Herrschaftsverhältnisse umgekehrt. Gott wendet sich denen zu und schafft denen Recht, die an der Unterseite der Macht leben und unter den bestehenden Unrechtsverhältnissen zu leiden haben: den Niedrigen und den Hungernden. Er ist ein Gott, der soziale Not wendet und aus Unterdrückung befreit. Hingegen sorgt er dafür, dass diejenigen, die vom bestehenden Unrecht profitiert haben, die Mächtigen und Reichen, nicht länger aus den Unrechtsstrukturen ihren Nutzen ziehen können. Dieses Recht schaffende Handeln Gottes wird in V. 54 f. dahingehend verallgemeinert, dass sich Gott (auf diese Weise und darin) Israel zuwendet und seine Verheissungen an Abraham einlöst.

Indem dieser Hymnus einen Platz im Zentrum der lukanischen Geburtsgeschichte erhält, wird er zu einer Interpretation des Jesusgeschehens in lukanischer Sicht: Jetzt ist die Zeit, in der all dies Wirklichkeit wird. Im Kommen Jesu wendet sich Gott seinem Volk und «allen, die ihn fürchten» (Lk 1,50) zu. Jetzt eröffnet Gott all denen sein Heil. So kann gesagt werden,

> «dass gerade durch das Magnificat das ganze Lukasevangelium in das Licht einer – auch sozial gemeinten – Befreiungsgeschichte getaucht wird. Der lukanische Jesus nimmt sich nicht zufällig in ganz besonderem Maße der Armen an.»[257]

Das Benediktus

Auch Zacharias wird, nachdem sein Sohn verheissungsgemäss geboren worden war und den Namen Johannes erhalten hatte (Lk 1,57–66), von Heiligem Geist erfüllt und hebt seinerseits zu einem Lobpreis an: dem Benediktus (Lk 1,67–79).

Exkurs

Es ist in der exegetischen Forschung umstritten, ob das Benediktus ursprünglich zu einer zunächst unabhängig überlieferten vorlukanischen Kindheitsgeschichte über Johannes den Täufer gehörte oder ob es aus vorlukanischen Traditionen frühchristlicher Kreise stammt oder ob Lukas selbst diesen Lobpreis komponiert hat. Auf jeden Fall verdankt der Lobpreis aber den Platz, den er im heute vorliegenden Textzusammenhang der Kindheitsgeschichten des Lukasevangeliums erhielt, der gestaltenden Hand des Lukas. Im Kontext der Kindheitsgeschichten entfaltet er seine deutende Funktion.

Auch dieser hymnische Lobgesang schöpft aus dem reichen Traditionsschatz der Psalmen und anderer biblischer Schriften. Und auch in diesem Text wird Gott selbst für seine Taten gepriesen:

257 *Merklein*, Jesusgeschichte 49.

Im ersten Teil (Lk 1,68–75) wird in der Art eines Segensspruches auf das befreiende und rettende Handeln Gottes an seinem Volk seit dem Bund mit Abraham zurückgeschaut. Der Retter aus dem Hause Davids, dessen Erscheinen in V. 69 gepriesen wird, ist im Kontext der lukanischen Kindheitsgeschichten auf Jesus zu beziehen, dessen Herkunft aus dem Hause Davids in Lk 1,27 angedeutet und dessen Bedeutung als ersehnter Nachkomme aus dem Hause Davids in Lk 1,32 f. vom Engel offenbart worden war.

Im zweiten Teil (Lk 1,76–79) werden das Kind Johannes und seine Funktion im Rahmen dieses rettenden Eingreifens Gottes zugunsten Israels in den Blick genommen. Unter Aufnahme von Motiven aus Mal 3 oder Jes 40,3 wird Johannes – ähnlich wie in Mk 1,2 ff. – als endzeitlicher Bote und Wegbereiter gezeichnet; doch ist im Kontext des Lukasevangeliums der *kyrios* (gr.: Herr), dessen Weg er bereitet, nicht wie in den alttestamentlichen Texten auf Gott selbst, sondern auf Jesus zu beziehen. In dieser christusgläubigen Perspektive ist Johannes demnach zwar ein von Gott selbst eingesetzter «Prophet des Höchsten» (1,76); doch bezieht sich seine Funktion darauf, den Weg für Jesus zu bereiten, in dem sich das Heil Gottes – die Vergebung der Sünden (1,77), die barmherzige Liebe (1,78), das aufstrahlende Licht aus der Höhe (1,78) – jetzt ereignet.

Auch in diesem Lobpreis wird also das individuelle Schicksal der Protagonisten transparent auf die Geschichte des Volkes Israel. In dieser konkreten Geburt des Kindes Johannes wendet sich Gott – wie er dies durch die gesamte Geschichte mit seinem Volk hindurch getan hatte – rettend seinem Volk zu. Doch wird auch deutlich, dass Johannes auf Jesus hingeordnet ist. Denn dieser ist als der erwartete Nachkomme aus dem Hause Davids nicht nur der «Prophet des Höchsten» wie Johannes, sondern «Sohn des Höchsten» (Lk 1,32), der «Retter» (gr.: *sotēr*; Lk 2,11) und «Herr» (gr.: *kyrios*; Lk 2,11).

Das Nunc dimittis

Auch die Lobgesänge der Engel anlässlich der Geburt Jesu (Lk 2,10–12.14) gehörten in die Reihe der deutenden poetischen Texte der lukanischen Kindheitsgeschichten. Diese sollen aber erst später im Rahmen der Geburtsgeschichte näher betrachtet werden.[258] Ihren Abschluss findet die Reihe im Lobgesang des als gerecht und fromm beschriebenen Simeon anlässlich der Darstellung des neugeborenen Jesus im Tempel von Jerusalem (Lk 2,22–40). Simeon wird in Parallele zur hochbetagten Prophetin Hanna genannt, die wie er im Tempel auf die Eltern Jesu und ihr neugeborenes Kind trifft und ebenfalls einen Lobpreis spricht (Lk 2,38). Doch während ihre Worte nur in diesem allgemeinen Hinweis, nicht jedoch in Form eines eigenen Hymnus Eingang in die Erzählung gefunden haben, wird Simeon den Leserinnen und Lesern mit seinen Worten vorgestellt.

Wie bereits Elisabet und Zacharias wird auch Simeon als Träger des Heiligen Geistes qualifiziert (Lk 2,25 f.). Auch er hebt angesichts des Kindes zu einem Lobpreis Gottes an, und auch er rühmt das Heil – wörtlich: die Rettung (gr.: *to sotērion*) –, das (die) er mit dem Erscheinen des Kindes gekommen sieht. Allerdings weitet er in seinem Lobpreis den Horizont auf alle Völker aus: Israel und die Völker stehen nebeneinander, die Rettung ist sowohl für Israel als auch die Völker gekommen (Lk 2,30–32).

Der zweite Teil seiner Prophetie, der speziell an Maria gerichtet ist (Lk 2,34 f.), bringt neben der Heilsbedeutung Jesu auch seine kritische Funktion zur Sprache: Jesus wird nicht nur Zustimmung finden, sondern auch Widerstand provozieren. An ihm werden sich die Geister scheiden. Dies wird sich bereits beim ersten öffentlichen Auftreten Jesu in Nazaret ankündigen (Lk 4,16–30), und Jesus selbst wird es später im Verlauf der Erzählung thematisieren (Lk 12,51–53). In letzter Konsequenz wird sich dies bei seinem gewaltsamen Tod bewahrheiten.

Dieser Aspekt der Scheidung wird, wie Simeon der Mutter Jesu sagt, speziell auch sie treffen. Die Distanzierung Jesu von seiner Herkunftsfamilie wird sich bereits unmittelbar im Anschluss an diese Erzählung abzeichnen (Lk 2,41–52) und später im Verlauf des Werkes grundsätzlich zutage treten (8,19–21).

258 Siehe Abschnitt 5.1.2.4.

Insgesamt zeigt sich: Die poetischen Texte, die in den Erzählverlauf der lukanischen Kindheitsgeschichte eingeflochten sind, unterbrechen diesen. Sie laden ein, innezuhalten und das Geschehen zu bedenken. Sie geben entscheidende Deutungshilfen, um die Bedeutung Jesu angemessen zu verstehen, ja, sie intonieren bereits wichtige Motive, die im weiteren Verlauf der Jesusgeschichte entfaltet und vertieft werden.

5.1.2.4 Die Geburtsgeschichten

Nach dieser ausführlichen Vorbereitung werden die Erzählungen über die Geburt der beiden verheissenen Kinder besonders sorgfältig gestaltet. Dabei wird die Erzählung über die Geburt des Johannes (Lk 1,57–66) Schritt für Schritt an die Geburtsankündigung rückgebunden, und es zeigt sich, wie sich all das erfüllt, was der Engel angekündigt hatte: Die nach menschlichem Ermessen ganz unwahrscheinliche Geburt findet tatsächlich statt (1,57), der unerwartete Name wird tatsächlich gegeben (1,60–63), Zacharias findet seine Sprache wieder (1,64), und schon jetzt sind es «viele», die sich über diese Geburt freuen (1,58) und die diese Geburt zum Nachdenken bringt (1,65 f.).

Demgegenüber kommen in der Erzählung über die Geburt Jesu eine Reihe von zusätzlichen Motiven ins Spiel, die die Bedeutung der Geburt und die Bedeutung Jesu ins Wort bringen (Lk 2,1–20). Der Text wird in drei Etappen erzählt:

- Lk 2,1–7 beginnt bei der von Kaiser Augustus anberaumten Steuerschätzung, die Josef und Maria dazu bringt, sich von Nazaret in Galiläa nach Betlehem in Judäa zu begeben, wo Maria ihr Kind zur Welt bringt.
- Lk 2,8–14 wendet sich den Hirten zu, die in der Gegend von Betlehem auf dem Feld sind und von Engeln die überwältigende Freudenbotschaft von der Geburt des «Retters», «Messias» und «Herrn» erfahren.
- Lk 2,15–20 erzählt vom Weg der Hirten nach Betlehem, wo sie das Kind mit seinen Eltern antreffen und ihnen von den Engelsbotschaften berichten, was allseits grosses Staunen auslöst. Der Text endet mit der Rückkehr der Hirten und ihrem Lobpreis.

Mit der Erwähnung der von Kaiser Augustus angeordneten Steuerschätzung wird die Erzählung gleich zu Beginn in die weltpolitischen Ereignisse eingebettet. Es ist ein weltweites (oder zumindest reichsweites) Geschehen, das «alle Bewohner des Reiches» (2,1) betrifft, ausgelöst von dem mit offenbar unbegrenzter Macht ausgestatteten Kaiser Augustus. Ihm zur Seite wird sein Statthalter in der Provinz Syrien gestellt.

Exkurs

Eine solche reichsweite Schätzung der Bevölkerung mit dem Ziel einer möglichst lückenlosen Steuererhebung ist während der Regierungszeit des Kaisers Augustus (27 v. Chr. – 14 n. Chr.) in den ausserbiblischen zeitgenössischen Quellen nicht belegt. Zwar liess Sulpicius Quirinius als Statthalter von Syrien im Jahr 6 n. Chr. in Judäa eine Volkszählung durchführen, nachdem der Herodessohn Archelaos als Ethnarch abgesetzt, sein Regierungsgebiet direkter römischer Verwaltung unterstellt und der Provinz Syrien zugeordnet worden war;[259] doch betraf diese Zählung nur Judäa und bezog sich nicht auf Galiläa, das zum Regierungsgebiet des Herodessohnes Antipas gehörte. Ein reichsweiter Zensus ist erst für das Jahr 74/75 n. Chr. belegt und könnte als Anregung für das Erzählmotiv in Lk 2,1 f. gedient haben.

Eine weitere historische Unstimmigkeit liegt in der Erwähnung des Statthalters Quirinius. Nach Lk 1,5 spielen die Erzählungen «in den Tagen des Herodes, des Königs von Judäa». Damit ist Herodes der Grosse gemeint, der im Frühjahr des Jahres 4 v. Chr. starb. Der in Lk 2,1 erwähnte Sulpicius Quirinius wurde aber erst 6 n. Chr. Statthalter in Syrien. Zwischen dem Tod des Herodes und dem Amtsantritt des Quirinius liegt also ein Zeitraum von mindestens zehn Jahren, so dass diese beiden Angaben nicht miteinander harmonisierbar sind.[260] Dies zeigt, dass die Erzählungen erst in einem grossen zeitlichen Abstand entworfen wurden.

Diesen Machthabern werden mit Josef und seiner Verlobten Maria zwei Menschen gegenübergestellt, die von dieser Massnahme des Kaisers unmittelbar betroffen sind und sich ihrer Anordnung beugen müssen. Das heisst auch, dass sich die hochschwangere Maria auf diese beschwerliche Reise machen und ihr Kind dort auf die Welt bringen muss, wo es «keinen Platz für sie gab» (2,7). So steht dem mit umfassender Macht ausgestatteten Kaiser zu Beginn des Abschnitts das ortlose

259 Belegt bei *Flavius Josephus*, Antiquitates XVIII 1,1–3.

260 Zur Frage der Konsequenzen dieser Diskrepanzen für die Berechnung des Geburtsjahres Jesu vgl. Abschnitt 7.2.

Kind im Stall gegenüber. Aufhorchen lässt allerdings die Qualifizierung Josefs als «aus dem Geschlecht Davids» stammend, die die messianischen Hoffnungen Israels ebenso anklingen lässt wie die Geburt des Kindes in Betlehem, der «Stadt Davids» (2,4).

Was es mit diesem Gegensatz zwischen Kaiser und Kind auf sich hat, wird in den folgenden Engelsbotschaften an die Hirten deutlich: Diese Geburt ist nicht irgendein unbedeutendes Ereignis, sondern eine grosse Freude für «das ganze Volk» (2,10), und dementsprechend wird das, was der Engel besingt, auch als «frohbotschaften» (gr.: *euangelizesthai*) bezeichnet (2,10). Er hat wahrhaftig ein *Evangelium* zu verkünden; denn dieses Kind, das «in der Stadt Davids» – dies wird in 2,11 eigens nochmals betont – auf die Welt kam, ist der «Retter», der «Messias» und «Herr» (2,11). Grösser und umfassender könnten die Titel kaum sein. Und es ist gewiss kein Zufall, dass hier diese Titel genannt werden; denn als «Retter» und «Herr» liess sich der Kaiser mit Vorliebe benennen, und seine «guten Nachrichten» über militärische Siege und andere Erfolge werden nicht selten als *euangelia* bezeichnet.[261]

Exkurs

Beredtes Zeugnis über solche Lobpreisungen und Ehrenbezeigungen, die Augustus in den Provinzen entgegengebracht wurden, geben zum Beispiel Inschriften aus Kleinasien, die anlässlich einer Kalenderreform im Jahre 9 v. Chr. verfasst wurden und die – zumeist fragmentarisch – an mehreren Orten der römischen Provinz Asia zutage kamen. Am besten erhalten ist eine Inschrift aus der Stadt Priene aus dem Jahr 9 v. Chr., die 1890 bei archäologischen Ausgrabungen entdeckt wurde und nicht nur das Wort *euangelia* enthält, sondern Augustus zudem als Friedensbringer und Retter bejubelt:
«Die Griechen in Asia haben auf Antrag des Kaiserpriesters Apollonios, Sohn des Menophilos aus Aizanoi, beschlossen: Da die Vorsehung, welche unser Leben ordnet, alle Mühen und allen Eifer aufgewandt, das für unser Leben vollendete Gute geschaffen und den Augustus, den sie zum Wohle der Menschen mit jeder guten Fähigkeit erfüllt hat, für uns und unsere Nachkommen wie einen Gott an ihrer Stelle hervorgebracht hat, und uns den Mann geschenkt hat, der dem Krieg ein Ende setzt und den Frieden in schöner Ordnung gestalten sollte, und da Caesar, mit diesen Fähigkeiten geboren, die Erwartungen seiner Empfänger mit seinen Wohltaten übertroffen hat, wobei er nicht nur seine Vorgänger mit der

261 Siehe Abschnitt 2.1.1.1.

Fülle seiner Leistungen überholt, sondern auch seinen Nachfolgern keinerlei Hoffnung gelassen hat, sich ihm vergleichen zu dürfen; und da mit dem Geburtstag dieses Gottes die guten Nachrichten [*euangelia*] die von ihm ausgehen, ihren Ausgang nahmen; und da ferner die Provinz Asia unter dem Prokonsul Lucius Volcacius Tullus, als Papias aus Dios Hieron Sekretär war, in Smyrna beschlossen hat, dass derjenige bekränzt werden soll, welcher die größten Ehren für den Gott herausgefunden hat, und da Paullus Fabius Maximus, der Prokonsul der Provinz, als Wohltäter durch jenes (sc. Caesars) Hand und Ratschluss entsendet, zusammen mit den anderen, durch die er der Provinz Wohltaten erwies, deren Größe sich nicht in Worten angemessen ausdrücken lässt, etwas bisher den Griechen Unbekanntes zur Ehre des Augustus ersonnen hat, (nämlich) dass von dessen Geburt an die Zeit des Lebens beginne; daher beschließen die Griechen der Asia zu gutem Gelingen und zum Heil [*sōtēria*]: Der erste Monat des neuen Jahres beginnt in allen Städten am 9. Tag vor den Kalenden des Oktober, das ist der Geburtstag des Augustus.»[262]

Daneben preisen eine Reihe weiterer Texte, Inschriften oder auch bildliche Darstellungen das goldene Zeitalter, das mit Augustus angebrochen sei, und sie bejubeln in höchsten Tönen all die Wohltaten, die mit diesem Kaiser in die Welt gekommen seien.[263]

Bei der Grösse der Titel, die dem neugeborenen Kind Jesus in der Engelsbotschaft zugesprochen werden, müssen die Erkennungszeichen dieses messianischen Kindes umso mehr erstaunen: ein kleines Kind und kein mächtiger Herrscher, zu finden in einem Stall und nicht in einem Palast, gewickelt in Windeln statt in prächtige Kleider. Grösser könnte der Gegensatz zu dem, was nach menschlichen Vorstellungen mit allumfassender Macht verbunden ist, kaum sein. Die zweite Engelsbotschaft an die Hirten, nun gesungen von einem ganzen himmlischen Heer, vertieft dies (2,13–14). Es ist ein Lobpreis Gottes (und nicht eines Herrschers) und besingt den Frieden, der mit dieser Geburt (und nicht mit der Macht des Kaisers) gekommen ist. Es wird immer deutlicher: Hier wird eine Gegengeschichte zur Macht- und Friedensideologie des römischen Imperiums eingeleitet. Hier, an diesem Anders-Ort, zeigt sich, wer der wahre Friedensbringer und Heiland ist und welche die wahren Freudenbotschaften sind, die den

262 Übersetzung: *Schreiber*, Weihnachtspolitik 125.127.
263 Textbeispiele bei *Schreiber*, Weihnachtspolitik 105–159.

Menschen tatsächlich Rettung bringen. Nicht umsonst ist am Schluss der Erzählung der Kaiser aus dem Blickfeld verschwunden. Vielmehr steht in Lk 2,21, der Überleitung zur folgenden Erzählung, ein anderer Name im Zentrum: Jesus.

Dass es ausgerechnet Hirten sind, die dies alles als erste erfahren und als erste sehen, spricht in diesem Kontext ebenfalls Bände. Hirten genossen in den agrarischen Gesellschaften der Antike kein hohes Ansehen, sondern gehörten zu den Randfiguren. So wird Jesus von Anfang an inmitten von Aussenseitern, Machtlosen und sozial Niedrigen gezeigt. Sie sind die ersten Adressaten der guten Nachricht, und ihnen erschliesst sich die Bedeutung Jesu als erstes.

Nicht zufällig sind es demnach im Lukasevangelium nicht Sterndeuter aus dem Osten, die sich auf den Weg zum neugeborenen Jesuskind machen, wie im Matthäusevangelium, dem die Frage der Integration von Nichtjüdinnen und -juden in die Gemeinde unter den Nägeln brannte, sondern sozial Randständige, denen der Engel eine grosse Freude verkündet. Denn der Jesus des Lukasevangeliums wird einer sein, der sich besonders zu den Ausgestossenen, den Sünderinnen und Zöllnern, gesandt weiss – der gekommen ist, «um zu suchen und zu retten, was verloren ist» (Lk 19,10).

Exkurs Das Motiv der Hirten im Kontext der lukanischen Geburtsgeschichte kommt zusätzlich vor dem alttestamentlichen Hintergrund zum Klingen: Nach 1 Sam 16,1–13 wurde David von den Schafherden weg berufen und zum König gesalbt. Überdies gehören Hirten zum Repertoire zeitgenössischer römischer Texte, die das *goldene Zeitalter* preisen. Allerdings zeichnet Lukas im Unterschied zu diesen Texten kein Hirtenidyll, sondern legt – wie besonders das Magnifikat zeigt – den Akzent auf die Themen der Umkehrung der Machtverhältnisse und der sozialen Gerechtigkeit.[264]

5.1.2.5 Der Beginn einer neuen Zeit

Es ist gewiss dem Anspruch des Lukas als Historiker zu verdanken, dass er die Ereignisse, von denen er bereits in den Geburts- und Kindheitsgeschichten erzählt, mit historischen Personen in Verbindung bringt, von denen er annehmen

264 Vgl. *Schreiber*, Weihnachtspolitik 65.75 u. ö.

kann, dass sie seinen Leserinnen und Lesern bekannt sind: Es ist die «Zeit des Herodes, des Königs von Judäa» (Lk 1,5), es sind die Tage des Kaisers Augustus und des Statthalters Quirinius (2,1) oder, noch genauer, das fünfzehnte Jahr der Regierung des Kaisers Tiberius, als Pontius Pilatus Statthalter von Judäa war (3,1 f.), und so weiter. Zugleich hat Lukas eine bemerkenswerte Erzähltechnik gefunden, mit deren Hilfe er ganz diskret eine Alternative zu dieser «Herrschaftszeit» andeuten und dadurch zeigen kann, dass diese nicht restlos alles bestimmt. Denn inmitten dieser durch die Daten der römischen (und von Rom abhängigen) Herrscher bestimmten Zeit lässt er eine andere Zeitzählung beginnen. Diese wird nicht mehr anhand der Regierungsjahre von Kaisern, Statthaltern und Königen gemessen, sondern mit Hilfe der Schwangerschaftsmonate der alten Frau Elisabet und der jungen Frau Maria sowie mit Hilfe der durch die jüdische Tora bestimmten Zeiten der Verrichtungen nach der Geburt der beiden Kinder: Es sind die Tage, in denen Gott gnädig auf Elisabet geschaut hat (1,25), der sechste Monat (1,26), drei Monate (1,56); es ist die Zeit des Gebärens (1,57; 2,6), der Beschneidung und des Namengebens (1,59; 2,21), der Reinigung und des Opferbringens (2,22).

Die Deutungsmacht über diese neue Zeit haben in dieser Erzählweise jedoch nicht die Mächtigen, sondern Figuren, die ansonsten nicht zu denen gehören, die den Takt angeben: die Engel, die die Geburt von Kindern ankündigen oder besingen; die Frauen Maria und Elisabet, die auf prophetische Weise Gottes Eingreifen preisen; der alte Priester Zacharias, der zunächst eine Zeitlang verstummen muss, dann aber mit kraftvollen Worten von der Befreiung Israels spricht; schliesslich die beiden alten Menschen Simeon und Hanna, die angesichts des neugeborenen Jesus die jetzt angebrochene Zeit interpretieren.

In all diesen Deutungen der Zeit, die in die Erzählung eingeflochten sind, steht immer wieder das Eingreifen Gottes im Zentrum, das in diesen Geschehnissen wahrgenommen wird: Gott selbst, so verkünden diese Geschichten, hat sich seinem Volk Israel und darüber hinaus der ganzen Welt zugewandt; mit der Geburt Jesu ist das Heil für die Menschen gekommen; jetzt ist tatsächlich eine lang ersehnte neue Zeit angebrochen.

Die Deutungen, die in den Texten angeboten werden, stellen Fragen an die Wirklichkeit, in der die Leserinnen und Leser leben. Denn wenn Maria in ihrem Magnifikat davon singt, dass die Mächtigen vom Thron gestürzt und die Erniedrigten erhöht, die Hungrigen satt und die Reichen leer ausgehen werden, wenn Zacharias in seinem Benediktus von der Befreiung Israels träumt oder wenn die Engel bei Jesu Geburt den nun auf Erden angekommenen Frieden preisen und wenn all dies mit dem Erscheinen Jesu verbunden wird, dann ist das in einer Zeit, die nach wie vor unter römischer Herrschaft steht, nicht ohne politische Brisanz. Die alten Ordnungen haben offenbar ausgedient. Mit diesem Messias Jesus ist etwas völlig Neues und grundsätzlich Anderes möglich geworden.

Dieses Neue kommt allerdings nicht totalitär und mit unüberwindlicher Macht, sondern leise und zart wie das Entstehen eines neuen Lebens im Bauch einer Frau. Man muss es nur erkennen und sehen lernen, so wie die Hirten in Lk 2 – wohlgemerkt nicht die Mächtigen ihrer Zeit, sondern Randsiedler der damaligen Gesellschaft. Doch ermöglicht der Blick vom Rand offenbar neue und kreative Perspektiven.

Vielleicht spiegelt sich in dieser «wunderbaren» Erzählweise gerade der Realismus des Lukas, der ja – wie wir heute immer noch – in einer Welt lebt, in der der umfassende Frieden eben nicht gekommen ist, die Mächtigen noch auf den Thronen sitzen und die Hungrigen nach wie vor leer ausgehen. Wahrscheinlich lässt sich angesichts dieser Wirklichkeit kaum anders vom Neuen sprechen als in dieser fragilen Art und Weise.

5.1.3 Der Schluss des Buches (Lk 24,50–53)

Auch am Ende des Evangeliums steht eine «grosse Freude» (Lk 24,52). Der auferstandene Jesus hatte die Jüngerinnen und Jünger hinaus aus der Stadt Jerusalem, in die Nähe von Betanien geführt; er hatte sie gesegnet und war in den Himmel emporgehoben worden. Zurück bleiben seine Freundinnen und Freunde, die nun vor ihm niederfallen. Dieses «Niederfallen» kommt ausser an dieser Stelle im gesamten Evangelium nur ein einziges Mal vor. In Lk 4,7 hatte der Versucher Jesus in der Wüste aufgefordert, sich vor ihm niederzuwerfen. Dies war von Jesus mit einem Hinweis auf die Schrift abgelehnt worden:

> «In der Schrift steht: Vor dem Ewigen, deinem Gott, sollst du dich niederwerfen und ihm allein dienen.» (Lk 4,8; vgl. Dtn 6,13; 10,20)

Nun, am Ende des Buches, ist offenbar die Zeit eines «angemessenen» Sich-Niederwerfens – nämlich vor dem Auferstandenen – gekommen.

Zurück bleibt aber auch jene «grosse Freude» (Lk 24,52). Wie am Anfang des Evangeliums der Engel zunächst dem Zacharias im Blick auf die bevorstehende Geburt seines Sohnes eine «grosse Freude» zugesprochen hatte (1,14), und wie der Engel im nächtlichen Betlehem den Hirten eine «grosse Freude» angesichts der Geburt Jesu verkündet hatte (2,10), so erfüllt nun die Jüngerinnen und Jünger die gleiche «grosse Freude», die sich kurz zuvor bei der ersten Begegnung mit dem Auferstandenen noch mit Unglauben und staunendem Schrecken gemischt hatte (24,41). Nach dem ganzen Weg, den sie mit Jesus gegangen waren, nach dessen Kreuzigung und dem Tiefpunkt des Grabes haben sie offenbar Erfahrungen gemacht, die jene Hoffnung des Anfangs, jene Freude, die die Jesusgeschichte von Beginn an charakterisierte, wieder zum Durchbruch kommen liess.

Diese Freude führt sie nun zurück in die Stadt Jerusalem, die der Schauplatz der Verhaftung, des Prozesses und der Hinrichtung Jesu gewesen war. Ihr Weg führt sie in den Tempel, dorthin, wo das Lukasevangelium mit der Verheissung an Zacharias begonnen hatte (Lk 1,5–25). Wie Simeon und Hanna zu Beginn der Geschichte Jesu halten nun auch sie sich im Tempel auf und preisen Gott (vgl. Lk 2,25–38). Dieser Ort ist nicht von ungefähr gewählt. Lukas und die Menschen seiner Zeit schauen bereits auf die Zerstörung des Tempels durch die römischen Truppen im Jahr 70 n. Chr. zurück.[265] Der Ort der Hoffnungen Israels lag in Trümmern. Doch ausgerechnet an diesem Ort beginnt für Lukas das Neue, und

265 Siehe Abschnitt 5.3.2.

von diesem Ort aus geht die Geschichte Jesu weiter. Gottes Zusagen konnten nicht zerstört werden. Was damals begonnen hatte, wird nun, mit anderen Personen, fortgesetzt.[266]

Konkret entfaltet Lukas dies im zweiten Band seines Werkes, der Apostelgeschichte. Dort zeichnet er den Weg des Evangeliums von Jerusalem über Judäa, Samaria und den ganzen Erdkreis bis nach Rom nach (vgl. Apg 1,8). Auf diesem Weg wechseln nochmals die Hauptpersonen der Erzählung. Stehen zunächst diejenigen, die vom Ort der Entrückung Jesu nach Jerusalem zurückgekehrt waren, also die Elf und die anderen Jüngerinnen und Jünger (vgl. Apg 1–2), im Zentrum der erzählerischen Aufmerksamkeit, so werden ab Apg 13 die Wege des Paulus literarisch begleitet. Doch auch mit dessen Inhaftierung in Rom ist dem Evangelium keine Grenze gesetzt. So schliesst die Apostelgeschichte mit einem Satz, der viel Zukunft in sich birgt:

> «Er (Paulus) verkündete das Reich Gottes und trug ungehindert und mit allem Freimut die Lehre über Jesus Christus, den Herrn, vor.» (Apg 28,31).

5.1.4 Vom Anfang zum Schluss des Buches: Die Entwicklung der Erzählung

Wie gelangt Lukas nun von der «grossen Freude» des Anfangs zur «grossen Freude» des Endes? Auch nach dem Lukasevangelium, und darin lehnt es sich wie das Matthäusevangelium an das Werk des Markus an, legt Jesus in seinem öffentlichen Wirken einen Weg von Galiläa nach Jerusalem zurück. Wie bei Markus und Matthäus wird dieser Weg erzählerisch nur ein einziges Mal gegangen. Der Schwerpunkt des Wirkens Jesu liegt ebenfalls zunächst in Galiläa, bevor sich Jesus ab Lk 9,51 auf den Weg nach Jerusalem macht, wo er in Lk 19,28 eintrifft. Jerusalem bleibt der Schauplatz der Handlungen bis zum Schluss des Evangeliums. In Jerusalem beginnt dann auch der zweite Band des Lukas, die Apostelgeschichte.

Dem Erzählbogen, der durch das Markusevangelium vorgegeben ist, werden zu Beginn des Lukasevangeliums die

266 Vgl. *Löning*, Geschichtswerk I, 23.

Geburts- und Kindheitserzählungen (Lk 1–2) vorangestellt, und das Ende des Buches wird durch Ostererzählungen (Lk 24,13–53) weiter ausgestaltet. Ausserdem ergänzt Lukas den markinischen Erzählbogen durch Stoffe aus der Spruchquelle Q sowie aus dem so genannten Sondergut, also Traditionen, die offenbar nur ihm vorlagen und sich daher nur im Lukasevangelium finden. Diese Ergänzungen konzentrieren sich in besonderer Weise in der «kleinen Einschaltung» (Lk 6,20–8,3) sowie in der «grossen Einschaltung» (Lk 9,51–18,14).

Exkurs

Die «kleine Einschaltung» (Lk 6,20–8,3) wird in ihrem ersten Teil durch eine Redekomposition geprägt, die – inhaltlich über weite Strecken vergleichbar mit der Bergpredigt des Matthäusevangeliums – aus der Spruchquelle Q übernommen wurde, doch im Lukasevangelium nach dem Ort, an dem sie stattfindet (vgl. Lk 6,17), Feldrede genannt wird (Lk 6,20–49). Es schliessen sich zwei Wundererzählungen aus der Spruchquelle Q (Lk 7,1–10) und dem Sondergut (Lk 7,11–17), die Frage des Täufers und Jesu Urteil über den Täufer (Lk 7,18–35) sowie die Erzählung über die Salbung Jesu durch eine Sünderin (Lk 7,36–50) an. Mit der summarischen Notiz Lk 8,1–3, die wahrscheinlich von Lukas selbst formuliert wurde und Nachfolger und Nachfolgerinnen Jesu in den Blick nimmt, klinkt sich Lukas wieder in den Markusstoff ein und eröffnet einen neuen thematischen Abschnitt, in dem es um solche Nachfolgefragen geht (Lk 8,1–21).

Am Anfang der «grossen Einschaltung» (Lk 9,51–18,14) deuten eine Reihe von sprachlichen Signalen auf einen erzählerischen Einschnitt (9,51). In der Tat macht sich Jesus von nun an auf den Weg nach Jerusalem. Das Schicksal, das ihn dort erwartet, klingt bereits in den Wendungen, dass die Zeit nun «erfüllt» sei, und dass er «aufgenommen werden» würde, an (9,51). Damit steht dieses Thema des Weges nach Jerusalem, der ein Weg ins Leiden und Sterben sein würde, über dem nun folgenden Abschnitt, der über die «grosse Einschaltung» hinaus bis Lk 19,27 reicht. Zwar werden die Wegnotizen bis Lk 19,27 nur in lockerer Folge eingestreut (9,57; 10,38; 13,22.33; 14,25; 17,11; 18,35; 19,1.11), und es wird auch kein geografisch geradliniger Weg von Galiläa nach Jerusalem ersichtlich. Doch bietet dieser Weg nach Jerusalem für Lukas die Möglichkeit, verschiedenes Material – vor allem Redegut –, in dem es vielfach um das Thema der Nachfolge und der Lebensgestaltung im Sinne der Botschaft Jesu geht, in diesem Teil zu platzieren. Insbesondere ist eine Reihe sehr bekannt gewordener Sondergutgleichnisse hier angesiedelt, so der barmherzige Samaritaner (10,29–37), der bittende Freund (11,5–8), der reiche Kornbauer (12,13–21), die verlorene Drachme (15,8–10), der barmherzige Vater (15,11–32), der ungerechte Verwalter (16,1–12), der reiche

Mann und der arme Lazarus (16,19–31), die hartnäckige Witwe (18,1–8) sowie der Pharisäer und der Zöllner im Tempel (18,9–14). Wegen des übergeordneten Themas des Weges nach Jerusalem wird der Abschnitt Lk 9,51–19,27 in der Exegese der lukanische «Reisebericht» genannt.

Aufgrund solcher Beobachtungen lässt sich das Lukasevangelium etwa folgendermassen gliedern:[267]

Lk 1,1–4	Proömium	
Lk 1,5–4,13	Die Vorgeschichte	
	1,5–2,52	Geburts- und Kindheitserzählungen
	3,1–4,13	Vorbereitung des öffentlichen Wirkens Jesu
Lk 4,14–9,50	Erster Hauptteil Jesu öffentliches Wirken in Galiläa und im jüdischen Land	
Lk 9,51–19,27	Zweiter Hauptteil Jesus auf dem Weg nach Jerusalem («Reisebericht»)	
Lk 19,28–24,53	Dritter Hauptteil	
	19,28–21,36	Jesu Wirken in Jerusalem
	22,1–24,53	Passion und Ostern

5.2 Der zweite Teil des Werkes: Die Apostelgeschichte

5.2.1 Der Anfang der Apostelgeschichte

Die Apostelgeschichte beginnt auf eine Weise, dass deutlich wird: Hier liegt die Fortsetzung eines bereits vorliegenden Bandes vor. Mit Theophilus wird derselbe Adressat angesprochen wie zu Beginn des ersten Bandes, und mit knappen Pin-

267 Vergleichbar sind die Gliederungen bei *Broer/Weidemann*, Einleitung 135; *Ernst*, Evangelium; *Rusam*, Lukasevangelium 187; *Bovon*, Evangelium I, 14 f.

selstrichen wird rückblickend der Inhalt des ersten Bandes umrissen:

> «Im ersten Buch, lieber Theophilus, habe ich über alles berichtet, was Jesus getan und gelehrt hat, bis zu dem Tag, an dem er (in den Himmel) aufgenommen wurde.» (Apg 1,1–2)

Daran schliesst sich die weitere Erzählung allerdings nicht nahtlos an, sondern greift nochmals auf die Zeit zwischen der Auferweckung Jesu und dem Tag seiner endgültigen Aufnahme in den Himmel zurück. Anders als am Ende des Lukasevangeliums umfasst diese letzte Zeit aber nicht nur einen einzigen Tag, sondern erstreckt sich über vierzig Tage (Apg 1,3). Offenbar hat Lukas diese Differenz nicht als problematisch empfunden. Vielmehr qualifiziert er jetzt diese vierzig Tage als eine Zeit der Unterweisung Jesu an die Jüngergruppe und des gemeinsamen Mahlhaltens. Beide Aspekte sind zutiefst verbunden mit dem im ersten Band Erzählten: Gegenstand der Unterweisungen des Auferstandenen ist das «Reich Gottes» (Apg 1,3), so wie dieses Reich Gottes bereits im Zentrum der Verkündigung Jesu gestanden hatte.[268] Auch das gemeinsame Mahlhalten (1,4) in den vierzig Tagen wurzelt in der Praxis Jesu, und an dieser Mahlpraxis hatten bereits die Emmausjünger den Auferstandenen erkannt (Lk 24,30 f.). Erst im Anschluss an diese vierzig Tage werden nochmals die Aufnahme des Auferstandenen in den Himmel, die Rückkehr der Jüngerinnen und Jünger in die Stadt und ihr dortiges Zusammensein erzählt (Apg 1,3–14). Auf diese Weise werden die beiden Bände eng miteinander verzahnt.

Noch während dieser vierzig Tage blickt der Auferstandene auf die Verkündigung durch seine Nachfolgerinnen und Nachfolger voraus:

> «Ihr werdet die Kraft des Heiligen Geistes empfangen, der auf euch herabkommen wird; und ihr werdet meine Zeugen sein in Jerusalem und in ganz Judäa und Samarien und bis an die Grenzen der Erde.» (Apg 1,8)

Damit wird das erzählerische Programm der Apostelgeschichte skizziert, das beim Auferstandenen selbst seinen

268 Vgl. nur die summarischen Notizen über Jesu Verkündigung Lk 4,43; 8,1; 9,11.

Ausgang nimmt. Auch dieses Programm ist in der im ersten Band erzählten Jesusgeschichte verankert. Denn es hat wiederum seinen Grund in einem Vorausblick des Auferstandenen anlässlich seiner letzten Erscheinung in Jerusalem, wie sie am Ende des Lukasevangeliums erzählt wurde. Es war das letzte Wort des Auferstandenen an die Jüngerinnen und Jünger in Jerusalem, bevor er auf dem Ölberg, diese segnend, in den Himmel emporgehoben wurde:

> «Jesus sagte zu ihnen: So steht es in der Schrift: Der Messias wird leiden und am dritten Tag von den Toten auferstehen, und in seinem Namen wird man allen Völkern, angefangen in Jerusalem, verkünden, sie sollen umkehren, damit ihre Sünden vergeben werden. Ihr seid Zeugen dafür. Und ich werde die Gabe, die mein Vater verheissen hat, zu euch herabsenden. Bleibt in der Stadt, bis ihr mit der Kraft aus der Höhe erfüllt werdet.» (Lk 24,46–49)

Damit wird das gesamte Geschehen – das Schicksal Jesu ebenso wie die nachösterliche Verkündigung – in der Schrift verankert (vgl. schon Lk 24,25–27.44). Die Apostelgeschichte führt nun die Erfüllung der Worte Jesu und damit der Schriften vor Augen: Der Ort der vierzigtägigen Jüngerunterweisung und des gemeinsamen Mahlhaltens mit dem Auferstandenen ist Jerusalem. Im Unterschied zum Markus- und zum Matthäusevangelium spielt Galiläa als Ort des Neubeginns keine Rolle; vielmehr konstituiert sich die nachösterliche Gemeinde in Jerusalem (Apg 1,12–26). In Jerusalem wird die Jüngergruppe mit der Gabe des Heiligen Geistes ausgestattet (Apg 2). Hier beginnt die Verkündigung in der Kraft dieses Geistes, begleitet von Machttaten, wie sie auch Jesus vollbracht hatte. Die Apostel treten als Zeugen für das Evangelium auf und nehmen dafür Konflikte mit den Behörden, Gefängnis und Gewaltmassnahmen auf sich (Apg 3–5), und mit Stefanus stirbt sogar ein erster Jünger als Zeuge für den Messias Jesus (Apg 7). Trotz der hierdurch ausgelösten Verfolgung beginnt die Jesusbotschaft Kreise zu ziehen: Auch in Samaria (Apg 8) und im nichtjüdischen Caesarea Maritima (Apg 10) kommen Menschen zum Glauben. Ab Apg 13 wird schliesslich anhand der Verkündigung des Paulus gezeigt, wie sich die Jesusbotschaft über Syrien, Kleinasien und Griechenland bis nach Rom ausbreitet. Damit ist die Apostelgeschichte im Kern die Einlösung und erzählerische Ausfaltung der letzten Worte des Auferstandenen nach dem Lukasevangelium.

Die Kontinuität zwischen dem ersten und dem zweiten Band wird nicht nur an Worten Jesu festgemacht, sondern auch an Personen. Garanten der Kontinuität sind für Lukas die Apostel, die er – anders als zum Beispiel Paulus dies tut – mit dem Zwölferkreis gleichsetzt. Darum muss zu Beginn der Apostelgeschichte der Zwölferkreis, der durch den Wegfall des Judas unvollständig geworden war (vgl. Apg 1,15–20.25), durch eine Nachwahl noch einmal vervollständigt werden. Kriterium für die Kandidaten, die für die Wahl in den Zwölferkreis infrage kommen, ist ihre Augenzeugenschaft über die gesamte Zeit des Wirkens Jesu hinweg:

> «Einer von den Männern, die die ganze Zeit mit uns zusammen waren, als Jesus, der Herr, bei uns ein und aus ging, angefangen von der Taufe durch Johannes bis zu dem Tag, an dem er von uns ging und (in den Himmel) aufgenommen wurde, – einer von diesen muss nun zusammen mit uns Zeuge seiner Auferstehung sein.» (Apg 1,21 f.)

Auf diese Weise fällt die Wahl auf Matthias (Apg 1,26), von dem die Leserinnen und Leser allerdings bislang weder im ersten noch im zweiten Band des Lukas etwas vernommen hatten, dessen Jüngerschaft und Anwesenheit in der Zeit des öffentlichen Auftretens Jesu jedoch vorausgesetzt werden. Die Kriteriologie für die Wahl zeigt aber, dass eine wesentliche Funktion des Zwölferkreises darin besteht, die Kontinuität von der Zeit Jesu über den Bruch des Karfreitags hinweg bis in die Zeit der beginnenden Kirche zu garantieren und Zeugnis darüber abzulegen. Es sind die Apostel, die durch ihre Zeugenschaft für die Zuverlässigkeit der Jesusbotschaft bürgen und auf deren Zeugnis sich das Lukasevangelium – sowie als dessen Fortsetzung die Apostelgeschichte – letztlich stützt (vgl. Lk 1,1–4).

Für die Apostelgeschichte erhalten die Apostel bzw. der Zwölferkreis die Funktion eines Fundamentes, das in diesen Anfangszeiten gelegt wird. Danach wird kein weiteres Mitglied aus dem Zwölferkreis mehr ersetzt. Im Gegenteil: Überraschend schnell gerät der Zwölferkreis schon bald aus dem Blickfeld des erzählerischen Interesses der Apostelgeschichte. Andere Personen und Personengruppen werden wichtig, um das Geschehen weiterzutragen: Petrus, die Zebedäussöhne Jakobus und Johannes, der «Herrenbruder» Jakobus, das Siebenergremium der Hellenisten und schliesslich Paulus, dem die erzählerische Aufmerksamkeit ab Apg 13 nahezu ausschliesslich gilt.[269]

5.2.2 Verlauf und Struktur der Apostelgeschichte

Wie der Weg Jesu im Lukasevangelium auf Jerusalem zugelaufen war, so nimmt nun umgekehrt in der Apostelgeschichte das Geschehen in Jerusalem seinen Ausgang. Jerusalem ist der Ort der Urgemeinde, deren Kern aus dem Zwölferkreis, «den Frauen» – womit die Jüngerinnen Jesu gemeint sind, von denen im Lukasevangelium die Rede gewesen war, – sowie der Mutter und den Geschwistern Jesu besteht (Apg 1,13 f.). Jerusalem ist der Ort des Geistempfangs, der ersten Verkündigung und des ersten Wachstums der Gemeinde. Von Jerusalem breitet sich die Jesusbotschaft aus. Dabei werden die entscheidenden Schritte, nämlich die Aufnahme von Menschen nichtjüdischer Herkunft in die Jesusgemeinschaft, noch von Mitgliedern der Jerusalemer Gemeinde vorbereitet: Philippus, Petrus und Johannes verkünden in Samaria (Apg 8,5–25), Philippus tauft den äthiopischen Kämmerer (Apg 8,26–40), Petrus tauft den römischen Hauptmann Kornelius in Caesarea Maritima (Apg 10) und verteidigt dieses Vorgehen danach vor der Gemeinde von Jerusalem (Apg 11). In Jerusalem wird auch die wegweisende Vereinbarung über die Aufnahme von Menschen nichtjüdischer Herkunft getroffen, wobei Jakobus dabei die entscheidende Lösung findet (Apg 15).

Im Anschluss an dieses wichtige Gründungsgeschehen, das von Jerusalem seinen Ausgangspunkt nimmt, steht ab Apg 13 die Verkündigungstätigkeit des Paulus erzählerisch im Mittelpunkt. Seine Tätigkeit wird in drei grosse Reisen strukturiert, in deren Verlauf er Gemeinden in Kleinasien (der heutigen Türkei) und Griechenland gründen kann:

269 Vgl. ausführlicher *Bieberstein/Kosch*, Paulus 29–37.

Erste Missionsreise: Apg 13,1–14,28
von Antiochia über Zypern nach Kleinasien
und zurück nach Antiochia

Zweite Missionsreise: Apg 15,36–18,22
von Antiochia über Kleinasien nach Griechenland
(mit langem Aufenthalt in Korinth)
und zurück nach Antiochia

Dritte Missionsreise: Apg 18,23–21,17
von Antiochia über Kleinasien
(mit langem Aufenthalt in Ephesus)
nach Griechenland
und zurück über Milet und Caesarea nach Jerusalem

Nach seiner Rückkehr nach Jerusalem wird Paulus dort im Tempel verhaftet, zwei Jahre in Caesarea gefangen gehalten und schliesslich aufgrund seiner Appellation an den Kaiser nach Rom überstellt. Dort kann er noch zwei Jahre lang in einer Mietwohnung das Reich Gottes verkünden und «ungehindert und in allem Freimut die Lehre über Jesus Christus, den Herrn» vortragen (Apg 28,31).

Da im Zentrum des erzählerischen Interesses der Apostelgeschichte weniger das Schicksal der einzelnen Protagonisten als vielmehr die Ausbreitung der Christusbotschaft steht (vgl. Apg 1,8), liegt es nahe, das Werk analog zum Lukasevangelium primär nach topografischen Gesichtspunkten zu gliedern.[270] Wenn die im erzählerischen Programm von Apg 1,8 vorgegebenen Etappen

- Jerusalem
- Judäa und Samaria
- Verkündigung bis an die Grenzen der Erde

als Strukturprinzipien für das folgende Werk zugrunde gelegt werden, lassen sich Bezüge darauf in Apg 8,5 und 11,19 erkennen. Auf dieser Basis lässt sich die Apg folgendermassen gliedern:[271]

---

270 Vgl. *Rusam*, Apostelgeschichte 232–234. Vergleichbare Kriteriologie bei *Broer/Weidemann*, Einleitung 159 f.

271 Vgl. *Rusam*, Apostelgeschichte 235.

Apg 1,1–3	Proömium
Apg 1,4–14	Grundlegung Die Himmelfahrt Jesu und die Konstituierung der Gemeinde
Apg 1,15–8,3	Die Urgemeinde in Jerusalem
Apg 8,4–11,18	Die Christusbotschaft in Judäa und Samaria
Apg 11,19–28,31	Die Christusbotschaft unter den Völkern (bis Rom)

5.2.3 Der besondere Schluss der Apostelgeschichte

Die Apostelgeschichte endet nicht mit einer Hinrichtung des Paulus, sondern mit dessen Verkündigungstätigkeit, die eine Perspektive in die Zukunft eröffnet. Die Erzählung wird damit nicht zu einem endgültigen Abschluss gebracht, sondern es wird deutlich, dass die Vollendung des Bogens, der vom Auferstandenen zu Beginn des Werkes (Apg 1,8) vorskizziert worden war, noch aussteht. Die Fortsetzung ist Aufgabe jeder Generation, die die Apostelgeschichte liest.

Exkurs Dass die Apostelgeschichte nicht explizit von einer Hinrichtung des Paulus erzählt, wurde bisweilen als Argument für deren Frühdatierung noch vor dem Tod des Paulus, also um das Jahr 60 n. Chr., ins Feld geführt. Doch lässt die Lektüre des gesamten Werkes erkennen, dass es durchaus um den Tod seines Protagonisten weiss: Die Abschiedsrede des Paulus an die Ältesten von Ephesus setzt in der Art und Weise, wie «Paulus» hier auf sein Werk zurück- und auf sein weiteres Schicksal vorausblickt, seinen bereits erfolgten (gewaltsamen) Tod voraus (Apg 20,17–38; vgl. auch 21,13; 23,11). Dass die Apostelgeschichte dennoch nicht mit dem Tod des Paulus endet, hat mit ihrem erzählerischen Programm zu tun. Letzter Zielpunkt ist ja weder die Verkündigung des Paulus in Rom noch sein Martyrium, sondern die Verkündigung des Evangeliums «bis an die Grenzen der Erde». Dies ist eine Aufgabe, die es, so legt es der offene Schluss nahe, erst noch einzulösen gilt.

Die letzte Episode der Apostelgeschichte zeigt Paulus, wie er sich zwar als Gefangener der römischen Behörden in Rom befindet, doch in einer Art leichter Haft oder Hausarrest, nur bewacht von einem Soldaten, für sich alleine in einer Wohnung leben kann (Apg 28,16). So hat er die Möglichkeit, Kontakt mit der jüdischen Gemeinde in Rom aufzunehmen und ihren Mitgliedern die Christusbotschaft vorzutragen:

> «Sie vereinbarten mit ihm einen bestimmten Tag, an dem sie in noch grösserer Zahl zu ihm in die Wohnung kamen. Vom Morgen bis in den Abend erklärte und bezeugte er ihnen das Reich Gottes und versuchte, sie vom Gesetz des Mose und von den Propheten aus für Jesus zu gewinnen.» (Apg 28,23)

In der Episode leuchten verschiedene Motive auf, die im bisherigen Verlauf der Apostelgeschichte prägend gewesen waren:

- Paulus knüpft mit seiner Verkündigung in der Synagoge an und sucht zunächst die Angehörigen der jüdischen Gemeinde für Jesus zu gewinnen. Dazu argumentiert er als Jude gegenüber Juden, nennt sie «Brüder» und beruft sich auf die gemeinsamen Überlieferungen der «Väter» (28,17).
- Kern der Botschaft ist das «Reich Gottes» (vgl. auch 28,31), so wie es bereits Jesus verkündet und als Auferweckter in den vierzig Tagen vor seiner Aufnahme in den Himmel der Jüngergruppe erneut dargelegt hatte (Apg 1,3).
- Grundlage für das angemessene Verständnis Jesu sind die biblischen Schriften, hier mit den beiden Hauptteilen zusammengefasst als «das Gesetz des Mose und die Propheten» (28,23). So hatte es im Lukasevangelium der Auferstandene den Emmausjüngern und der in Jerusalem versammelten Jüngergruppe dargelegt (Lk 24,25–27.44.46 f.), so war es bereits im ersten Wort des Petrus in der Apostelgeschichte (Apg 1,16) und dann vor allem in seiner «Pfingstpredigt» (Apg 1,14–36) zur Anwendung gekommen, und ebenso war die Schriftgemässheit sowohl des Jesusgeschehens als auch der weitergehenden Verkündigung über ihn an weiteren wichtigen Etappen der Apostelgeschichte aufgewiesen worden (vgl. Apg 4,24–28; 13,32–41; 15,15–19).
- Paulus tritt als Zeuge für diese Botschaft auf, so wie der Auferstandene vor seinem Abschied vorausblickend die Aufgabe der Jüngergruppe umrissen hatte (Apg 1,8).
- Es wird zwar nicht explizit erzählt, aber die Apostelgeschichte hatte in 21,13 bereits angesprochen, dass Paulus

sogar bereit sein würde, als Zeuge für die Jesusbotschaft zu sterben.

- Paulus löst mit seiner Botschaft gemischte Reaktionen aus: Bei einem Teil der Zuhörerschaft erntet er Zustimmung, bei einem anderen Teil Unglauben (28,24).
- Aufgrund der Ablehnung durch einen Teil der jüdischen Gemeinde wendet sich der Blick des Paulus den Menschen aus den Völkern zu, denen das in Jesus gekommene Heil ebenfalls zugedacht ist – und die, so der positive Ausblick, hören werden (28,28).

Allerdings wirft die Gestaltung der Abschlussperikope der Apostelgeschichte auch Fragen auf. So stimmt in der ersten Rede des Paulus (28,17–20) die Darstellung der Ereignisse, die zur Überstellung des Paulus nach Rom geführt haben sollen, nicht mit der vorherigen lukanischen Erzählung überein; denn weder war Paulus nach der Darstellung seiner Verhaftung in Apg 21 von den Juden an die Römer ausgeliefert worden, noch war bislang die Rede davon gewesen, dass sich «die Juden» gegen eine Freilassung des Paulus ausgesprochen hätten – wenngleich in Apg 23–25 immer wieder von fortgesetzten Anklagen von jüdischer Seite gegen Paulus zu lesen ist. Offenbar soll in Apg 28,17–20 bereits in dieser ersten Rede des Paulus die Gegnerschaft «der Juden» gegen Paulus betont werden, die er jedoch – nach dieser Darstellung – nicht in gleicher Weise erwidert habe.[272] Im Gegenteil: Er sucht die Verbindung mit der jüdischen Gemeinde, und er erleidet all dies «um der Hoffnung Israels willen» (28,20), die in lukanisch-paulinischer Perspektive in Jesus Christus liegt, den Paulus nun in Rom den Jüdinnen und Juden verkünden will.

Zwar werden die Repräsentanten der jüdischen Gemeinde als zunächst grundsätzlich offen gegenüber Paulus dargestellt, obwohl sie von der Widerspruch auslösenden «Sekte» bereits gehört haben (28,21 f.); doch sind ihre Reaktionen auf die paulinische Predigt am Ende geteilt. Den Unglauben eines Teils der jüdischen Gemeinde interpretiert der lukanische Paulus am Schluss der Apostelgeschichte mit Hilfe des «Verstockungsauftrags» aus Jes 6,9 f. Demnach ent-

272 Vgl. *Mussner*, Apostelgeschichte 158.

spreche dieser Unglaube dem Auftrag Gottes, der den Propheten zwar gesandt habe, um zu verkündigen; doch der Inhalt der Verkündigung sei das Nicht-Hören und Nicht-Verstehen der Adressatenschaft, so dass die Verkündigung nur dazu diene, den Unglauben des Volkes offenbar zu machen.

Exkurs

Dabei legt die Apostelgeschichte die griechische Übersetzung von Jes 6,9 f. zugrunde. Im hebräischen Text hatte der göttliche Auftrag an Jesaja gelautet, das Herz des Volkes träge zu machen, seine Ohren schwer zu machen und seine Augen zu verkleben, das Volk also durch die Verkündigung zu «verstocken», damit es tatsächlich nicht auf die durch den Propheten verkündeten Gottesworte höre. Demgegenüber sind in der griechischen Übersetzung das verfettete Herz, die schwerhörigen Ohren und die verschlossenen Augen eine Beschreibung des Volkes, die zur Begründung herangezogen wird, warum sie nicht auf die Gottesworte hören und der Prophet mit seiner Botschaft daher scheitern muss. Die «Verstockung» gründet damit nicht mehr in Gottes Auftrag, sondern in der Haltung des Volkes selbst. Der griechische Text der Septuaginta bietet also auf der einen Seite eine Entlastung Gottes, aber auf der anderen Seite, als Kehrseite der Medaille, eine Belastung des Volkes. Diese Perspektive auf das (jüdische) Volk wird in Apg 28,26 f. übernommen.

Damit endet die Apostelgeschichte mit einem äusserst harten und bitteren Blick auf die jüdische Gemeinde. Sie wird als sich gegenüber der Jesusbotschaft definitiv verschliessend und daher als letztlich ungläubig gezeichnet, so dass die Hilfe Gottes sie gar nicht erreicht. Daher wendet sich Paulus von ihr ab und den Menschen aus den Völkern zu (28,28). Dieser Blick mag aus dem Entstehungskontext der Apostelgeschichte nachvollziehbar sein, als Enttäuschung und Schmerz über die Ablehnung Jesu durch die Mehrheit der Jüdinnen und Juden sowie aufbrechende Konflikte zwischen der jüdischen Mehrheitsposition und den Jesusanhängern die Atmosphäre vergifteten.[273]

Doch heutige Auslegung muss ein solches Ende eines neutestamentlichen Buches kritisch betrachten. Zwar spricht der Text – und dies muss bei allen Anfragen festgehalten werden – nicht von einer «Verwerfung» der Juden, und er droht

273 Das Zitat aus Jes 6,9 f. findet aus ähnlichen Gründen auch Verwendung in Mk 4,12; Mt 13,14 f.; Lk 8,10; Joh 12,39 f.; Röm 11,7 f.

ihnen auch nicht das Gericht an. Jedoch ist der Schluss des Zitats, dass die «Heilung» durch Gott sie wegen ihrer Verschlossenheit und Uneinsichtigkeit gar nicht erreichen könne (28,27), schmerzlich genug. Ein solches Pauschalurteil über das jüdische Volk darf heute weder kritiklos gelesen noch ungebrochen fortgeschrieben werden, schon gar nicht von Christinnen und Christen, die auf eine lange und beschämende Gewalt- und Unrechtsgeschichte von Christen gegenüber Juden zurückblicken. Leitend für jede Auslegung müssen ein grundsätzlicher Respekt vor der Geschichte des Volkes Gottes und eine Würdigung seiner unwiderruflichen Erwählung und des nie gekündigten Bundes sein, wie sie in der katholischen Kirche im Zuge einer Neubesinnung auf das Judentum im II. Vatikanischen Konzil grundgelegt und im jüdisch-christlichen Dialog Raum gewonnen haben.[274]

Zudem ist das harte Wort gegenüber dem jüdischen Volk nicht das allerletzte Wort der Apostelgeschichte. Vielmehr zeigt sie Paulus als beharrlichen Verkündiger des «Reiches Gottes» und der «Lehre über Jesus Christus, den Herrn» an «alle, die zu ihm kamen» (28,30 f.). Dadurch, dass die Dauer dieser Verkündigung mit «zwei Jahren» angegeben wird, deutet sich zwar an, dass diese Zeit einmal ein Ende hatte; doch endet die Apostelgeschichte offen und übergibt die Staffette den Leserinnen und Lesern: Wer das Buch liest, ist eingeladen, der Botschaft des Paulus Glauben zu schenken und ihrer Zuverlässigkeit zu trauen (Lk 1,4) – und mit dieser Botschaft als Grundlage an dem Auftrag des Auferstandenen weiterzuarbeiten und die Botschaft «bis an die Grenzen der Erde» zu tragen (Apg 1,8).

274 Zur christlichen Neubesinnung auf das jüdisch-christliche Verhältnis und den Paradigmenwechsel in der Haltung der Katholischen Kirche gegenüber dem Judentum im Kontext des II. Vatikanischen Konzils vgl. in dieser Buchreihe *Leimgruber*, Unser Gott 116–134.

5.3 Warum und für wen das Werk geschrieben wurde: Mögliche Entstehungskontexte des lukanischen Doppelwerks

5.3.1 Ein Begleiter des Paulus oder …? Hinweise auf den Verfasser des Doppelwerks

Die Forschung ist sich einig: Lukasevangelium und Apostelgeschichte verdanken sich demselben Verfasser. Dessen Name «Lukas» ist zuerst belegt auf einem Papyrusfragment vom Ende des zweiten oder Anfang des dritten Jahrhunderts n. Chr. (𝔓 75) als *subscriptio* unter das Lukasevangelium.[275] Aus dieser Zeit des ausgehenden zweiten Jahrhunderts stammt auch die Verfasserangabe bei Irenäus von Lyon (ca. 135 – ca. 200 n. Chr.), der Lukas als Paulusbegleiter identifizierte:

> «Und Lukas, der Begleiter des Paulus, legte in seinem Buch das von diesem gepredigte Evangelium nieder.»[276]

In der Tat wird in den Schlussgrüssen des Philemonbriefes ein Lukas erwähnt, der sich offenbar gerade bei Paulus aufhält (Phlm 24), und Kol 4,14 bezeichnet den Paulusbegleiter Lukas als Arzt. Nach dem zweiten Timotheusbrief, einem deuteropaulinischen Text, der vorgibt, von Paulus in Rom geschrieben worden zu sein, war Lukas der letzte Begleiter des Paulus in der römischen Gefangenschaft (2 Tim 4,11). Diese Angaben werden im Kanon Muratori, einem Verzeichnis von Schriften in kirchlichem Gebrauch (um 200 n. Chr.), mit dem Verfasser des Evangeliums in Verbindung gebracht. Nach den so genannten antimarcionitischen Prologen, deren Entstehungszeit allerdings unsicher ist, soll Lukas Antiochener gewesen sein, Arzt, Schüler der Apostel und des Paulus, ledig, kinderlos und mit 84 Jahren in Böotien gestorben, nachdem er in Achaia zunächst das Evangelium und dann die Apostelgeschichte verfasst hatte.[277]

Doch sprechen auch gewichtige Gründe gegen die Identifizierung des Verfassers des Doppelwerks mit dem Arzt und

275 *Wolter*, Lukasevangelium 4.

276 *Irenäus von Lyon,* Adversus Haereses III 1,1.

277 Vgl. *Bovon,* Evangelium I, 24; *Rusam,* Lukasevangelium 194.

Paulusbegleiter Lukas. So werden wichtige Ereignisse aus dem Wirken des Paulus in der Apostelgeschichte anders dargestellt als bei Paulus selbst, und auch theologisch sind erhebliche Unterschiede zu konstatieren. Zudem steht das lukanische Doppelwerk in einem grossen zeitlichen Abstand zu Paulus. Daher ist mit dem grössten Teil der heutigen Exegese davon auszugehen, dass das lukanische Doppelwerk nicht von einem Paulusbegleiter verfasst worden ist – wenngleich nicht abzustreiten ist, dass es auch Berührungspunkte zwischen der paulinischen und der lukanischen Tradition gibt.[278]

Mag also der Autor auch unbekannt bleiben, so präsentiert er sich doch als ein literarisch, historisch und theologisch ungemein Gebildeter. In der bisherigen Lukasforschung wurde er meist als «Heidenchrist» identifiziert. Doch sprechen einige gewichtige Gründen dafür, ihn eher im Horizont des Judentums zu verorten. So zeigt er in seinem gesamten Werk, vor allem aber in den Kindheitserzählungen, wie souverän er sich in den Schriften des Alten Testaments bewegt und wie versiert er sie zur Deutung des Jesusgeschehens heranzieht. Das gesamte Jesusgeschehen interpretiert er, wie er bereits in seinem Vorwort signalisiert, als «Erfüllung» der Verheissungen und Hoffnungen der jüdischen Heiligen Schriften (Lk 1,1–4). Und ein wirkliches Verständnis Jesu ist seines Erachtens, wie die Ostergeschichten zeigen, nur durch ein Verstehen der Schriften möglich (vgl. Lk 24,25–27.44–46). Dieser stete Rückbezug auf die biblischen Schriften lässt sich in ähnlicher Weise in der Apostelgeschichte weiterverfolgen: Auch hier bilden die biblischen Schriften den Interpretationsrahmen, in dem das gesamte Jesusgeschehen und darüber hinaus auch die nachösterliche Verkündigung und die Ausbreitung der Jesusbotschaft – und damit die Anfangsgeschichte der Kirche – zu verstehen sind.

All dies lässt es als plausibel erscheinen, im Verfasser des lukanischen Doppelwerks einen aus der jüdischen Tradition stammenden Christen zu sehen. Dabei kann diskutiert werden, ob er ein gebürtiger Jude oder aber ein «Gottesfürchtiger» war. Für Letzteres könnte sprechen, dass in der Apostel-

278 Vgl. *Rusam*, Apostelgeschichte 238–242. Ausführlich zur Frage auch *Bieberstein/Kosch*, Paulus 49–54.

geschichte die «Gottesfürchtigen» als eigene Gruppe neben den Juden angesprochen (Apg 13,16.26) oder in erzählerischen Passagen als eigene Gruppe neben den Juden erwähnt werden (13,43; 17,3 f.17). Einige der «Gottesfürchtigen» erhalten dabei sogar eine dezidiert positive Rolle, so der Hauptmann Kornelius in Caesarea (Apg 10,2.22), Lydia in Philippi (Apg 16,14) oder Titius Justus in Korinth (Apg 18,7). Ob diese Hinweise allerdings tatsächlich ausreichen, um Lukas ebenfalls als einen solchen Gottesfürchtigen zu identifizieren, muss wohl offen bleiben.

Exkurs

Unter «Gottesfürchtigen» versteht man Menschen, die ursprünglich nicht aus dem Judentum stammten, aber dem Judentum mit Sympathie gegenüberstanden, die wichtigsten Regeln der Tora einhielten und sich der Synagogengemeinde zugehörig fühlten. Anziehend am Judentum waren wohl vor allem der Monotheismus und die hochstehende Ethik. Diese «Gottesfürchtigen» vollzogen jedoch nicht den letzten Schritt des Übertritts, der für Männer die Beschneidung bedeutet hätte. In der Apostelgeschichte begegnen die beiden Begriffe für «gottesfürchtig» (gr.: *sebomenos* oder *phoboumenos ton theon*) insgesamt elf Mal. Gottesfürchtige werden auch von Flavius Josephus erwähnt, der sie u.a. als finanzielle Unterstützer der Synagogengemeinden und des Jerusalemer Tempels zeichnet.[279]

5.3.2 Wenn der Abstand gegenüber den Anfangszeiten gross wird: Hinweise auf die Entstehungszeit des Doppelwerks

Das Lukasevangelium setzt das Markusevangelium ebenso wie die Spruchquelle Q voraus und greift auf beide Werke als Vorlagen zurück. Das ist ein erster Hinweis darauf, dass das Werk nach dem Jahr 70 n.Chr. entstanden sein muss. Dies wird bestätigt durch die Art und Weise, wie in dem Werk die Zerstörung Jerusalems und des Tempels zur Sprache kommen; daraus lässt sich erschliessen, dass bereits auf die erfolgte Zerstörung Jerusalems und des Tempels durch die römischen Truppen im Jahr 70 zurückgeblickt wird. So bricht der lukanische Jesus beim Anblick Jerusalems in folgende Wehklage über die Stadt aus:

279 *Flavius Josephus*, Antiquitates XIV 110.

> «Es wird eine Zeit kommen, in der deine Feinde rings um dich einen Wall aufwerfen, dich einschliessen und von allen Seiten bedrängen. Sie werden dich und deine Kinder zerschmettern und keinen Stein auf dem anderen lassen.» (Lk 19,43 f.)

Diesem Text scheinen ebenso konkrete Kenntnisse über die traumatisierenden Ereignisse zugrunde zu liegen wie der folgenden Passage aus der apokalyptischen Rede Jesu, die gegenüber der Vorlage aus dem Markusevangelium konkretisiert wurde:

> «Wenn ihr aber seht, dass Jerusalem von einem Heer eingeschlossen wird, dann könnt ihr erkennen, dass die Stadt bald verwüstet wird. Dann sollen die Bewohner von Judäa in die Berge fliehen; wer in der Stadt ist, soll sie verlassen, und wer auf dem Land ist, soll nicht in die Stadt gehen. Denn das sind die Tage der Vergeltung, an denen alles in Erfüllung gehen soll, was in der Schrift steht. Wehe den Frauen, die in jenen Tagen schwanger sind oder ein Kind stillen. Denn eine grosse Not wird über das Land hereinbrechen: Der Zorn (Gottes) wird über dieses Volk kommen. Mit scharfem Schwert wird man sie erschlagen, als Gefangene wird man sie in alle Länder verschleppen, und Jerusalem wird von den Heiden zertreten werden, bis die Zeiten der Heiden sich erfüllen.» (Lk 21,20–24)

Auch wenn einige der verwendeten Motive typische Topoi aus der apokalyptischen Literatur sind, so wird doch erkennbar, dass die tatsächlichen Ereignisse des Jahres 70 im Hintergrund der Formulierungen stehen. Insbesondere die Ermordung grosser Teile der Jerusalemer Bevölkerung und die Deportation der am Leben Gelassenen als Gefangene erinnern an die Kriegsereignisse. Daher gilt als einigermassen gesichert, dass das Lukasevangelium einige Zeit nach den Ereignissen des Jahres 70 entstanden sein muss (vgl. auch Lk 13,35). Es genauer zu datieren, fällt allerdings nicht so leicht. Ein Anhaltspunkt könnte sein, dass im Text an verschiedenen Stellen Bedrängnisse durch die römische Staatsmacht ein Echo finden:

> «Wenn man euch vor die Gerichte der Synagogen und vor die Herrscher und Machthaber schleppt, dann macht euch keine Sorgen, wie ihr

euch verteidigen oder was ihr sagen sollt. Denn der Heilige Geist wird euch in der gleichen Stunde eingeben, was ihr sagen müsst.» (Lk 12,11 f.)

Dies könnte in die Regierungszeit des Kaisers Domitian (81–96 n. Chr.) deuten, in der zwar keine flächendeckenden Verfolgungen gegenüber christusgläubigen Gemeinden belegt sind, aber zunehmend eine Atmosphäre der Repression herrschte, in der Übergriffe seitens der Behörden am ehesten vorstellbar scheinen.

Die Apostelgeschichte ist der Fortsetzungsband des Lukasevangeliums, setzt dieses voraus und ist daher nach ihm entstanden. Zudem spiegeln sich auch in Apg 6,13 f. Kenntnisse über die Zerstörung Jerusalems wider.

Aufgrund dieser Hinweise wird das Lukasevangelium meist in die 80er-Jahre, die Apostelgeschichte kurz nach Entstehung des Lukasevangeliums, spätestens Anfang der 90er-Jahre datiert.[280]

5.3.3 Von Syrien über Kleinasien und Griechenland bis nach Rom: Hinweise auf den Entstehungsort des Doppelwerks

Das Lukasevangelium und die Apostelgeschichte gehören zu den neutestamentlichen Schriften, deren Entstehungsort kaum zu lokalisieren ist. Hier reichen die Vorschläge von Syrien über Kleinasien oder Griechenland bis nach Rom. Für Rom könnte der Zielpunkt der Apostelgeschichte sprechen (Apg 28). Für Griechenland, speziell Makedonien oder gar Philippi als Entstehungsort wird das Interesse des Verfassers an dieser römischen Kolonie und den dort angesiedelten Protagonistinnen und Protagonisten der Apostelgeschichte ins Feld geführt (Apg 16). Auf Syrien könnte hinweisen, dass die Gemeinde von Antiochia für den lukanischen Paulus der Ausgangspunkt seines Wirkens ist, und dass seine grossen Reisen von dort aus-

280 So z. B. *Bovon*, Evangelium I, 23; *Broer/Weidemann*, Einleitung 144; *Radl*, Lukasevangelium 7; *Rusam*, Lukasevangelium 199 f.; *ders.*, Apostelgeschichte 243; *Schnelle*, Einleitung 315; *Schreiber*, Begleiter 47.49; *Wolter*, Lukasevangelium 10 (Anfang der 80er-Jahre – trotz seiner Skepsis gegenüber einer Datierung aufgrund der Ankündigung der Zerstörung Jerusalems Lk 19,43 f.; 21,20–24).

gehen und – bis auf die dritte – ihn auch wieder dorthin zurückführen. Sicher zu entscheiden ist dies allerdings nicht.

5.3.4 Die Jesusbotschaft im Alltag einer urbanen Welt verwirklichen: Hinweise auf die Adressatenschaft des Doppelwerks

Bei der Lektüre des Doppelwerks entsteht der Eindruck, dass bei der Adressatenschaft ein städtisch geprägtes Milieu im griechisch-römischen Kulturraum vorausgesetzt wird. Bereits im Proömium des Lukasevangeliums (Lk 1,1–4) wird deutlich, dass bei der Adressatenschaft Unsicherheiten im Blick auf ihren Glauben aufgetreten sind, gegen die das Werk anzuschreiben versucht. Solche Zweifel an der christlichen Überlieferung sind kaum verwunderlich in einer Zeit, in der die Zeugen der Jesusüberlieferung und die ersten Verkündigerinnen und Verkündiger verstorben waren und sich die Frage stellte, wer nun für die Richtigkeit der Überlieferung einsteht. Gegenüber den Anfängen in Galiläa und Jerusalem lebten die Adressatinnen und Adressaten in einer anderen Zeit und an einem anderen Ort, an dem sich der Glaube an Jesus, den Christus, als plausibel erweisen musste. Zum Beispiel musste die hoch gespannte Naherwartung, wie sie noch im Markusevangelium zu finden ist, angesichts der sich dehnenden Zeit neu bedacht und nachjustiert werden. Und nach der brutalen Niederschlagung des jüdischen Aufstandes durch die Römer mussten Fragen nach der Geschichtsmächtigkeit Gottes wie auch der Messianität Jesu neu beantwortet werden.

Um dieser Unsicherheit etwas entgegenzusetzen, bewegen sich beide Bände des Doppelwerks über weite Strecken innerhalb jüdischer Plausibilitäten. Virtuos bringt der Verfasser seine Bibelkenntnisse in seine Jesusdarstellung ein und zeigt Schritt für Schritt die «Erfüllung» (Lk 1,1; 4,21) der alten Verheissungen auf. Dabei wird der Adressatenschaft einiges Verständnis im Blick auf die jüdische Bibel abverlangt. Doch lässt das Werk andererseits auch erkennen, dass die Gemeinde zu einem guten Teil aus Menschen nichtjüdischer Herkunft bestanden haben muss.

Grundsätzliche Verunsicherungen werden auch die immer wieder auftretenden Konflikte mit staatlichen und synagogalen Behörden ausgelöst haben, die aus dem Werk zu erschliessen sind. Nicht umsonst muss der lukanische Jesus seine «Freunde» zum mutigen Bekenntnis auffordern (Lk 12,4–12). Immer wieder ist es im lukanischen Werk die Synagoge, die den Anstoss für Anklagen gegen die Gemeinde gibt. Vermutlich sind solche Konflikte zwischen den Jesusgemeinden und der Synagoge zu einem guten Teil der prekären Lage geschuldet, in der sich jüdische Gemeinden im ganzen Imperium nach dem Sieg der römischen Truppen über die jüdischen Aufständischen befanden. Um Verdächtigungen zu entgehen, konnte es in einer solchen Situation für jüdische Gemeinden opportun gewesen sein, sich von messianischen Gruppierungen wie den Jesusanhängern zu distanzieren.

Die Lage der Gemeinde, die das Lukasevangelium vor Augen hat, war also in vielerlei Hinsicht nicht einfach. Dazu kamen interne Spannungen: In der Gemeinde machten sich erhebliche soziale Unterschiede zwischen Reichen und Armen bemerkbar. Eindringlich führt das Lukasevangelium einerseits die Gefahren des Reichtums vor Augen (Lk 8,14; 9,25; 12,13–15.16–21.33 f.; 16,19–31; 18,24–27) und appelliert andererseits an die Reichen, ihren Besitz mit den Armen zu teilen (Lk 3,11; 19,8) oder aber, noch radikaler, völlig auf Besitz zu verzichten (Lk 5,11.28; 14,33), den Besitz zu verkaufen und den gesamten Erlös den Armen zur Verfügung zu stellen (12,33; 18,22). Im Idealbild der Jerusalemer Urgemeinde führt Lukas der eigenen Adressatenschaft vor Augen, wie das Zusammenleben in einer Gemeinde, zu der sowohl Wohlhabende als auch Arme gehörten, im Sinne Jesu funktionieren kann (Apg 2,44 f.; 4,32.34 f.).

5.4 Was für Lukas wichtig ist: Zentrale Texte und Themen des Doppelwerks

Das Lukasevangelium hat in der Geschichte seiner Auslegung eine Reihe von Etiketten erhalten: Es sei das Evangelium des Geistes oder das Evangelium des Gebets, Lukas sei der Evangelist der Armen – oder auch der Evangelist der Reichen, er sei der Evangelist der Frauen – oder das Gegenteil. An jeder dieser Etikettierungen ist gewiss ein Fünkchen Wahrheit zu erkennen; denn jede beruht auf bestimmten Beobachtungen im Text nicht nur des Lukasevangeliums, sondern auch der Apostelgeschichte. Gewiss ist aber ebenso, dass keine dieser Zuschreibungen ausschliesslich richtig ist. Daher sollen im Folgenden einige zentrale thematische Aspekte des Doppelwerks nachskizziert werden.

5.4.1 «... damit ich den Armen eine gute Nachricht bringe» (Lk 4,18): Kennzeichen des Messias Jesus in lukanischer Perspektive

Es liegt auf der Hand, dass das erste öffentliche Auftreten des Protagonisten in jedem Buch auf besonders sorgfältige Weise gestaltet sein muss. Hier werden wichtige Signale zum Verständnis des Helden gegeben, hier werden bedeutsame Motive grundgelegt. Das ist im Lukasevangelium nicht anders. Es stellt an den Anfang des öffentlichen Wirkens Jesu in Lk 4,14–30 eine programmatische Erzählung, in der auf meisterhafte Weise zusammengefasst wird, wer Jesus ist und wie seine folgenden Taten in lukanischer Perspektive zu verstehen sind.

Wir treffen Jesus nach Lk 4,14 f. in Galiläa bei der Verkündigung «in den Synagogen» an, wo er zunächst auf ein durchaus positives Echo stösst: Sein Ruf verbreitet sich, und er wird von allen gepriesen (4,14 f.). Nach dieser ersten summarischen Einführung in die Anfänge des öffentlichen Wirkens Jesu wird der Blick sodann auf eine bestimmte Synagoge in Galiläa gelenkt: die Synagoge von Nazaret, wo er aufgewachsen war (4,15). Seine Verkündigung dort wird nun erzählerisch so ausgestaltet, dass an dieser Erzählung bereits Grundlegendes über den lukanischen Blick auf Jesus abgelesen werden kann. In diesem Text werden Motive und Themen zur Sprache gebracht, die sich im Verlauf des Lukasevangeliums als wesentlich und charakteristisch für Jesus erweisen und hier als eine Art Schlüssel zum Verständnis des Erzählwerks dargeboten werden. Wegen dieser grundlegenden Bedeutung für das gesamte Lukasevangelium (und in gewisser Weise für das gesamte Doppelwerk) wird dieser Text auch als «Nazaret-Manifest» bezeichnet.

Exkurs

Lukas greift mit dieser Erzählung auf eine Vorlage des Markusevangeliums zurück, die dieser allerdings erst an viel späterer Stelle in seinem Werk und auch mit anderer Akzentsetzung positioniert. Es ist die Erzählung von der Ablehnung Jesu in der Synagoge seiner «Vaterstadt» Nazaret (Mk 6,1–6). Im Fokus der Erzählung steht die Ablehnung Jesu durch die Dorfbewohner von Nazaret, die Jesus und seine Familie von Kindheit an kennen und ihn daher in seiner Verkündigungsrolle nicht akzeptieren.

«Da sagte Jesus zu ihnen: Nirgends hat ein Prophet so wenig Ansehen wie in seiner Heimat, bei seinen Verwandten und in seiner Familie.» (Mk 6,4)

Die Folge: Jesus kann in Nazaret wegen dieses Unglaubens (fast) keine Wunder tun. Die Erzählung endet damit, dass Jesus sich über ihren Unglauben «wundert» und weiter zieht.

Lukas zieht in seiner eigenen Jesusgeschichte ausgerechnet diese Erzählung vor und stellt sie – offenbar ganz bewusst – an den Beginn der öffentlichen Tätigkeit Jesu. Allerdings gestaltet er sie grundlegend um und stattet sie mit gegenüber der Markusvorlage neuen und eigenen Themen aus, die wegweisend für das von ihm gezeichnete Jesusbild sind.

5.4.1.1 Jesus, der Gesalbte Gottes für die Armen, Gefangenen und Zerschlagenen

Die Erzählung beginnt mit einem kleinen Portrait eines Synagogengottesdienstes: Es ist Sabbat, Jesus findet sich mit allen anderen in der Synagoge ein, und als einer der anwesenden Männer – vielleicht auch als Gast, weil er nach einer Zeit der Abwesenheit wieder nach Nazaret zurückgekehrt ist, – wird er nun eingeladen, aus der Schrift vorzulesen. Dabei ist allerdings nicht, wie man vielleicht erwarten könnte, die Tora im Blick, sondern ein prophetisches Buch. Nach dem Vorlesen gibt Jesus die Schriftrolle einem «Synagogendiener» zurück und setzt an, die Schrift auszulegen. Es ist dies eines der wenigen Echos eines Synagogengottesdienstes aus der Zeit des ersten Jahrhunderts. Und – ganz beiläufig und selbstverständlich – wird Jesus als toratreuer, frommer Jude gezeichnet.

Die Schriftrolle, aus der Jesus vorliest, wird als das Buch des Propheten Jesaja näher bestimmt. Konkret ist es die folgende Stelle:

> «Der Geist des Herrn ruht auf mir; denn der Herr hat mich gesalbt. Er hat mich gesandt, damit ich den Armen eine gute Nachricht bringe;

> damit ich den Gefangenen die Entlassung verkünde und den Blinden das Augenlicht; damit ich die Zerschlagenen in Freiheit setze und ein Gnadenjahr des Herrn ausrufe.» (Lk 4,18 f.)

Diese Schriftstelle wird im Anschluss auf Jesus bezogen:

> «Da begann er, ihnen darzulegen: Heute hat sich das Schriftwort, das ihr eben gehört habt, in euren Ohren erfüllt.» (Lk 4,21)

Dies ist in mehrerlei Hinsicht bemerkenswert. Denn das heisst ja nichts anderes, als dass das, was in der Schriftstelle gesagt wird, Punkt für Punkt auf Jesus zutrifft: Er wird als derjenige behauptet, in dem sich all dies verwirkliche – in der Sprache des Lukasevangeliums: in dem sich all dies «erfüllt».

Damit erfahren Leserinnen und Leser Wesentliches über die Bedeutung Jesu:

- Er ist mit dem Geist Gottes ausgestattet.
- Er ist der Gesalbte Gottes – und das heisst auf Hebräisch: der *Messias*, auf Griechisch: der *Christos*, auf Lateinisch: der *Christus*.
- Seine Verkündigung wird als «frohbotschaften» (gr.: *euangelizesthai*) bezeichnet.
- Seine «frohe Botschaft» (*euangelion*), das er zu bringen hat, ist in besonderer Weise an die Armen gerichtet, und es konkretisiert sich in befreienden und heilenden Taten an Gefangenen, Blinden, Zerschlagenen – Menschen also, die leiden und daran gehindert sind, an der Fülle des Lebens teilzuhaben.
- All das ist ein grosses Gnadenjahr, ein Jobeljahr Gottes, in dem Menschen aufatmen können und ein Neuanfang möglich ist (vgl. Lev 25).

Wie bewusst Lukas hier vorgegangen ist, um genau dies zum Ausdruck zu bringen, lässt sich auch daran ersehen, dass die «zitierte» Schriftstelle sich so nicht in der Bibel findet, sondern eigentlich eine Kombination aus zwei verschiedenen Stellen ist (Jes 61,1–2; Jes 58,6). Dies kann entweder geschehen, wenn aus dem Gedächtnis zitiert wird. Es kann sich aber auch um eine bewusste Komposition des Lukas handeln, um genau das zum Ausdruck zu bringen, was ihm und seinen Leserinnen und Hörern an Jesus wichtig war.

Was in Jes 61 im alttestamentlichen Kontext auf den Messias bezogen war und was in Jes 58 als Aufforderung, Recht zu tun, formuliert war, wird auf Jesus übertragen. So wird zum Ausdruck gebracht, dass dies alles nun in Jesus und seinem Handeln Wirklichkeit wird. Alles, was im Folgenden von Jesus erzählt wird, ist also unter diesem Vorzeichen zu verstehen. Die Armen, Bedrängten, Gefangenen und Kranken dürfen jetzt aufatmen.

Was dies für diese Menschen konkret bedeutet, wird im folgenden Abschnitt des Lukasevangeliums erzählerisch entfaltet (Lk 4,31–44). Lukas greift dabei die Komposition des «Tages von Kafarnaum» aus Mk 1,21–39 auf und zeigt nun, wo und wie jenes Jesaja-Wort überall konkret wird: Ein Besessener wird geheilt (Lk 4,31–37), eine Frau wird von ihrem Fieber befreit und fängt an, Jesus nachzufolgen (Lk 4,38–39), Kranke werden gesund und Dämonen in die Flucht geschlagen (Lk 4,40–41). Ganz ähnlich wird später im Verlauf des Buches gegenüber Johannes dem Täufer, der wissen möchte, ob Jesus derjenige sei, auf den Israel gewartet habe, als Erkennungszeichen Jesu Folgendes ausgeführt:

> «Geht und berichtet Johannes, was ihr gesehen und gehört habt: Blinde sehen wieder, Lahme gehen und Aussätzige werden rein; Taube hören, Tote stehen auf, und den Armen wird das Evangelium verkündet.» (Lk 7,22)

An solchen Taten erkennt man den verheissenen Messias und den Anbruch der messianischen Heilszeit (vgl. Jes 29,18 f.; 35,5f; 42,18; 26,19; 61,1).

Jesus – erfüllt vom Heiligen Geist 5.4.1.2

Jesus wird in Lk 4,18 mit Hilfe des Jesaja-Wortes nicht nur als Gesalbter Gottes, das heisst: als Messias identifiziert, sondern auch als Träger des Heiligen Geistes. Dies ist ein Motiv, das sich durch das lukanische Doppelwerk hindurch verfolgen lässt:

Der Heilige Geist war bei der Taufe Jesu sinnenfällig in Gestalt einer Taube auf Jesus herabgekommen (Lk 3,22). Dieser Geist hatte ihn sodann in die Wüste geführt (Lk 4,1), und im Anschluss daran ist es derselbe Geist, der Jesus in die

Region bringt, in der sich in den folgenden Kapiteln sein Wirken abspielen wird: Galiläa (4,14).

Dieser Geist, der Jesus erfüllt, wird in unserem Text in der Schriftstelle wieder aufgenommen, die Jesus in der Synagoge von Nazaret im Buch Jesaja «fand». Diese Schriftstelle wird sodann auf Jesus bezogen und Jesus damit als der in den Schriften verheissene Geistträger identifiziert (4,18 f.21).

Jesus selbst wird im Verlauf des Evangeliums noch einmal als vom Geist erfüllt beschrieben, als er Gott dafür preist, dass all die Geschehnisse um ihn den Weisen und Klugen verborgen, den Unmündigen aber offenbart werden (10,21). Ab dann wird der Geist verheissen und zugesagt (Lk 11,13; 12,12; Apg 1,5.8), bis er schliesslich an Pfingsten auf die gesamte Jüngergruppe ausgegossen wird (Apg 2) und von da an die Kraft ist, die in der Apostelgeschichte die Protagonisten in ihrer Verkündigungsarbeit anleitet und die Geschehnisse vorantreibt.

5.4.1.3 Heute!

Im bisherigen Verlauf des Lukasevangeliums hatten Leserinnen und Leser – mit Ausnahme eines Satzes des Zwölfjährigen in Lk 2,49 – ausschliesslich Schriftzitate aus dem Munde Jesu vernommen (Lk 3,4.8.12; 4,18 f.). Anlässlich seines ersten öffentlichen Auftretens in Nazaret deutet Jesus sich und das, was hier geschieht, nun zum ersten Mal selbst:

> «Heute hat sich das Schriftwort, das ihr eben gehört habt, erfüllt.» (Lk 4,21)

Jetzt, «heute», ist also die Zeit, in der dies alles geschieht, was in den Schriften verheissen ist, und Jesus selbst ist derjenige, in dem sich dies alles «erfüllt» (vgl. Lk 1,1).

Dieses «Heute» ist ein wichtiges Wort im Lukasevangelium. «Heute», so jubeln die Engel in der Heiligen Nacht, «ist euch der Retter geboren» (Lk 2,11), «heute» muss Jesus bei Zachäus zu Gast sein (Lk 19,5), so dass dieser sein Leben von Grund auf verändert und Jesus ihm zusagen kann: «Heute» ist diesem Haus das Heil geschenkt worden (Lk 19,9). «Heute» wird auch der Schächer mit Jesus im Paradies sein (Lk 23,43).

Mit diesem «Heute» überschreitet Lukas die historische Zeit der Jesusgeschichte und macht sie durchsichtig für das eigene «Heute», die eigene Gegenwart der Leserinnen und Leser. «Heute» ist die Zeit Gottes, in der den Menschen das Heil widerfährt, und in der sich das erfüllt, was in den Schriften verheissen ist.

Jesus erntet Zustimmung – und Widerspruch 5.4.1.4

Dass Jesus nach der lukanischen Darstellung die alttestamentlichen Verheissungen auf sich und sein Wirken bezieht, ruft bei den Anwesenden in Lk 4,22 eine gespaltene Reaktion hervor. Während die einen über seine begnadete Rede staunen, bringen andere diese Worte offenbar nicht so recht mit einem «Sohn Josefs», also einem Menschen aus ihrer Mitte, zusammen. Jesus knüpft an ihre skeptische Reaktion an und bringt mit dem Sprichwort «Arzt, heile dich selbst» eine Logik ins Spiel, wie sie ihm ganz ähnlich bei der Passion entgegengehalten werden wird.[281] Dann nämlich wird es heissen:

> «Anderen hat er geholfen, nun soll er sich selbst helfen, wenn er der erwählte Messias Gottes ist […] Wenn du der König der Juden bist, dann hilf dir selbst!» (Lk 23,35.37)

In einem nächsten Schritt provoziert die Rede Jesu in Nazaret dann endgültig Widerstand. Mit den alttestamentlichen Beispielen der Witwe von Sarepta und des Syrers Naaman (Lk 4,25–27) macht der lukanische Jesus einen Schritt über das eng umgrenzte Volk der Verheissung hinaus. Die Befreiung, die im Handeln Jesu beginnt, macht nicht an den Grenzen Israels halt, wie übrigens bereits im Alten Testament das Handeln Gottes nicht an den Grenzen Israels Halt gemacht hatte – so sieht es zumindest Lukas. Wie von Anfang an Menschen anderer Völker in das heilende und Heil schaffende Handeln Gottes einbezogen waren, so ist es auch jetzt. Diese Öffnung für Menschen nichtjüdischer Herkunft war für die Gemeinde des Lukasevangeliums bereits selbstverständliche

281 Vgl. *Löning*, Geschichtswerk I, 153.

Realität. Besonders die Apostelgeschichte zeigt dies deutlich, wenn sie den Weg des Evangeliums als einen Weg von Jerusalem über Judäa und Samaria «bis an die Grenzen der Erde» (Apg 1,8) zeichnet.

Zu Beginn des Lukasevangeliums zeigt unser Text aber auch: Ein solches «grenzenloses» Verständnis von Gott provoziert Widerstand und Ablehnung bei den Zuhörenden. In ihrer Tötungsabsicht klingt erneut die Passion an. Doch dieses Mal kommt der Tötungsplan noch nicht zur Ausführung:

> «Jesus schritt mitten durch die Menge hindurch und ging weg.» (Lk 4,30)

5.4.2 «Und sie verliessen alles und folgten ihm nach» (Lk 5,11): Nachfolge Jesu und die Frage nach dem Besitz

5.4.2.1 Ideale Jüngerschaft

Nachdem in Lk 4,14–44 offenbar geworden war, wer Jesus ist, was sein Messias-Sein bedeutet und wie sich dies konkret für die Menschen auswirkt, wird in Lk 5,1 erzählerisch der nächste Schritt gemacht. Wie in den anderen Evangelien ist es auch für das Lukasevangelium bei allem, was Jesus tut, zentral, dass er es nicht alleine tut, sondern dass es Menschen gibt, die sein Leben teilen und den Weg mit ihm gehen, in biblischer Sprache: ihm «nachfolgen». Während jedoch das Markusevangelium zu Beginn der öffentlichen Wirksamkeit Jesu unmittelbar nach der summarischen Notiz, die die Reich-Gottes-Verkündigung Jesu zusammenfasst (Mk 1,14–15) und noch vor den ersten Wundertaten in Kafarnaum (Mk 1,21–39) von der Berufung der ersten Jünger erzählt (Mk 1,16–20), lässt Lukas die erste Jüngerberufung erst auf das erste öffentliche Auftreten Jesu in Nazaret und Kafarnaum folgen. Diese erste Berufung ist im Lukasevangelium gegenüber den kleinen idealen Berufungsszenen des Markusevangeliums ausgebaut zu einer Erzählung über einen wunderbaren Fischzug, in der der Fischer Simon im Mittelpunkt steht, am Ende aber auch seine Teilhaber Jakobus und Johannes in die Nachfolge Jesu treten (Lk 5,1–11).

Auch in dieser Erzählung werden charakteristische Themen und Motive des Lukasevangeliums entfaltet. So definiert Lukas die Zeit, in der das Folgende geschieht, als eine Zeit des Hörens des Wortes Gottes (5,1).[282] Damit werden erstmals die Worte Jesu, die von der Menge begierig gehört werden, mit dem «Wort Gottes» gleichgesetzt. Kurz darauf wird aber klar, dass nicht diese Jesus umdrängende Volksmenge im Zentrum des Interesses steht, sondern bestimmte Fischer, die hier bei ihrer Arbeit sind und deren Leben jetzt von Grund auf verändert wird. Im Verlauf der Erzählung wird deutlich, dass

> «die Requisiten der Arbeitswelt der galiläischen Fischer von Jesus umfunktioniert worden sind zu Instrumenten der Verkündigung. Damit nicht genug. Über sein Boot ist Simon in die Geschichte hineingeraten. Sein Boot wird von Jesus besetzt. Dann soll er es auf den See hinausfahren. Und schon ist aus seinem Arbeitsgerät ein Lehrstuhl geworden, auf dem sich Jesus, der Lehrer, niedersetzt. Am Ende der Erzählung ist auch Simon nicht mehr der Fischer, der er einmal war. Die Neubestimmung der Dinge des alltäglichen Lebens durch Jesus (bzw. durch Offenbarung) ist das Prinzip der ganzen Erzählung. Aus Fischern werden Menschenfischer, aus Fischen Menschen, die in den Netzen der Mission lebend eingefangen werden müssen. Dies alles greift den hier gerade erzählten Begebenheiten weit vor. Erst mit den letzten Simon-Petrus-Episoden der Apostelgeschichte wird klar ersichtlich, worauf insbesondere mit dem Motiv der zwei mit Fischen gefüllten Boote symbolisch angespielt wird (vgl. Apg 10,9–23a; 15,7–11).»[283]

Über Simon, Johannes und Jakobus, die sich in dieser Perikope von Jesus ansprechen lassen, heisst es am Schluss, dass sie «alles» zurückliessen und Jesus «nachfolgten» (Lk 5,11). Gleiches wird über den Zöllner Levi gesagt, den Jesus nur wenig später mitten aus seinem Alltag heraus von der Zollstation weg in die Nachfolge beruft. Auch er lässt auf den Ruf Jesu hin «alles» zurück und «folgt» ihm (Lk 5,28). Diese Menschen, die sich dem Wort Jesu öffnen, alles zurücklassen und sich in die Nachfolge begeben, verwirklichen damit bereits zu Beginn des Werkes in idealer Weise, was Jesus später als grundlegend für das Jüngersein betonen wird:

282 Vgl. ebd. 167.
283 Ebd. 168.

> «Darum kann keiner von euch mein Jünger sein, wenn er nicht auf seinen ganzen Besitz verzichtet.» (Lk 14,33; vgl. 18,28 f.)

So führt Lukas schon anhand der erstberufenen Jüngerfiguren als Idealbild vor Augen, was ein zentrales Anliegen seines Buches ist: Es gilt, sich voll und ganz auf die Nachfolge Jesu einzulassen und dafür auf Besitz zu verzichten.

Diese Radikalität der Jesusnachfolge wird im Lukasevangelium ferner in den beiden Aussendungsreden betont, mit denen Jesus zunächst die Zwölfergruppe (9,1–6) und danach eine grosse Gruppe von 72 Jüngerinnen und Jüngern (10,1–12) aussendet: Demnach sollen die Ausgesandten auf jegliche Ausstattung und damit auf jegliche Vorsorge verzichten. Darin kommt ein Ideal ins Spiel, das Jesus den Nachfolgenden an späterer Stelle ans Herz legt: sich nicht um das eigene Leben zu sorgen, sondern ganz und gar auf Gott zu vertrauen und ihm die Fürsorge zu überlassen (Lk 12,22–32). Im Zentrum der Jüngernachfolge muss das Reich Gottes stehen:

> «Euch jedoch muss es um sein Reich gehen; dann wird euch das andere dazugegeben.» (Lk 12,31)

Dass dies den Nachfolgewilligen einiges abverlangt, machen die drei kleinen Nachfolgeszenen zu Beginn des Weges Jesu nach Jerusalem deutlich (Lk 9,57–62), in denen Jesus den drei Nachfolgeanwärtern die harten Bedingungen eines Lebens in der Nachfolge vor Augen führt. Es zeigt sich: Wer den Weg Jesu nach- und mitgehen will, muss alles andere hintan stellen – das Bedürfnis nach Heimat und einem festen (Wohn-)Ort ebenso wie familiäre Bindungen samt allen damit zusammenhängenden Verpflichtungen des Generationenvertrags. Das Reich Gottes kompromisslos ins Zentrum zu stellen, heisst nach Lukas also auch, auf Familienbindungen zu verzichten. Dazu gehört für ihn auch, dass Männer ihre Ehefrauen um der Nachfolge willen verlassen (Lk 14,26; 18,29).

Exkurs Dieser Aspekt findet sich so noch nicht im Markusevangelium. In der Vorlage für Lk 18,29 war bei Markus noch nicht die Rede davon, dass auch Ehefrauen verlassen werden sollen, sondern es ging lediglich um das Verlassen der Geschwister, der Eltern, der Kinder und des Besitzes (Mk 10,29 f.). Auch in der Q-Vorlage für Lk 14,26 war noch nicht von einem Verlassen der Ehefrau die Rede gewesen, sondern lediglich vom Verlassen der Eltern und der Kinder (vgl. Mt 10,37). Für Markus und Q war es also durchaus vorstellbar, dass nicht nur Männer, sondern auch Frauen – gemeinsam mit ihren Ehemännern oder unabhängig von ihnen – den Weg der Nachfolge für sich wählen. Beide Texte sind so offen formuliert, dass sich auch Frauen als Nachfolgerinnen angesprochen fühlen können. Hingegen kommen bei Lukas, wenn er dazu auffordert, die Ehefrauen (nicht hingegen Ehemänner) zu verlassen, als solche Nachfolger nur (noch) Männer in den Blick.

Allerdings zeichnet Lukas selbst ein Gegenbild zur Vorstellung, dass sich nur (Ehe)Männer auf diesen Weg der Nachfolge begeben. Im Summarium Lk 8,1–3 werden Frauen erwähnt, die sich ebenso wie die Zwölf in der Nachfolge Jesu befinden und ebenso wie die Zwölf mit Jesus unterwegs sind. Neben den drei namentlich genannten Frauen Maria aus Magdala, Johanna und Susanna setzt der Text eine grössere Gruppe weiterer nachfolgender Frauen voraus. Diese Frauen verwirklichen etwas, was Lukas als Ideal für diejenigen Menschen zeichnet, die Besitz ihr Eigen nennen und Jesus nachfolgen wollen. Diese sollen mit ihrem Besitz so umgehen, dass er denen, die nichts haben, zugute kommen kann. In der Jesusjüngerschaft haben dafür die nachfolgenden Frauen Modellcharakter: Nach Lk 8,3 unterstützen sie die Jesusgemeinschaft aus ihrem Besitz. Daher können sie den Leserinnen und Hörern als Vorbild für das eigene Handeln dienen. Denn wie schwierig die Jesusnachfolge gerade für Menschen ist, die über Besitz verfügen, zeigt nicht zuletzt die versuchte Berufung eines reichen «Oberen», die an der Frage des Besitzverzichts scheitert (Lk 18,18–27).

In der Apostelgeschichte wird mit Josef Barnabas eine ideale Jüngerfigur portraitiert, die vorbildlich mit dem eigenen Besitz umgeht. Über ihn wird erzählt, dass er einen Acker verkaufte und den Erlös den Aposteln zur Verfügung stellte, damit er der Jerusalemer Gemeinde zugutekomme (Apg 4,36 f.). In vergleichbarer Weise wird auch die Jüngerin Tabita aus Joppe in Apg 9,36 beschrieben: Sie – die übrigens als einzige Frau des Neuen Testaments mit der weiblichen Form «Jüngerin» (gr.: *mathētria*) bezeichnet wird – wird über ihre «vielen guten Werke» und die «Almosen», die sie gab, charakterisiert, und im Verlauf der Erzählung wird deutlich, dass sie in ihrem Haus eine Gruppe von Witwen beherbergte und für sie sorgte.

Beide, Tabita ebenso wie Barnabas, verwirklichen damit exemplarisch, was zu Beginn der Apostelgeschichte in zwei Summarien zusammengefasst worden war: Dass in der Jerusalemer Gemeinde niemand etwas sein Eigen nannte, sondern allen alles gemeinsam war, so dass es niemanden unter ihnen gab, der Not litt (2,44 f.; 4,34 f.).

Exkurs Neben diesen Idealfiguren gibt es auch in der Apostelgeschichte Gegenbeispiele, die darauf schliessen lassen, dass dieses Ideal in der Gemeinde des Lukas offenbar keineswegs in dieser Weise verwirklicht wurde. So wird mit der Negativgeschichte von Hananias und Sapphira, die versuchen, einen Teil des Erlöses für einen verkauften Acker der Gemeinde vorzuenthalten, sogar das einzige Strafwunder des Neuen Testaments erzählt, durch das Menschen zu Tode kommen (Apg 5,1–11).

5.4.2.2 Verschiedene Modelle des Umgangs mit dem Besitz

Jesusnachfolge ist für Lukas, so viel ist bereits deutlich geworden, nicht von einem solidarischen Umgang mit dem Besitz zu trennen.[284] Dahinter stehen Fragen eines solidarischen Miteinanders in der Gemeinde des Lukas: Neben Mittellosen gab es nach allem, was wir den Texten entnehmen können, schon eine Reihe von wohlhabenderen Gemeindemitgliedern, und dies warf die Frage auf, wie mit diesen Unterschieden in der Gemeinde umzugehen sei.

Lukas wird dabei nicht müde, einerseits den Armen die besondere Zuwendung Jesu – und damit Gottes – zuzusprechen: So wird bereits im Magnifikat die Umkehrung der Verhältnisse besungen, die sich jetzt, in der Ankunft Jesu, Bahn bricht und sich zugunsten der Erniedrigten und Hungernden auswirkt (Lk 1,52 f.). In seinem ersten öffentlichen Auftreten wird Jesus als Messias gezeichnet, der sich zuallererst und in besonderer Weise den Armen zuwendet (Lk 4,18). Oder es werden zu Beginn der Feldrede zuerst die Armen und Hungernden seliggepriesen, weil ihnen in besonderer Weise das Reich Gottes zugeeignet werde (Lk 6,20 f.).

284 Vgl. zum Folgenden bes. *Heininger*, Option.

Andererseits appelliert Lukas wieder und wieder an die Wohlhabenderen, solidarisch mit ihrem Besitz umzugehen. Dabei stellt er ihnen im Verlauf seines Doppelwerks eine Reihe von Vorbildern vor Augen: Neben den bereits erwähnten vorbildhaften Jüngerfiguren (Lk 5,11.28; Lk 8,3; Apg 4,36 f.; 9,36) ist dies zum Beispiel der Hauptmann von Kafarnaum (Lk 7,1–10), der nicht nur alles tut, um die Heilung seines Sklaven zu erreichen, sondern auch als finanzieller Unterstützer der Synagogengemeinde charakterisiert wird (7,4 f.). Ebenso zeichnet sich der Hauptmann Kornelius in Caesarea, der als erster Nichtjude von Petrus getauft wird, durch seine Almosen für das Volk aus (Apg 10,2). Dabei scheut sich Lukas nicht, seine Appelle durch eine Reihe von abschreckenden Beispielen zu unterstreichen: so im Sondergutgleichnis vom wohlhabenden Kornbauern, dem es am Ende trotz seines effektiven Besitzmanagements nicht gelingt, seinem Leben auch nur einen einzigen Augenblick hinzuzufügen (Lk 12,16–21), oder im Gleichnis vom reichen Mann, der im Unterschied zum armen Lazarus am Ende in der Unterwelt landet und dort Qualen erdulden muss, während Lazarus im Schosse Abrahams geborgen ist (Lk 16,19–31). In diese Reihe gehören auch die Weherufe gegen die Reichen, Satten und Erfolgreichen, die Lukas den aus Q übernommenen Seligpreisungen der Armen, Hungernden, Trauernden und Verfolgten hinzufügt (Lk 6,24–26), oder der bekannte Spruch vom Kamel, das eher durch ein Nadelöhr gehe, als dass ein Reicher in die Gottesherrschaft gelange (Lk 18,25).

Wie ein solidarischer und gerechter Umgang mit dem Besitz konkret aussehen könnte, dafür bietet Lukas der Gemeinde zwei unterschiedliche Modelle an.

Das erste ist der radikale Weg des völligen Besitzverzichtes. Dieser wird in idealer Weise von den erstberufenen Jüngern verwirklicht (5,11.28), aber den Adressatinnen und Adressaten auch als Forderungen Jesu und als regelrechte Bedingung für die Nachfolge nahegebracht (Lk 12,33; 14,33; 18,22). Umgekehrt macht Lukas deutlich, dass Nachfolge an der Frage des Besitzes scheitern kann (Lk 18,18–27). In der Apostelgeschichte wird das Idealbild der Jerusalemer Urgemeinde gezeichnet, in der die wohlhabenden Gemeindemitglieder ihren Besitz der gesamten Gemeinde zur Verfügung stellten, so dass allen alles gehörte und niemand mehr Mangel leiden musste (Apg 2,44 f.; 4,34 f.). Umgekehrt zeigen einige Beispiele, dass dies keineswegs immer von allen praktiziert wurde. Nicht nur Hananias und Sapphira versuchten sich dem Anspruch der Gemeinde zu entziehen (Apg 5,1–11); auch in der Versorgung von Witwen zeigten sich Defizite (6,1), und nebenbei wird deutlich, dass einige Gemeindemitglieder durchaus noch ihre Häuser besassen (Apg 12,12–17).

Exkurs

Im Hintergrund des Idealbilds der Apostelgeschichte steht zum einen die Forderung aus Dtn 15,4, die damit als in der Gemeinde von Jerusalem verwirklicht angesehen werden konnte:

«[…] denn bei dir soll sich kein Bedürftiger finden, weil der Herr, dein Gott, dich mit Segen segnen wird in dem Land, das der Herr, dein Gott, dir zum Erbe gibt» (Dtn 15,4).

Zum anderen kursierten in der Antike verschiedene Vorstellungen und Idealbilder solcher Gütergemeinschaft. Im jüdischen Bereich wurden Formen von Gütergemeinschaft in der Gemeinschaft der Essener nach den Darstellungen bei Philo von Alexandria und Flavius Josephus tatsächlich praktiziert.[285] In der griechischen Philosophie ist die Gütergemeinschaft ein Aspekt in Platons Entwurf eines idealen Staates.[286] Praktiziert wurde eine solche vielleicht in der Philosophengemeinschaft um Pythagoras; doch ist dies erst viel später beim neuplatonischen Philosophen Iamblichos (ca. 240/245–320/325 n. Chr.) belegt, der eine Lebensbeschreibung über Pythagoras verfasste.[287]

Das zweite Modell eines solidarischen Umgangs mit dem Besitz, das Lukas seinen Adressatinnen und Adressaten vorlegt, ist das eines innergemeindlichen Ausgleichs. Das heisst, dass die Wohlhabenderen in der Gemeinde einen Teil ihres Besitzes für die Armen der Gemeinde zur Verfügung stellen, so dass einerseits für deren Lebensgrundlage gesorgt ist, andererseits aber sie selbst nicht völlig verarmen und ihrerseits der Gemeinschaft zur Last fallen.

285 *Philo von Alexandria*, Über die Freiheit des Tüchtigen 85–87; *ders.*, Apologie der Juden 4–5.10–13; *Flavius Josephus*, Der Jüdische Krieg II 122–127; *ders.*, Antiquitates XVIII 20.

286 *Platon*, Nomoi (Gesetze) 736c–747e, bes. 739c–e; 742a–c; *ders.*, Politeia (Der Staat) 416e–417b; 424a; 464a–b; 462b.

287 *Iamblichos*, Vita pythagorica 167 f., zit. bei *Heininger*, Option 201.

Exkurs

Für dieses Modell des innergemeindlichen Ausgleichs stand vermutlich die jüdische Armenfürsorge Pate, wie sie in den Synagogengemeinden gepflegt wurde. Zwar gibt es dafür erst Belege aus späterer rabbinischer Zeit; doch da die Armen bereits in alttestamentlichen Texten der besonderen Fürsorge anheimgestellt werden und zahlreiche Regelungen dafür sorgen, dass Arme nicht übervorteilt werden, sondern das Lebensnotwendige erhalten können, dürfen Einrichtungen für die Unterstützung von Armen bereits in den Synagogengemeinden in der Zeit des Lukas vorausgesetzt werden. Nach den rabbinischen Belegen wurden für verschieden hohe Einkommen verschieden hohe Anteile festgelegt, die der Unterstützung der Armen zugute kommen sollten. Dabei reichte die Spanne von mindestens 3 Prozent bis höchstens 20 Prozent des Einkommens.[288]

Ein solches Modell des Teilens findet sich im Lukasevangelium bereits in der Predigt des Täufers, der denen, die ihn fragen, was sie denn nun tun sollen, nahelegt, ihren Besitz (genannt sind Kleidung und Nahrung) mit denen zu teilen, die nichts haben, konkret: die Hälfte abzugeben (Lk 3,10 f.). Zu denen, die ihren Besitz teilen, gehören im Lukasevangelium auch die nachfolgenden Frauen aus Lk 8,3, die die Jesusgemeinschaft aus ihrem Besitz unterstützen, der ihnen offenbar noch zur Verfügung steht. Die Hälfte seines Besitzes gibt auch der Oberzöllner Zachäus ab, der geradezu zum Leitbild eines nach Lukas angemessenen Umgangs mit Reichtum wird:

> «Herr, die Hälfte meines Vermögens will ich den Armen geben, und wenn ich von jemand zu viel gefordert habe, gebe ich ihm das Vierfache zurück.» (Lk 19,8)

Im Gegenzug wird Zachäus von Jesus Heil und Rettung zugesprochen (Lk 19,9 f.). Es ist klar: Wenn diejenigen Gemeindemitglieder, die etwas haben, die Hälfte ihrer Habe denjenigen zur Verfügung stellen, die nichts haben, sorgt das nicht nur für ihr eigenes Heil, sondern trägt vor allem zur Verbesserung der Lebensumstände der Armen bei.

Der grosse Raum, den dieses Thema eines solidarischen Umgangs mit Besitz im lukanischen Doppelwerk einnimmt, zeigt, wie sehr der lukanischen Gemeinde diese Fragen unter den Nägeln gebrannt haben müssen und wie sehr sie die Glaubwürdigkeit einer Gemeinde, die sich als Gemeinde Jesu

288 Vgl. *Heininger*, Option 197.

versteht, damit in Verbindung gebracht haben. Nur eine Gemeinde, die tatsächlich die Armen in den Mittelpunkt stellt und so handelt, dass alle genug zum Leben haben, verwirklicht nach Lukas das, was Jesus selbst vorgelebt und gefordert hat. Nur eine solche Gemeinde ist letztlich glaubwürdig.

5.4.3 «Gekommen, um zu suchen und zu retten, was verloren ist ...» (Lk 19,10): Jesu Zuwendung zu den Sündern und Verlorenen

Bereits in der zweiten Berufungsszene des Lukasevangeliums, der Berufung des Zöllners Levi (Lk 5,27 f.), war ein weiteres Motiv ins Spiel gebracht worden, das den lukanischen Jesus in charakteristischer Weise auszeichnet: seine Zuwendung zu den Sündern. Dieses Motiv war zwar bereits in der Episode der Berufung des Simon angeklungen, wenn dieser sich selbst als «sündigen Menschen» bezeichnet hatte (5,8). Es wird jedoch erst im Anschluss an die Berufung des Levi zu einer eigenen Szene ausgebaut. Zwar wird Levi selbst in der Episode nicht als Sünder bezeichnet; doch sind die Zöllner in den neutestamentlichen Erzählungen stets eine Art Prototyp von Sündern und werden häufig in Parallele zu Sündern genannt. Denn Zöllner gehörten zu den Profiteuren des Steuereintreibungssystems, waren als Kollaborateure der Römer bei der übrigen Bevölkerung verhasst und lebten davon, mehr von der Bevölkerung einzutreiben, als sie am Ende an den nächst höheren Steuerpächter abgeben mussten. Ausgerechnet ein solcher wird nun nicht nur von Jesus berufen, sondern veranstaltet sogar ein grosses Gastmahl für Jesus, bei dem dieser mit einer grossen Menge von «Zöllnern und anderen» zu Tisch liegt. Dadurch erregt er bei den Pharisäern und Schriftgelehrten Anstoss, die seine Mahlgemeinschaft mit «Zöllnern und Sündern» scharf kritisieren (Lk 5,29 f.). Die Entgegnung Jesu auf ihren Unwillen macht deutlich, was in lukanischer Perspektive charakteristisch für Jesus ist:

> «Nicht die Gesunden brauchen den Arzt, sondern die Kranken. Ich bin gekommen, um die Sünder zur Umkehr zu rufen, nicht die Gerechten.» (Lk 5,31 f.)

Dieses Motiv wird im weiteren Verlauf des Werkes weitergeführt und entfaltet:

So wird nur im Lukasevangelium die Frau, die Jesus salbt, als «Sünderin» bezeichnet (Lk 7,36–50), und Jesus spricht ihr – wiederum unter dem argwöhnischen Blick eines Pharisäers – Vergebung zu (7,48).

Zum Sondergut des Lukasevangeliums gehört das bekannte Gleichnis vom barmherzigen Vater, das gemeinsam mit den beiden kleinen Gleichnissen vom verlorenen Schaf und der verlorenen Drachme so etwas wie eine theologische Mitte des Lukasevangeliums bildet (Lk 15,3–32). Anlass dafür, dass Jesus diese Gleichnisse erzählt, ist nach Lk 15,1 f. die Empörung der «Pharisäer und Schriftgelehrten» darüber, dass «alle Zöllner und Sünder» zu Jesus kamen, um ihm zuzuhören, und dass Jesus sogar mit ihnen ass.

Ebenfalls zum Sondergut des Lukas gehört das Gleichnis vom Pharisäer und Zöllner (Lk 18,9–14), die sich beide im Tempel vor Gott einfinden. Während der Pharisäer auf eine Reihe von richtigen und guten Taten verweisen kann, wird nicht über ihn, sondern über den Zöllner am Ende gesagt, dass er «als Gerechter» nach Hause zurückkehrte. Denn dieser hatte verstanden, wie sehr er als Sünder auf das Erbarmen Gottes angewiesen war.

Auch der Zöllner Zachäus ist eine solche nur bei Lukas begegnende Beispielfigur, anhand derer die Zuwendung Jesu gerade zu solchen Bösewichten deutlich wird (Lk 19,1–10). Er ist sogar einer der oberen Zollpächter, von denen wiederum kleinere Zöllner abhängig waren, und er wird als «sehr reich» gekennzeichnet (19,2). Der Text zieht aber von Anfang an alle möglichen erzählerischen Register, um bei der Leserschaft Sympathien für diesen Profiteur des Systems zu wecken: Zachäus scheut keine Mühen, um Jesus zu Gesicht zu bekommen, und weil er so «klein» ist, klettert er sogar auf einen Baum, um dies zu bewerkstelligen (19,3 f.). Man kann als Leserin, als Leser kaum anders, als sich mit dieser Erzählfigur zu identifizieren und Partei für sie zu ergreifen. Und in der Tat wendet sich Jesus genau diesem Oberzöllner zu und lädt sich sogar selbst in dessen Haus ein (19,5 f.). Ausgerechnet dieser reiche Zöllner wird in der Geschichte zum Modell eines vorbildhaften Handelns, indem er die Hälfte seines Vermögens den Armen geben will und zu viel geforderte Abgaben zurückzubezahlen bereit ist. Gerade ihm wird deshalb «heute» das Heil zugesprochen, und er wird als «Sohn Abrahams» bezeichnet. Die Begründung für diese ungewöhnliche Wende im Leben des Zachäus liegt in der Sendung Jesu:

> «Denn der Menschensohn ist gekommen, um zu suchen und zu retten, was verloren ist.» (Lk 19,10)

Damit ist zusammengefasst, was das Handeln des lukanischen Jesus in herausragender Weise kennzeichnet, und dies sogar bis zum Ende seines Weges. Nur in der lukanischen Erzählung über die Kreuzigung Jesu ist ein Gespräch Jesu mit den beiden Mitgekreuzigten eingefügt, wodurch dieses Motiv der Zuwendung Jesu zu den Verlorenen selbst hier, am Kreuz, noch einmal aufleuchtet. Während einer der Mitgekreuzigten in den Hohn der Umstehenden einstimmt und Jesus auffordert, ihnen doch jetzt zu helfen, wenn er denn schon der Messias sei (Lk 23,39), lässt sich der andere von Jesus berühren, zeigt Einsicht in die eigenen Taten, die zu diesem Urteil geführt haben, und bittet Jesus, seiner zu gedenken, wenn er in sein Reich komme. Sogleich erhält er die Zusage Jesu:

> «Amen, ich sage dir: Heute noch wirst du mit mir im Paradies sein.» (Lk 23,43)

Selbst hier, in der Stunde des eigenen Todes, wird Jesus als Heiland der Verlorenen gezeigt. Und selbst hier, in dieser letzten Stunde, ist Rettung möglich für diejenigen, die umkehren wollen. Mit dem Zuspruch an den Mitgekreuzigten erweist sich der lukanische Jesus bis zum Schluss als der Retter, als der er durch das gesamte Evangelium hindurch gewirkt hatte (6,9; 7,50; 8,36.48.50; 9,24; 17,19; 18,42; 19,10) – auch und gerade wenn ihm in der Kreuzigungsszene in der dreimaligen Verhöhnung durch die Umstehenden die Fähigkeit zu retten abgesprochen wird (23,35.37.39). Er, dem indirekt sogar im Spott durch die Anführer des Volkes noch zugestanden worden war, dass er andere retten konnte (23,35), bleibt bis zu seinem letzten Atemzug dieser Retter, dessen Geburt in Lk 2,11 von den Engeln bejubelt worden war. So ist noch Jesu Sterben zugleich Zuwendung zu den Menschen, speziell den

Verlorenen. In ihm wird Gottes Zuwendung zu den Verlorenen sichtbar.

Der Mitgekreuzigte erhält die Zusage, noch «heute» gerettet zu werden. Durch dieses «Heute» fallen Tod und Auferstehung nicht auseinander, so wie auch Tod und Auferstehung Jesu als ein Zusammenhang begriffen werden:[289]

> «Musste nicht der Messias dieses erleiden und in seine Herrlichkeit eingehen?» (Lk 24,26)

Wie dieses «Heute» das gesamte Lukasevangelium durchzieht, ist bereits deutlich geworden (Lk 2,11; 4,21; 19,9).[290] Stets ist es mit Rettung und Heil verbunden. Als solches reicht es in die Geschichte der Leserinnen und Hörer hinein, die in dieses Drama der Rettung einbezogen werden – bis «heute».

«Das war wirklich ein gerechter Mensch» (Lk 23,47): Jesus als Vorbild für Nachfolgerinnen und Nachfolger 5.4.4

Bei alldem wird das Handeln Jesu, wie es im Lukasevangelium gezeigt wird, transparent für das Handeln der Nachfolgerinnen und Nachfolger, so dass Jesus als Vorbild erscheint. Besonders deutlich wird dies in der Darstellung seines Sterbens am Kreuz. Hier wird Jesus als bis zuletzt im Gebet mit Gott, dem Vater, verbunden gezeigt. So betet Jesus zunächst um Vergebung für diejenigen, die ihm dies alles antun:

> «Vater, vergib ihnen, denn sie wissen nicht, was sie tun.» (Lk 23,34)

Dieses Gebet steht in einer Linie mit der Aufforderung zur Feindesliebe, die in der Feldrede des Lukasevangeliums einen zentralen Platz einnahm (Lk 6,27 f.). Damit erscheint der lukanische Jesus als einer, der in einer Situation, in der er selbst von ungerechter Gewalt betroffen und vom Tod bedroht ist, für die eintritt, die ihm dies antun (vgl. 6,27), der für die betet, die ihn misshandeln (6,28), der nicht verurteilt, sondern von der Unwissenheit der Täter ausgeht (6,37; vgl. Apg 3,17; 13,27), und der um Vergebung bittet, selbst für jene, die ihm Leiden zufügen und die Würde und sogar das

289 Vgl. *Venetz*, Evangelist 168.
290 Siehe Abschnitt 5.4.1.3.

Leben rauben (Lk 6,37). In einer Extremsituation lebt er vor, was es heisst, die Feinde zu lieben. Damit realisiert er, was er in der Feldrede gepredigt und gefordert hatte.

Exkurs

In der Feldrede ist die letzte Begründung für jenes gewaltlose, barmherzige, Frieden schaffende Handeln und für die Feindesliebe das Handeln Gottes. Menschen sollen barmherzig sein, wie es auch Gott ist (Lk 6,36); «denn auch Gott ist gütig gegen die Undankbaren und Bösen» (6,35). Die passivischen Formulierungen in 6,37 f. weisen ebenfalls auf dieses göttliche Handeln hin. Wer sich auf diese Art des Handelns einlässt, wird Sohn oder Tochter Gottes genannt (6,35). Solches Handeln ist aber untrennbar verbunden mit der anbrechenden Gottesherrschaft. Dadurch wird es nicht zynisch von den Armen und Ohnmächtigen gefordert; vielmehr ist in der Logik der Feldrede ein solches Handeln möglich, weil Gott sich auf die Seite derer stellt, die solches tun. In Jesu Handeln, wie es im Evangelium dargestellt wird, und in letzter Zuspitzung auch am Kreuz, wird dieses «so ist Gott» sichtbar und erfahrbar. Konsequenterweise lässt das Lukasevangelium diesen Jesus, der sich in seinem gewaltlosen Handeln als «Sohn Gottes» (6,35) erweist, Stärkung und Trost durch einen Engel Gottes erfahren (22,43).[291]

Jesus stirbt nach der Darstellung des Lukasevangeliums mit einem weiteren Gebetsruf an den Vater. Es ist aber nicht wie im Markusevangelium der erschütternde Klageruf aus Ps 22,2 (vgl. Mk 15,34), sondern ein vertrauensvoller Ruf aus Ps 31,6:

> «Vater, in deine Hände lege ich meinen Geist.» (Lk 23,46)

Damit legt der sterbende Jesus – wie es Jüdinnen und Juden in dem zitierten Gebet an jedem Abend tun – sein Leben vertrauensvoll in die Hände Gottes zurück. Der lukanische Jesus zeichnet sich also bis zum Schluss durch unzerstörbare Nähe und unerschütterliches Vertrauen zu Gott aus. Wie er bereits durch das gesamte Lukasevangelium hindurch – deutlicher als in der Markusvorlage – als Betender gezeichnet worden war,[292] so stirbt er jetzt in dieser engen Verbundenheit zu seinem «Vater» mit diesem Vertrauensgebet. Auch in der Apostelgeschichte wird in der Pfingstrede des Petrus (Apg 2,25–29) –

291 Vgl. *Merklein*, Jesusgeschichte 219. Lk 22,43 ist allerdings textkritisch umstritten.

292 Vgl. Lk 3,21 vs. Mk 1,10; Lk 5,16 vs. Mk 1,45; Lk 6,12 vs. Mk 3,13; Lk 9,18 vs. Mk 8,27; Lk 9,28 f. vs. Mk 9,2; Lk 11,1; 22,41.44.

unter Rückgriff auf den griechischen Text von Ps 16,8–11 – ein Jesus beschworen, der angesichts des Todes auf Gott vertraut. Dieser Theologie entsprechend zerreisst in der lukanischen Kreuzigungserzählung der Tempelvorhang – anders als in der Markusvorlage – bereits vor Jesu Tod, so dass dieses Zeichen der Anwesenheit und des Handelns Gottes von Leserinnen und Hörern bei Jesu anschliessendem Sterben mitgedacht werden kann. Im Erzählduktus wird dieses Zeichen so zu einer göttlichen Bestätigung und Rehabilitierung des sterbenden Gerechten und der letzte Ruf Jesu gleichsam zu einer Antwort auf dieses Zeichen.

Diesem Sterben Jesu entspricht das Wort, das der römische Hauptmann im Lukasevangelium angesichts des Todes Jesu ausspricht:

> «Das war wirklich ein gerechter Mensch.» (Lk 23,47)

Jesus stirbt nach dem Lukasevangelium als ein solcher unschuldig leidender Gerechter, der bis zum Schluss vorbildlich bleibt: in seiner Gewaltlosigkeit und Feindesliebe ebenso wie in seiner Zuwendung zu den Verlorenen und in seinem Gottvertrauen. So wird er Leserinnen und Lesern als Vorbild vor Augen gestellt, und sie sind eingeladen, ihn in ihrem Leben und Sterben nachzuahmen.

Wie sehr Lukas den auf diese Weise sterbenden Jesus als Vorbild für Christinnen und Christen begreift, zeigt sich in der Apostelgeschichte in der literarischen Modellierung der Steinigung des Stephanus, die sich deutlich an die Passion Jesu anlehnt. Auch Stephanus stirbt mit einer Vergebungsbitte für die Steine werfende Menge auf den Lippen (Apg 7,60) und realisiert damit ebenso wie der sterbende Jesus die Feindesliebeforderung der Feldrede. Zuvor hatte Stephanus seinen Geist dem «Herrn Jesus» anbefohlen (Apg 7,59), so wie der sterbende Jesus nach Lk 23,46 seinen Geist Gott, dem Vater, in die Hände gelegt hatte. Und wiederum zuvor hatte Stephanus in einer Vision den Himmel offen und den Menschensohn zur Rechten Gottes stehen sehen (Apg 7,55 f.) und dadurch Bestätigung erfahren, ähnlich wie der betende Jesus durch einen Engel gestärkt worden war (Lk 22,43) und Leserinnen und Leser unmittelbar vor dem Tod Jesu den zerreissenden Tempelvorhang als Zeichen des anwesenden Gottes verstehen können.

So wird Stephanus in seinem Sterben seinerseits zum Vorbild für andere Glaubende, die, wie sich sowohl im Lukasevangelium wie auch in der Apostelgeschichte zeigt, zum Teil Übergriffen und Bedrängnissen ausgesetzt waren. Sie können sich am betenden und vertrauenden Jesus ebenso orientieren wie an Jüngerfiguren wie Stephanus. Überhaupt erscheinen im Lukasevangelium die Jüngerinnen und Jünger stärker als im Markusevangelium als Vorbildfiguren.[293] Anders als im Markusevangelium werden sie weniger in ihrem Unverständnis und Scheitern gezeigt, sondern als Menschen, die etwas von Jesus verstanden haben und daher für Leserinnen und Leser als Orientierung dienen können. Schliesslich sind sie – und insbesondere die Apostel – ja diejenigen, auf deren Augenzeugenschaft und Verkündigung sich das Lukasevangelium letztlich stützt, und die mit ihrem Zeugnis für die «Zuverlässigkeit» (Lk 1,4) des Werkes einstehen.

Zum Weiterlesen

Dillmann, Rainer/Paz, César Mora: Das Lukas-Evangelium. Ein Kommentar für die Praxis, Stuttgart 2000.

Dormeyer, Detlev: Das Lukasevangelium. Neu übersetzt und kommentiert, Stuttgart 2011.

Janssen, Claudia/Lamb, Regene: Das Evangelium nach Lukas. Die Erniedrigten werden erhöht, in: *Schottroff, Luise/Wacker, Marie-Theres (Hg.):* Kompendium Feministische Bibelauslegung, Gütersloh ^{2}1999, 513–526.

Katholisches Bibelwerk e. V. (Hg.): Lukas entdecken. Lese- und Arbeitsbuch zum Lukasevangelium, Stuttgart 1997.

Katholisches Bibelwerk e. V. (Hg.): Entdecken: Apostelgeschichte. Lese- und Arbeitsbuch zur Bibel, Stuttgart 2004.

Kosch, Daniel/Schäfer, Brigitte/Zanetti, Claudia: Jesus im Alltag begegnen. Lebenssinn und Lebensstil nach Lukas (WerkstattBibel 1), Stuttgart 2001.

Krüger, René: Gott oder Mammon. Das Lukasevangelium und die Ökonomie, Luzern 1997.

Marguerat, Daniel: Apostelgeschichte, in: *Krieg, Matthias (Hg.):* Erklärt. Der Kommentar zur Zürcher Bibel, Bd. 3, Zürich 2010 (^{2}2011), 2238–2327.

293 Vgl. mit Beispielen *Venetz*, Evangelist 171 f.; *Rusam*, Lukasevangelium 204.

Richter Reimer, Ivoni: Die Apostelgeschichte. Aufbruch und Erinnerung, in: *Schottroff, Luise/Wacker, Marie-Theres (Hg.):* Kompendium Feministische Bibelauslegung, Gütersloh ^{2}1999, 542–556.
Riniker, Christian: Lukas, in: *Krieg, Matthias (Hg.):* Erklärt. Der Kommentar zur Zürcher Bibel, Bd. 3, Zürich 2010 (^{2}2011), 2086–2175.
Venetz, Hermann-Josef: Der Evangelist des Alltags. Streifzüge durch das Lukasevangelium, Freiburg i. Ue. 2000.

Das Johannesevangelium 6

Schon nach kurzer Lektüre wird deutlich: Das Johannesevangelium hat einen ganz eigenen Blick auf Jesus und die Jesustradition. Das Johannesevangelium unterscheidet sich in seiner Sprache und Bildwelt, insbesondere in der Art und Weise, wie Jesus spricht und handelt und mit welchen Titeln und Bildern er versehen wird, deutlich von den synoptischen Evangelien. Kaum einmal ist die Rede von dem im Kommen begriffenen Reich Gottes. Stattdessen wird viel über Jesus selbst, seine Sendung und sein Verhältnis zu Gott gesagt, der viel öfter als in den anderen Evangelien «Vater» genannt wird. Auch in seiner erzählerischen Anlage hat das Johannesevangelium einen eigenen Weg gefunden: Der Erzählbogen führt Jesus nicht wie bei den Synoptikern in einem einzigen Weg von Galiläa nach Jerusalem. Vielmehr bewegt sich der johanneische Jesus mehrmals zwischen Galiläa und Jerusalem hin und her, bevor er schliesslich in Jerusalem am Kreuz stirbt – das wiederum eine ganz eigene, johanneische Interpretation erhält. Dadurch, dass sich Jesus mehrere Male in Jerusalem aufhält, spielen auch einige Wundergeschichten (die bei Johannes besser als Zeichengeschichten bezeichnet werden sollten) in dieser Stadt, was bei den Synoptikern nicht der Fall ist. Und dadurch, dass im Laufe dieser Wege zwischen Galiläa und Jerusalem drei Pesachfeste vorausgesetzt werden (Joh 2,13; 6,4; 13,1), erstreckt sich der Zeitraum des öffentlichen Wirkens Jesu im Unterschied zu den Synoptikern, die nur ein einziges Pesachfest erwähnen, auf mehr als zwei Jahre.

Die Liste der Unterschiede zu den Synoptikern könnte noch lange fortgesetzt werden. Aber schon diese ersten Eindrücke aus den Besonderheiten des Johannesevangeliums werfen die Frage auf, um was für ein besonderes Werk es sich hierbei handelt, welche Gruppe oder Gemeinde dahinter steht und wo nun genau die theologischen und christologischen Akzente liegen.

6.1 Wie das Johannesevangelium erzählt: Der Aufbau des Buches

6.1.1 Im Anfang – der Logos! Der Beginn des Werkes (Joh 1,1–18)

Feierlich, aber auch etwas rätselhaft klingen die Worte, mit denen das Johannesevangelium einsetzt:

> «Im Anfang war das Wort [*logos*], und das Wort war bei Gott, und das Wort war Gott. Im Anfang war es bei Gott. Alles ist durch das Wort geworden, und ohne das Wort wurde nichts, was geworden ist» (Joh 1,1–3).

Dieser feierliche Text, der seit Langem der «Prolog» des Johannesevangeliums genannt wird, erstreckt sich bis V. 18.[294] Erst danach beginnt in Joh 1,19 mit dem Zeugnis Johannes' des Täufers über Jesus die eigentliche Handlung des Werkes.

Ein «Prolog» ist dieser Text gewiss nicht im Sinne eines literarischen Vorwortes, wie wir dies am Beispiel von Lk 1,1–4 gesehen hatten. Auch stellt er seinen Protagonisten nicht in der Weise vor, wie es im Prolog des Markusevangeliums geschieht. Dennoch erfüllen diese Verse in hervorragender Weise die Funktion eines Prologes, indem sie, ganz im Sinne des Aristoteles «eine Wegbereitung für das, was folgt»[295], darstellen. Wie in einer Ouvertüre klingen in ihnen bereits wesentliche Motive der sich anschliessenden Jesusgeschichte an. Aber noch mehr: Hier werden die Vorzeichen gesetzt, wie das anschliessende Werk verstanden werden soll, und insbesondere. wie die Hauptfigur des Werkes verstanden werden soll, Jesus Christus (V. 17).

Dazu setzt der Prolog weder beim Auftreten des Täufers ein, wie wir das im Markusevangelium gesehen haben, noch beginnt er mit einem Stammbaum oder mit Geburts- und Kindheitserzählungen, wie dies im Matthäus- und Lukas-

294 Zu den folgenden Ausführungen vgl. die Kommentare zum Johannesevangelium, bes. *Beutler*, Johannesevangelium; *Kügler*, Jesusdarstellung; *Schenke*, Johannes; *Schnelle*, Evangelium; *Theobald*, Evangelium; *Thyen*, Johannesevangelium; *Wengst*, Johannesevangelium I.

295 *Aristoteles*, Rhetorik III 1414b, 20 f. Siehe Exkurs in Abschnitt 2.1.1.

evangelium der Fall ist, sondern greift noch weiter zurück auf einen «Ur-Anfang» bei der Schöpfung und bei Gott selbst.

In drei Abschnitten entfaltet sich der Gedankengang des Prologs:[296]

I. Joh 1,1–5 setzt beim Urgeschehen bei Gott ein, verortet den *Logos* – nach der Einheitsübersetzung: «das Wort» – in diesem Ur-Anfang bei Gott und zeigt das schöpferische Wirken des *Logos* sowie seine Bedeutung für die Menschen auf: Er bringt Leben und Licht. Als Gegenbegriff zu diesem lebensvollen Licht wird die Finsternis eingeführt, die das Licht allerdings, so wird am Ende dieses Abschnitts festgehalten, nicht besiegen kann.

II. Nach diesem eher beschreibenden Abschnitt setzt Joh 1,6–13 mit dem erzählerischen Signal «es geschah» neu ein. Jetzt kommt ein geschichtlich fassbares Geschehen zur Sprache: das Auftreten des Täufers, dessen von Gott zugedachte Aufgabe das Zeugnis für den *Logos* war (1,6–8), das Kommen des *Logos* in die Welt (1,9.f), seine Ablehnung durch «die Eigenen» (1,11 f.) und seine Aufnahme durch die Glaubenden (1,12 f.).

III. Ab Joh 1,14 findet dieses Geschehen ein Echo im Bekenntnis zunächst einer «Wir»-Gruppe (1,14), sodann des Täufers (1,15) und schliesslich im gemeinsamen Bekenntnis der «Wir»-Gruppe und des Täufers (1,16–18). Hier wird nicht nur zum ersten Mal seit V. 1 der *Logos* wieder genannt, sondern es wird erneut auf das Urgeschehen beim Vater zurückgegriffen und nun in seinen Auswirkungen auf die Gläubigen reflektiert. Zum ersten Mal kommt zudem der Name Jesus Christus ins Spiel, und es wird deutlich, dass sich in seinem Kommen in die Welt jene Fleischwerdung des *Logos* ereignet hat und dass in seinem Wirken in der Welt Gott selbst zur Sprache kommt. Jesus Christus, Sohn und Abbild des Vaters, ist der alleinige «Exeget» Gottes (1,18); in seinen Worten, seinem Handeln und seinem Geschick wird Gott selbst «ausgelegt», wird sichtbar, wer Gott ist und wie er ist.

Dieser Text hat in der Christentumsgeschichte eine enorme Wirkungsgeschichte entfaltet. Er ist von grundlegen-

296 Eine solche Dreiergliederung wird u.a. von *Beutler*, Johannesevangelium 79 f.; *Schenke*, Johannes 22–36; *Theobald*, Evangelium 104 f. vorgeschlagen.

der Bedeutung für jegliche Jesusinterpretation, vor allem aber für die späteren christologischen und trinitätstheologischen Entwicklungen geworden. Zudem ist der Johannesprolog vielen Menschen in ihrer persönlichen Spiritualität sehr nah und so bekannt, dass nicht wenige ihn sogar auswendig mitsprechen können. Dichter und Schriftstellerinnen wie Johann Wolfgang von Goethe oder Rose Ausländer haben sich vom Johannesprolog für ihr Werk inspirieren lassen. So ist er zu einem Stück Weltliteratur geworden.

6.1.1.1 «Logos» und «Sophia»

Weil die Worte des Prologs so geläufig geworden sind, fällt es kaum mehr auf, dass die Art und Weise, wie der Prolog das Christusgeschehen ins Wort bringt, buchstäblich mit dem «Wort» (*logos*) in Verbindung bringt, alles andere als selbstverständlich ist. Fragt man nach der möglichen Herkunft dieser Rede vom *Logos*, zeigt sich zunächst, dass der Begriff in der griechischen Philosophie von grossem Gewicht ist und ein weites Bedeutungsspektrum umfasst.

Exkurs

Das griechische Wort *Logos* ist vom Verb *legein* (sagen, sprechen) abgeleitet. Doch umfasst das Bedeutungsspektrum des Wortes *Logos* viel mehr als nur das, was gesagt wird, die Worte. Vielmehr bezeichnet es jegliches menschliche Sprach- und Denkvermögen und auf dieser Grundlage viele Einzelaspekte, die damit zusammenhängen: Satz, Thema, Rede, Prosa, Lehre, Urteil, Grund, Schlussfolgerung, Vernunft und einiges mehr.[297]

In der griechischen Philosophie begegnet der *Logos*-Begriff zuerst bei Heraklit (um 520 – um 460 v. Chr.) und wird dann vor allem bei Philosophen in der Tradition Platons und in der Stoa bedeutsam. Heraklit bezeichnet mit diesem Begriff zunächst das sinnvolle gesprochene Wort oder auch die Lehre, sodann die Ordnung der Welt, aber auch die Fähigkeit des Menschen, die Welt zu erfassen und auf dieser Grundlage das Leben zu gestalten. Angesichts der Disparatheit der Wirklichkeit steht der *Logos* schliesslich für das Prinzip, das die Einheit in der Disparatheit herstellt. Bei Platon wird der Akzent stärker auf die sprachliche Seite des *Logos* gelegt: Sprache ist grundsätzlich in der Lage, die komplexe Struktur der Welt zu erfassen. Sie muss ausgebildet werden, um die Einheit in

297 *Peppel*, Logos 494. Zur griechischen Philosophie vgl. *Figal*, Logos 498–500 sowie in dieser Buchreihe *Brasser*, Lässt sich Gott denken?

der Vielfältigkeit ebenso ausdrücken zu können wie die Differenzierung der Einheitlichkeit. In der Stoa schliesslich hat der *Logos* die Funktion, die Vielfältigkeit der Welt mit der Einheit des göttlichen Weltgrundes zu vermitteln.

Doch kann die Verwendung des Begriffs in der griechischen Philosophie noch nicht befriedigend erklären, warum der *Logos* in Joh 1 beschrieben wird, als wäre er eine eigenständig handelnde Person. Als eine solche Figur, die viele der im Johannesprolog besungenen Aspekte verkörpert, begegnet in der alttestamentlichen und ausserbiblischen jüdischen Tradition die Figur der Weisheit.

Exkurs

Weisheitsliteratur ist im gesamten Alten Orient verbreitet, vor allem in Ägypten, aber auch in Mesopotamien. Ähnlich wie in der altorientalischen Literatur hat Weisheit (hebr.: *chokhmah*, gr.: *sophia*) in den alttestamentlichen Weisheitsschriften wie dem Sprüchebuch, Ijob oder Kohelet mit menschlichem Verstehen und mit Erkenntnis zu tun, umfasst aber auch praktische Fähigkeiten der Lebensgestaltung.[298] So ist sie eine lebenspraktische Klugheit, die hilft, das Leben erfolgreich zu meistern und es so zu gestalten, dass die Gemeinschaft in ihren wechselseitigen Beziehungen funktionieren kann. Im Hintergrund steht die Vorstellung einer geordneten Welt, die Gott «in Weisheit» (Ps 104,24) geschaffen und in der er allem seinen Platz und seine Zeit gegeben habe. Demnach wird das Leben der Menschen gelingen, wenn sie sich dieser Ordnung gemäss verhalten. Daher ist Weisheit eine Eigenschaft, nach der Menschen mit ihrem ganzen Sinnen streben sollen. König Salomo gilt als das Paradebeispiel eines Weisen, für den die Erlangung von Weisheit über alles andere – beispielsweise Macht, Reichtum und ein langes Leben – geht (u. a. 1 Kön 3,4–15; Weish 7,7–14; 8,2–18). Durch dieses Streben nach Weisheit erscheint die Weisheit nahezu wie ein Gegenüber des Menschen, und von dort ist es nur noch ein kleiner Denkschritt dahin, dass der Weisheit als lebenspraktische Klugheit in Form einer Metapher personhafte Züge verliehen werden – was schliesslich in die Personifikation der Weisheitsgestalt mündet.

Zu dieser Personifikation mögen ausserdem positive Frauenrollen als Ratgeberinnen in alttestamentlichen Texten beigetragen haben. Nicht auszuschliessen ist, dass auch Bilder und Eigenschaften altorientalischer Göttinnen eingeflossen sind, insbesondere die ägyptische Vorstellung der *Ma'at*, einer weiblichen gött-

298 Zur alttestamentlichen Weisheitsliteratur vgl. in dieser Buchreihe *Bauer*, Überlieferungen 212–307.

lichen Figur, die gleichzeitig die von den Göttern geschaffene soziale und kosmische Ordnung repräsentiert und verkörpert.[299]

Als personifizierte Frauengestalt begegnet die Figur der Weisheit seit der hellenistischen Zeit (ab dem 4./3. Jahrhundert v. Chr.) in den weisheitlichen Schriften des Sprüchebuchs, Jesus Sirachs und im Buch der Weisheit. In verschiedenen Gedichten, Liedern und Reden von und über Frau Weisheit erscheint diese Figur in vielerlei Facetten und immer neuen Farben (vgl. Spr 1,20–33; 8,1–36; Sir 24; Weish 7,22–8,1; 10,1–11,1). Mit Blick auf den Johannesprolog seien nur einige Aspekte herausgehoben:

- In Spr 8,22–36 tritt die Weisheit selbst als Sprecherin auf und stellt sich mit ihrem Ursprung als erstes Geschöpf Gottes vor: Sie wurde «im Anfang» von Gott geschaffen, vor allen anderen Werken, «vor aller Zeit», sie wird also als präexistent vorgestellt. Sie war sodann als «Werkmeisterin» (8,30) an der Seite Gottes und erfreute ihn mit ihrem Spiel, während er die Erde erschuf, so dass sie auch als Schöpfungsmittlerin erscheint. Sie ist ausserdem den Menschen zugewandt, hat ihre Freude an den Menschen und lädt dazu ein, auf ihren Wegen zu bleiben. Schliesslich verheisst sie denen, die sie finden, das Leben und stellt im Gegenzug diejenigen, die sie verfehlen, auf die Seite des Todes (8,35 f.).
- Im Weisheitslied Sir 24 erscheint die Weisheit ebenfalls als präexistentes Geschöpf Gottes (24,9), das nach dieser Vorstellung allerdings «aus dem Mund des Höchsten hervorging» (24,3). Sie ist in der gesamten Schöpfung – in den Höhen des Himmels ebenso wie in den Tiefen des Abgrunds, über den Meeresfluten ebenso wie über dem Land – präsent und findet eine Bleibe, vorgestellt als «Zelt» (24,8) unter den Menschen, speziell in Jakob/Israel. Auch dieses Lied zielt darauf ab, die Weisheit zu suchen, sich an ihr zu erfreuen und zu sättigen und dadurch das Leben zu gewinnen (24,19–22).
- Das Buch der Weisheit, das wohl erst im 1. Jahrhundert v. Chr. in Alexandria entstanden ist, präsentiert die Weisheit

299 Grundlegend zum Thema der Weisheit: *Assmann*, Ma'at. Zur personifizierten Weisheitsfigur kompakt *Maier*, Weisheit sowie die dort angegebene Literatur.

als einen «Hauch der Kraft Gottes», «Ausfluss der Herrlichkeit des Allherrschers», die, beweglicher als alle Bewegung, alles durchdringt und erfüllt (Weish 7,24 f.). Sie wird als «Widerschein des ewigen Lichts», «ungetrübter Spiegel von Gottes Kraft», «Bild seiner Vollkommenheit» bezeichnet (7,26). Sie vermag alles, sie erneuert alles, sie nimmt Wohnung in den Menschen und «schafft Freunde Gottes und Propheten» (7,27). Im Gegenzug liebt Gott diejenigen, die mit ihr «zusammenwohnen» (7,28). Strahlender als das Licht, siegt keine Schlechtigkeit über sie (7,29 f.). Auf diese Weise regiert sie den Kosmos (8,1). So wird sie zur Braut und Lebensgefährtin des «König Salomo», dem erzählerischen «Ich» des Buches (8,2–18).

Ein Vergleich dieser Texte mit dem Johannesprolog zeigt, dass viele der Motive, die in den genannten weisheitlichen Texten mit der Gestalt der Weisheit verbunden sind, im Johannesprolog über den *Logos* ausgesagt werden: Wie der *Logos* ist auch die Weisheit präexistent, sie ist Schöpfungsmittlerin, sie wird mit Lichtsymbolik verbunden, sie schlägt ihr «Zelt» unter den Menschen auf, sie lädt ein, ihr zu folgen und das Leben zu gewinnen, sie geht von Gott aus und kehrt zu ihm zurück – um nur die vordergründigsten Parallelen zu nennen.

Eine Verbindung zwischen der weiblichen Gestalt der Weisheit und dem (grammatisch männlichen) *Logos* ist bereits in alttestamentlichen Texten zu beobachten. Zunächst liegt ein inhaltlicher Zusammenhang in dem grossen Thema der Schöpfung vor; denn die Figur der Weisheit ist in all den genannten Texten im Kontext der Weltschöpfung und Welterhaltung im Blick. Nun ist die Erschaffung der Welt nach dem ersten biblischen Schöpfungstext (Gen 1,1–2,4a) zutiefst mit dem Wort, mit dem schöpferischen Sprechen Gottes, verbunden. Dass die Welt durch Gottes Wort entstanden sei, findet sich als Motiv auch in Ps 33, und hier wird in der griechischen Übersetzung des hebräischen Textes das Wort *logos* verwendet:

> «Durch das Wort [*logos*] des Herrn wurden die Himmel befestigt,
> und durch den Hauch seines Mundes (wurde) ihr ganzes Heer (geschaffen).

> […] Denn er sprach, und sie entstanden,
> er befahl, und sie wurden erschaffen.» (Ps 32[33],6.9)

Nach Ps 104,24 hat Gott seine Werke «in Weisheit» erschaffen:

> «Wie gross gemacht sind deine Werke, Herr;
> alles hast du in Weisheit gemacht.» (Ps 103[104],24)

Vor allem aber wird in Weish 9,1 f. das schöpferische Wort (*logos*) Gottes in Parallele mit der Weisheit genannt:

> «Du hast das All gemacht durch dein Wort [*logos*],
> und durch deine Weisheit hast du den Menschen bereitet.»
> (Weish 9,1 f.)

Eine ähnliche Parallelisierung zwischen *logos* und *sophia* findet sich auch bei dem jüdischen Gelehrten Philo von Alexandria (15/10 v. Chr. – nach 40 n. Chr.), der – nur kurze Zeit nach der Entstehung des Buches der Weisheit – in der hellenistischen Metropole Alexandria seine Theologie bzw. Philosophie in Auseinandersetzung mit dem griechischen Denken entwickelte. So entstand eine interessante Synthese aus jüdischer Tradition und griechischer Philosophie, die wirkungsgeschichtlich ausserordentlich einflussreich geworden ist.

Für unseren Zusammenhang ist interessant, dass Philo von Alexandria den *Logos* als Vermittler zwischen Gott und der Welt betrachtet.[300] Ein solcher Mittler ist notwendig, weil Gott – ähnlich wie bei Platon – absolut transzendent und in sich perfekt gedacht wird, so dass es Mittler braucht, um eine Verbindung zwischen Gott und der Welt herzustellen. Als ein solcher Mittler ist der *Logos* Medium der Zuwendung Gottes zur Welt und Ort der Erfahrbarkeit Gottes in der Welt. Er kann von Philo sogar als erstgeborener Sohn Gottes bezeichnet werden. Er ist der Schöpfungsmittler, er wirkt welterhaltend und weltlenkend, herrscherlich und auch strafend. Wie in der Stoa wird der *Logos* mit der göttlichen Kraft identifiziert, die die ganze Schöpfung durchwaltet und erhält, und in dieser Funktion nähert er sich stark der *Sophia* an. Zum Teil

---

300 Vgl. zur folgenden Zusammenstellung nur *Philo von Alexandria*, De agricultura 51; *ders.*, De somniis 1, 215; *ders.*, Quis rerum divinarum heres sit 205–206; *ders.*, De fuga et inventione 101, 112; *ders.*, De plantatione 8–10.

werden beide Begriffe synonym gebraucht,[301] zum Teil werden beide auch voneinander unterschieden, so dass die Weisheit beispielsweise als älter als der Logos und diesem präexistent erscheint[302].

Der «Logos» und Jesus Christus 6.1.1.2

Vor diesem Hintergrund erschliesst sich nun die Rede vom *Logos* zu Beginn des Johannesevangeliums. Es wird verständlich, weshalb sich ausgerechnet der *Logos*-Begriff angeboten hat, um die Bedeutung Jesu Christi in seiner Tiefe auszuloten und anhand des Weges des *Logos*, der bei Gott war, Gott (gleich) war und von Gott ausging, das Kommen Jesu Christi in die Welt zu beschreiben. Dieser *Logos* ist in der Gestalt, wie er uns im Johannesprolog entgegentritt, ausgestattet mit Motiven, die in der biblischen Tradition – wie bereits gezeigt – mit der Figur der Weisheit verbunden werden. In einem gewagten Bild könnte man vielleicht sagen, dass der *Logos* hier im Gewand der *Sophia* auftritt, oder auch, dass die Figur der Weisheit durch den *Logos*-Begriff hindurchschimmert.

Exkurs

Seit Langem wird vermutet, dass der Prolog des Johannesevangeliums auf einem Hymnus basiert, der aus den Gottesdiensten der johanneischen Gemeinde stammt.[303] Darauf deuten verschiedene sprachliche Hinweise, etwa die Beobachtung, dass poetische Abschnitte mit Prosa-Abschnitten (Joh 1,6 f.15 f.) wechseln, dass der *Logos*-Begriff nicht durch den gesamten Text hindurch begegnet, dass Joh 1,15 den inhaltlichen Zusammenhang von Joh 1,14.16 unterbricht, dass in V. 10 das Subjekt aus V. 9, «das Licht» (grammatisch Neutrum), durch ein inkongruentes maskulines Pronomen «er» (der *Logos*) wiederaufgenommen wird oder dass sich in V 12 f. und V. 17 f. Kommentare angelagert zu haben scheinen.

Der genaue Umfang des zugrunde liegenden Gemeindeliedes ist allerdings schwer zu bestimmen. Nach der Rekonstruktion von Michael Theobald folgten auf drei Strophen eines «berichtenden Lobpreises» (V. 1 f./3 f./11 f.) zwei Strophen eines «bekennenden Lobpreises» (V. 14./16). Die beiden Lobpreis-Teile werden jeweils durch die Rede vom *Logos* eröffnet und dadurch strukturiert. Diesen Hymnus mit seiner weisheitlich geprägten Christologie nahm der Evan-

301 Vgl. *Philo von Alexandria*, Legum allegoriae I, 65; *ders.*, Quod deterius potiori insidiari soleat 115–118; *ders.*, De fuga et inventione 109.

302 Vgl. *Philo von Alexandria*, De somniis 1I, 245–246; *ders.*, De virtutibus 62.

303 Zur Forschungslage und Rekonstruktion vgl. *Theobald*, Evangelium 105–108.

gelist auf und verzahnte ihn mit seiner Jesusgeschichte, indem er den Zeugen Johannes, mit dem dann die Jesusgeschichte ab Joh 1,19 einsetzt, in den Hymnus aufnahm und ihn dadurch bereits an dieser Stelle als Zeugen für den als präexistent gedachten Christus ins Feld führte. Darüber hinaus verstärkte er den universalen Anspruch, den der Hymnus mit der Schöpfungsmittlerschaft des *Logos* behauptet, der in Jesus von Nazaret Fleisch geworden ist.[304]

Gleich zu Beginn markiert der Prolog seinen hohen Anspruch, indem er auf den Beginn der Bibel, den Ur-Anfang der Schöpfungserzählungen zurückgreift: «Im Anfang, als Gott die Welt schuf» (Gen 1,1). Ausgehend von diesem Urgeschehen kreist er um die Frage nach dem «Ursprung» Jesu, der in und bei Gott liegt. Von hier aus entwickelt der Text die Antwort nach der Frage, wer dieser Jesus ist, wie sein Verhältnis zu Gott ist und, im Anschluss daran, welches seine Bedeutung für die Welt und für die Menschen ist. So spannt der Prolog, ausgehend von diesem Urgeschehen, einen weiten Bogen, der in die Zeit der Leserinnen und Leser hineinreicht (Joh 1,14.16).

Grundlegendes wird in diesem Prolog anhand des *Logos*-Begriffs über Jesus ausgesagt: Er war «im Anfang» – das heisst, er ist kein Geschöpf. Sein Ursprung liegt bei Gott, so ist er Abbild des einen Gottes und daher Gott gleich, ohne jedoch mit Gott identisch zu sein – wobei der Text die sprachlichen Differenzierungen der späteren christologischen Diskussionen noch lange nicht im Blick hat[305]. Er ist das entscheidende «Werkzeug»[306] des Schöpfers bei der Schöpfung, denn «ohne ihn wurde nichts, was geworden ist» (1,3). In diesem *Logos* hat Gott sich selbst mit der Schöpfung verbunden und den Menschen mitgeteilt (1,4.9–14).

Alles, was ist, verdankt dem *Logos* das Leben (Joh 1,4). Darin liegt seine Bedeutung für die Menschen: Sie verdanken ihm das Leben, und dies ist das Licht, das ihr Leben erleuchtet. Klingt mit dem Licht der Schöpfungskontext nochmals an, wonach Gott das Licht von der Finsternis geschieden habe (Gen 1,3 f.), so wird an einer späteren Stelle des Johannes-

304 Vgl. ebd. 108.

305 Vgl. dazu in dieser Buchreihe *Selvatico/Strahm*, Jesus Christus 213–242.

306 *Kügler*, Jesusdarstellung 19.

evangeliums der johanneische Jesus seine Bedeutung für die Menschen so zusammenfassen:

> «Ich bin das Licht der Welt. Wer mir nachfolgt, wird nicht in der Finsternis umhergehen, sondern wird das Licht des Lebens haben.» (Joh 8,12; vgl. auch 12,46)

Das durch den *Logos* gekommene Licht leuchtet nach Joh 1,5 in einer Umgebung, die von «Finsternis» gekennzeichnet ist. Damit kommen schon im Prolog die gegnerischen Mächte ins Spiel, die im Verlauf des Buches auf den «Herrscher dieser Welt» (12,31; 14,30) zurückgeführt werden und als dessen Werkzeuge erscheinen (6,70; 8,44; 13,2). Obgleich diese Mächte mit dem Tod Jesu einen scheinbaren Sieg erringen, erweist sich dieser Sieg als Niederlage; denn der «Herrscher dieser Welt» ist entmachtet (12,31; 16,11). Der Tod Jesu war in Wahrheit keine Niederlage, sondern ein Sieg. Darum kann im Prolog im Präsens gesagt werden: Das Licht scheint (weiterhin und dauerhaft). Die Finsternis konnte es nicht überwältigen.

Nachdem in Joh 1,6–8 der Blick auf Johannes den Täufer gelenkt, seine Zeugenfunktion «für das Licht» bekräftigt und das Verhältnis dieses Zeugen zu jenem Licht geklärt worden war (vgl. auch Joh 1,19), wendet sich der Hymnus mit V. 9 wieder dem «wahren Licht» und dem *Logos* zu. Dessen Kommen in die Welt steht nun im Mittelpunkt. Da die Welt durch ihn geworden ist, müsste die Welt ihn eigentlich erkennen und aufnehmen; doch ist das Gegenteil der Fall: Er wurde nicht erkannt. Was in V. 11 zunächst wie eine vollständige Ablehnung aussieht, wird in V. 12 f. allerdings noch differenziert: Es gibt durchaus Menschen, die ihn erkennen und annehmen. Dies bleibt für sie nicht ohne Wirkung: Sie erhalten die Vollmacht, «Kinder Gottes zu werden». Sie werden also nach dem Bild des *Logos* umgestaltet und werden Kinder Gottes wie dieser.[307]

Grundlage für die Gotteskindschaft ist der Glaube «an seinen Namen» (Joh 1,12). Diese Wendung findet sich so nur in der johanneischen Literatur (Joh 2,23; 3,18; 1 Joh 3,23; 5,13). Dieser Glaube verleiht den Gotteskindern eine neue Qualität, die sie von den «natürlich» Gezeugten unterscheidet

307 Vgl. *Kügler*, Jesusdarstellung 21.

(Joh 1,13). Im Hintergrund dieses Gedankens stehen antike Vorstellungen von der Entstehung menschlichen Lebens: Neben dem Mutterblut als «Grundstoff» für den Fötus braucht es die geschlechtliche Vereinigung sowie die männliche Potenz; denn erst der männliche Same gibt der «Materie» aus dem Mutterblut die Form. Demgegenüber liegt der eigentliche Ursprung der Gotteskinder in Gott selbst (vgl. auch Joh 3,3–8), so dass sie auch in dieser Hinsicht dem *Logos* nachgebildet sind.

Gegenüber dieser Abwertung der irdisch-natürlichen Seite des Menschseins wirkt der Neueinsatz in Joh 1,14 wie ein Kontrast, indem nun die «Fleisch»-Werdung des *Logos* betont wird. Damit wird das Kommen des *Logos* in die Welt, wie es in 1,9–11 zum Ausdruck gebracht worden war, konkretisiert. Von nun an wird aus der Perspektive einer «Wir»-Gruppe gesprochen, die im Modus eines Bekenntnisses formuliert, was sie gesehen und erfahren hat und was sie nun weitergibt. Und das lässt aufhorchen: Der *Logos* «zeltete» unter uns, heisst es in V. 14. Dieses «Zelten» erinnert an das Offenbarungszelt, in dem Gott während der Wüstenwanderung Israels anwesend war und sich zeigte.[308] In vergleichbarer Weise ist also der Fleisch gewordene *Logos* der Ort der Gegenwart und Erfahrbarkeit Gottes, genauer: der «Herrlichkeit» Gottes. In ihm, dem Fleisch gewordenen *Logos*, ist Gottes Herrlichkeit sichtbar und erfahrbar. Wenn dieser Logos als der «Alleingezeugte» oder auch «Alleingeborene» vom Vater bezeichnet wird, besagt dies einerseits, dass er ausschliesslich und allein von Gott her kommt, und andererseits, dass er der einzige Sohn des Vaters ist. So ist er das exklusive Abbild des Vaters, kann dessen Rolle übernehmen und ihn repräsentieren.[309] Dieser Vorstellung entsprechend kommt in der an ihm sichtbaren Herrlichkeit die Herrlichkeit Gottes selbst zum Vorschein, die wiederum mit den Begriffen Gnade und Wahrheit umschrieben wird. Als Leseanweisung für die folgende Jesusgeschichte kann dies nicht anders denn als

308 Zum «Wohnen» Gottes inmitten seines Volkes vgl. Ex 29,45 f.; Lev 26,11; Num 35,34; 1 Kön 6,12 f. u. a.; vgl. aber auch Sir 24,8.10, wonach die *Sophia* in Jakob ihr Zelt aufschlägt. Grundlegend *Bieberstein K.*, Wanderungen.

309 Vgl. *Kügler*, Jesusdarstellung 21.

höchst aufregend bezeichnet werden: Denn das heisst, dass die Herrlichkeit Gottes im Mensch gewordenen *Logos* – und damit in Jesus Christus – sichtbar wird. In der Konsequenz bedeutet dies, dass diese Herrlichkeit Gottes im konkreten Geschick Jesu sichtbar wird – und damit auch im Kreuz. Im weiteren Verlauf des Johannesevangeliums wird sich zeigen, dass Johannes den Kreuzestod Jesu als «Verherrlichung» Gottes interpretiert. Das bedeutet weiter, dass die Herrlichkeit Gottes nicht abgelöst von menschlichem Leben, von menschlichem Leid und auch nicht abgelöst vom Tod verstanden werden kann. Es ist eine Herrlichkeit, die all dies umfasst und sich gerade hier zeigt. Es ist alles andere als eine triumphalistische Herrlichkeit.

Ein erneutes Zeugnis des Täufers (Joh 1,15), das die Vor- und Überordnung dessen, der «nach ihm kommt», bekräftigt, mündet in ein gemeinsames Zeugnis der «Wir»-Gruppe mit dem Täufer ein und bejubelt die «Fülle» der durch das Kommen des *Logos* empfangenen Gnade (vgl. Kol 2,9). Erst danach wird in V. 17 zum ersten Mal der Name Jesus Christus genannt, nun in Parallele zu Mose. Während Mose die Tora zugeordnet wird, werden Jesus Christus «Gnade und Wahrheit» zugeschrieben. Auch wenn diese Passage eine Menge Fragen nach dem Stellenwert und der «Wahrheit» der Tora und der alttestamentlichen Heilsgeschichte gegenüber dem Christusereignis aufwirft, die an dieser Stelle nicht beantwortet werden: Man muss diesen Vers nicht als Abwertung der durch Mose gegebenen Tora lesen. Denn es wird nicht infrage gestellt, was in der jüdischen Tradition selbstverständlich ist: Dass die Tora eine Gabe Gottes und eine einzigartige Offenbarung des Gotteswillens ist. Dies bleibt weiterhin gültig, wird allerdings auf Jesus Christus hingeordnet – und diesen Schritt würden nicht-christusgläubige Jüdinnen und Juden nun nicht mehr mitgehen. Jesus Christus allein wird in 1,18 als derjenige vorgestellt, der von Gott kommt und daher der einzige wahre und wirkliche Interpret – wörtlich: *Exeget* – Gottes ist. Damit schlägt der letzte Vers des Prologs einerseits einen Bogen zurück zum Ursprungsgeschehen vom Anfang des Prologs, wo der *Logos* bei Gott selbst verortet worden war – und lenkt andererseits den Blick nach vorne zur nun folgenden Jesusgeschichte: auf Jesus, in dem Gott selbst sichtbar wird und in dessen Worten Gott selbst spricht.

6.1.1.3 Eine Leseanweisung für das folgende Buch

Damit hat der Prolog einen atemberaubenden Bogen vom urzeitlichen Anfangsgeschehen vor aller Zeit bis hin zum Beginn der Jesusgeschichte (und eigentlich noch weiter: bis in die Zeit der Lesenden hinein) gespannt. Mit ihm wird die Jesusgeschichte des Johannesevangeliums in einem «Ur-Anfang» verortet, der weit mehr ist als ein Anfangspunkt, nämlich ein Urgrund bzw. Ursprung, in dem die Jesusgeschichte gründet, auf den sie bezogen ist[310] und in dem sie ihr Urbild hat[311]. Dadurch erhält die Jesusgeschichte eine Tiefendimension, die stets mitzudenken ist, wenn im Anschluss die Geschichte des jüdischen Mannes Jesus gelesen wird. Leserinnen und Leser wissen nun vom «Woher» Jesu, von seinem Ursprung in Gott, von seiner Bedeutung für die Welt und die Menschen; sie wissen nun, dass in der Jesusgeschichte Gott selbst vernehmbar ist, dass im Wort Jesu Gott spricht und in seinem Schicksal Gott handelt.

> «Damit stellt er [= Johannes] heraus, dass in dem erniedrigten und getöteten Jesus Gott selbst zum Zug kommt, hier irdisch auf den Plan tritt. Von vornherein wird damit deutlich: Wer Jesus sieht und an ihn glaubt, glaubt nicht an ihn als ‹an einen besonderen Menschen, wie heilig er auch immer sei› [Charles Kingsley Barrett], sondern an den, der ihn gesandt hat, nimmt Jesus wahr als den Ort der Präsenz Gottes.»[312]

Damit sind Leserinnen und Leser mit einem Vorwissen ausgestattet, das sie den Erzählfiguren des Werkes voraushaben, die in zum Teil mühseligen Suchbewegungen mit vielen Missverständnissen der wahren Bedeutung Jesu erst auf die Spur kommen müssen.

Wie in einer Ouvertüre werden im Prolog des Johannesevangeliums also wichtige Motive der johanneischen Jesusgeschichte bereits intoniert und mit entsprechenden deutenden Vorzeichen versehen. Der Prolog gibt damit die

310 Vgl. *Wengst*, Johannesevangelium 42.
311 Vgl. *Schenke*, Johannes 18.
312 *Wengst*, Johannesevangelium 43.

Perspektive vor, unter der das Johannesevangelium gelesen werden soll.[313] Er ist ein Schlüssel zum Verständnis und damit eine «Lektüreanweisung»[314] für die folgende Jesusgeschichte, ein Tor, durch das Leserinnen und Leser nun in die Welt des Johannesevangeliums eintreten können.[315]

Noch viele andere Zeichen – noch viele andere Taten Jesu: Die beiden Buchschlüsse des Johannesevangeliums 6.1.2

Schon lange ist bei der Lektüre und Auslegung des Johannesevangeliums beobachtet worden, dass das Buch nicht nur einen, sondern zwei Schlüsse aufweist. Ein erster regelrechter Buchschluss findet sich in Joh 20,30–31 im Anschluss an die Erzählungen über den Tod und das Begräbnis Jesu (19,17–42), die Auffindung des leeren Grabes und die Erscheinungen des Auferstandenen zuerst vor Maria aus Magdala und danach vor der gesamten Jüngergruppe in Jerusalem (20,1–29). Mit diesem resümierenden und bilanzierenden Rückblick könnte das Buch zu Ende sein. Dennoch schliessen sich in Joh 21 weitere Erzählungen rund um eine Erscheinung des Auferstandenen an, die nun in Galiläa am See von Tiberias angesiedelt sind. Dieses Kapitel mündet in einen weiteren formalen Schluss, der nun den Garanten für die Traditionen des Johannesevangeliums in den Blick nimmt und den Inhalt des Buches in den Horizont vieler weiterer Jesusüberlieferungen stellt, deren Wiedergabe jedoch den Rahmen dieses Buches sprengen würden (21,24–25).

Diese und weitere Beobachtungen literarischer Unstimmigkeiten haben in der Johannesforschung dazu geführt, mindestens zwei Phasen der Buchentstehung zu unterscheiden: Unter Hinzuziehung älterer Quellen sei zuerst eine Grundschrift des Evangeliums verfasst worden, deren ursprünglicher Abschluss im ersten Buchschluss (Joh 20,30–31) erhalten sei. Diese Grundschrift sei durch eine Redaktion überarbeitet worden, die vor allem das «Nachtragskapitel» Joh 21 ergänzt habe, deren Spuren aber an verschiedenen

313 Vgl. *Schenke*, Johannes 18.
314 *Thyen*, Art. Johannesevangelium (TRE) 213.
315 *Schenke*, Johannes 18.

Stellen im gesamten Werk zu identifizieren seien. Dieser Redaktion sei auch der zweite Buchschluss in Joh 21,24–25 zuzuschreiben. Diese Entstehungsgeschichte des Johannesevangeliums wird weiter unten noch genauer zu begründen und auszuführen sein.[316]

6.1.2.1 Der ursprüngliche Buchschluss Joh 20,30–31

Nach den Erscheinungen des Auferstandenen vor der Jüngergruppe in Jerusalem schliesst sich eine kleine Textpassage an, die von einem Teil der Johannesforschung mit guten Gründen als der ursprüngliche Abschluss der Grundschrift des Johannesevangeliums, also der vorredaktionellen Fassung des Werkes, angesehen wird:

> «Noch viele andere Zeichen, die in diesem Buch nicht aufgeschrieben sind, hat Jesus vor den Augen seiner Jünger getan. Diese aber sind aufgeschrieben, damit ihr glaubt, dass Jesus der Messias ist, der Sohn Gottes, und damit ihr durch den Glauben das Leben habt in seinem Namen.» (Joh 20,30 f.)

Die «Zeichen», von denen hier die Rede ist, beziehen sich im vorliegenden Erzählzusammenhang zunächst auf die Erscheinungen des Auferstandenen, von denen zuvor drei erzählt worden waren: eine Erscheinung vor Maria aus Magdala am Grab (Joh 20,11–18), eine zweite am Abend desselben Tages vor der Jüngergruppe ohne Thomas (20,19–23) und eine dritte eine Woche später, ebenfalls vor der Jüngergruppe, aus der nun besonders Thomas hervorgehoben wird (20,24–29). Mit Blick auf das gesamte Werk sind die Zeichen allerdings die Wundertaten Jesu, deren Reihe mit dem Weinwunder an der Hochzeit zu Kana beginnt, das als «erstes Zeichen» (2,11) gezählt wird. Vielleicht waren die Sätze in Joh 20,30 f. sogar einmal der Abschluss einer älteren Sammlung solcher Zeichenerzählungen, die dem Johannesevangelisten bei der Abfassung seines Werkes vorlag,[317] und fungieren nun als Rückblick auf das gesamte Wirken Jesu nach dem Johannes-

316 Siehe Abschnitt 6.2.

317 Siehe Abschnitt 6.2.2.

evangelium. Damit wird alles, was im Johannesevangelium erzählt wird, nur als ein kleiner Ausschnitt aus dem gesamten Wirken Jesu qualifiziert. Aber es ist ein bedeutsamer Ausschnitt; denn er soll dazu dienen, die Leserinnen und Leser zum «glauben» zu führen.

Mit «glauben» ist ein wichtiges Wort genannt, das im Johannesevangelium auffallend oft verwendet wird. Dabei begegnet «glauben» im Johannesevangelium niemals als Nomen, sondern stets als Verb. Das ist im Deutschen sprachlich nur schwer nachzuahmen; daher wird hier versuchsweise mit dem gegen alle Regeln klein geschriebenen «glauben» experimentiert, um etwas besser spürbar zu machen, dass «glauben» für Johannes kein statisches Lehrgebäude ist, sondern ein Tun, ein Vollzug. Die ersten, die im Verlauf des Johannesevangeliums aufgrund eines solchen «Zeichens» Jesu zum «glauben» kamen, waren die Jüngerinnen und Jünger nach der Hochzeit zu Kana, als Jesus in seinem «ersten Zeichen» seine «Herrlichkeit» offenbart hatte (Joh 2,11; vgl. 1,14).

Im Zusammenhang mit dem «Namen» Jesu war «glauben» – allerdings in etwas anderer Formulierung – bereits im Prolog genannt worden (Joh 1,12): Denjenigen, die an den Namen Jesu «glauben», war dort die Vollmacht zugesprochen worden, Kinder Gottes werden zu können. Hier am Schluss des Buches geht es nun darum, im Namen Jesu das «Leben» zu haben – auch dies ein wichtiges Wort im Johannesevangelium. Denn der johanneische Jesus ist gekommen,

> «damit sie das Leben haben, und es in Fülle haben» (Joh 10,10).

«Leben in Fülle», «ewiges Leben», das ist es, was Jesus nach dem Johannesevangelium zu bringen hat. Das hatte der johanneische Jesus in einem nächtlichen Gespräch bereits dem suchenden Nikodemus vor Augen gestellt (Joh 3,16), das hatte Johannes der Täufer bezeugt (3,36), das durfte sodann die samaritanische Frau am Jakobsbrunnen erfahren (4,4–26), und das wird in vielfältiger Weise durch das gesamte Buch hindurch weitergeführt und vertieft. Dieses «Leben in Fülle» ist denjenigen zugesagt, die sich darauf einlassen, an Jesus, den Messias und Gottessohn, zu «glauben». Denn er ist derjenige, der selbst das «Leben» ist und daher umfassendes «Leben» schenkt:

> «Ich bin die Auferstehung und das Leben. Wer an mich glaubt, wird leben, auch wenn er stirbt, und jeder, der lebt und an mich glaubt, wird auf ewig nicht sterben.» (Joh 11,25 f.)

Beispielhaft lässt sich Marta, der dieses Wort Jesu gesagt ist, sodann auf dieses «glauben» ein und antwortet Jesus mit einem umfassenden Bekenntnis, das in den synoptischen Evangelien Petrus spricht:

> «Ja, Herr, ich glaube, dass du der Messias bist, der Sohn Gottes, der in die Welt kommen soll.» (Joh 11,27; vgl. Mk 8,29)

Um dieses «glauben» an den Messias und Gottessohn geht es im Buchschluss Joh 20,30 f. Das ist der Sinn und Zweck des Buches: Menschen zum «glauben» zu führen und ihnen dadurch das «Leben in Fülle» zu ermöglichen, ihnen Anteil zu geben an dem «Leben», das Gott durch seinen Sohn schenkt.[318]

Damit wird gleichzeitig signalisiert, dass das Johannesevangelium viel mehr an der Heilsbedeutsamkeit der Jesusbotschaft für das Leben jeder Leserin und jedes Lesers interessiert ist als an der reinen Faktentreue eines historischen Berichts. Beides muss nicht gegeneinander ausgespielt werden; doch präsentiert sich das Johannesevangelium hier selbst als ein Verkündigungsbuch, das die Jesusgeschichte so erzählen will, dass ihre Relevanz für das Leben jedes einzelnen Menschen erkennbar wird und Leserinnen und Leser zum «glauben» und zum «Leben in Fülle» gelangen können.

6.1.2.2 Der zweite Buchschluss Joh 21,24–25

In der heute vorliegenden Textgestalt bildet der «erste Buchschluss» Joh 20,30 f. nur eine Zwischenbilanz, der mit Joh 21 noch ein weiteres Kapitel folgt, in dem der Auferstandene der Jüngergruppe noch einmal am See Gennesaret erscheint. Anlässlich dieser Begegnung mit dem Auferstandenen werden die Rollen des Petrus als Hirte der Schafe Jesu sowie des Jüngers, den Jesus liebte, geklärt. Danach wird das gesamte Buch abgeschlossen:

318 Vgl. *Kügler*, Jesusdarstellung 181.

> «Dieser Jünger ist es, der all das bezeugt und der es aufgeschrieben hat; und wir wissen, dass sein Zeugnis wahr ist. Es gibt aber noch vieles andere, was Jesus getan hat. Wenn man alles aufschreiben wollte, so könnte, wie ich glaube, die ganze Welt die Bücher nicht fassen, die man schreiben müsste.» (Joh 21,24 f.)

Ähnlich wie in Joh 20,30 wird in 21,25 das Wirken Jesu in einen grösseren Zusammenhang gestellt, nun allerdings ins Unermessliche gesteigert. Natürlich kann die Geschichte dessen, über den der Prolog gesagt hatte, dass er «im Anfang» bei Gott und Gott gleich war, und dass durch ihn die gesamte Welt geworden ist, nicht vollständig erzählt werden. Was das Johannesevangelium aus dem Unermesslichen des Wirkens Jesu erzählt, stützt sich auf das Zeugnis eines bestimmten Jüngers: des Jüngers, den Jesus liebte, von dem bis Joh 21,23 die Rede gewesen war. Er wird als Augenzeuge präsentiert, der Jesus besonders nahe war (vgl. Joh 13,23) und auf den das besondere Christuszeugnis des Johannesevangeliums zurückgeführt wird. Ihn stellt der Verfasser (bzw. der Redaktor des Werkes) als Garanten der Überlieferungen seines Buches vor.[319]

Der Aufbau des Johannesevangeliums 6.1.3

Zwischen dem Prolog und den Schlussformeln des Buches wird die Jesusgeschichte des Johannesevangeliums erzählt. Sie setzt in Joh 1,19 wie im Markusevangelium mit dem öffentlichen Auftreten des Täufers ein, dessen «Zeugnis» (1,19) Leserinnen und Leser auf das Kommen Jesu vorbereitet und bis zum Auftreten Jesu in 1,29 geleitet, bevor nach und nach Jesus selbst als Hauptfigur des Buches die Handlung übernimmt. Diese Handlung wird durch Orts- und Zeitangaben sowie durch wechselnde Personenkonstellationen strukturiert. Daraus ergibt sich eine Abfolge kleinerer Episoden, die aber insgesamt einen fortlaufenden Erzähltext bil den, der zur Lektüre einlädt.

319 Zur Figur des Geliebten Jüngers siehe Abschnitt 6.3.1.

Fragt man nach einer übergreifenden Struktur des Buches, kann man feststellen, dass Jesus in dem Erzählteil, der nach dem Prolog in Joh 1,19 mit dem Zeugnis des Täufers beginnt, verschiedenste Orte und Regionen aufsucht und insbesondere mehrmals zwischen Galiläa und Jerusalem pendelt. Die Zeit wird durch verschiedene jüdische Feste strukturiert: neben dem Laubhüttenfest (7,2) und dem Tempelweihfest (10,22) werden drei Pesachfeste erwähnt (2,13; 6,4; 11,55), die einen Zeitrahmen von insgesamt mehr als zwei Jahren vorgeben. Diese Zeit ist geprägt vom öffentlichen Auftreten Jesu, von den Zeichen, die er tut, und den unterschiedlichen Reaktionen, die diese auslösen, von Gesprächen mit suchenden Menschen und Auseinandersetzungen mit Gegnern, und vor allem von langen offenbarenden Reden Jesu in der Öffentlichkeit. Diese Zeit findet in Joh 12,37–50 einen Abschluss, indem auf das bisherige Wirken Jesu Rückschau gehalten und kritisch Bilanz gezogen wird:

> «Obwohl Jesus so viele Zeichen vor ihren Augen getan hatte, glaubten sie nicht an ihn.» (Joh 12,37)

Wie im ersten Buchschluss Joh 20,30 ist auch hier von «Zeichen» die Rede, womit zunächst die Wunder Jesu anklingen, darüber hinaus aber das gesamte öffentliche Wirken Jesu zusammengefasst wird. Nach Joh 20,30 f. sollten die aufgeschriebenen «Zeichen» zum «glauben» der Leserinnen und Leser führen. An dieser Stelle muss das Gegenteil konstatiert werden: Die Zeichen, die Jesus wirkte, führten nicht zum «glauben». Es ist eine «Bilanz des Unglaubens»[320], die mit Hilfe zweier Jesaja-Zitate zu deuten versucht wird. Neben einem Wort aus dem Vierten Gottesknechtslied (Jes 53,1 LXX) wird Jes 6,10 herangezogen, eine Textstelle, die ursprünglich das Scheitern des Propheten Jesaja so erklärt hatte, dass Gott selbst die Augen, Ohren und Herzen der Menschen verschlossen habe. Dies wird jetzt auf den nur mässigen Erfolg Jesu übertragen. Doch ähnlich wie im Prolog (Joh 1,11 f.) ist auch hier der Unglaube nicht das allerletzte Wort; vielmehr kommen in 12,42 «viele von den Oberen» in den Blick, die sehr wohl zum «glauben» kamen, dies aber

---

320 So *Schenke*, Johannes 12 u. ö.

nicht öffentlich bekannten. Als Grund wird ihre Furcht vor dem Synagogenausschluss angeführt.[321] Der Abschnitt mündet in einen erneuten Ruf Jesu zum «glauben», in dem einige Motive aus dem Prolog aufgenommen werden: die Sendung Jesu durch den Vater und die Konsequenz daraus, dass nämlich diejenigen, die an ihn glauben, eigentlich an den Vater glauben; die Metaphorik von Licht und Finsternis; das «glauben», das zum ewigen Leben führt, und schliesslich, dass in den Worten Jesu eigentlich Gott selbst zu Wort kommt.

Nach dieser bilanzierenden Rückschau gibt es in Joh 13,1 einen erzählerischen Neueinsatz: Eine neue Zeitangabe lenkt nun die Aufmerksamkeit auf das letzte Pesach Jesu, das unmittelbar bevorsteht. Die jetzt beginnende Zeit wird als «Stunde Jesu» qualifiziert, was inhaltlich bedeutet, dass Jesus «aus dieser Welt zum Vater hinübergehen» werde. Von nun an wird also auf die bevorstehenden Ereignisse der Passion vorausgeschaut, die an dieser Stelle, ebenfalls wegweisend für die folgenden Kapitel, als «Liebe Jesu zu den Seinen» gedeutet werden (vgl. 15,13 f.).

Damit beginnt ein neuer Erzählteil. Er ist dadurch gekennzeichnet, dass der Schauplatz Jerusalem nicht mehr verlassen wird und sich das Erzähltempo drastisch verlangsamt: Die verbleibende erzählte Zeit umfasst nicht mehr als eine einzige Woche, ja, bis zum Tod Jesu bleibt nur noch ein einziger Tag. Diese noch verbleibende Zeit ist geprägt von Abschiedshandlungen Jesu – der Fusswaschung und dem letzten Mahl (Joh 13,1–30) – sowie von langen Abschiedsreden Jesu an die Seinen (13,31–16,33) und einem Gebet Jesu zum Vater (17). Erst danach beginnen mit Joh 18,1 die eigentlichen Geschehnisse der Passion, die jedoch anschliessend von den Ostererzählungen überstrahlt und vollendet werden (20).

Damit ergibt sich die folgende grosse Struktur des Johannesevangeliums:[322]

321 Siehe dazu die Abschnitte 6.3.2 und 6.3.3.

322 In Anlehnung an *Schenke*, Johannes 12. Vergleichbar sind auch die Gesamtgliederungen bei *Broer/Weidemann*, Einleitung 191; *Kügler*, Jesusdarstellung; *Wengst*, Johannesevangelium.

Joh 1,1–18
Prolog

Joh 1,19–12,50
Erster Hauptteil
Das öffentliche Wirken Jesu
12,37–50: Kritische Rückschau auf das öffentliche Wirken Jesu

Joh 13,1–20,31
Zweiter Hauptteil
Das Wirken Jesu vor den Jüngern und die Rückkehr zum Vater
20,30–31: Rückschau auf das gesamte Wirken Jesu
Die bleibende Perspektive des Glaubens

Joh 21
Nachspiel
Zukunftsperspektiven
21,24–25: Buchschluss

6.2 Der literarische Entstehungsprozess des Johannesevangeliums

Kein Zweifel: Die Jesusgeschichte des Johannesevangeliums ist ein wohlüberlegter, genialer Entwurf. Sie bringt Aspekte zum Vorschein, die man in den synoptischen Evangelien und auch sonst im Neuen Testament vergeblich sucht. Aber gerade das wirft auch Fragen auf: Wie ist die Entstehung einer solchen Jesusgeschichte neben den Synoptikern vorstellbar? Setzt das Johannesevangelium die Synoptiker voraus, oder ist es ganz unabhängig von diesen zu denken? Und was heisst dies für das Verständnis des johanneischen Textes?

Dabei ist die Frage nach dem Verhältnis des Johannesevangeliums zu den Synoptikern nur ein Teil der viel umfassenderen Frage nach der Entstehung des Werkes. Denn schon die Existenz der beiden Buchschlüsse (Joh 20,30 f.; 21,24 f.) hatte darauf aufmerksam gemacht, dass das Buch trotz aller inhaltlichen Geschlossenheit und Durchdachtheit nicht in einem einzigen Wurf entstanden sein kann, sondern dass mit einem mehrstufigen Entstehungsprozess zu rechnen ist. Wie ist dieser Entstehungsprozess genauer zu fassen? Welche soziologischen und theologischen Entwicklungen lassen sich daran ablesen?

Im Folgenden soll (in 6.2) den verschiedenen Facetten dieser Fragestellungen nachgegangen und sodann (in 6.3) auf der Grundlage der Geschichte der Entstehung des Werkes versucht werden, eine Geschichte der johanneischen Gemeinde zu skizzieren.

Das Johannesevangelium und die synoptischen Evangelien 6.2.1

Das Johannesevangelium erzählt eine Jesusgeschichte, die sich in vielen Aspekten mit den Jesusbüchern der Synoptiker berührt, aber auch unübersehbare Unterschiede zu den synoptischen Evangelien aufweist.[323] Sicher ist, dass die Gemeinsamkeiten mit den synoptischen Evangelien nicht von der Art sind, wie sie sich im Matthäus- oder Lukasevangelium gegenüber dem Markusevangelium beobachten lassen und die nicht anders erklärt werden können, als dass das Matthäus- und Lukasevangelium das Markusevangelium als Vorlage verwendeten und daraus ganze Partien wörtlich übernahmen. Solche wörtlichen Übernahmen sind im Johannesevangelium nicht zu beobachten. Dennoch gibt es so viele Anklänge an die synoptische Tradition, dass es kaum vorstellbar ist, dass das Johannesevangelium völlig ohne Kenntnis der Synoptiker entstanden sein soll.

Exkurs

Allerdings ist die genaue Art und Weise dieser «Kenntnis» der Synoptiker nur schwer zu fassen. Dass das Johannesevangelium als bewusstes intertextuelles Spiel mit den synoptischen Prätexten zu interpretieren sei, in das auch die Leserinnen und Leser einbezogen werden,[324] mag eine zunächst faszinierende Vorstellung sein, scheint letztlich aber eher fraglich; denn es ist nicht erkennbar, dass die Lektüre des Johannesevangeliums die Kenntnis der Synoptiker voraussetzen würde. Es fehlen direkte Verweise auf synoptische Texte, sie werden weder direkt zitiert noch korrigiert.

323 Siehe Abschnitt 1.2.3.

324 So die Gesamtlektüre bei *Thyen*, Johannesevangelium.

Wenn mit einem längeren Entstehungsprozess des johanneischen Werkes zu rechnen ist, sind verschiedene Formen der Kenntnisnahme der synoptischen Tradition vorstellbar. Möglich wäre, dass die vorredaktionelle Fassung des Johannesevangeliums (sowie die ihr zugrunde liegenden älteren Quellen) auf eine Traditionsbasis zurückgriff, die auch der synoptischen Überlieferung vorlag. Zur Zeit der Schlussredaktion des Werkes konnte die Kenntnis der Synoptiker in schriftlicher Form dazugekommen sein, wobei deren Kenntnis bei den Leserinnen und Lesern nicht vorausgesetzt wird.[325] In Betracht zu ziehen ist auch das Modell einer «sekundären Mündlichkeit», dass also die Synoptiker auch nach ihrer Verschriftlichung mündlich weiter tradiert und auf diese Weise verändert wurden und in dieser veränderten Form ins Umfeld des Johannesevangeliums gelangten.[326]

Vielleicht ist die Frage, ob und in welcher Form der vierte Evangelist die Synoptiker kannte, tatsächlich «letztlich unentscheidbar»[327], und wir haben die Grenzen, die den rekonstruierenden Methoden hier gesetzt sind, zu akzeptieren. Demnach ist das Johannesevangelium zuallererst als eigenständiger Entwurf der Jesusgeschichte zu lesen und wahrzunehmen, wenngleich viele seiner Besonderheiten in ihrer Tragweite erst nach einem vergleichenden Blick auf die synoptischen Evangelien sichtbar werden. Doch sollten diese weniger als «bewusste Veränderungen» gegenüber einer vorliegenden Tradition interpretiert als vielmehr als Ausdruck des eigenständigen Konzepts des oder der Johannesevangelisten gelesen werden.

6.2.2 Andere Quellen des Werkes

Wenn nun nicht einfach eines (oder auch mehrere) der synoptischen Evangelien als Vorlage des Johannesevangeliums vorauszusetzen ist, stellt sich die Frage, ob sich andere Quellen ausfindig machen lassen. In der Tat weisen diverse Spannungen und Inkohärenzen im Verlauf des Johannesevangeliums

325 Vgl. *Kügler*, Johannesevangelium 216 f.

326 Vgl. *Beutler*, Johannesevangelium 60 f. (unter Verweis auf *Michael Labahn*).

327 So *Broer/Weidemann*, Einleitung 211.

darauf hin, dass bereits der Text des vorredaktionellen Evangeliums, also die Grundschrift des Johannesevangeliums, auf älteren Quellen beruhen könnte. Während in gewissen Phasen der früheren Forschung grosse Energie auf die Rekonstruktion solcher zugrunde liegenden Quellen verwendet wurde, tendiert ein Teil der gegenwärtigen Forschung grundsätzlich zu einer «synchronen» Lektüre und lehnt literarkritische Operationen zur Rekonstruktion literarischer Vorstufen entweder ab oder erklärt sie für irrelevant zum Verständnis des vorliegenden Textes.[328] Allerdings müssen dafür zum Teil unübersehbare Spannungen im Text ausgeblendet werden. Überdies beraubt sich diese grundsätzliche Skepsis gegenüber den Möglichkeiten der Literarkritik wertvoller Einsichten in die Geschichte der Textentstehung und, damit zusammenhängend, auch in die Geschichte der johanneischen Gemeinde. So erscheint es der konkreten Gestalt der Texte angemessener und insgesamt plausibler, mit einem mehrstufigen Textwachstum zu rechnen. Dabei kristallisieren sich einige Textbereiche heraus, in denen solche zugrunde liegenden Quellen ausgemacht werden können:[329]

- Bereits bei der Lektüre des Prologs wurde auf Textsignale hingewiesen, die darauf schliessen lassen, dass der heute vorliegende Prolog auf einem mehrstrophigen Hymnus aus den Gottesdiensten der johanneischen Gemeinde basieren könnte.[330]
- Wahrscheinlich lagen dem vorredaktionellen Evangelium einige Wundererzählungen vor, die als «Zeichen» (gr.: *semeia*) Eingang in das johanneische Buch fanden. Ob diese Wundergeschichten bereits in Gestalt einer zusammenhängenden «Zeichen-» oder «Semeia-Quelle» vorlagen,[331] ist schwer zu sagen. Dafür könnte sprechen, dass die ersten beiden in Kana spielenden Zeichen gezählt werden (Joh 2,11; 4,54), dies aber nicht zu der summarischen Erwähnung von

328 So – mit unterschiedlichen Akzentsetzungen – *Schenke*, Johannes; *Schnelle*, Evangelium; *Thyen*, Johannesevangelium; *Wengst*, Johannesevangelium.

329 Vgl. dazu *Beutler*, Johannesevangelium 58 f.; *Broer/Weidemann*, Einleitung 194–195; *Kügler*, Johannesevangelium 216; *Theobald*, Evangelium 30–44.

330 Siehe Abschnitt 6.1.1.

331 So mit detaillierter Begründung *Theobald*, Evangelium 32–42.

Zeichen in Jerusalem (2,23; 4,45) passt. Ausserdem fasst der erste Buchschluss Joh 20,30 f. im jetzigen Textzusammenhang das gesamte Wirken Jesu als «Zeichen» zusammen, was der übrigen Tendenz des Johannesevangeliums nicht entspricht. So könnte hier ein ursprünglicher Abschluss der Semeia-Quelle vorliegen.

- Mit literarischen Vorlagen ist ausserdem im Bereich der Passionserzählungen zu rechnen. Hier sind die Berührungen mit der synoptischen Tradition zwar einerseits bezüglich der erzählten Stationen besonders eng; andererseits gibt es im Detail erhebliche Unterschiede, die nicht alle auf den Evangelisten zurückzuführen sind. Ob dies so zu erklären ist, dass es neben dem vormarkinischen Passionsbericht eine weitere alte Passionserzählung gab, aus der sich die johanneische Passionserzählung speiste, ist allerdings wiederum unklar.

Als Ergebnis lässt sich an dieser Stelle festhalten, dass der Johannesevangelist bei der Abfassung seines Werkes mit einiger Wahrscheinlichkeit auf ältere Quellen zurückgreifen konnte. Allerdings ist die genaue Rekonstruktion dieser Quellen schwierig, so dass wiederum der Text der johanneischen Grundschrift weniger in Abgrenzung zu diesen vorliegenden Quellen zu interpretieren ist, als vielmehr als ein in sich stimmiger und wohl durchdachter Entwurf.

6.2.3 Die Grundschrift des Evangeliums und die Arbeit der johanneischen Redaktion

Auch die Grundschrift des Johannesevangeliums war noch nicht das letzte Wort. Dies hatte sich bereits bei der Beobachtung der beiden Buchschlüsse gezeigt.[332] Diese beiden nebeneinanderstehenden Abschlüsse sowie weitere Textsignale sprachlicher und inhaltlicher Art weisen darauf hin, dass die erste Fassung des Werkes durch eine Redaktion ergänzt wurde. Vor allem die folgenden Inkohärenzen im Text werden als Spuren einer redaktionellen Arbeit interpretiert:[333]

---

332 Siehe Abschnitt 6.1.2.

333 Vgl. zum Folgenden *Beutler*, Johannesevangelium 58–61; *Broer/Weidemann*, Einleitung 192–198; *Kügler*, Johannesevangelium 214–216; *Theo-*

- Im Werk stehen verschiedene Vorstellungen zur Eschatologie nebeneinander: Neben dezidierten Aussagen einer präsentischen Eschatologie (Joh 5,24 f.; 11,25 f.) stehen futurisch-eschatologische Erwartungen (5,28 f.; 6,39.40.44.54; 12,48). Besonders in Joh 5,24 f. und 5,28 f. stehen die Aussagen so hart nebeneinander, dass sie kaum zu vereinbaren sind: Joh 5,24 f. setzt voraus, dass sich Auferstehung und Gericht schon jetzt, im Hören auf das Wort Jesu und im Vollzug des «glaubens», ereignen, während nach 5,28 f. das Geschehen in der Zukunft stattfinden wird.
- In Joh 6 kommt neben der steten Wiederholung zukünftig eschatologischer Aussagen auch das Thema Eucharistie vor (6,27.51–58), das ansonsten im Werk nicht zur Sprache kommt, wodurch dieses Kapitel eine gewisse Sonderstellung einnimmt.
- Die Figur des Jüngers, den Jesus liebte, kommt nur an wenigen Stellen des Werkes vor und wird überhaupt erst in Joh 13,23 eingeführt. Dieser Jünger scheint wenig verzahnt mit dem Gesamttext und spielt über weite Strecken keinerlei Rolle für das Verständnis des Textes. Hingegen wird er ausgerechnet im zweiten Buchschluss als Zeuge und Verfasser präsentiert. Das lässt darauf schliessen, dass diese Figur erst in einem späteren Stadium in das Werk eingearbeitet wurde.
- Nach der ersten Abschiedsrede Jesu wird in Joh 14,31 ein «Aufbruchsignal» gegeben, das erst in Joh 18,1 umgesetzt wird. Die Kapitel Joh 15–17 könnten also sekundär eingefügt worden sein. Sie setzen die erste Abschiedsrede voraus und nehmen auf sie Bezug, so dass sie als Zeugnis einer weitergehenden Diskussion oder einer «Relecture» angesehen werden können.
- Das Kapitel Joh 21 ist nach einem ersten formellen Buchschluss nur locker angehängt.

Exkurs

Demgegenüber führen bei der Erzählung über die Ehebrecherin (Joh 7,53–8,11) nicht literarkritische, sondern textkritische Beobachtungen zum Schluss, dass sie erst nachträglich in das Werk eingefügt wurde; denn diese Perikope ist in einigen

bald, Evangelium 70–74.

der besten Handschriften nicht enthalten, und in jenen Handschriften, in denen sie überliefert ist, wird sie an unterschiedlichen Stellen im Johannesevangelium, zum Teil sogar im Lukasevangelium, platziert.

Aufgrund der Textbeobachtungen wird die Hand der Redaktion – etwas pauschalisierend gesprochen – vor allem in der Umakzentuierung einer vorwiegend präsentischen in eine futurische Eschatologie, in der Aufwertung des Themas Eucharistie, in der Einführung der Figur des Geliebten Jüngers, in der Einfügung der Kapitel 15–17 sowie in der Ergänzung des Kapitels 21 gesehen, wenngleich Spuren der redaktionellen Arbeit – in unterschiedlichem Ausmass – auch in weiteren Texten des Werkes erkennbar sind. Insgesamt ist der Sprache und Gedankenwelt der Redaktion anzumerken, dass auch sie dem Milieu der johanneischen Gemeinden und der Denkwelt der johanneischen Theologie entstammt. So ist die redaktionelle Weiterarbeit an der Grundschrift des Johannesevangeliums als ein Zeugnis eines weitergehenden Diskussionsprozesses in der johanneischen Gemeinde anzusehen, der eine Relecture des Werkes und eine Neu- und Weiterschreibung bestimmter Aspekte erforderlich machte.

Exkurs

Es sei jedoch nicht verschwiegen, dass der Umfang der von der Redaktion hinzugefügten Passagen (mit Ausnahme des von einer Mehrheit als sekundär anerkannten Nachtragskapitels 21) höchst unterschiedlich beurteilt wird und dass eine Reihe von Fachkolleginnen und -kollegen einen solchen zwei- oder mehrstufigen Entstehungsprozess für nicht nachweisbar oder für irrelevant für das Verständnis des Werkes hält.[334] Der Darstellung in diesem Buch liegt die Theorie eines dreiphasigen Entstehungsprozesses des Evangeliums zugrunde (vorjohanneische Quellen – Grundschrift des Evangeliums – Redaktion), ergänzt durch die Entstehung der Johannesbriefe.[335] Dabei bleibt unbestritten, dass auch der heute vorliegende Endtext des Johannesevangeliums ein sinnvolles und durchdachtes Ganzes darstellt.

334 Z. B. *Thyen*, Johannesevangelium. Zurückhaltend auch *Schenke*, Johannes; *Schnelle*, Evangelium; *Wengst*, Johannesevangelium.

335 Siehe Abschnitt 6.3.3.

Das «Endprodukt»: Ein mitreissendes Werk 6.2.4

Wie sehr auch und gerade der redaktionell überarbeitete Text des Johannesevangeliums ein bewusst gestalteter Text ist, haben in jüngerer Zeit literaturwissenschaftlich orientierte Studien zum Johannesevangelium deutlich machen können.

Das Johannesevangelium als Lesedrama? 6.2.4.1

Wer das Johannesevangelium am Stück liest, kann schnell feststellen, wie viele Dialoge es enthält.[336] Jesus wird fast durchgehend entweder in Streitgesprächen mit gegnerischen «Juden» oder in Schulgesprächen mit Sympathisantinnen oder Jüngern gezeigt. Während in den synoptischen Evangelien lediglich kleine Dialoge zu beobachten sind, die in die erzählte Handlung integriert sind, basiert das Johannesevangelium auf grossen dramatischen Szenen, die nicht im Dienst der erzählerischen Teile stehen, sondern selbst eine fortlaufende Handlung bilden. Umgekehrt sind die erzählerischen Passagen des Johannesevangeliums «nicht eigenständig, sondern stehen vollkommen im Dienst der Dialoge. Sie bieten Anknüpfungspunkte bzw. *berichten*, was in den Dialogen *besprochen* worden ist.»[337]

Solche Beobachtungen zeigen nach Ludger Schenke, dass das Johannesevangelium keine Erzählung sein könne, sondern dass es mit einem antiken Drama verglichen werden müsse. In der Tat fallen verblüffende Parallelen zwischen dem Johannesevangelium und antiken Dramen ins Auge. Besonders deutlich zeigt sich dies beim Aufbau des Werkes: Textsignale wie der Rhythmus von Orts- und Zeitangaben, bestimmten Situationen sowie situationslosen Stücken lassen einen durchdachten Aufbau des Gesamtwerkes in fünf Akten erkennen, die ihrerseits wiederum aus je zwei (im fünften Akt drei) Bildern bestehen. Den Abschluss bildet ein Nachspiel, das Perspektiven in die Zukunft eröffnet. Gerahmt und gegliedert werden diese fünf Akte durch einen Prolog (1,1–

336 Zum Folgenden vgl. *Schenke*, Johannesevangelium 205–223; *ders.*, Johannes 9–17.398–400.

337 *Schenke*, Johannes 398.

18), zwei Epiloge (12,37–50; 20,30–31) sowie den Buchschluss (21,25). Diese Art und Weise des Textaufbaus ist typisch für ein Drama.

Wie beim Drama stehen im Johannesevangelium das Handeln Jesu und aller beteiligten Personen im Zentrum. Die Handlung wird jedoch durch Dialoge vorangetrieben, in denen sich die beteiligten Personen selbst darstellen, handeln oder sich verändern. Die erzählerischen Passagen, die auf die dialogischen Szenen ausgerichtet sind, beeinflussen durch Reflexionen und Kommentare die Kommunikation zwischen den fiktiven Figuren und den Zuhörern und Zuschauerinnen des Dramas. Leserinnen und Leser werden also an dem Geschehen beteiligt, das sich vor ihren (inneren) Augen abspielt. Sie nehmen Anteil an dem zentralen Konflikt, der sich kontinuierlich entwickelt. Sein Inhalt: die Annahme oder Ablehnung Jesu (vgl. 1,11 f.14; 12,37–50; 20,30 f.).

> «Der *Anfang* der Handlung ist das Erscheinen des Menschen Jesus als göttlicher Logos vor der Öffentlichkeit Israels. Seine *Mitte* ist der zentrale Konflikt des Offenbarers mit seinen Zeitgenossen und die Scheidung der Menschenwelt in die ‹Juden›, die Jesus ablehnen, und in die Glaubenden. Das *Ende* ist die Tötung des Menschen Jesus, die zugleich seine Erhöhung und Rückkehr zum Vater ist. In diesem begrenzten und geschlossenen Geschehen ist *alles* geschehen. Leben, Gericht und Tod sind in ihm entschieden. Am Ende des Dramas haben sich die Welten getrennt, es stehen sich die ‹Juden› als gott-loser Kosmos und die Jüngergemeinde als die ‹Kinder Gottes› gegenüber.»[338]

Allerdings, und das gesteht auch Schenke zu, ist es kaum vorstellbar, dass das Johannesevangelium für die Bühne geschrieben wurde, sondern für Leserinnen und Leser. Daher ist es wohl eher als «Lese- bzw. Rezitationsdrama»[339] einzuordnen, das spätestens seit dem 1. Jahrhundert n. Chr. verbreitet gewesen sei und entweder gar nicht zur Aufführung vorgesehen war oder aus technischen Gründen nicht aufführbar war. Solche Lesedramen wurden durch einen Sprecher vorgetragen.

Wird das Johannesevangelium als ein solches Drama wahrgenommen, wird seine innere Konsistenz, auch und ge-

338 *Schenke*, Johannesevangelium 218.
339 *Schenke*, Johannes 399.

rade auf der Ebene des jetzt vorliegenden Endtextes, ersichtlich. Das Drama entfaltet sich in einer Weise, dass man sich seiner «mitreissenden» Wirkung kaum entziehen kann. Dass dies so ist, liegt an der im Text angelegten Kommunikation zwischen den fiktiven Figuren und den Zuschauern und Zuhörerinnen. Der Text ist auf die kollektive Rezeption durch eine Gemeinschaft angelegt, die ein gemeinsames Vorwissen hat (vgl. 1,14.16; 3,11). Durch dieses Vorwissen sind die Zuschauer in der Lage, das Geschehen aus der Perspektive der Hauptfigur Jesus und damit besser als die übrigen beteiligten Figuren zu verstehen. So werden sie in ihrer eigenen Glaubensentscheidung bestärkt und in ihrem Bekenntnis und ihrem Leben im «glauben» ermutigt. Das eigentlich «Schaudererregende» ist nicht das Schicksal Jesu, sondern die Scheidung der Menschen in diejenigen, die Jesus «aufnehmen» (1,12 f.) und die anderen, die ihn ablehnen – was zugleich eine Entscheidung über Leben und Tod ist. In dieser Handlung sind die Zuschauer Mitwirkende, und als solche sind sie gefordert, Position zu beziehen. Um all dies auch heute erfahrbar zu machen, empfiehlt es sich, das Johannesevangelium in einer zusammenhängenden dramatischen Lesung zu Gehör zu bringen.[340]

Ein dichtes Netz an intertextuellen Bezügen 6.2.3.2

In Weiterentwicklung solcher Lektüreweisen konnten narratologische Studien[341] ein dichtes Geflecht intertextueller Bezüge im Johannesevangelium sichtbar machen, die gerade in ihren spannungsvollen Aspekten als Herausforderung an die Rezeption wahrgenommen werden können. In manchen Textteilen zeigt sich

> «eine gedankliche Entwicklung, die auf einen Spitzensatz, ein Bekenntnis (z. B. Joh 1,50 f.; 4,42) oder eine gedankliche Provokation (Joh 6,51–58; Joh 9,39–41) hinführt; man muss die narrative, diskursive oder dialogische Entfaltung der Thematik wahrnehmen, um den Stellenwert einzelner Aussagen in der jeweiligen Gedankenentwicklung einschätzen zu können. Die Entscheidung, welche christologischen Aussagen

340 Vgl. das Plädoyer bei *Schenke*, Szenische und liturgische Lesung.

341 Vgl. nur den Überblick bei *Frey/Poplutz*, Narrativität.

> am Ende die den Sinn des Ganzen Bestimmenden sind, […] lässt sich nur in Anbetracht der Wahrnehmung der erzählerischen und gedanklichen Bewegung der jeweiligen Teiltexte oder des Gesamttextes bestimmen.»[342]

In dieser Leseperspektive kann die Charakterisierung der literarischen Figuren im Johannesevangelium als orientierende Interpretation wahrgenommen werden, über die den Leserinnen und Lesern bestimmte Einsichten vermittelt werden. In ähnlicher Weise zielen auch bestimmte wiederkehrende Erzählmuster auf einen «Lerneffekt»[343] bei den Lesenden: So lehnt der johanneische Jesus mehrere Male an ihn herangetragene Anliegen brüsk ab (Joh 2,1–11; 4,46–54; 11,1–45), um sie im Nachhinein doch, wenngleich in überraschend «anderer» Weise, zu erfüllen. Ein anderes erzählerisches Muster lässt sich darin erkennen, dass Menschen im Johannesevangelium des öfteren erst über das Zeugnis anderer zu Jesus finden (1,35–51; 4,39–41; 20,19–30) – was der Situation der Leserinnen und Leser in nachösterlicher Zeit entspricht. Auf diese Weise können subtile Erzählstrukturen und die innere Dramaturgie des Werkes entdeckt werden, die darauf zielen, auf die Leserschaft einzuwirken, ihnen die besonderen johanneischen Perspektiven auf Jesus Christus und Gott, über den Glauben und das Leben in Fülle plausibel zu machen und sie zum «sehen», «glauben» und «bleiben» zu bewegen.

6.3 Warum und für wen das Buch geschrieben wurde: Mögliche Entstehungskontexte des Johannesevangeliums

Die Eigenheiten des Johannesevangeliums und seine spezielle Art der Jesusdeutung lassen die Frage besonders interessant erscheinen, wer in welcher Situation ein solches Buch für welche Adressatenschaft geschrieben haben könnte. Leider gibt auch das Johannesevangelium – mit Ausnahme eines direk-

342 Ebd. 12.
343 Ebd. 14.

ten Hinweises auf seinen Verfasser (Joh 21,24) – keine explizite Auskunft über diese Fragen. So sind wir auch bei diesem Jesusbuch wie bei den anderen Evangelien auf detektivischen Scharfsinn bei der Auswertung verschiedener textinterner Hinweise angewiesen.

«Dieser Jünger ist es, der all das bezeugt …» (Joh 21,24): Hinweise auf den Verfasser des Johannesevangeliums 6.3.1

Bei der Suche nach dem Verfasser des Johannesevangeliums gibt das Buch selbst am Schluss einen Hinweis: Es präsentiert als Zeugen und Verfasser des Buches den «Jünger, den Jesus liebte», von dem im gesamten Kapitel 21 ausführlich, insbesondere aber in Joh 21,20–23, also unmittelbar vor dem Buchschluss, die Rede gewesen war:

> «Dieser Jünger ist es, der all das bezeugt und der es aufgeschrieben hat; und wir wissen, dass sein Zeugnis wahr ist. Es gibt aber noch vieles andere, was Jesus getan hat. Wenn man alles aufschreiben wollte, so könnte, wie ich glaube, die gesamte Welt die Bücher nicht fassen, die man schreiben müsste.» (Joh 21,24–25)

In V. 24 tritt zunächst eine «Wir-Gruppe» auf, die das Zeugnis «dieses Jüngers» bestätigt. Aus dieser «Wir»-Gruppe meldet sich in V. 25 wiederum eine Einzelperson als «ich» zu Wort, gibt sich damit als Verfasser dieses Schlusses zu erkennen, verweist aber auf jenen «Jünger, den Jesus liebte», als Urheber des übrigen Buches.

Das Johannesevangelium stützt sein Jesusbuch mit seinem besonderen Christuszeugnis also auf den «Jünger, den Jesus liebte». Damit fangen die Fragen allerdings erst an: Wer war dieser Jünger? Ist er als eine reale Person aus dem Umkreis Jesu näher zu fassen? Schliesslich: Lässt es sich erhärten, dass das Johannesevangelium von einer Jesus so nahestehenden Person verfasst wurde?

Identifizierungsversuche für den «Jünger, den Jesus liebte» 6.3.1.1

Ausserhalb des Johannesevangeliums gibt es keinen Hinweis auf einen solchen besonderen Jünger Jesu; er ist vielmehr eine spezielle Figur des vierten Evangeliums. Im Verlauf des Buches begegnet er zum ersten Mal im Kontext des Abschiedsmahles

Jesu (Joh 13,23). Danach ist er an wesentlichen Stationen präsent: Am Kreuz (19,26), beim leeren Grab (20,2) sowie bei der Erscheinung des Auferstandenen am See (21,7.20). Allerdings bleibt er im gesamten Werk anonym. Daher hat es nicht an Versuchen gefehlt, diesen anonymen Jünger mit einer namentlich bekannten Figur aus dem Umkreis Jesu zu identifizieren.

Besonders nachhaltig war die Gleichsetzung mit dem aus den synoptischen Evangelien bekannten Johannes, Sohn des Zebedäus und Bruder des Jakobus sowie Mitglied des Zwölferkreises (Mk 1,19; 3,17). Diese Identifizierung ist zuerst beim Kirchenvater und Bischof Irenäus von Lyon (ca. 135–ca. 200 n. Chr.) etwa um das Jahr 180 belegt. Er schreibt, nachdem er auf die ersten drei Evangelisten zu sprechen gekommen war:

> «Zuletzt gab Johannes, der Schüler des Herrn, der an seiner Brust ruhte, während seines Aufenthaltes zu Ephesus in Asien das Evangelium heraus.»[344]

Diese Gleichsetzung des Geliebten Jüngers mit Johannes ist wohl durch eine gelehrte Kombination verschiedener Schriftstellen entstanden. Beginnen wir am Schluss des Buches. Bei der Erscheinung Jesu am See waren nach Joh 21,2 sieben Jünger zugegen: Simon Petrus, Thomas, Natanael und die Söhne des Zebedäus (Jakobus und Johannes) sowie zwei weitere anonyme Jünger. Im Verlauf der Erzählung zeigt sich, dass unter diesen sieben Jüngern der Geliebte Jünger war (21,7). Dieser war im Verlauf des Evangeliums an den fünf Stellen, an denen er explizit erwähnt worden war, viermal gemeinsam mit Simon Petrus genannt worden (13,23 f.; 20,2–10; 21,7.20–23). Simon Petrus wiederum wird zu Beginn der Apostelgeschichte, die ja eine erzählerische Fortsetzung der Evangelien «nach Ostern» darstellt, mehrfach gemeinsam mit einem Jünger namens Johannes gezeigt (Apg 3,1.3 f.11; 4,13.19; 8,14). Daraus hat man geschlossen, den «Jünger, den Jesus liebte», mit Johannes, dem Sohn des Zebedäus gleichzusetzen.

Hinzu kommt, dass Johannes und Jakobus, die beiden Söhne des Zebedäus, nach den Synoptikern zu den ersten vier Jüngern gehörten, die Jesus berief (Mk 1,17–20). Das Johannesevangelium lässt in seiner Darstellung der Berufung der

---

344 *Irenäus von Lyon*, Adversus Haereses III 1,1.

ersten Jünger (Joh 1,35–45) einen der fünf erstberufenen Jünger namenlos. Diese erzählerische «Lücke» ermöglicht es, in diesem namenlosen Jünger des Anfangs bereits den Geliebten Jünger zu sehen. Wenn man dies wiederum mit den Berufungsgeschichten der Synoptiker kombiniert, legt sich erneut die Verbindung zwischen dem Geliebten Jünger und dem Zebedäussohn Johannes nahe.

Durch die gelehrte Schriftkombination kann also die Identifizierung des Geliebten Jüngers mit dem Zebedäussohn Johannes, die seit der frühen Kirche zu beobachten ist, nachvollziehbar gemacht werden. Zugleich ist zu respektieren, dass das Johannesevangelium diese Figur konsequent in der Anonymität belässt und sich damit einer solchen Identifizierung zunächst widersetzt.

Historische Überlegungen: Kann der Verfasser des Johannesevangeliums eine Figur aus dem Umkreis Jesu gewesen sein? 6.3.1.2

Wer auch immer jener anonyme «Jünger, den Jesus liebte», gewesen sein mag: Der Buchschluss Joh 21,24 f. behauptet, dass dieser das Johannesevangelium verfasst hat. Historisch gesehen ist es jedoch nicht wahrscheinlich, dass das Johannesevangelium von einer solchen Person aus dem engsten Umkreis Jesu und damit von einem Augenzeugen des Wirkens Jesu verfasst wurde. Zu weit ist die Jesusdarstellung des Johannesevangelium von dem entfernt, was in der Forschung als zentral für die Botschaft und Praxis Jesu gilt: das nahe herbeigekommene Reich Gottes (das im Johannesevangelium so gut wie keine Rolle spielt), das Jesus durch eine Vielzahl von Gleichnissen (die im Johannesevangelium fast völlig fehlen) veranschaulichte und u. a. durch seine Dämonenaustreibungen (von denen es im Johannesevangelium keine einzige gibt) und Sündermähler (die im Johannesevangelium ebenfalls keine Rolle spielen) erfahrbar zu machen suchte.

Exkurs

Auch wenn der «Jünger, den Jesus liebte» mit hoher Wahrscheinlichkeit keine Person aus dem historischen Umfeld Jesu war, stellt sich dennoch die Frage, ob sich hinter dieser Figur eine reale Person aus der Geschichte der johanneischen Gemeinde verbirgt oder ob es sich um eine rein erzählerische Verdichtung eines Idealbildes, also um eine literarische Fiktion handelt. Die Frage wird noch immer kontrovers diskutiert.

Dafür, in dem Geliebten Jünger das literarische Echo einer historischen Persönlichkeit aus der Geschichte der johanneischen Gemeinde zu sehen, wird vor allem ins Feld geführt, dass der Geliebte Jünger im Johannesevangelium fast immer im Gegenüber zur historisch fassbaren Gestalt des Petrus erwähnt wird, und dass in Joh 21,20–23 sein Tod vorausgesetzt wird, der der johanneischen Gemeinden offenbar sehr zu schaffen gemacht hat. Dazu kommt, dass auch bei anderen Werken, die auf «geliehenen» Autoritäten beruhen, wie zum Beispiel bei den Pastoralbriefen, die sich auf Paulus zurückführen, hinter der pseudepigrafen Zuschreibung eine reale historische Persönlichkeit steht. Auf dieser Basis könnte der Geliebte Jünger im Johannesevangelium die literarisch idealisierte Form einer bedeutsamen Persönlichkeit aus der Geschichte der johanneischen Gemeinde sein, mit der die Gemeinde vielleicht ihre Ursprünge verband, die auf jeden Fall die Traditionen des Johannesevangeliums in massgeblicher Weise geprägt hat und nun in die Zeit Jesu rückdatiert wurde.[345]
Demgegenüber ist aber nicht zu leugnen, dass diese Figur ausschliesslich auf der literarischen Ebene des Johannesevangeliums begegnet, dass jegliche weitere Zeugnisse über eine solche bedeutsame Gestalt aus dem Umkreis Jesu fehlen, dass sie stark idealisierte Züge trägt und im Johannesevangelium die Funktion hat, dem Werk höchste und endgültige Autorität zu verleihen:
«Christus selbst will, dass der Jünger bis zum Ende der Welt in seinem Zeugnis (dem JohEv) ‹bleibt› (21,22 f.). Ist im Prolog davon die Rede, dass das Wort Fleisch geworden ist, so ist am Ende des Evangeliums der GJ [= der Geliebte Jünger] als Zeuge des inkarnierten Logos ganz Wort geworden.»[346]
Ist der Geliebte Jünger also doch eine literarische Fiktion mit einer bestimmten ausschliesslich literarischen Funktion?

Insgesamt zeigt sich: Sowohl die Zuschreibung des Johannesevangeliums an den «Jünger, den Jesus liebte», als auch die spätere Identifizierung dieses Jüngers mit dem Apostel Johannes müssen als Versuche angesehen werden, dem Johannesevangelium eine möglichst grosse Autorität zu verleihen. Die Frage, ob sich hinter der Figur des «Jüngers, den Jesus liebte», eine reale Persönlichkeit aus der johanneischen Gemeinde

345 So z. B. *Theobald*, Evangelium 89–92 (auf der Basis seiner früheren Studien zum Thema).

346 *Kügler*, Johannesevangelium 218 f. Zur Fiktionalität der Figur des Geliebten Jüngers vgl. *ders.*, Liebe des Sohnes 218–222.

verbarg, auf die deren Traditionen zurückgeführt wurden, bleibt bislang offen. Die literarische Funktion dieser Figur als Zeuge und Garant der johanneischen Tradition ist hingegen klar ersichtlich. Demgegenüber ist der reale Autor des Johannesevangeliums unbekannt. Er war wohl ein herausragendes, gebildetes Mitglied der johanneischen Gemeinde. Seine Jesusgeschichte wurde von einem oder mehreren anderen Mitgliedern der johanneischen Gemeinde weitergeschrieben, um die besondere Tradition der Gemeinde zu bewahren und weiterzuführen.

6.3.2 Hinweise auf die Entstehungszeit des Johannesevangeliums

Bereits Irenäus von Lyon ging davon aus, dass Johannes sein Werk erst nach den anderen Evangelisten verfasst habe.[347] Auch andere Zeugnisse aus der frühen Kirche – wie die Kirchengeschichte des Eusebius von Caesarea[348] – bestätigen diese Reihenfolge. Nun hat der Beweiswert dieser frühkirch lichen Zeugnisse natürlich seine Grenzen, wie wir bereits feststellen konnten. Und wie wir ebenfalls bereits sahen, ist es nicht so leicht zu entscheiden, inwieweit das Johannesevangelium die Synoptiker tatsächlich kannte und voraussetzt.[349] Dennoch gibt es einige Anhaltspunkte für eine Datierung des Werkes erst nach den Synoptikern.

Dass das Johannesevangelium bereits auf die Zerstörung des Jerusalemer Tempels zurückschaut, zeigt sich in Joh 4,20 f. und 11,48. Seit dem Jahr 70 muss aber bereits einige Zeit vergangen sein; denn das Werk zeichnet ein Bild des Judentums, das stark pharisäisch dominiert ist. Die Vielfalt der jüdischen Gruppierungen, wie sie für das Judentum der Zeit vor 70 charakteristisch ist, spielt im Johannesevangelium keine Rolle mehr. Stattdessen wird pauschal von «den Juden» gesprochen, und dieser Begriff scheint austauschbar mit den Phari-

347 Siehe das Zitat aus seinem Werk Adversus Haereses III 1,1, Abschnitt 6.3.1.1.
348 *Eusebius von Caesarea*, Kirchengeschichte III 24,7; VI 14,7.
349 Siehe Abschnitt 6.2.1.

säern. Diese agieren in der Art einer Behörde gegen Jesus und seine Anhänger, was so erst in der Zeit nach 70 vorstellbar ist, als die Synagogen in pharisäischen Händen lagen. Zudem blickt die hinter dem Johannesevangelium stehende Gruppe offenbar auf einen schmerzhaften Konflikt mit einer jüdischen Mehrheitsposition zurück; denn dreimal ist davon die Rede, dass diejenigen, die Jesus als Messias bekennen, aus der Synagoge ausgeschlossen werden (9,22; 12,42; 16,2), und es tun sich tiefe Gräben zwischen der Gruppe, die hinter dem Johannesevangelium steht, und der pharisäisch geprägten jüdischen Mehrheit auf. Offensichtlich ist es zum Bruch zwischen der johanneischen Gemeinde und der örtlichen Synagoge gekommen.

Zusammen mit der Beobachtung, dass das Johannesevangelium bereits eine recht fortgeschrittene christologische Reflexion aufweist, deuten diese Hinweise auf eine Entstehung deutlich nach dem Jahr 70, vielleicht gegen Ende des ersten Jahrhunderts. Der Zeitpunkt, vor dem das Werk entstanden sein muss, wird durch einen Papyrusfund vorgegeben: Auf einem kleinen Papyrusfragment (𝔓 52) sind nämlich Textteile aus Joh 18,31–33.37 f. erhalten, so dass dieses Handschriftenbruchstück das früheste Zeugnis des Johannesevangeliums darstellt. Allerdings schwanken die Datierungen dieses Papyrus zwischen dem Beginn des zweiten Jahrhunderts in der älteren Forschung und der Mitte des zweiten Jahrhunderts oder sogar noch später in jüngeren Studien. Damit kann also nicht viel Genaueres gesagt werden, als dass das Johannesevangelium vor der Mitte des zweiten Jahrhunderts vorgelegen haben muss.

6.3.3 Schmerzhafte Trennungskonflikte mit der Synagoge und innerhalb der Gemeinde: Hinweise auf die Situation, den Ort und die Geschichte der johanneischen Gemeinde

Die Situation der johanneischen Gemeinde scheint von einer tiefen Ambivalenz gegenüber dem Judentum gezeichnet zu sein. Einerseits ist sie fest im Judentum verankert. Bereits unsere Lektüre des Prologs hat gezeigt, wie sehr das Johannesevangelium auf die Schriften der jüdischen Bibel Bezug nimmt. Die biblischen Schriften sind zusammen mit weiteren jüdischen theologischen Konzepten der Resonanzraum, in dem die johanneische Jesusgeschichte erst richtig zum Klingen kommt. Leserinnen und Leser sollten also das Alte Testament gut kennen, wenn sie das Johannesevangelium angemessen verstehen wollen.

Andererseits ist eine schon irritierende Distanz zum Judentum zu beobachten. Nicht nur, dass jüdische Bräuche und Begriffe erklärt werden. Im gesamten Werk ist eine heftige, zum Teil äusserst polemische Abgrenzung von «den Juden», die meist in dieser Pauschalformulierung genannt werden, wahrzunehmen. «Die Juden», bisweilen synonym auch «Pharisäer» genannt, erweisen sich in der johanneischen Erzählung fast ausnahmslos als feindselig nicht nur gegenüber Jesus, sondern auch gegenüber denen, die sich zu ihm als Messias bekennen. Dreimal ist, wie bereits erwähnt, vom Synagogenausschluss die Rede (Joh 9,22; 12,42; 16,2). Dies lässt auf tiefgreifende Zerwürfnisse der johanneischen Gemeinde mit einem pharisäisch geprägten Mehrheitsjudentum schliessen. Ein Stein des Anstosses für die jüdische Mehrheitsposition war wohl das johanneische Bekenntnis zu Jesus Christus als Gottessohn und inkarnierter gott-gleicher Logos, das als unvereinbar mit dem jüdischen Monotheismus gewertet wurde. Darauf reagierte man mit dem Synagogenausschluss, der den Angehörigen der johanneischen Gemeinde das alltägliche Leben schwer machte und soziale Isolation sowie ökonomische Nachteile mit sich brachte.

Eine solche Situation, in der eine jüdisch geprägte johanneische Gemeinde als Minderheit in einer jüdisch geprägten Mehrheitsgesellschaft lebte, von der sie sich angefeindet fühlte, könnte in den nördlichen Ostjordanraum, das Herrschaftsgebiet des Königs Agrippa II. (48/49–100 n. Chr.), deuten, wo es gerade in der Zeit nach 70 eine starke jüdische Präsenz gab.[350] Dagegen setzen Irenäus von Lyon[351] und andere frühkirchliche Zeugnisse die Entstehung des Johannesevangeliums in Ephesus in Kleinasien voraus. Vielleicht lassen sich beide Ansetzungen aber auch verbinden,

350 Vgl. bes. *Wengst*, Gemeinde.

351 Vgl. *Irenäus von Lyon*, Adversus Haereses III 1,1; siehe Abschnitt 6.3.1.

wenn man die Geschichte der johanneischen Gemeinde in Betracht zieht.[352]

Möglicherweise sind die Anfänge der johanneischen Gemeinde in einer stark jüdisch dominierten Umwelt zu verorten, so wie sie im nördlichen Ostjordanraum gegeben war. Die heftigen Konflikte mit der jüdischen Mehrheitsposition, die schliesslich zum Zerwürfnis mit der örtlichen Synagoge führten, müssten in dieser Phase der Geschichte angesiedelt werden. Denkbar ist, dass Teile der johanneischen Gemeinde mit ihrem Buch, der Grundschrift des Johannesevangeliums, nach Kleinasien abgewandert sind und dort eine neue Heimat gesucht haben. Die johanneischen Briefe, die eindeutig aus dem gleichen soziologischen und theologischen Milieu stammen wie das Johannesevangelium, könnten gut nach Kleinasien passen.[353] Sie sind das wahrscheinlich nächste Traditionsstadium der johanneischen Literatur und nach der Grundschrift des Evangeliums, aber noch vor der Schlussredaktion des Buches entstanden.

Die drei Johannesbriefe spiegeln allerdings neue Schwierigkeiten, die in der Gemeinde aufgetreten sind: Die Gemeinde hat offenbar mit massiven Abwanderungstendenzen zu kämpfen und droht auseinanderzubrechen (1 Joh 2,18 f.). Die Abwanderer werden verurteilt als solche, die niemals wirklich dazugehörten. Ihnen wird vor allem mangelnde praktische Liebe vorgeworfen: Sie tun nicht die Gerechtigkeit (1 Joh 2,29; 3,10) und kümmern sich nicht um notleidende Gemeindemitglieder (1 Joh 3,17 f.). Von recht weit fortgeschrittenen Brüchen zeugen 2 Joh und 3 Joh: Während 2 Joh dazu aufruft, der gegnerischen Seite die Gastfreundschaft und den Gruss zu verweigern (2 Joh 10 f.), lässt 3 Joh erkennen, dass der Verfasser und seine Gemeinde Gleiches von einem gegnerischen Gemeindeleiter zu erleiden hatten, dass es übles Gerede und sogar Gemeindeausschlüsse gab (3 Joh 9 f.).

In dieser konflikthaften Situation ist die Schlussredaktion des Johannesevangeliums anzusetzen, die nun u. a. die Figur

352 Vgl. zum Folgenden bes. *Kügler*, Johannesevangelium 219 f.; 225–228; *ders.*, Johannesbrief; *Schenke*, Johannes 436–440.

353 Vgl. dazu *Bieberstein/Kosch*, Paulus 336–339.

des «Jüngers, den Jesus liebte», als Zeugen der johanneischen Tradition einführte, der für die Richtigkeit des johanneischen Christuszeugnisses einsteht. Diesem wird in einem spannungsvollen Gegenüber die Figur des Petrus an die Seite gestellt, der als «Hirte» der Schafe Jesu (Joh 21) zwar Leitungsfunktion erhält, doch inhaltlich stets auf das Zeugnis des Geliebten Jüngers angewiesen bleibt.

Nicht zufällig wird dieser Geliebte Jünger just in dem Moment in das Evangelium eingeführt, als Jesus beginnt, Abschied zu nehmen (Joh 13,23). Als Augenzeuge ist er von nun an an den entscheidenden Stationen präsent: am Kreuz (Joh 19,26 f.35), am Grab (Joh 20,2–10) und bei der abschliessenden Begegnung mit dem Auferstandenen (Joh 21). Der sekundäre Buchschluss präsentiert ihn schliesslich als denjenigen, «der all das bezeugt und der es aufgeschrieben hat» (Joh 21,24). So kann sich die johanneische Gemeinde auf ihn und sein Zeugnis berufen und dieses Zeugnis gegenüber abweichenden Positionen ins Feld führen.

Exkurs

Die johanneischen Schriften zeugen von einem hohen Selbstbewusstsein der Gemeindemitglieder als geistgesalbte Kinder Gottes, die weder Lehrer (Joh 6,45 f.) noch Hirten (Joh 10,1–21) nötig haben, sondern – wie Reben und Weinstock – in unmittelbarer Beziehung zu Jesus Christus selbst stehen (Joh 15,1–8). Nicht umsonst ist das Johannesevangelium das einzige Evangelium, in dem Jesus seine Jüngerinnen und Jünger in dieser Weise dezidiert als «Freunde» bezeichnet (Joh 15,15; eher beiläufig sonst nur Lk 12,4). Zu Recht hat man daher das Gemeindeideal des Johannesevangeliums als «Gemeinschaft der Freunde Jesu, die als solche auch untereinander Freunde sind»[354], bezeichnet. Dabei grenzt sich diese Gemeinschaft der Glaubenden scharf von der nicht glaubenden (jüdischen wie später auch nichtjüdischen) Umgebung ab und konstruiert harte Gegensätze zwischen der glaubenden «Wir»-Gruppe und der nicht gläubigen «Welt», zwischen «Licht» und «Finsternis». Für sich selbst und die eigene Christus-Interpretation behauptet die «Wir»-Gruppe, die sich vor allem in den Briefen und der Schlussredaktion des Werkes zu Wort meldet, nichts weniger als die Augenzeugenschaft für die erzählte Tradition und beansprucht damit, in Kontinuität zum Ursprungsgeschehen zu stehen (1 Joh 1,1 ff.) – was sie der abweichenden Position dadurch gleichzeitig abspricht.

354 *Roloff*, Kirche 300.

Wie die Geschichte der johanneischen Gemeinde weitergegangen ist, wissen wir nicht. Ihre besondere Perspektive auf das Christusgeschehen, die in konfliktreichen Zeiten entwickelt und weitergeschrieben wurde, ist aber nicht verloren gegangen, sondern Teil des neutestamentlichen Kanons geworden.

6.4 Was dem Johannesevangelium wichtig ist: Zentrale Themen und Motive des Buches

6.4.1 Das besondere Christuszeugnis des Johannesevangeliums

Im Zentrum der Botschaft des Johannesevangeliums steht nicht – wie bei den Synoptikern – das im Kommen begriffene Reich Gottes, sondern Jesus Christus selbst: seine Person, seine Sendung durch den Vater, seine Bedeutung für die Menschen. Dies wird bereits im Prolog in hymnischer Form besungen, dem Werk wie ein Verstehensschlüssel vorangestellt und durch das Werk hindurch in vielerlei Weise vertieft:

- Das Zeugnis Johannes des Täufers kennzeichnet Jesus als «Lamm Gottes» (Joh 1,29.36) und gibt damit bereits einen Verstehenshinweis auf den Tod Jesu. Johannes identifiziert Jesus als denjenigen, der, obgleich nach ihm kommend, vor ihm war (1,30), und er führt damit ein grundlegendes Motiv des Prologs weiter. Schliesslich bekennt Johannes Jesus als Gottes Sohn (1,34).
- In den sieben Zeichengeschichten offenbart Jesus seine «Herrlichkeit» (Joh 2,11; vgl. 1,14). Schon die erste dieser Zeichengeschichten, das Weinwunder zu Kana (2,1–11), lässt das Leben in Fülle, das Jesus zu geben vermag (vgl. 10,10), erfahrbar werden. Auch die weiteren Zeichengeschichten lassen Schritt für Schritt die Bedeutung Jesu als Spender von Heil und Leben (4,46–54; 5,1–18; 6,1–15), Licht (9,1–44) sowie in seiner göttlichen Macht (6,16–21) offenbar werden, bis dahin, dass er sich im letzten der sieben Zeichen, der Auferweckung des Lazarus (11,1–44), als Herr auch über den Tod, als «die Auferstehung und das Leben» (11,25) erweist. Nicht umsonst sind fast alle der Zeichengeschichten mit lan-

gen offenbarenden Reden Jesu, zum Teil mit einem «Ich-bin-Wort» im Zentrum (6,35.48.51; 11,25), verbunden.

- Den Beginn des öffentlichen Auftretens Jesu markiert die Tempelaktion Jesu (Joh 2,13–22), die bei den Synoptikern erst am Ende des Weges Jesu steht und die Passionsereignisse einleitet (vgl. Mk 11,15–19). Bei Johannes eröffnet sie mit ihrem Konfliktpotenzial zwar ebenfalls die Konfliktgeschichte Jesu mit «den Juden» (2,18), macht aber darüber hinaus programmatisch die Stellung Jesu zum Tempelkult deutlich, dessen Heilsfunktion in der Perspektive des Johannes auf Jesus selbst übergeht. Dementsprechend stirbt Jesus nach dem Johannesevangelium als «Lamm Gottes» (1,29.36) bereits vor dem Pesachfest, während zeitgleich im Tempel die Pesachlämmer geschlachtet werden (19,31–37).
- In langen Reden und Dialogen offenbart sich der johanneische Jesus als der von Gott Gesandte, der die Werke Gottes tut und in dem Gott selbst zu vernehmen ist (5,17–47; 6,26–59; 7,25–52; 8,12–59; 10; 12,20–36), als Sohn des Vaters und dessen Abbild. Ja, er ist so sehr der Repräsentant des Vaters, dass er sagen kann:

> «Ich und der Vater sind eins.» (Joh 10,30)

Dies führt jüdischerseits zum Vorwurf, dass dies eine Gotteslästerung sei und die Einzigkeit Gottes verletze (10,33); doch kontert der johanneische Jesus dies mit einem Hinweis auf Ps 82,6. Wenn schon die Propheten, an die das Wort Gottes ergangen sei, «Götter» genannt werden, dann mit viel grösserer Berechtigung er, der von Gott Gesandte und Vollbringer der Werke Gottes (10,35–38).

- Jesu einzigartiger Anspruch, verbunden mit seiner Bedeutung für die Glaubenden, zeigen sich in besonderer Weise in den «Ich-bin»-Worten. Diese lassen in ihrer absoluten Form «Ich bin» (Joh 6,20; 8,28; 18,5.6.8) das offenbarende «Ich bin» Gottes aus den alttestamentlichen Schriften anklingen (Ex 3,14; 20,2 ff.; Jes 41,4; 43,10 f.). Als Bildworte verweisen sie mit ihren exklusiv für Jesus gebrauchten Bildern auf die Heilsbedeutsamkeit Jesu: Jesus ist «Brot des Lebens» (6,35.48.51), «Licht der Welt» (8,12), «Tür» (10,7.9), «Auferstehung und Leben» (11,25), «Weg», «Wahrheit und Leben» (14,6). Den Glaubenden und Nachfolgenden verheissen sie ewiges Leben (6,47.51; 11,25), Licht des Lebens (8,12), Rettung (10,9) und Zugang zum Vater (14,6). Dass dies keine blossen Behauptungen sind, versuchen die erzählenden Teile des Johannesevangeliums und speziell die «Zeichen» Jesu zu veranschaulichen: Die Erzählung über die Brotvermehrung (6,1–15) verweist auf ihn als «Brot des Lebens», die Heilung des Blindgeborenen (9,1–41) auf ihn als «Licht der Welt», die Auferweckung des Lazarus (11,1–44) auf ihn als «die Auferstehung und das Leben». Und letztlich steht Jesus mit seinem gesamten Leben und Sterben für all dies ein. Die «Ich-bin»-Worte sind also nicht nur schöne Bilder, sie sind weder abstrakt noch Ausdruck einer abgehobenen Christologie; vielmehr sind sie durch Erfahrungen von Menschen mit Jesus und das Lebenszeugnis Jesu selbst gedeckt.

- In der Fusswaschung (Joh 13,1–20) deutet der Abschied nehmende Jesus sein Leben und Sterben als dienende und sich hingebende Liebe. In den langen Abschiedsreden (Joh 13,31–16,33) erklärt Jesus den Seinen seinen Weg, der vom Vater in die Welt und wieder zurück zum Vater führt. Diese Reden werden transparent für die schwierige Situation der Gemeinde, die vom scheidenden Jesus den «anderen Parakleten» (14,16) als Beistand verheissen bekommt.
- Die Passionserzählungen zeigen Jesus bis zum Schluss als Souverän der Handlung. Bereits bei der Gefangennahme behält er die Initiative, indem er auf die Soldaten zugeht und sich dreimal mit «ich bin» zu erkennen gibt, worauf diese ohnmächtig zu Boden fallen. Jesus begibt sich also freiwillig in ihre Hand (18,1–11). Die Bedeutung des bevorstehenden Todes Jesu «für das Volk» wird ausgerechnet vom Hohepriester selbst formuliert (18,14). Im Verhör bleibt Jesus selbstbewusst (18,19–24). Bis zum Schluss erfüllen sich Worte Jesu (18,32). In aller vordergründigen Ohnmacht und Erniedrigung der Passion scheint Jesu Macht und Herrlichkeit als wahrer König auf (18,33–38; 19,1–5.9–16.19–22). Sein Tod ist Rückkehr zum Vater (13,3; 14,2 f.12.28; 16,5.7.16–18.28; 17,11–13), Erhöhung (3,14 f.) und Verherrlichung (13,31 f.; 17,1.5). Im Tod Jesu erweist sich die Liebe Jesu zu den Seinen in ihrer Vollendung (13,1), so wie es nichts Grösseres gibt, als das Leben für die Freunde zu geben (15,13; vgl. 10,11–18). In seinem Tod spiegelt sich Gottes Liebe zu den Menschen

(3,16 f.). So erweist sich das Kreuz als Ort des Heils (19,30; 20,17.22 f.) und birgt selbst der Tod Jesu Leben für die Glaubenden (19,34 f.).

Kommen, sehen und bleiben: Menschen in der Entscheidung für (oder gegen) Jesus Christus 6.4.2

Dieses Heilsangebot Gottes an die Menschen gilt es anzunehmen. So zeigt das Johannesevangelium in positiven und negativen Beispielen Menschen als Suchende und in der Entscheidung für oder gegen Jesus.

Gleich zu Beginn der Erzählung führt das Zeugnis des Täufers dazu, dass sich Menschen ansprechen lassen, Jesus «folgen» (Joh 1,37) und sich von ihm einladen lassen, zu «kommen», zu «sehen» und zu «bleiben» (1,39). Die Jesusgemeinschaft vergrössert sich, indem Andreas als einer der beiden zuerst zu Jesus Gekommenen seinen Bruder Simon anspricht und ihm seine Erkenntnis mitteilt, den «Messias» gefunden zu haben (1,41). Im Folgenden lässt sich Philippus von Jesus selbst ansprechen und holt seinerseits Natanael in die Gemeinschaft (1,43–46). Immer wieder geht es in diesen Versen um das Kommen, Sehen und Bleiben. Schritt für Schritt vergrössert sich dabei die Erkenntnis über Jesus: Er ist der «Rabbi» (1,38), der «Messias» (1,41), der, über den in der Tora und bei den Propheten geschrieben ist (1,45), der «Sohn Gottes» (1,49) und «König von Israel» (1,49). Auf diese Weise konstituiert sich innerhalb der ersten Woche die Jüngergruppe und festigt sich das Bekenntnis zu Jesus als Messias und Gottessohn (vgl. 20,30 f.).

Nach dem ersten Zeichen in Kana, bei dem Jesus seine «Herrlichkeit» (vgl. Joh 1,14) offenbart, «glauben» seine Jünger ebenso an ihn (2,11) wie «viele» in Jerusalem, die seine Zeichen sehen (2,23). Zwei weitere Episoden zeigen Jesus im Gespräch mit suchenden Menschen, mit jeweils unterschiedlichem Ergebnis: Während es bei Nikodemus offen bleibt, ob er zum «glauben» kommt (3,1–22; vgl. aber 7,50; 19,39), lässt sich die samaritanische Frau am Brunnen von Jesus zum «Wasser des Lebens» und zum «glauben» führen und wird sogar zur Glaubensbotin für ihr Dorf (Joh 4,4–42). Als glaubend wird auch der Vater des todkranken Jungen bezeichnet, den Jesus über die Distanz zwischen Kana und Kafarnaum hinweg heilt (4,46–54): «Er wurde gläubig mit seinem ganzen Haus» (4,53). «Glauben» ist ferner die Frucht der Heilung des Blindgeborenen (9,38), ebenso wie das Gespräch Jesu mit Marta im Vorfeld der Auferweckung ihres Bruders Lazarus in ihr grosses Bekenntnis zu Jesus als Messias und Gottessohn mündet (11,27).

Dabei schimmert durch diese Szenen die Situation der johanneischen Gemeinde hindurch. Wenn es bei führenden Pharisäern wie Nikodemus offen bleibt, ob er nun zum «glauben» findet oder nicht, oder wenn über Josef aus Arimathäa, der durchaus vorbildlich an Jesus handelt, gesagt wird, dass er aus Furcht vor «den Juden» nur heimlich ein Jünger Jesu sei (Joh 19,38), dann spiegeln sich darin die Schwierigkeiten der johanneischen Gemeinde, die offensichtlich damit zu kämpfen hatte, dass in ihrer Umgebung das Bekenntnis zu Jesus zu massiven Nachteilen führen konnte (9,22 f.24–34; 12,42 f.). Angesichts solcher Schwierigkeiten und Konflikte war aber ein mutiges und offenes Bekenntnis zu Jesus als Messias und Gottessohn sowohl für die Glaubensidentität der Gemeinde als auch für ihr grundsätzliches Bestehenkönnen als Minderheit absolut notwendig. Vor diesem Hintergrund fordert das Johannesevangelium zum Glauben, Bekennen und «Bleiben» auf.

Exkurs

«Die Juden» im Johannesevangelium

Vor dem Hintergrund der schwierigen Situation der johanneischen Gemeinde ist auch die Problematik zu verstehen, die bei der Lektüre des Johannesevangeliums sofort ins Auge fällt: das über weite Strecken äusserst negative Bild «der Juden». Zwar werden durchaus einzelne jüdische Figuren positiv gezeichnet, Jesus selbst wird von der samaritanischen Frau am Brunnen zutreffend als «Jude» identifiziert (Joh 4,9), und in diesem Brunnengespräch sagt der johanneische Jesus einen bedeutsamen Satz, der für das johanneische Bild von «den Juden» unbedingt berücksichtigt werden muss: «Das Heil (*sōtēria*) kommt von den Juden» (4,22). Doch überwiegt insgesamt ein scharfer, vielfach polemischer Ton gegenüber «den Juden» (vgl. nur 8,44). Die Schärfe dieser Auseinandersetzungen ist wohl vor dem Hintergrund der schmerzhaften Trennungserfahrungen zu verstehen, von denen bereits die Rede war[355]: Die johanneische Gemeinde lebte – zumindest in den Anfangsphasen ihrer Geschichte – als Minderheit in

355 Siehe Abschnitt 6.3.3.

einer Umgebung, in der ein pharisäisches Judentum dominierte und zunehmend normativ wurde. Wenn im Johannesevangelium dreimal davon die Rede ist, dass das Bekenntnis zu Jesus als Messias und Gottessohn zum Synagogenausschluss führe (9,22; 12,42; 16,2), lässt dies auf einen erfolgten Bruch mit der Synagogengemeinschaft schliessen. Von den negativen Auswirkungen eines solchen Bruchs war eine gesellschaftliche Minderheit ungleich stärker betroffen als die Mehrheit. So hatte die johanneische Gemeinde mit sozialer Isolation und ökonomischen Nachteilen zu kämpfen. Dies spiegelt sich in der Figurenzeichnung des Johannesevangeliums.[356] Neben «den Juden», zum Teil diesen zugeordnet, zum Teil synonym verwendet, werden «die Pharisäer» als einflussreich agierende, mächtige Gruppierung benannt, die nicht nur Gesandtschaften zur Prüfung der Botschaft des Täufers aussendet (1,19.24), gemeinsam mit den Hohepriestern Ratsversammlungen einberuft (11,45–53.57), in bestimmten kultischen Fragen wie der Sabbateinhaltung als autoritative Instanz in Erscheinung tritt und wie eine Behörde agiert (9,13–16), sondern auch massgeblich den Synagogenausschluss betreibt (9,34; 12,42 f.). Wie «die Juden» treten «die Pharisäer» als Gruppe zumeist in Gegnerschaft zu Jesus auf. Besonders in Joh 7–10 spitzen sich die Konflikte zwischen Jesus und den Pharisäern zu. Aber auch gegenüber anderen Menschen, sogar gegenüber den «Oberen», verbreiten die Pharisäer eine Atmosphäre der Angst (9,22; 12,42). Hingegen dominieren ab Joh 11 die Hohepriester als diejenige jüdische Gruppierung, die Jesu Tod betreibt. Sie erscheinen damit als die höchste religiöse und politische Autorität des Judentums. Schon diese Differenzierung zwischen verschiedenen jüdischen Gruppierungen zeigt, dass der zunächst so einheitlich wirkende Block «der Juden» so einheitlich gar nicht ist. Dies wird verstärkt durch die Beobachtung, dass auch die Gruppierung der Pharisäer als in sich gespalten gezeigt wird: Da ist zum einen die Figur des Nikodemus, der als ein führender Vertreter der Pharisäer eingeführt wird (3,1), aber im Verlauf des Werkes doch wie ein heimlich glaubender Jesusanhänger agiert (7,50; 19,39). Und gerade an einem der Höhepunkte der Auseinandersetzungen zwischen Jesus und den Pharisäern legen diese höchst unterschiedliche Haltungen gegenüber Jesus an den Tag (9,16).

In all dem können wir einen Reflex auf die Gemeindesituation des Johannesevangeliums sehen. Die johanneischen Christusgläubigen sahen sich zwar einem übermächtigen pharisäisch dominierten Judentum gegenüber, das ihnen den Synagogenausschluss beschert hatte. Dieses sehen sie in Kontinuität zu dem, was Jesus widerfahren war. Gegen diese mächtige Gegnerschaft versuchten sie sich mit einer negativen Zeichnung «der Juden» und vor allem «der Pharisäer» zu wehren. Doch soll die Tür offensichtlich noch nicht völlig zugeschla-

356 Vgl. zum Folgenden bes. *Poplutz*, Pharisäer.

gen werden: Indem sowohl das Volk (Joh 7,43; 11,45 f.), als auch die Pharisäer als in sich gespalten gezeichnet werden, wird zumindest die Perspektive eines weitergehenden Gesprächs angedeutet. Damit erweist sich die Polemik des Johannesevangeliums gegen «die Juden» als ein Symptom der nach wie vor bestehenden Nähe zum Judentum. Ob damit eine so beissende und diffamierende Polemik wie zum Beispiel in Joh 8,30–59 zu rechtfertigen ist, steht auf einem anderen Blatt. In der Auslegung darf sie keinesfalls fortgeschrieben werden.

In späteren Phasen der Geschichte stand die Gemeinde – aus anderen Gründen – vor der Gefahr des Auseinanderbrechens (1 Joh 2,19). Viele hatten der Gemeinde bereits den Rücken gekehrt oder waren im Begriff zu gehen (Joh 6,60–66). Vor diesem Hintergrund erhalten die steten Mahnungen zum Einssein, zum Bleiben in der Liebe und zum Tun der Liebe vor allem in den Abschiedsreden (Joh 15 f.; vgl. auch 1 Joh) ihre besondere Brisanz.

Um in diesen Schwierigkeiten bestehen und in der Liebe Jesu bleiben zu können, betonen vor allem die Bildreden des Johannesevangeliums die besondere Verbundenheit jedes und jeder Einzelnen mit Jesus: Wie die Reben eines Weinstocks sind sie mit dem Weinstock Jesus verbunden (Joh 15,1–8), und wie die Schafe einer Herde hören sie auf die Stimme des Hirten Jesus (10,1–16), wobei gerade diese Bildreden nicht frei vor Warnungen sind: Neben dem guten Hirten gibt es auch schlechte, die die Herde im Stich lassen, und Reben, die keine Frucht bringen, laufen Gefahr, verbrannt zu werden.

Als besondere Hilfe in all den Schwierigkeiten verheisst der scheidende Jesus der Gemeinde den Geist als Beistand (Joh 14,16). Er wird sie «alles lehren und an alles erinnern», was Jesus selbst ihnen gesagt hatte (14,26), er wird als «Geist der Wahrheit» Zeugnis über Jesus ablegen (15,26), ja, dieser Beistand kann überhaupt nur kommen, wenn Jesus zuvor weggegangen ist (16,7).

Wie es möglich sein kann, auch in der Zeit der Abwesenheit Jesu zu «glauben», dafür stellt das Johannesevangelium in den Ostergeschichten besondere Modelle vor Augen: Maria aus Magdala ist die Erste, die in einem Prozess des Erkennens, bei dem sie immer wieder sich umwenden und neu sehen lernen muss, Jesus als Auferstandenen erkennt und bezeugt (Joh 20,1.11–18). Die Jüngerinnen und Jünger in Jerusalem, zunächst furchtsam und sich hinter verschlossenen Türen verbergend, empfangen vom Auferstandenen die Gabe des Geistes (20,22 f.) und damit eine «Salbung», die «bleibt» und sie auf Dauer auszeichnet, so dass sie sich von niemandem mehr belehren lassen müssen (1 Joh 2,20.27). Thomas schliesslich, der sich wie alle nachösterlich Glaubenden in der Situation befindet, auf das Zeugnis anderer angewiesen zu sein und damit seine Schwierigkeiten zu haben, erfährt selbst den Auferstandenen und kommt zu seinem abschliessenden Bekenntnis: «Mein Herr und mein Gott.» (Joh 20,28). Doch während ihm noch eine besondere Erfahrung des Auferstandenen zuteil wird, preist der Auferstandene im Anschluss diejenigen selig, die «nicht sehen und doch glauben» (20,29) – und das sind diejenigen, die in nachösterlicher Zeit trotz aller Schwierigkeiten zum «glauben» finden und bleiben.

Exkurs

Rollenmodelle von Frauen im Johannesevangelium

Mit Maria von Magdala, die nach dem Johannesevangelium die Erste ist, der der Auferstandene erscheint, und die im Anschluss an diese bedeutsame Begegnung zur ersten Verkünderin der Osterbotschaft wird, kommt zum Schluss dieses Abschnittes noch ein besonderes Thema des Johannesevangeliums in den Blick: Das Johannesevangelium modelliert an verschiedenen Stellen höchst bemerkenswerte Rollen für Frauen.

So rahmt die Präsenz der Mutter Jesu (die im Johannesevangelium ohne Namen bleibt) das öffentliche Auftreten Jesu nach dem Johannesevangelium. Zu Beginn des öffentlichen Auftretens ist sie diejenige, die den Anstoss zu Jesu erstem Zeichen gibt, indem sie zuerst Jesus darauf aufmerksam macht, dass der Wein ausgegangen sei, und sodann – trotz der ablehnenden Antwort Jesu – den anwesenden Dienern den auch für Leserinnen und Leser höchst bedeutsamen Satz sagt: «Was er euch sagt, das tut» (Joh 2,5). Am Ende dieser Perikope gehört sie zu denen, die Jesus folgen (2,12). Zwar wird sie danach erst wieder am Schluss der öffentlichen Wirksamkeit Jesu erwähnt, doch erneut in einer höchst bedeutsamen Szene: Ihr gilt eines der letzten Worte des bereits gekreuzigten Jesus, indem er den Geliebten Jünger und sie einander anvertraut: «Frau, siehe, dein Sohn!» – «Siehe, deine Mutter!» (19,26 f.) Damit rücken zwei Personen ins Blickfeld, die jeweils durch ihre (enge) Beziehung zu Jesus gekennzeichnet sind. Sie werden zu herausgehobenen Zeugen des Geschehens und zu den Adressaten der letzten Worte Jesu. Damit erhält die Szene testamentarischen Charakter: Der sterbende Jesus übergibt den beiden Nächststehenden sein Vermächtnis und spricht, bezeugt von diesen, seine letzten Worte. Diese stiften neue und grundlegende Beziehungen, so dass die

johanneische Gemeinde, die sich auf den Geliebten Jünger als Zeugen und Garanten ihrer Tradition beruft, ihren Ursprung in dieser Szene verankert.[357]
Die zweite Frauenfigur im Verlauf des Johannesevangeliums ist die samaritanische Frau, die Jesus am Brunnen von Sychar in ein Glaubensgespräch verwickelt und die im Anschluss an dieses Gespräch zur Glaubensbotin für ihr Dorf wird (Joh 4).
Marta, die Schwester des Lazarus und der Maria, spricht im Kontext der Auferweckung des Lazarus ein Bekenntnis, das in der synoptischen Tradition aus dem Munde des Petrus zu hören ist (Joh 11,27). Ihre Schwester Maria bringt Jesus nicht nur aussergewöhnliches Vertrauen entgegen, indem sie ihm (wie bereits zuvor ihre Schwester Marta in 11,21) sagt: «Herr, wärest du hier gewesen, dann wäre mein Bruder nicht gestorben» (11,32), sondern sie ist es auch, die Jesus die Füsse salbt und damit ein Zeichen verschwenderischer Liebe setzt (12,1–8).
Schliesslich ist Maria aus Magdala diejenige, die sich als Erste beim Grab Jesu einfindet und der die erste Erscheinung des Auferstandenen zuteil wird. Sie erhält vom Auferstandenen einen Verkündigungsauftrag und führt diesen mit den Worten aus: «Ich habe den Herrn gesehen» (Joh 20,18) – Worte, mit denen Paulus nach 1 Kor 9,1 sein Apostelsein begründet und aufgrund derer Maria aus Magdala von der christlichen Tradition der Titel «Apostelin der Apostel»[358] zugesprochen worden ist.
Leuchten in diesen Erzählungen bemerkenswerte Rollenmodelle für Frauen auf, die auch auf ein entsprechendes Miteinander in der johanneischen Gemeinde schliessen lassen, so erhält dieses Bild in der johanneischen Redaktion einige Eintrübungen. Denn gerade das Osterzeugnis der Maria aus Magdala scheint in der Perspektive der Redaktion nicht zu zählen (Joh 21,14). So könnte in der johanneischen Redaktion ein Prozess zu beobachten sein, der auch in den Pastoralbriefen zu greifen ist: Frauen werden als Verkünderinnen zurückgedrängt, und ihre Bedeutung wird heruntergespielt. Stattdessen werden Zeugen- und Leitungsfunktion in die Hände von Männern gelegt.[359] Allerdings verschweigt das Johannesevangelium die Bedeutung der Magdalenerin als Osterzeugin und Verkünderin nicht, sondern belässt die Erzählung über die Ersterscheinung Jesu vor Maria als ein wichtiges Scharnier zwischen der Zeit Jesu und der Zeit der johanneischen Gemeinde.

---

357 Vgl. ausführlich *Bieberstein K./Bieberstein S.*, Angesichts des Todes 41–46.

358 Zuerst im Hoheliedkommentar des Hippolyt von Rom († 235/236) belegt; ab dem 11./12. Jahrhundert verbreitet, wegweisend die Predigt XIII zum Ostertag von Petrus Abaelardus (1079–1142), Patrologia Latina 178, 484–485, vgl. *Taschl-Erber*, Maria von Magdala 590–593.623.

359 Vgl. *Kügler*, Johannesevangelium 226.

6.4.3 Trotz der «Hohen Christologie»: Ein Jesus, der mit seinem Leben und Sterben für die Seinen da ist

Immer wieder wird die «Hohe Christologie» des Johannesevangeliums hervorgehoben. Dies hat durchaus seine Berechtigung, thematisiert das Johannesevangelium doch christologische Aspekte, die wir in den synoptischen Evangelien vergeblich suchen: Jesus ist der von Gott Gesandte, der von Gott ausgegangen ist und die Werke Gottes tut; er ist derjenige, in dem Gott selbst zu vernehmen ist (Joh 5,17–47; 6,26–59; 7,25–52; 8,12–59; 10; 12,20–36), als Sohn des Vaters und dessen Abbild; er ist als Repräsentant des Vaters sogar «eins» mit diesem (10,30).[360]

Allerdings bedarf dieses Bild einer Ergänzung, durch die diese «Hohe Christologie» gewissermassen geerdet wird. In Abschnitt 6.4.1 ist bereits deutlich geworden, wie die typisch johanneischen «Ich-bin»-Worte mit ihren exklusiv für Jesus beanspruchten Bildern ihre Konkretion in verschiedenen Zeichengeschichten finden, in denen greifbar wird, was es für die Menschen bedeutet, wenn Jesus «Brot des Lebens», «Licht der Welt» oder «Auferstehung und Leben» ist.

Noch deutlicher wird dies zu Beginn der Passionserzählungen in der Episode der Fusswaschung (Joh 13,1–20). Diese nimmt im Johannesevangelium den Platz ein, den in den synoptischen Evangelien die Erzählung über das letzte Mahl Jesu innehat. Wie die Erzählungen über das letzte Mahl Jesu trägt die Fusswaschungsperikope damit Vermächtnischarakter, und wie die Mahlerzählungen bietet sie in verdichteter Form eine Deutung des Lebens und Sterbens Jesu. Diese ist allerdings höchst bemerkenswert. Denn der johanneische Jesus deutet hier sein Leben und Sterben als «Liebe bis zur Vollendung» (13,1). Dies findet in der Zeichenhandlung der Fusswaschung eine erste Konkretion: Diese Liebe realisiert sich im Dienst an den anderen. Jesus übernimmt den Sklavendienst der Fusswaschung und deutet damit sein gesamtes Leben und Wirken. Weitergeführt und vertieft wird dies im konkreten Schicksal Jesu: Er steht mit seinem Leben für seine Sendung und damit zugleich für die Seinen ein. Das Johan-

360 Siehe Abschnitt 6.4.1.

nesevangelium lässt an diesem höchst bedeutsamen Ort seiner Jesusgeschichte einen dienenden und sich hingebenden Jesus sichtbar und erfahrbar werden.

Dies wird den Nachfolgerinnen und Nachfolgern als Vorbild ans Herz gelegt. Anteil an Jesus erhalten sie, indem sie sich die Füsse waschen lassen (13,8). Doch darf dies kein Selbstzweck bleiben. Vielmehr muss daraus folgen, sich das Handeln Jesu zu eigen zu machen:

> «Ihr sagt zu mir Meister und Herr, und ihr nennt mich mit Recht so; denn ich bin es. Wenn nun ich, der Herr und Meister, euch die Füsse gewaschen habe, dann müsst auch ihr einander die Füsse waschen. Ich habe euch ein Beispiel gegeben, damit auch ihr so handelt, wie ich an euch gehandelt habe.» (Joh 13,13–15)

«Anteil haben» an Jesus heisst also, sich selbst auf diesen Weg der dienenden Liebe zu machen. Dies soll eine Nachfolgegemeinschaft im Sinne des Johannesevangeliums kennzeichnen. Dies ist der Kirche bis heute ins Stammbuch geschrieben.

Zum Weiterlesen

Bibel und Kirche 59 (3/2004): Das Johannesevangelium.

Habermann, Ruth: Das Evangelium nach Johannes. Orte der Frauen, in: *Schottroff, Luise/Wacker, Marie-Theres (Hg.):* Kompendium Feministische Bibelauslegung, Gütersloh ²1999, 527–541.

Kügler, Joachim: Eine wortgewaltige Jesus-Darstellung. Das Johannesevangelium aus dem Urtext übersetzt und kommentiert, Stuttgart 2012.

Popkes, Enno Edzard: Johannes, in: *Krieg, Matthias (Hg.):* Erklärt. Der Kommentar zur Zürcher Bibel, Bd. 3, Zürich 2010 (²2011), 2176–2237.

Schenke, Ludger: Das Johannesevangelium. Einführung – Text – dramatische Gestalt (Urban-Taschenbücher 446), Stuttgart 1992.

Schenke, Ludger: Das Buch Johannes. Roman des vierten Evangeliums, Düsseldorf 1997.

van Tilborg, Sjef/Dillmann, Rainer: Das Johannesevangelium. Ein Kommentar für die Praxis, Stuttgart 2005.

Wengst, Klaus: Bedrängte Gemeinde und verherrlichter Christus. Ein Versuch über das Johannesevangelium (Kaiser-Taschenbücher 114), München 1992.

Jesus 7

Die Lektüre der Evangelien hat gezeigt, welche unterschiedlichen Akzente – bei allen Übereinstimmungen, die durchaus auch zu beobachten sind, – diese vier Werke bei der Darstellung ihrer jeweiligen Jesusgeschichte setzen. Die Frage, die sich nun anschliesst, ist die nach den zugrunde liegenden «Ereignissen», also die Frage nach dem «historischen Jesus». Dabei soll keinesfalls naiv behauptet werden, dass auf der Basis «objektiver» Fakten eine Jesusgeschichte, «wie sie wirklich war», rekonstruiert werden könnte. Denn jede Jesusdarstellung ist – wie jede Darstellung historischer Ereignisse – geprägt von den Erfahrungen, Optionen und Intentionen der Autorin oder des Autors, so dass sie mindestens ebenso sehr Konstruktion wie Rekonstruktion ist. Dennoch hat sich seit den Anfängen der historischen Jesusforschung nicht nur eine Kriteriologie herausgebildet, mit deren Hilfe die Evangelien als Quellen für historische Fragestellungen ausgewertet werden können, sondern es haben sich dadurch auch gewisse Eckpunkte des Wirkens und der Verkündigung Jesu herauskristallisiert, die mit guten Gründen als «historisch» angesehen werden können. Auf dieser Basis soll im Folgenden eine Skizze versucht werden.[361]

Die Quellen und ihre Eigenart 7.1

Natürlich sind die wichtigsten Quellen über Jesus von Nazaret die neutestamentlichen Schriften und hier in hervorgehobener Weise die vier Evangelien. Aufgrund der Eigenart dieser Evangelien als verkündigende Schriften, wie wir sie in den

361 Vgl. in dieser Buchreihe bereits ausführlich *Selvatico/Strahm*, Jesus Christus 27–197. Die folgende Darstellung befindet sich besonders im Gespräch mit *Ebner*, Jesus; *Niemand*, Jesus; *Schenke*, Jesus; *Schottroff/Sölle*, Jesus; *Schröter*, Jesus; *Stegemann*, Jesus; *Strotmann*, Jesus; *Theißen/Merz*, Jesus. Die Fülle der Jesusliteratur auch nur annähernd zu würdigen, ist im Rahmen dieser kleinen Skizze unmöglich.

vorherigen Kapiteln bereits kennengelernt haben, und aufgrund der zu beobachtenden Übereinstimmungen und Unterschiede zwischen den Evangelien wurde in der neutestamentlichen Wissenschaft eine Kriteriologie entwickelt, die es ermöglicht, die Evangelien in methodisch kontrollierter Weise auch auf historische Fragestellungen hin auszuwerten. Neben den biblischen Schriften kommen weitere frühchristliche Dokumente als Quellen in Frage, die keinen Eingang in den Kanon gefunden haben: apokryph gewordene Schriften ebenso wie die in der Tradition hochgeschätzten «apostolischen Väter» und andere Schriften früher Theologen. Schliesslich sind Zeugnisse über Jesus in Werken nichtchristlicher Autoren in die Untersuchung einzubeziehen. Bei allem gilt es aber zu beachten, dass jede der Quellen ihr eigenes Jesus-Bild zeichnet, wie es der je eigenen Zeit, der eigenen Situation und der eigenen Adressatenschaft angemessen war und das es daher kritisch auszuwerten und mit anderen Jesusbildern zu vergleichen gilt, um zu einem plausiblen Bild historischer Wahrscheinlichkeiten zu gelangen.

7.1.1 Die Auswertung der Evangelien auf historische Fragen hin

Auch wenn die Evangelien die Jesusgeschichte im «Licht von Ostern» darstellen, auch wenn sie verkündigenden Charakter tragen, aus der Perspektive des Glaubens geschrieben sind und Menschen in ihrem Glauben bestärken oder vom Glauben überzeugen wollen, lassen sie sich doch (auch) historisch auswerten. Dazu gilt es, Tendenzen in den Schriften wahrzunehmen, die die historischen Fakten überlagern, und auf der Basis einer kritischen Abwägung der Darstellung der Evangelien ein historisch wahrscheinliches Bild von der Botschaft und der Praxis Jesu zu skizzieren. Besonders Gerd Theißen und Dagmar Winter ist eine Weiterentwicklung und Präzisierung der Kriteriologie der historischen Jesusforschung zu verdanken: Sie formulierten das «historische Plausibilitätskriterium» bzw. «Kriterium der historischen Wirkungs- und Kontextplausibilität».[362] Dieses würdigt im Unterschied zur älteren Jesusforschung zum einen die Tatsache, dass Jesus

362 Vgl. *Theißen/Winter*, Kriterienfrage; *Theißen/Merz*, Jesus 28 f.96–122.

als Jude seiner Zeit in den Kontext des damaligen Judentums einzuordnen ist und dass daher zunächst als historisch wahrscheinlich zu gelten hat, was in den Kontext der damaligen Zeit passt und aus diesem heraus zu verstehen ist (Kontextplausibilität). Zum anderen wird wertschätzend berücksichtigt, dass eine Kontinuität zwischen dem Wirken Jesu und der Entstehung des Urchristentums besteht (Wirkungsplausibilität):

> «Die Jesusforschung [...] tendiert zu einem *historischen Plausibilitätskriterium*: Was im jüdischen Kontext plausibel ist und die Entstehung des Urchristentums verständlich macht, dürfte historisch sein.»[363]

Dies bedarf allerdings einer zweifachen Ergänzung: Denn erstens ging Jesus nicht einfach restlos in seinem jüdischen Kontext auf, sondern stand mit einigen Aspekten seiner Verkündigung und seines Wirkens auch in Differenz zum Judentum seiner Zeit. Sonst wäre seine Anziehungskraft nicht nachzuvollziehen, und niemand hätte wohl von ihm erzählt. Daher sind innerhalb des jüdischen Kontextes auch die individuellen Züge Jesu wahrzunehmen. Zweitens ist zu berücksichtigen, dass die frühchristliche Überlieferung oft genug Schwierigkeiten mit den Jesustraditionen hatte und dass Jesus zum Teil in Differenz zur späteren urchristlichen Überlieferung gesehen werden muss (Tendenzwidrigkeit).

Exkurs

Sowohl die Kontext- als auch die Wirkungsplausibilität stellen neue Akzente der jüngeren gegenüber der älteren Jesusforschung dar. Denn die ältere Jesusforschung hatte bei der Suche nach historisch zuverlässigen Informationen vor allem die Differenz Jesu zur jüdischen Umwelt betont, so dass als historisch wahrscheinlich galt, was sich nicht aus dem jüdischen Kontext erklären liess. Heute werden dagegen die Jesusüberlieferungen mit jüdischen (und nichtjüdischen) Zeugnissen seiner Zeit verglichen, Jesus wird also in den Kontext seiner Zeit eingeordnet, und in diesem Kontext wird auch seine Individualität situiert. Auch beim Kriterium der Wirkungsplausibilität lässt sich ein Unterschied zur früheren Jesusforschung feststellen; denn hier galt über weite Strecken das als historisch, was man nicht den späteren Entwicklungen in den ersten christlichen Gemeinden zuschreiben konnte. Demgegenüber werden mittlerweile nach dem Kriterium der Wirkungsplausibilität diejenigen Jesusüberlieferungen als histo-

363 *Theißen/Merz*, Jesus 29.

risch angesehen, die als Auswirkungen der Botschaft und Praxis Jesu auf die theologischen und praktischen Entwicklungen in den ersten Gemeinden verständlich gemacht werden können. Dies muss wiederum ergänzt werden durch einen Aspekt, der die Besonderheit Jesu zum Ausdruck bringen kann: dass nämlich diejenigen Überlieferungen Historizität beanspruchen können, die zugleich in gewisser Tendenzwidrigkeit zum christlichen Traditionsfluss stehen.

Die Übereinstimmung mit der späteren christlichen Überlieferung lässt sich vor allem mit Hilfe der folgenden Kriterien erheben:

- **Das Alter der Quelle**: Zwar ist nicht gesagt, dass die älteste Quelle in jedem Fall auch schon die historisch zuverlässigste Information bietet; doch zeigt sich, dass in vielen Fällen zum Beispiel das ältere Markusevangelium ein historisch glaubwürdigeres Bild bietet als das jüngere Johannesevangelium. Aber Ausnahmen bestätigen bekanntlich die Regel: So finden sich im Johannesevangelium, also dem jüngsten der Evangelien, vor allem in den Jerusalemer Zeichengeschichten (Joh 5,1–9; 9,1–7) und in der Passionserzählung so manche Details, die gegenüber den Synoptikern die historisch plausiblere Darstellung bieten.
- **Die Unabhängigkeit der Quellen**: Wenn Aspekte der Jesusüberlieferung in Quellen belegt sind, die nicht literarisch oder traditionsgeschichtlich voneinander abhängig sind, können diese eine erhöhte historische Wahrscheinlichkeit für sich beanspruchen. Nicht voneinander abhängig sind nach der Zweiquellentheorie zum Beispiel das Markusevangelium und die Spruchquelle Q oder die Sonderguttraditionen des Matthäus- und Lukasevangeliums.
- **Die Breite der Überlieferung**: Dieses Kriterium besagt, dass diejenigen Aspekte der Botschaft und Praxis Jesu, die nicht nur in einer einzigen Schrift, sondern in mehreren (und möglichst voneinander unabhängigen) Quellen belegt sind, in der Regel die höhere historische Glaubwürdigkeit beanspruchen dürfen. Die historische Glaubwürdigkeit wird weiter erhöht, wenn ein Aspekt nicht nur in einer Art von Texten begegnet, sondern in verschiedenen Textgattungen, z. B. in Erzählungen, Summarien *und* in der Wortüberlieferung.

7.1.2 Jesusüberlieferungen in christlichen Quellen ausserhalb des Neuen Testaments

Neben den vier Evangelien, die von der frühen Kirche als massgeblich angesehen und in den Kanon der Heiligen Schriften aufgenommen wurden,[364] sind in den Anfangszeiten des Christentums weitere Evangelienschriften entstan-

364 Vgl. ausführlich *Lips*, Kanon; *Metzger*, Kanon.

den. Sie erfreuten sich zu manchen Zeiten und in manchen Gemeinden grosser Beliebtheit, wurden aus verschiedenen Gründen – meist wegen mangelnder Orthodoxie – schlussendlich aber nicht als massgeblich für die Kirche anerkannt. Sie werden heute als apokryphe Schriften bezeichnet oder auch, um den Prozess der (Nicht-)Anerkennung sichtbar zu machen, als «apokryph gewordene» Schriften.[365]

Exkurs

Das griechische Wort *apokryphos* bedeutet verborgen, versteckt oder auch geheim. Es bezeichnet zunächst «geheime Offenbarungen» und hatte für diejenigen, die diese Offenbarungen als für die eigene Gruppierung oder Gemeinde als relevant erachteten, einen positiven Klang. Im Laufe der Auseinandersetzungen um die Kanonwerdung erhielt das Wort aber zunehmend die negative Bedeutung von «gefälscht», «nicht zuverlässig» und «nicht rechtgläubig», so dass den als apokryph bezeichneten Schriften jegliche Autorität abgesprochen werden konnte.[366]

Da die Produktion von Evangelien und anderen Schriften bis ins Mittelalter, ja sogar bis in die Neuzeit weitergegangen ist, ist die Eingrenzung «der Apokryphen» nicht eindeutig, sondern abhängig von der jeweiligen Definition. Die antiken christlichen Apokryphen sind heute in verschiedenen wissenschaftlichen Ausgaben gut zugänglich, wobei als die führende Ausgabe immer noch die von Edgar Hennecke begründete, von Wilhelm Schneemelcher fortgeführte und nun von Christoph Markschies und Jens Schröter neu herausgegebene Sammlung gelten muss.[367]

Für die Jesusforschung besonders interessant ist das *Thomasevangelium*[368], eine Sammlung von Jesusworten, die in der Art der Schrift als reine Zusammenstellung von Spruchgut, Gleichnissen und kleinen dialogischen Abschnitten mit nur wenigen situativen Angaben der Spruchquelle Q vergleichbar ist. Die Existenz dieses Werkes war zwar aus verschiedenen Erwähnungen in Schriften der frühen Kirche bekannt; doch

365 Vgl. die erhellende Einführung von *Klauck*, Apokryphe Evangelien.

366 Vgl. *Klauck*, Apokryphe Evangelien 8.

367 *Markschies/Schröter (Hg.)*, Antike christliche Apokryphen.

368 Vgl. *Klauck*, Apokryphe Evangelien 142–162. Einführung und Übersetzung: *Bethge/Schröter*, Evangelium nach Thomas: Nag Hammadi Deutsch 151–181; *dies.*, Das Evangelium nach Thomas: Antike christliche Apokryphen I,1, 483–522.

galt es als verloren, bis es im Jahr 1945 im oberägyptischen Ort Nag Hammadi unter anderen frühchristlichen Schriften (wieder-)entdeckt wurde. Dabei stellte man fest, dass Teile des Werkes der Forschung bereits aus verschiedenen Papyrusfragmenten bekannt waren, doch bislang nicht zugeordnet werden konnten. Für einen Teil des Spruchgutes und der Gleichnisse gibt es Parallelen in den synoptischen Evangelien, weitere Texte sind zumindest strukturell vergleichbar mit synoptischen Traditionen, und ein dritter Teil, wahrscheinlich die jüngste Schicht, enthält ansonsten unbekannte Offenbarungsworte, die von gnostischem Gedankengut inspiriert sind. Ein Teil der Sprüche wird in seinen Ursprüngen ins erste Jahrhundert n. Chr. datiert, worin das grosse Interesse der Jesusforschung an diesem Werk begründet ist. Eine frühe Fassung des Thomasevangeliums ist vielleicht zwischen 120 und 140 anzusetzen. Seine Schlussfassung muss noch im zweiten Jahrhundert erfolgt sein; denn das älteste Papyrusfragment, das Teile des Werkes enthält, ist um das Jahr 200 zu datieren.[369] Das Werk ist auf Griechisch verfasst worden und am ehesten in Syrien anzusiedeln, wo der Apostel Thomas in hohem Ansehen stand. Zwar enthält das Thomasevangelium durchaus einzelne Stoffe hohen Alters, die unser Bild früher Stufen der Jesusüberlieferung bereichern können, so dass das Werk von einigen Jesusforschern als von hohem Wert für die Rekonstruktion des Lebens Jesu angesehen wird. Doch besteht darüber kein Konsens. M. E. liefert das Werk keine grundlegend neuen oder umstürzenden Einsichten zu unserem Bild des historischen Jesus.

Exkurs Weitere Evangelien, denen ein recht hohes Alter zugeschrieben wird, sind das Ägypterevangelium, das Hebräer-, Ebionäer- und Nazoräerevangelium. Doch sind diese nur in Zitaten der Kirchenväter erhalten, so dass ihr Ertrag für die historische Jesusforschung gering ist. Eine apokryphe Parallele zu den Passions- und Ostererzählungen bietet das fragmentarisch überlieferte Petrusevangelium aus der ersten Hälfte des zweiten Jahrhunderts, das allerdings die synoptischen

369 Es handelt sich um ein Fragment aus den nach ihrem oberägyptischen Fundort benannten Oxyrhynchus-Papyri: POxy 1; vgl. *Klauck*, Apokryphe Evangelien 144.

Evangelien voraussetzt und daher für unsere Fragestellung keinen eigenständigen Wert besitzt – wenngleich es ein interessantes Zeugnis über die Weiterentwicklung der Passions- und Ostertraditionen ist.[370]

Einige apokryphe Schriften haben sich an den vermeintlichen erzählerischen Lücken gebildet, die die kanonischen Evangelien offen lassen: Dies sind vor allem die Kindheitsjahre Jesu sowie die Zeit zwischen der Auferweckung Jesu und seiner endgültigen Aufnahme in den Himmel (Apg 1,3).

Exkurs

Erzählungen über die Geburt Jesu finden sich nur im Matthäus- und Lukasevangelium; doch lassen diese – mit Ausnahme von Lk 2,41–52 – jegliche Information über die Kindheit Jesu vermissen. Diese «Lücke» wird ab dem zweiten Jahrhundert in so genannten Kindheitsevangelien geschlossen. Das älteste ist das Protevangelium des Jakobus, das allerdings keine Kindheitsgeschichte Jesu, sondern eine Kindheitsgeschichte Mariens bietet.[371] Episoden über die Kindheit Jesu zwischen seinem fünften und zwölften Lebensjahr enthält die Kindheitserzählung des Thomas.[372] Beide Materialkomplexe werden im Pseudo-Matthäusevangelium zusammengefügt und mit weiteren Traditionen versehen, die zum Teil in der späteren Rezeption in der westlichen Kirche grosse Bedeutung gewannen. Zu den Bekanntesten dürften die Tradition von Ochs und Esel an der Krippe Jesu oder die Tradition von der Speisung Marias durch eine Dattelpalme auf der Flucht nach Ägypten gehören.[373] Interessanterweise haben einige Motive aus den apokryphen Kindheitsevangelien sogar im Koran ein Echo gefunden (vgl. Sure 19:22–34.).

Eine weitere vermeintliche erzählerische Lücke der biblischen Schriften, an der sich Traditionen der Apokryphen bildeten, ist der Zeitraum zwischen der Aufer-

370 Vgl. zu all den genannten Werken *Klauck*, Apokryphe Evangelien 53–87 sowie *Markschies/Schröter (Hg.)*, Antike christliche Apokryphen.

371 Einführung bei *Klauck*, Apokryphe Evangelien 89–98; Text und Einführung bei *Markschies/Schröter (Hg.)*, Antike christliche Apokryphen I,2, 903–929 (*Pellegrini*) sowie *Schneider*, Apokryphe Kindheitsevangelien 31–34.95–145.

372 Einführung bei *Klauck*, Apokryphe Evangelien 99–105; Text und Einführung bei *Markschies/Schröter (Hg.)*, Antike christliche Apokryphen I,2, 930–959 (*Kaiser/Tropper*) sowie *Schneider*, Apokryphe Kindheitsevangelien 34–47.147–171.

373 Einführung bei *Klauck*, Apokryphe Evangelien 105–109; Text und Einführung bei *Markschies/Schröter (Hg.)*, Antike christliche Apokryphen I,2, 983–1002 (*Ehlen*) sowie *Schneider*, Apokryphe Kindheitsevangelien 59–66.214–255.

weckung Jesu und seiner endgültigen Aufnahme in den Himmel. Dieser Zeitraum wird in der Apostelgeschichte mit 40 Tagen bemessen, und es heisst über diese Zeit, dass Jesus der Jüngergruppe erschienen sei und vom Reich Gottes gesprochen habe (Apg 1,3). Doch schweigt die Apostelgeschichte über die Inhalte dieser Offenbarungsreden. Einige so genannte Dialogevangelien füllen diese Lücke. Zu ihnen gehören beispielsweise die Sophia Jesu Christi als das vermutlich älteste Werk dieser Gattung (zweites Jahrhundert), das Evangelium der Maria aus der zweiten Hälfte des zweiten Jahrhunderts oder das Apokryphon des Johannes, dessen Entstehungsgeschichte sich vermutlich bis ins dritte Jahrhundert erstreckt. Die literarische Anlage dieser – zumeist nur fragmentarisch überlieferten – Werke ist den Erscheinungen des Auferstandenen der biblischen Evangelien vergleichbar: Der Auferstandene erscheint der Jüngergruppe, es folgen Gespräche oder Reden, bevor er sich verabschiedet und endgültig in den Himmel aufgenommen wird. Die meisten dieser Offenbarungsschriften stammen aus den Funden von Nag Hammadi und sind gnostischen Inhalts.[374]

Während die Kindheitsevangelien stark legendarischen, volkstümlichen Charakter tragen und keine verwertbaren historischen Informationen bieten, die über die kanonischen Evangelien hinausgehen, sind die Dialogevangelien zuallermeist von gnostischem Gedankengut geprägt und eignen sich ebenfalls nicht als Grundlage für historische Rekonstruktionen. Gleichwohl sind alle diese Schriften bemerkenswerte Zeugnisse über vielgestaltige Entwicklungsformen des frühen Christentums. Die Liste apokrypher Schriften könnte noch um ein Vielfaches verlängert werden. Doch mit Blick auf die begrenzte Fragestellung dieses Kapitels soll das Gesagte genügen.

Streng genommen gehören auch die *Schriften der frühen christlichen Theologen* zu den ausserbiblischen christlichen Quellen. Zumeist bieten diese Reflexe auf die biblischen Jesustraditionen. Ein besonderes Phänomen sind allerdings einige Jesusworte, die sich nicht in den Evangelien finden, von diesen Schriften jedoch als Jesusworte zitiert werden. Zu diesen «unbekannten» oder «versprengten» Jesusworten, den so genannten Agrapha, gehört, um nur ein Beispiel zu nen-

374 Vgl. zu diesen Schriften *Klauck*, Apokryphe Evangelien 189–227; *Markschies/Schröter (Hg.)*, Antike christliche Apokryphen; *Schenke u. a (Hg.)*, Nag Hammadi Deutsch.

nen, folgende Passage aus dem ersten Clemensbrief, der vermutlich in der Zeit zwischen 93 und 97 n. Chr. von Bischof Clemens aus Rom verfasst wurde und an die Gemeinde von Korinth adressiert ist:[375]

> «Denn so hat er [= Jesus] gesagt: Erbarmt euch, damit ihr Barmherzigkeit findet; verzeiht, damit euch verziehen werde! Wie ihr tut, so wird an euch getan werden; wie ihr gebt, so wird euch gegeben werden; wie ihr richtet, so werdet ihr gerichtet werden; wie ihr euch gütig erweist, so wird euch Güte erwiesen werden; mit demselben Mass, mit dem ihr messt, wird euch gemessen werden.»[376]

Deutlich sind Anklänge an die Bergpredigt und insbesondere die Goldene Regel zu vernehmen. Doch bilden die Worte eine eigenständige Formulierung, die darüber hinaus an keiner Stelle belegt ist und wohl aus der frühen mündlichen Jesusüberlieferung stammt.

Exkurs

Weitere solcher Worte finden sich im Barnabasbrief (Barn 7,11; um 130 n. Chr.), bei Irenäus von Lyon (ca. 135 – ca. 200), der wiederum Bischof Papias von Hierapolis mit seinem Werk «Auslegung der Herrenworte» zitiert,[377] beim Apologeten Justin (†165), bei den Kirchenvätern und frühen Theologen Origenes (ca. 185/186 – ca. 253/254), Tertullian (ca. 160/170 – nach 220) und Clemens von Alexandria (ca. 150–215) sowie auf einigen Papyrusfragmenten, die schwer ein- und zuzuordnen sind. Zum Teil sind biblische Anklänge unverkennbar, die wohl zur Bildung dieser Worte geführt haben, zum Teil wurden Jesusworte gebildet, um bestimmten Anliegen Autorität zu verleihen. Auch wenn ihr historischer Wert daher begrenzt ist, bleibt doch ihre Faszination als «unbekannte Jesusworte» bestehen.[378]

Interessanterweise bietet auch der Koran Jesusworte, die sich so nicht in der christlichen Literatur finden und daher zu den Agrapha gezählt werden (Sure 3:49; 5:72; 43:63; 61:6.14).

Insgesamt ist festzuhalten, dass diese ausserbiblischen christlichen Schriften zwar hochinteressante Zeugnisse für die Theologie- und Glaubensgeschichte der ersten Jahrhunderte

---

375 Vgl. *Klauck*, Apokryphe Evangelien 22 f.

376 1 Clem 13,2, zit. nach *Fischer*, Die Apostolischen Väter.

377 *Irenäus von Lyon*, Adversus Haereses V 33,3 f.

378 Vgl. ausführlich *Klauck*, Apokryphe Evangelien 16–34.

darstellen. Doch bieten sie kaum eigenständige Beiträge zur historischen Rekonstruktion des Lebens und Wirkens Jesu. Lediglich einige wenige Jesusworte vor allem aus dem Thomasevangelium dürften in ihren Ursprüngen in das erste Jahrhundert zurückreichen, so dass sie neben die biblischen Traditionen gestellt werden können.

7.1.3 Nichtchristliche antike Quellen über Jesus

Jesus wird auch in einigen wenigen nichtchristlichen antiken Schriften erwähnt.[379] Der älteste Hinweis auf ihn findet sich beim jüdischen Historiker **Flavius Josephus** (37/38 – nach 100 n. Chr.), der Jesus in seiner im Jahr 93/94 verfassten jüdischen Geschichte (*Antiquitates*) insgesamt neutral bis wohlwollend als einen Vollbringer unglaublicher Taten, als weisen Menschen und Lehrer aller bezeichnet. Er habe unter Pontius Pilatus und unter Mitwirkung führender jüdischer Kreise die Strafe der Kreuzigung erlitten, doch bestehe seine Anhängerschaft trotzdem weiter.[380] Dieser Text wurde vermutlich im Laufe seiner Überlieferung durch christliche Bekenntnisse ergänzt. An einer zweiten Stelle erwähnt Flavius Josephus die Steinigung des Jakobus, den er als «Bruder des Jesus, der Christus genannt wird», identifiziert.[381]

Der römische Historiker **Tacitus** (55/56–120 n. Chr.) kommt in seinen 116/117 verfassten Annalen im Zusammenhang des Brandes von Rom unter dem Kaiser Nero auf die Christen zu sprechen, die von Nero als Sündenböcke für die Brände auf grausamste Weise misshandelt und getötet wurden.[382] Er führt diese Gruppierung auf «Christus, der unter Tiberius vom Prokurator Pontius Pilatus hingerichtet worden war», zurück. Zwar steht er einerseits den Grausamkeiten Neros durchaus kritisch gegenüber; doch verachtet er andererseits die Christen und hält ihren Glauben für einen «verderblichen Aberglauben».

379 Vgl. ausführlich z. B. *Theißen/Merz*, Jesus 73–92.
380 Vgl. *Flavius Josephus*, Antiquitates XVIII 63 f.
381 *Flavius Josephus*, Antiquitates XX 200.
382 Vgl. *Tacitus*, Annalen XV 44,3. Textzitat siehe Abschnitt 2.3.4.

Kurze Erwähnung finden Christen auch beim römischen Historiker **Sueton** (70–130 n. Chr.), der im Zuge seiner Lebensbeschreibung des Kaisers Claudius darauf zu sprechen kommt, dass dieser die Juden, «die, von Chrestus aufgehetzt, fortwährend Unruhe stifteten», aus Rom vertrieben habe.[383]

Schliesslich setzt sich der römische Senator und Statthalter von Bithynien, **Plinius der Jüngere** (61 – ca. 120 n. Chr.), in einem Brief an den Kaiser Trajan mit den offenbar zunehmenden Anzeigen gegen Christinnen und Christen auseinander und holt sich für sein Vorgehen gegen diese Gruppierung die Rückendeckung des Kaisers. Auch er hält diesen Glauben zwar für ungefährlich, doch für einen «wüsten, masslosen Aberglauben».[384]

Alle diese Zeugnisse blicken aus einer grossen zeitlichen wie auch inhaltlichen Distanz auf Jesus. Während den römischen Autoren jegliches Verständnis für Jesus sowie den auf ihn zurückgehenden Glauben fehlt, wird Jesus vom jüdischen Schriftsteller Flavius Josephus vergleichsweise wohlwollend dargestellt. Doch nicht einmal Flavius Josephus lässt konkretere Kenntnisse über das Wirken oder die Botschaft Jesu erkennen. Verwertbare Informationen lassen sich lediglich über den gewaltsamen Tod Jesu gewinnen, der sowohl von Tacitus als auch von Flavius Josephus bezeugt wird. Jesu Tod wird in der Regierungszeit des Kaisers Tiberius (14–37 n. Chr.) angesetzt, als Pontius Pilatus zwar nicht, wie Tacitus vorgibt, Prokurator von Judäa war, sondern Präfekt (26–36 n. Chr.). Während die negative Darstellung Jesu und seiner Anhängerschaft bei Tacitus suggeriert, diese Hinrichtung sei legitim, legt sich aufgrund der vergleichsweise positiven Darstellung bei Flavius Josephus das Gegenteil nahe. Flavius Josephus konkretisiert zudem die Hinrichtung als Kreuzigung und macht die Beteiligung führender jüdischer Kreise an diesem Todesurteil geltend. Diese Angaben lassen sich gut mit der Darstellung der Evangelien in Einklang bringen. Es sind jedoch nur dürre Eckdaten des Lebens bzw. des Todes Jesu. Für weiter- und tiefergehende Informationen über seine

383 *Sueton*, Claudius 25,4

384 *Plinius d. J.*, Briefe X 96.

Anliegen, seine Botschaft und seine Praxis bleiben wir daher weiterhin auf die Evangelien angewiesen.

7.2 Jesus aus Nazaret in seiner Zeit

Die Evangelien – und auch ein Teil der nichtchristlichen Quellen – sind sich einig: Jesus trat zunächst in Galiläa auf und wurde in Jerusalem gekreuzigt. Das Land befand sich seit 63 v. Chr. unter römischer Herrschaft. Im Auftrag Roms regierte seit 39 v. Chr. der jüdische Klientelkönig Herodes der Grosse, ein erfolgreicher Machtpolitiker, der es glänzend verstand, sich mit der jeweils siegreichen römischen Partei – zunächst Antonius, nach dessen Niederlage Octavian, dem späteren Augustus – zu verbünden und sich den römischen Machthabern als derjenige zu präsentieren, der (als einziger) in der Lage war, im Land Ruhe und Ordnung (sowie entsprechende Abgaben) im Sinne Roms zu garantieren. Nach dessen Tod im Jahr 4 v. Chr. wurde sein Herrschaftsgebiet unter seine Söhne Archelaos (4 v. Chr. – 6 n. Chr.), Herodes Antipas (4 v. Chr. – 39 n. Chr.) und Philippos (4 v. Chr. – 34 n. Chr.) aufgeteilt. Gegen die Regentschaft des Archelaos formierte sich jedoch schon bald massiver Widerstand vonseiten der jüdischen Bevölkerung, so dass er bereits im Jahr 6 n. Chr. als Ethnarch abgesetzt und nach Gallien verbannt wurde. Sein Regierungsgebiet wurde unter direkte römische Verwaltung gestellt: Judäa und Samaria wurden der römischen Provinz Syrien eingegliedert und erhielten von nun an römische Präfekten. Landesherr Jesu in Galiläa war zur Zeit seines Wirkens Herodes Antipas, der zu Beginn seiner Regierungszeit zunächst die Stadt Sepphoris, die nur wenige Kilometer von Nazaret entfernt liegt, als Hauptstadt auf- und ausbaute, bis er in den Jahren 17 bis 22 die Stadt Tiberias am See Gennesaret erbauen liess und zu seiner Residenz machte.

Exkurs Die jüdische Bevölkerung arrangierte sich in unterschiedlicher Weise mit der Besatzungsmacht. Die Jerusalemer Oberschicht der **Sadduzäer** versuchte mehrheitlich den Weg der Kooperation mit den Römern, um auf diese Weise nicht nur den eigenen Vorteil, sondern möglichst grosse Freiräume für den Tempel und die Aktivitäten rund um den Tempelkult zu sichern. Immer wieder gab es aber auch

Aufstandsbewegungen gegen die römische Besatzungsmacht. Sie fanden einen grausamen Höhepunkt im bewaffneten jüdischen Aufstand gegen Rom in den Jahren 66 bis 70 (74)[385] n. Chr. unter Führung der Zeloten, der von den römischen Truppen zunächst unter Vespasian und nach dessen Proklamation zum Kaiser unter Führung seines Sohnes Titus blutig niedergeschlagen wurde.

Neben den Sadduzäern und der Aufstandsbewegung der Zeloten sind als eine dritte jüdische Gruppierung die **Pharisäer** zu erwähnen, denen es inmitten der Tendenzen zur Hellenisierung des Landes um eine jüdische Identität in Treue zur Tora ging und die daher versuchten, die gesamte Bevölkerung zu einer genauen Tora-Observanz anzuleiten. Auch und gerade der profane Alltag sollte durch die genaue Befolgung der Tora, deren sakrale Vorschriften sich zunächst auf den Tempelkult bezogen hatten, geheiligt werden (vgl. Ex 19,5 f.). Dafür waren profunde Schriftkenntnisse nötig, so dass die Schriftgelehrten in der pharisäischen Bewegung eine bedeutende Rolle erhielten.

Flavius Josephus und Philo von Alexandria nennen als eine weitere jüdische Strömung die **Essener**, die allerdings im Neuen Testament keine Erwähnung finden. Sie sind eine Reformpartei, deren Mitglieder in Distanz vor allem zum Jerusalemer Kultbetrieb ein Leben in Reinheit und strenger Askese führten.[386]

In diesen Kontext hinein[387] wurde Jesus wahrscheinlich noch in der Regierungszeit Herodes des Grossen, also noch vor 4 v. Chr., geboren. Die Geburt Jesu unter Herodes dem Grossen ist in den beiden voneinander unabhängigen Kindheitsgeschichten des Matthäus (Mt 2) und Lukas (Lk 1,5) belegt. Nicht vereinbar damit ist die Angabe in Lk 2,1, Jesus sei zur Amtszeit von Sulpicius Quirinius, dem Statthalter der römischen Provinz Syrien, geboren; denn dieser trat sein Amt erst nach der Absetzung des Herodessohnes Archelaos im Jahr 6 n. Chr. an. So hat die Geburt Jesu in den letzten Jahren der Regierungszeit Herodes' des Grossen die grössere historische Wahrscheinlichkeit für sich als die Geburt erst unter Sulpicius Quirinius. Die Differenz zur geläufigen Angabe, Jesus sei im Jahr der Zeitenwende geboren, resultiert aus kleinen

385 Auch nach der Eroberung und Zerstörung Jerusalems gab es in einigen Festungen noch Widerstand, der erst mit dem Fall Masadas im Frühjahr 74 gebrochen wurde, vgl. *Flavius Josephus*, Der Jüdische Krieg VII 252–406.

386 Zu den jüdischen Strömungen vgl. grundlegend *Stemberger*, Pharisäer, Sadduzäer, Essener.

387 Zur sozio-ökonomischen Situation vgl. ausführlich *Theißen/Merz*, Jesus 156–172.

Rechenfehlern des skythischen Mönchs Dionysius Exiguus, der im 6. Jahrhundert n. Chr. die entsprechenden Berechnungen zur Einführung einer christlichen Zeitrechnung «*ab incarnatione Domini Iesu Christi*», also von der Menschwerdung des Herrn Jesus Christus an, anstellte.

Der Geburtsort Jesu lässt sich nicht mit letzter Sicherheit feststellen. Bemerkenswert ist die Beobachtung, dass sowohl das Markusevangelium als auch das Johannesevangelium von einer Herkunft Jesu aus Nazaret ausgehen und keine Tradition einer Geburt in Betlehem zu kennen scheinen. Im Gegenteil: Das Johannesevangelium setzt sich mit dem «Makel» der Herkunft Jesu aus Nazaret auseinander, die gegen seine Messianität spricht, und es greift zur Entkräftung dieses Arguments gerade nicht auf eine Tradition der Geburt Jesu in Betlehem zurück (vgl. Joh 1,45 f.; 7,40–43).

Demgegenüber belegen sowohl das Matthäus- als auch das Lukasevangelium eine Geburt Jesu in Betlehem, wenngleich in unterschiedlicher Weise: Während nach Matthäus die Eltern Jesu bereits in Betlehem wohnen, als Jesus dort geboren wird, und sich erst nach ihrer Rückkehr aus Ägypten in Nazaret niederlassen, leben die Eltern Jesu nach Lukas in Nazaret und begeben sich erst aufgrund der Steuerschätzung des Augustus nach Betlehem, um sich dort in die Steuerlisten eintragen zu lassen, so dass Jesus aus diesem Anlass in Betlehem zur Welt kommt.

Die Tradition einer Geburt Jesu in Betlehem könnte aus theologischen bzw. christologischen Gründen entstanden sein; denn Betlehem galt als die Stadt Davids, und aus Betlehem sollte der erwartete Messias aus dem Hause Davids kommen (Mi 5,1). Nimmt man das Argument hinzu, dass Markus und Johannes keine Betlehemtradition kennen, dann könnte Nazaret, das zur Zeit Jesu nur ein winziges unbedeutendes Dorf im Hügelland Galiläas war, nicht nur als Ort der Jugend Jesu historisch wahrscheinlich sein, sondern auch als Ort der Geburt Jesu.

Der Beginn der öffentlichen Wirksamkeit Jesu wird von allen vier Evangelisten mit dem Auftreten des Täufers in Verbindung gebracht. Der Beginn dieses Auftretens wiederum wird in Lk 3,1 ins fünfzehnte Regierungsjahr des Kaisers Tiberius (14–37 n. Chr.) datiert. Je nach Zählung könnte es sich dabei um das Jahr 27/28 oder 28/29 handeln. Wann Jesus dem Täufer begegnet sein könnte, ist allerdings kaum mehr auszumachen. Ebenfalls kaum mehr zu entscheiden ist die Dauer des öffentlichen Auftretens Jesu. Während Jesus nach den Erzählbögen der synoptischen Evangelien nur knapp ein Jahr lang verkündet hat, setzt das Johannesevangelium mit der Erwähnung von drei Pesachfesten (Joh 2,13; 6,4; 11,55) eine Wirksamkeit von mehr als zwei Jahren voraus.

Nach übereinstimmendem Zeugnis nicht nur der Evangelien, sondern auch des Flavius Josephus und des Tacitus, wurde Jesus während der Regierungszeit des Kaisers Tiberius (14–37 n. Chr.) und innerhalb der Amtszeit des Pontius Pilatus (26–36 n. Chr.) gekreuzigt. Für das genaue Jahr seines Todes gibt es in den Quellen keine direkte Angabe; doch stimmen die Evangelien darin überein, dass Jesus an einem «Freitag» (das heisst: am Tag vor dem Sabbat) im Zusammenhang eines Pesachfestes gekreuzigt wurde. Unterschiedliche Angaben gibt es jedoch darüber, ob dieser «Freitag» auf den Rüsttag zum Pesachfest fiel (14. Nisan) oder ob es sich dabei um den ersten Tag des Festes (15. Nisan) handelte: Nach synoptischer Chronologie feierte Jesus mit den Seinen noch ein Pesachmahl (Mk 14,12–16) und wurde erst im Anschluss daran gefangen genommen und hingerichtet, so dass sein Todestag auf den ersten Tag des Festes fiel (15. Nisan). Nach johanneischer Chronologie hingegen starb Jesus bereits am Rüsttag des Festes (Joh 19,14.31), also am 14. Nisan. Demnach war das letzte Mahl Jesu nach Johannes kein Pesachmahl; vielmehr starb Jesus nach johanneischer Darstellung, während zeitgleich im Tempel die Pesachlämmer geschlachtet wurden, so dass Jesus selbst als Pesachlamm gedeutet wird. Doch auch die Synoptiker verfolgen mit ihrer Darstellung theologische Ziele: Wenn Jesus mit den Seinen noch ein Pesachmahl feiert, steht das Passionsgeschehen unter dem grossen Thema der Befreiung.

Die Entscheidung zwischen den beiden Chronologien fällt nicht leicht. Vielleicht hat in diesem Fall die johanneische Chronologie die grössere Wahrscheinlichkeit für sich; denn es erscheint kaum als wahrscheinlich, dass Jesus von den Römern als Aufrührer an einem hohen jüdischen Festtag hingerichtet wurde. Selbst nach Mk 14,1 f. drängen die jüdischen

Autoritäten darauf, Jesus nicht während des Festes verhaften zu lassen, weil dies die Gefahr eines Aufruhrs heraufbeschworen hätte.

Wenn also der 14. Nisan als Todestag Jesu die etwas grössere Wahrscheinlichkeit für sich hat, ist zu fragen, in welchen Jahren der 14. Nisan auf einen Freitag fiel: Im fraglichen Zeitraum sind dies die Jahre 30 und 33. Sollte man hingegen den 15. Nisan für den wahrscheinlicheren Todestag halten, kämen die Jahre 27 und 34 in Frage, vermutlich auch das Jahr 31. Verbunden mit den oben getroffenen Überlegungen zum wahrscheinlichen Beginn seiner öffentlichen Wirkungszeit (27/28 oder 28/29) und der vermuteten Dauer des öffentlichen Auftretens muss das Jahr 30 als das wahrscheinlichste Todesjahr Jesu gelten.[388]

7.3 Grundzüge der Botschaft und Praxis Jesu

7.3.1 Angesteckt von der Botschaft des Täufers

Alle vier Evangelien verbinden den Beginn des öffentlichen Wirkens Jesu – wenngleich in unterschiedlicher Weise – mit dem Auftreten Johannes' des Täufers. Johannes der Täufer war – geprägt von einem apokalyptischen Weltbild – überzeugt, dass das Gericht Gottes unmittelbar bevor stand und dass die Menschen deshalb umkehren und sich zum Zeichen ihrer Umkehr taufen lassen sollten (Mk 1,2–8; Mt 3,1–12; Lk 3,1–20). Sinnenfälliges Zeichen dieser Weltdeutung war seine in mehrerlei Hinsicht asketische Lebensweise: bezüglich seiner Bekleidung mit einem Kamelhaarmantel (Kleidungsaskese), bezüglich seiner Fastenpraxis und Ernährung mit Heuschrecken und wildem Honig (Nahrungsaskese) und schliesslich bezüglich seines Wirkens in der Wüste, in Distanz und Opposition zur besiedelten Welt (Ortsaskese).

388 Vgl. zu den Eckdaten des Lebens und Wirkens Jesu ausführlich *Theißen/Merz*, Jesus 147–155.

Exkurs

Die Evangelien zeichnen den Täufer als Vorläufer Jesu, der die Menschen auf dessen Kommen vorbereiten sollte. Historisch gesehen ist der Täufer jedoch ein von Jesus unabhängiger Verkünder, der sich in der prophetischen Tradition des Alten Testaments als letzter Bote Gottes vor dem unmittelbar bevorstehenden Gericht verstand. Sein Wirken wird auch von Flavius Josephus bezeugt, von dem er jedoch nicht als Prophet und Apokalyptiker, sondern in den Farben eines hellenistischen Philosophen gezeichnet wird.[389]

Wahrscheinlich hat sich Jesus – wie viele seiner Zeitgenossinnen und Zeitgenossen – von der Botschaft des Täufers anstecken und taufen lassen. Die Taufe Jesu ist in allen vier Evangelien belegt. Die Unterschiede zwischen den Tauferzählungen der einzelnen Evangelisten deuten darauf hin, wie sehr die frühchristlichen Verfasser mit der Tatsache der Taufe Jesu durch den Täufer gerungen haben. Denn die Taufe Jesu durch Johannes warf tiefgreifende Fragen auf: Stand Jesus etwa unter dem Täufer, wenn er sich von ihm taufen liess? War Jesus etwa mit Sünden behaftet, wenn er sich der Johannestaufe unterzog, die doch zur Vergebung der Sünden durchgeführt wurde (Mk 1,4)? Und so weiter. Um solche Fragen zu beantworten, wird die Taufe auf unterschiedliche Weise dargestellt.

Exkurs

Schon bei Markus ist das Ziel der Taufperikope nicht die Taufe Jesu durch Johannes, sondern das Herabkommen des Geistes auf Jesus und die göttliche Stimme aus dem Himmel, die Jesus als Gottessohn identifiziert (Mk 1,9–11). Bei Matthäus wird vor der eigentlichen Taufe ein Gespräch zwischen Jesus und dem Täufer eingeschoben, das eindeutig klärt, dass diese Taufe nicht die Unterordnung Jesu unter den Täufer bedeutet, sondern geschieht, um «zu erfüllen jede Gerechtigkeit» (Mt 3,15). Bei Lukas (Lk 3,21 f.) wird die Taufe Jesu so kurz dargestellt, dass der Täufer – der überdies nach Lk 3,20 bereits im Gefängnis war – gar nicht mehr eigens erwähnt wird, sondern Jesus, quasi versteckt in der Masse des Volkes, «getauft wird». Geistverleihung und offenbarende Stimme geschehen nicht direkt auf die Taufe hin, sondern erst in Antwort auf das Gebet Jesu. Bei Johannes schliesslich wird die Taufe selbst gar nicht erzählt. Vielmehr tritt der Täufer als Zeuge auf, der auf die Geistverleihung an Jesus bereits zurückblickt. Dabei klärt er die «richtige» Rangfolge zwischen ihnen beiden und bekennt schliesslich Jesus als Sohn Gottes (Joh 1,29–34).

389 Vgl. *Flavius Josephus*, Antiquitates XVIII 116–119.

Die breite Bezeugung der Taufe sowie ihre Tendenzwidrigkeit, die sich in dem Ringen der Evangelien mit der Taufe Ausdruck verschafft, macht die Taufe Jesu durch Johannes historisch wahrscheinlich. Vermutlich hat sich Jesus eine Zeitlang im Schülerkreis des Täufers befunden, bevor er zu seiner eigenen Botschaft fand.

7.3.2 Im Zentrum der Verkündigung Jesu: Die Botschaft vom Reich Gottes

Die Evangelien verbinden zwar den Anfang des Wirkens Jesu mit der Taufe durch Johannes, doch zeichnen sie Jesus auch in vielerlei Hinsicht konträr zu Johannes dem Täufer. Denn der Jesus der Evangelien spricht nicht vom bevorstehenden Zorn und Gericht Gottes, sondern zuerst vom angekommenen Reich Gottes; er tauft nicht zur Umkehr und Vergebung der Sünden sozusagen «in letzter Minute», sondern spricht vor allem von der heilvollen Zuwendung Gottes und der Möglichkeit zur Vergebung; er lebt auch nicht asketisch, sondern wird im Gegenteil als «Fresser und Weinsäufer» (Mt 11,19) verschrien, und er zieht sich gerade nicht in die Wüste fernab der Zivilisation zurück (eine Ausnahme bildet lediglich der anfängliche vierzigtägige Rückzug in die Wüste: Mk 1,12 f.; Mt 4,1–11; Lk 4,1–12), sondern wir finden ihn bei den Menschen in den Dörfern Galiläas.

Jesus muss sich also von seinem Lehrer getrennt und zu seiner eigenen Botschaft gefunden haben. Was der Auslöser zu dieser eigenständigen Entwicklung war, lässt sich nur annähernd rekonstruieren. Die neutestamentlichen Texte erzählen von einem visionären Erlebnis anlässlich der Taufe und gestalten dieses wie ein Berufungserlebnis aus (Mk 1,9–11 par). Hier hat gewiss nachösterlicher Glaube den Anstoss zu einer solchen Gestaltung gegeben. Zudem sind in den synoptischen Tauferzählungen Tendenzen zu erkennen, das Verhältnis zwischen Jesus und dem Täufer insofern in ein «rechtes Licht» zu rücken, als der Täufer in diesen Erzählungen Jesus eindeutig nachgeordnet wird. Wahrscheinlich findet sich aber ein Reflex einer vergleichbaren Berufungserfahrung in einem Satz, den Jesus zu den Jüngerinnen und Jüngern sagt, als sie sich über ihre Vollmacht über die Dämonen freuen:

«Ich sah den Satan wie einen Blitz vom Himmel fallen.» (Lk 10,18)

In diesem Satz, der uns heutigen Leserinnen und Lesern einige Schwierigkeiten bereiten mag, klingt vermutlich eine Vision nach, die Jesus zur Überzeugung brachte, dass das Eingreifen Gottes, das der Täufer als Zorngericht Gottes in nächster Zukunft erwartete, bereits begonnen hatte. Der Satz beschreibt ein Geschehen im Himmel: dass Gott nämlich den Satan bereits besiegt habe, dass dieser entmachtet und gestürzt sei (vgl. Offb 12,7–12) – und dass Gottes endgültiges Eingreifen nun begonnen habe. Dieses zielt jedoch nicht auf ein vernichtendes Gericht, sondern ereignet sich zum Heil. Was im Himmel bereits Wirklichkeit ist, beginnt sich nun auch auf der Erde durchzusetzen.

Diese Überzeugung, dass Gottes endgültige Herrschaft nun begonnen habe, dass sein Reich angebrochen sei, steht nach dem übereinstimmenden Zeugnis der Evangelien im Zentrum der Botschaft Jesu. Die Überzeugung, dass diese neue Welt Gottes bereits begonnen hat und sich hier auf der Erde durchzusetzen beginnt, prägt auch seine gesamte Praxis. Allerdings zeigen die Texte ebenso deutlich, dass die endgültige Vollendung der Gottesherrschaft noch aussteht und von Gott her sehnlichst erwartet wird. Von dieser Botschaft des Reiches Gottes her ist die gesamte Verkündigung und Praxis Jesu zu verstehen.

7.3.3 Die Botschaft von der Königsherrschaft Gottes im Licht des Alten Testaments

Die Vorstellung von der Herrschaft Gottes hat ihre Wurzeln im Alten Testament.[390] Dass Gott König ist, wird im Tempelkult von Jerusalem gefeiert (Jes 37,14–16) und in zahlreichen Psalmen besungen (Ps 47; 93; 96–99). Dies kann gegenüber dem realen König Israels bzw. Judas einerseits eine bestätigende Funktion haben und den König als Sachwalter Gottes oder auch «Sohn Gottes» legitimieren (vgl. Ps 2; 72). Es kann gegenüber dem realen König andererseits auch eine kritische

390 Vgl. ausführlich *Vanoni/Heininger*, Reich Gottes.

Funktion haben: Wenn Gott selbst König ist, sind damit alle anderen Königsansprüche relativiert, und ihre Herrschaft ist begrenzt (vgl. 1 Sam 8).

Dass Gott König ist, wird in einem Teil der Texte selbstverständlich als eine gegenwärtige Realität verstanden und gepriesen. Dass Gott die Herrschaft ergreift und damit die lebensfeindlichen, zerstörerischen Mächte des Bösen endgültig überwindet, wird aber auch als eine zukünftige, endzeitliche Erwartung herbeigesehnt.

7.3.3.1 Alttestamentliche Hoffnungsbilder für die Königsherrschaft Gottes

Mit der endzeitlichen Durchsetzung der Herrschaft Gottes sind weitgehende Hoffnungen verbunden: Leid und Ungerechtigkeit, Gewalt und Krieg, Unterdrückung und Missbrauch werden überwunden sein, Menschen werden in Frieden und Gerechtigkeit leben können. Für die Jesusüberlieferung werden besonders vier Aspekte relevant:

1. *Menschen werden heil*: In vielerlei Bildern wird Gottes Herrschaft als grundsätzlich gute Herrschaft beschrieben und besungen, die sich zum Heil der Menschen auswirkt. Im Kontrast zu menschlichen Herrschaften rücken besonders die Armen, Kranken, Machtlosen und Randständigen in den Mittelpunkt: Unterdrückten widerfährt Gerechtigkeit; Gefangene werden befreit, Gebeugte aufgerichtet, Hungernde gesättigt; Fremde erfahren Schutz; Witwen und Waisen wird zu ihrem Recht verholfen; Blinde erhalten das Augenlicht zurück (Ps 146; vgl. auch Ps 145,7–10.13–15).
2. *Gott sammelt sein Volk*: Prophetische Texte aus der Zeit nach dem babylonischen Exil (also nach 539 v. Chr.) finden eine Fülle von Bildern für die Hoffnung und Überzeugung, dass Gott in der Endzeit das unter alle Völker zerstreute Israel zusammen holt. Gott integriert alle, die Verstossenen und Verschleppten, aber auch die Randsiedler der Gesellschaft, wieder in sein Volk (Jes 11,11–12; Mi 2,12 f.).
3. *Gott bereitet ein Festmahl*: Kennzeichen der endzeitlichen Herrschaft Gottes sind überbordende Fülle und jubelnde Freude. Gott selbst veranstaltet ein erlesenes Festmahl für alle Völker, Menschen dürfen ausgelassen feiern, es gibt genug für alle. Selbst Leid, Trauer und Tod sind ein für alle Mal überwunden (Jes 25,6–8).

4. *Gott vergibt die Sünden*: Als eine weitere grosse Sehnsucht ist schliesslich die Vorstellung zu greifen, dass Gott selbst die Verfehlungen von Einzelnen, aber vor allem die Verfehlungen des Volkes vergibt und so einen Neuanfang möglich macht (Mi 7,18–19; Jes 33,22–24).

Jesu Botschaft in der Tradition des Alten Testaments 7.3.3.2

Was Jesus verkündet und was er tut, lässt sich unter diesen Vorzeichen verstehen. Sein Handeln ist darauf ausgerichtet, die herbeigekommene Herrschaft Gottes sichtbar und erfahrbar zu machen. Was unter dieser Gottesherrschaft zu verstehen ist, mit welchen Bildern sie beschrieben und mit welchen Hoffnungen sie verbunden ist, darin steht Jesus, so hat sich gezeigt, zutiefst in der Tradition des Alten Testaments. Zugleich ist Jesu Botschaft mit der Zentralstellung des Reiches Gottes auch neu und originell. Denn niemand vor Jesus hat den Begriff der «Königsherrschaft Gottes» in vergleichbarer Weise zum Zentralbegriff seiner Verkündigung gemacht. Und niemand hat es in vergleichbarer Weise gewagt, mit der *Gegenwart* des Reiches Gottes zu rechnen. Nach dem jüdischen Jesusforscher David Flusser ist Jesus

> «der einzige uns bekannte antike Jude, der nicht nur verkündet hat, daß man am Rande der Endzeit steht, sondern gleichzeitig, daß die neue Zeit des Heils schon begonnen hat»[391].

Leben in der Kraft des Reiches Gottes 7.3.4

Dämonen weichen – Menschen dürfen aufatmen 7.3.4.1

Wenn der Satan entmachtet ist und Gott seine Herrschaft durchsetzt, müssen alle lebensfeindlichen und zerstörerischen Mächte, die Helfershelfer Satans, weichen. Dies wird in der Jesusüberlieferung in den zahlreichen Erzählungen über Dämonenaustreibungen (Exorzismen) deutlich, die genau diesen Zusammenhang sichtbar machen. Was die Dämonenaustreibungen mit der beginnenden Herrschaft Gottes zu tun haben, wird in dem in der Spruchquelle Q überlieferten Jesuswort auf den Punkt gebracht:

---

391 *Flusser*, Jesus 87.

«Wenn ich aber mit dem Finger Gottes die Dämonen austreibe, so ist die Königsherrschaft Gottes schon bei euch da.» (Lk/Q 11,20[392]; vgl. Mt 12,28)

Dass Jesus als Exorzist aufgetreten ist, lässt sich aus der Jesusüberlieferung mit verschiedenen Argumenten plausibel machen:

Zunächst passt seine exorzistische Tätigkeit in den Kontext seiner Zeit (Kontextplausibilität): Phänomene von Besessenheit sind nicht nur in der Bibel, sondern auch in ausserbiblischen Texten belegt, und neben Jesus sind eine Reihe weiterer Exorzisten bekannt, wie z.B. Choni im ersten Jahrhundert v.Chr. oder Chanina ben Dosa, Eleazar oder Apollonius von Tyana im ersten Jahrhundert n.Chr. Zugleich setzt die Jesusüberlieferung bemerkenswert eigene Akzente, indem sie die Exorzismen als Zeichen des angebrochenen Reiches Gottes deutet. Darin unterscheidet sich Jesus von den Wundertätern seiner Zeit.

Darüber hinaus ist die exorzistische Tätigkeit Jesu in den Evangelien vielfach bezeugt (Wirkungsplausibilität): Die Exorzismen sind nicht nur in Form von Erzählungen überliefert (z.B. Mk 1,23–28), sondern auch in Summarien (z.B. Mk 1,32–34) sowie in der Spruchtradition (z.B. Lk 11,20 || Mt 12,28). Die Traditionen finden sich in verschiedenen und voneinander unabhängigen Quellen: in der markinischen Überlieferung ebenso wie in der Spruchquelle Q (Lk/Q 11,20), im Sondergut des Matthäusevangeliums (Mt 9,32–33) ebenso wie im Sondergut des Lukasevangeliums (Lk 10,17–20), nicht jedoch im Johannesevangelium, in dem die Exorzismen Jesu völlig fehlen. Ferner wird das exorzistische Wirken Jesu auch in «tendenzwidrigen» Traditionen wie dem Vorwurf, Jesus treibe die Dämonen mit Hilfe des Beelzebul aus, überliefert. Dieser ungeheuerliche Vorwurf findet sich sowohl bei Markus (Mk 3,22) als auch in der Spruchquelle Q (Lk/Q 11,15; vgl. Mt 12,22), und er zeigt, dass es offenbar nicht umstritten war, dass Jesus erfolgreich Dämonen austrieb. Nicht dies scheint Anstoss erregt zu haben. Vielmehr wird ihm vorgeworfen,

392 Der rekonstruierte Text der Spruchquelle Q wird hier und an den folgenden Stellen nach *Hoffmann/Heil*, Spruchquelle Q, zitiert.

dass er dies nicht im Namen Gottes tue, sondern mit dem Teufel im Bund stehe. Dieser Vorwurf ist ebenso gravierend wie gefährlich. Er positioniert Jesus ausserhalb der jüdischen Glaubensgemeinschaft. Dass die Evangelien diesen Vorwurf, der Jesus in höchsten Misskredit brachte, überliefern, spricht für den historischen Kern dieser Tradition.

All dies deutet darauf hin, dass die Traditionen von exorzistischen Tätigkeiten Jesu einen historischen Kern haben. Das bedeutet allerdings nicht, dass sich alle in den Evangelien überlieferten Dämonenaustreibungen genau so abgespielt haben, wie sie erzählt werden. Dazu weisen sie entschieden zu viele gattungstypische Motive von Wundergeschichten auf.[393] Das heisst, sie sind nach einem bestimmten vorgegebenen literarischen Muster erzählt, sind also keine historischen Berichte. Doch haben diese Geschichten ihren Ausgangspunkt bei einem Aspekt der Praxis Jesu.

Exkurs

Mögliche Erklärungsmodelle für Dämonen und Besessenheitsphänomene in den Evangelien

Möglicherweise ist gerade dieser Aspekt des Wirkens Jesu in unserer heutigen Zeit, in der kaum noch jemand ernsthaft mit realen Dämonen rechnet, schwierig zu verstehen. In der Tat bewegen sich die neutestamentlichen Texte in einem anderen als unserem heutigen, durch Aufklärung und Naturwissenschaften geprägten Weltbild. Die biblischen Texte rechnen mit dämonischen Mächten, die mit der widergöttlichen Macht des Satans in Verbindung stehen. Sie können vollständig von einem Menschen Besitz ergreifen, ihn schädigen und sogar vernichten. Sie reden oder schreien aus Menschen heraus (Mk 1,23 f.) oder lassen Menschen stumm werden (Lk 11,14), sie setzen enormes aggressives Potenzial oder auch selbstzerstörerische Kräfte frei (Mk 5,1–20) und sie bringen Menschen dazu, sich ins Feuer oder ins Wasser zu stürzen (Mk 9,22). Das zeigt: Wo Dämonen am Werk sind, geht es um Leben oder Tod.

Mit einiger Wahrscheinlichkeit verbirgt sich hinter dem biblischen Begriff der «Besessenheit» aus heutiger Sicht ein ganzes Bündel höchst unterschiedlicher Phänomene. Einen Teil davon kann man sicher mit heute bekannten psychischen Erkrankungen vergleichen, durch die Menschen für ihre Umwelt nicht mehr wie «sie selbst» erscheinen. Ähnlich ist es mit Persönlichkeitsstörungen aller Art oder auch mit Psychosen, also seelischen Störungen, die die Wirklichkeitswahr-

393 Zu den Wundererzählungen vgl. umfassend *Zimmermann (Hg.)*, Kompendium der frühchristlichen Wundererzählungen.

nehmung der Betroffenen in tiefgreifender Weise verändern, so dass sie etwa Stimmen hören oder sich zu bestimmten Handlungen gezwungen fühlen. Auch Epilepsie oder andere heute bekannte neurologische Erkrankungen kommen für einen Teil der in den Texten beschriebenen Phänomene als mögliche Erklärungen infrage.

Noch erhellender sind aber sozialanthropologische Erkenntnisse, wonach übermässiger sozialer, politischer oder auch wirtschaftlicher Druck in abweichendem Verhalten ausagiert wird. Dieses ist wiederum kulturell geprägt. Es kann sich dort, wo entsprechende Verhaltensmuster gesellschaftlich vorgegeben sind, *auch* in Besessenheitsphänomenen äussern. «Besessenheit» kann damit als ein gesellschaftlich akzeptierter Weg, mit aussichtslosen Situationen umzugehen, betrachtet werden. Dazu passt, dass gerade im römisch besetzten Palästina des 1. Jahrhunderts n. Chr., in dem weite Teile der Bevölkerung zudem in wirtschaftlich prekären Verhältnissen (und ohne Aussicht, dies zum Besseren verändern zu können) lebten, solche Besessenheitsphänomene nach dem Zeugnis der Texte so weit verbreitet waren.

In diesem Zusammenhang wurde unter Rückgriff auf kulturanthropologische Forschungen vorgeschlagen, Besessenheit als «*Performance*» zu verstehen, das heisst als Inszenierung bestimmter Rollenmuster, die in einer Kultur als Besessenheit identifizierbar sind.[394] Indem Menschen in dieses Rollenmuster verfallen, können sie ihre Probleme öffentlich zur Sprache bringen. Die exorzistischen Handlungen Jesu sind dementsprechend als «*Transformances*» zu verstehen, das heisst als erlebbare und auch für andere nachvollziehbare Wandlung der Wirklichkeit. In der Befreiung von der Besessenheit wird das von Jesus verkündete Reich Gottes greifbar: Die ehemals besessene Person erhält einen neuen Status und wird wieder in die «normalen» sozialen Kontexte integriert.

Wenn mit den Dämonenaustreibungen allerdings «Besessenheit» als Fluchtmöglichkeit aus all den politischen und wirtschaftlichen Problemen und den sozialen Spannungen ausschied, weil Jesus die «Besessenen» von ihren Besatzern und Besitzern befreite und ihnen wieder einen Platz in der gesellschaftlichen Ordnung gab, dann wird gleichzeitig deutlich, dass die exorzistische Praxis Jesu auch von politischer Brisanz war. Sie konnte von den Repräsentanten der gesellschaftlichen und politischen Ordnung durchaus als Störung dieser Ordnung verstanden werden. Die heftigen und diffamierenden Reaktionen auf die jesuanischen Dämonenaustreibungen können als ein Echo des Widerstands dieser gesellschaftlichen und politischen Ordnungshüter gegen die jesuanischen «Ordnungsstörungen» verstanden werden.[395]

---

394 Vgl. *Strecker*, Jesus und die Besessenen.

395 Vgl. *Guijarro*, Wirkung.

Entscheidend für das Verständnis der Exorzismen Jesu ist, dass die Erzählungen über die Dämonenaustreibungen in den Evangelien nicht dazu instrumentalisiert werden, Jesus als Wundertäter zu überhöhen. Auch wenn die Erzählungen Jesus im Kampf mit den Dämonen zeigen, geht es stets darum, dass Jesus den Dämonen und ihrem Obersten, dem Teufel, die Macht *Gottes* entgegensetzt und die zerstörerischen Mächte damit in die Flucht schlägt. Dies wird als Zeichen für das sich ausbreitende Reich Gottes interpretiert.

Ähnliches liesse sich über die wunderbaren Heilungen durch Jesus sagen. Die Jesusforschung geht davon aus, dass Jesus als ein charismatisch begabter Heiler gewirkt hat. Die Gründe für die Historizität sind vergleichbar mit den Argumenten für das exorzistische Wirken Jesu. Selbst wenn hier keine Dämonen im Spiel sind, passen diese Heilungen kaum besser in unser heutiges Weltbild. Daher müssen wir auch hier einen genaueren Blick auf die Welt der neutestamentlichen Texte werfen:

Die Welt des Neuen Testaments ist in viel drastischerem Ausmass von Krankheit, Armut, Mangelerscheinungen und psychischer Verwahrlosung gezeichnet als die unsere. In einem solchen Kontext kann bereits die Zuwendung durch eine charismatische Persönlichkeit sowohl bei den Betroffenen als auch in ihrem sozialen Umfeld einiges in Bewegung bringen. In der Tat leben vor allem die Heilungsgeschichten von der persönlichen Zuwendung Jesu zu den Hilfesuchenden. Nicht selten wird der Glaube entweder der Hilfesuchenden oder ihrer Angehörigen hervorgehoben. Das zeigt, dass das Heilungsgeschehen in starkem Mass ein Beziehungsgeschehen war. Moderne medizinische Erkenntnisse zur Psychosomatik sowie zu *Placebo-* und *Nocebo*-Effekten zeigen, wie stark bei Heilungs- oder Krankheitsprozessen alle Dimensionen des Menschen mitspielen, also Körper und Psyche.

Der Anspruch auf ganz Israel – der Zwölferkreis und seine Bedeutung 7.3.4.2

Die Lektüre der Evangelien zeigt: Jesus zog nicht als einsamer Wanderlehrer durch die Dörfer Galiläas. Vielmehr gab es von Anfang an Menschen, die sich von ihm ansprechen liessen und sein Leben teilten. Die Evangelien nennen dies «Nachfolge».

Das Markusevangelium stellt an den allerersten Anfang des öffentlichen Auftretens Jesu zwei kleine Berufungsszenen (Mk 1,16–20). Sie stehen unmittelbar nach dem ersten Satz, den Leserinnen und Leser des Evangeliums aus dem Munde Jesu vernehmen – nämlich dass die Zeit erfüllt und das Reich Gottes nahe herbeigekommen sei (Mk 1,14–15) –, und noch bevor Jesus in Kafarnaum das erste Mal einen Menschen von einem Dämon befreit und die Schwiegermutter des Petrus gesund macht (Mk 1,21–31).

Auch die Spruchquelle Q überliefert Worte zum Thema Nachfolge, allerdings in äusserst radikaler und zugleich provokanter Formulierung:

> «Und einer sagte ihm: ‹Ich will dir folgen, wohin du auch gehst.› Und Jesus sagte ihm: ‹Die Füchse haben Höhlen und die Vögel des Himmels Nester, der Menschensohn aber hat nichts, wohin er seinen Kopf legen kann.›» (Lk/Q 9,57–58; vgl. Mt 8,19–20)

> «Ein anderer aber sagte ihm: ‹Herr, gestatte mir, zuvor fortzugehen und meinen Vater zu begraben.› Er aber sagte ihm: ‹Folge mir, und lass die Toten ihre Toten begraben.›» (Lk/Q 9,59–60; vgl. Mt 8,21–22)

Dass Jesus Menschen in seine Nachfolge berief, gehört unbestritten zum historischen Kern. Dabei zeigen die Evangelien, dass zu diesen Nachfolgenden nicht nur Männer gehörten, sondern auch Frauen. Eine bedeutende Jesusnachfolgerin, die auch historisch zu greifen ist, ist Maria aus Magdala.

Eine besondere Rolle unter den Nachfolgenden spielt der Zwölferkreis, der mit einiger Wahrscheinlichkeit auf Jesus selbst zurückgeht. Interessanterweise weichen allerdings die verschiedenen Namenslisten des Zwölferkreises im Neuen Testament leicht voneinander ab (vgl. Mk 3,16–19 mit Mt 10,2–4; Lk 6,13–16; Apg 1,13). Ausserdem hat kaum eines der Mitglieder des Zwölferkreises – mit Ausnahme von Petrus, Johannes und Jakobus sowie Judas Iskariot – eine individuelle erzählerische Rolle in den Evangelien erhalten. Offenbar geht es also bei diesem Kreis weniger um konkrete Personen als vielmehr um die Funktion, die dieser Kreis zu erfüllen hat.

In der Tat muss die Etablierung des Zwölferkreises als eine Zeichenhandlung Jesu interpretiert werden, die die

«Sammlung Israels» im Blick hat. Damit kommen die oben erwähnten Hoffnungen auf die Sammlung Israels durch Gott selbst ins Spiel (vgl. Jes 11,12; Mi 2,12f.). Der Zwölferkreis repräsentiert Israel als unversehrtes Zwölfstämmevolk – und Jesus machte mit diesem Zeichen deutlich, dass die Gottesherrschaft auch insofern konkret wurde, als Gott nun dabei war, sein Volk zu sammeln. In den Zeiten der römischen Oberherrschaft über Judäa/Israel war eine solche Botschaft natürlich nicht ohne politische Brisanz, zumal zur Zeit Jesu das Zwölfstämmevolk real schon längst nicht mehr existierte. Von Bedeutung war die Vorstellung der zwölf Stämme lediglich als Erinnerung an die Geschichte Israels und als theologische Grösse und Hoffnungsfigur für die Endzeit. Mit der Einrichtung des Zwölferkreises durch Jesus war also ein grosser Anspruch verbunden, und sie rief Hoffnungen wach, dass Israel als unversehrtes Gottesvolk wiedererstehen möge.

Die Gegenwart des Reiches Gottes feiern, Grenzen überschreiten – Menschen sitzen miteinander am Tisch 7.3.4.3

Zweifellos gehören gemeinsame Mähler zum Typischen der Praxis Jesu. Bemerkenswert ist, dass diese Mahlpraxis in diesbezüglichen Vorwürfen gegen Jesus überliefert ist:

> «Mit Zöllnern und Sündern isst er!» (Mk 2,16)

> «Siehe, ‹dieser› Mensch, ein Fresser und Säufer, ein Freund von Zöllnern und Sündern!» (Lk/Q 7,34; vgl. Mt 11,19)

Diese Vorwürfe sind «tendenzwidrig» überliefert, und sie finden sich in voneinander unabhängigen Quellen, wie die Zitate zeigen, die aus der markinischen Tradition und aus der Spruchquelle Q stammen. Das spricht für die Historizität der Mahlpraxis Jesu, zu der es offenbar wesentlich gehörte, dass dabei auch so zweifelhafte Gestalten wie Sünderinnen und Zöllner am Tisch sassen.

Diese Art der Sozialkontakte wurde Jesus zum Vorwurf gemacht. Zöllner galten als Kollaborateure mit der römischen Besatzungsmacht. Sie zogen die indirekten Steuern ein und lebten vom Differenzbetrag zwischen dem, was sie von der Bevölkerung einforderten, und dem, was sie an die Besatzungsmacht abgaben. Sie lebten also davon, dass sie mehr einzogen, als sie abgeben mussten. Eigentlich waren sie Kleinunternehmer, die von den Römern die Steuereintreiberei gegen Höchstgebot pachteten. Darum waren sie in der Bevölkerung verhasst und standen wie die «Sünder» – was Verschiedenes bedeuten konnte – ausserhalb der gesellschaftlichen Ordnung.

In den Vorwürfen gegen die Mahlpraxis Jesu kommt aber noch mehr zum Ausdruck: Wenn Jesus als «Fresser und Weinsäufer» beschimpft wird, lässt dies auf entsprechend üppige Mähler schliessen. Jesus wird also nicht nur als einer diskreditiert, dessen Sozialkontakte ihn ausserhalb der gesellschaftlich akzeptierten Ordnung und Normen positionieren, sondern er wird dazu noch eines ausschweifenden Lebensstils bezichtigt.

Auf positive Weise wird die Mahlpraxis Jesu in den Erzählungen über die Sündermähler aufgenommen, etwa im Anschluss an die Berufung des Levi (vgl. Mk 2,15). Ein Reflex dieser Mahlpraxis findet sich ausserdem in den (nachösterlichen) Erzählungen über die wunderbaren Brotvermehrungen. Schliesslich wird die Bedeutung der Mahlpraxis Jesu darin sichtbar, dass am Ende seines Lebens ausgerechnet die Form des gemeinsamen Mahles gewählt wurde, um seine Botschaft und Praxis zu verdichten und sie den Nachfolgenden als Sakrament der Erinnerung und andauernden Vergegenwärtigung Jesu mitzugeben.

Diese Mähler Jesu sind ebenfalls unter dem Vorzeichen der Gottesherrschaft zu verstehen. Gott selbst würde ja, so ersehnt es das Buch Jesaja, auf dem Berg Zion (= Jerusalem) für alle Völker ein auserlesenes Festmahl bereiten (vgl. Jes 25,6–8). In den Mählern Jesu wird diese grosse Hoffnung konkret und für zahlreiche Menschen erfahrbar. So sind sie ein Zeichen dafür, dass Gott seine Herrschaft tatsächlich angetreten hat und sich jetzt den Menschen zuwendet. Für die meisten Menschen in der Jesusgemeinschaft, die aus armen Verhältnissen stammten und Tag für Tag um das Lebensnotwendige zu kämpfen hatten, dürften solche Mähler ein ausdrucksstarkes Zeichen gewesen sein. Dass der Tisch reichlich gedeckt war, dass es genug für alle gab – das waren Erfahrungen, die sie in ihrem Alltag nur allzu oft vermissen mussten.

Kennzeichen dieser Tischgemeinschaften war es zudem, dass soziale Grenzen überschritten wurden. Hier sassen Menschen miteinander an einem Tisch, die nach den herkömmlichen gesellschaftlichen Regeln nichts miteinander zu tun hatten und nichts miteinander zu tun haben sollten. Fischer, Bäuerinnen und Handwerker aus der Gegend des Sees Gennesaret gehörten ebenso dazu wie Bettler und Tagelöhner, Arme ebenso wie wohlhabende Zöllner, Frauen ebenso wie Männer, rechtschaffene Jüdinnen und Juden ebenso wie ausgegrenzte Sünderinnen und Sünder. In diesen Grenzen überschreitenden Mahlgemeinschaften steckte offenbar eine grosse Anziehungskraft für viele Menschen, so dass sich auch immer wieder genügend Anhängerinnen und Anhänger gefunden haben müssen, die diesen Mahlgemeinschaften Obdach gaben, sie unterstützten und finanzierten – nicht zuletzt die Zöllner selbst. Dass Jesus sich mit solchen Sponsoren bei den «Ordentlichen» nicht nur Freunde gemacht haben dürfte, liegt auf der Hand.

Sünden werden vergeben – ein Neuanfang ist möglich 7.3.4.4

Menschliche Lebenserfahrung zeigt: Wer in Schuld verstrickt ist, ist in seinen Lebensmöglichkeiten beeinträchtigt; denn diese Verstrickung bindet Kräfte und Energien, verdunkelt den Blick und verengt Horizonte, lähmt Handlungsmöglichkeiten und nimmt die Luft zum Atmen. Darum sind im Alten Testament, wie bereits deutlich wurde, mit der Hoffnung auf Gottes Herrschaft auch Hoffnungen auf die Vergebung von Schuld verbunden, und zwar sowohl individuelle Schuld als auch die kollektive Schuldverstrickung des Volkes (vgl. Jes 33,22–24; Mi 7,18–19). Wem die Schuld vergeben wird, darf neu anfangen.

Auch in der Praxis Jesu spielt die Vergebung von Schuld eine Rolle. In ihr wird die heilvolle Zuwendung Gottes konkret erfahrbar. Die Vergebungspraxis Jesu ist zumeist in Kontexten überliefert, die zeigen, dass diese Praxis Konflikte ausgelöst hat: so z. B. in dem Normenwunder der Heilung eines Gelähmten (Mk 2,1–12), in der Zuwendung Jesu zu einer Sünderin (Lk 7,36–50) oder auch in Form von Vorwürfen gegen Jesus, er esse «mit Sündern und Zöllnern» (Mk 2,15–17).

7.3.5 Geschichten erzählen vom Reich Gottes – Jesus und seine Gleichnisse

Jesus hat seiner Überzeugung vom Anbruch des Reiches Gottes nicht nur in konkreten Handlungen Ausdruck gegeben, in denen Gottes neue Welt für die Menschen erfahrbar wurde. Darüber hinaus hat er dieses Gottesreich in Form von Geschichten anschaulich gemacht: durch seine Gleichnisse, die in der neueren Exegese immer öfter Parabeln genannt werden (vom Griechischen *parabolē* = Vergleich, Gleichnis).[396] Jesus muss ein faszinierender Gleichniserzähler gewesen sein, der Menschen mit diesen kleinen Geschichten auf unvergleichliche Weise in seinen Bann gezogen hat. Die Parabeln sind typisch für Jesus und von zentraler Bedeutung für seine Botschaft und Praxis.

> «Er sagte: ‹Womit sollen wir das Reich Gottes vergleichen, mit welchem Gleichnis sollen wir es beschreiben? Es gleicht einem Senfkorn. Dieses ist das Kleinste von allen Samenkörnern, die man in die Erde sät. Ist es aber gesät, dann geht es auf und wird grösser als alle anderen Gewächse und treibt grosse Zweige, so dass in seinem Schatten die Vögel des Himmels nisten können.›» (Mk 4,30–32)

Im Zentrum steht ein Bild, das noch heute alle kennen – und wie viel mehr die Menschen damals, die in einer agrarisch geprägten Welt lebten: das Bild eines Samenkorns. Es ist klein, unscheinbar und kaum zu sehen. Am Ende aber steht etwas, das niemand in diesem kleinen Samenkorn vermutet hätte: ein grosses Gewächs, in dessen Schatten sogar die Vögel nisten können. Einem kleinen Anfang steht ein grosses Ergebnis gegenüber. Mit diesem kraftvollen Geschehen – von einem kleinen Anfang zu einem überwältigenden Ergebnis – wird das Reich Gottes verglichen. Auch dieses ist etwas, so könnten wir das Gleichnis nachzubuchstabieren versuchen, das sich kraftvoll und unaufhaltsam aus kleinen, unscheinbaren und kaum wahrzunehmenden Anfängen zu etwas Grossem und Überwältigendem entwickelt.

---

396 Vgl. dazu umfassend *Zimmermann (Hg.)*, Kompendium der Gleichnisse Jesu, bes. 3–46.

Ein anderes Gleichnis thematisiert die Widerstände, die sich der Ausbreitung des Reiches Gottes entgegen stellen (Mk 4,3–8). Es spricht von den Dornen, der Dürre, dem schlechten Boden auf dem Weg oder auch von den Vögeln, die den Samen sofort aufpicken. Aber auch in dieser Geschichte steht am Ende der grosse Ertrag: «Die Saat ging auf und wuchs empor und trug dreissigfach, ja, sechzigfach und hundertfach.» (Mk 4,8) Auch dieses Gleichnis lädt zur Zuversicht und zum Vertrauen ein, dass sich das Gottesreich allen Widerständen zum Trotz kraftvoll ausbreiten wird.

Wie dieses Wachsen des Gottesreiches funktioniert, bleibt etwas Geheimnisvolles. Das zeigt das Gleichnis von der selbst wachsenden Saat, das davon spricht, dass der Bauer zwar den Samen aussät, dann aber schläft und wieder aufsteht und so fort und eigentlich gar nichts vom Keimen und Wachsen des Samens versteht. Doch am Ende kann er ernten von dem, was die Erde «von selbst» hervorgebracht hat (Mk 4,26–29).

Mit vielen solchen Geschichten wirbt Jesus für dieses Reich Gottes. Unermüdlich lädt er dazu ein, dass Menschen sich auf dieses Gottesreich einlassen. Nicht wenige dieser Geschichten sind so angelegt, dass sie die Zuhörenden direkt ansprechen und um Zustimmung werben:

> «Wenn einer *von euch* hundert Schafe hat und eins davon verliert, lässt er dann nicht die neunundneunzig in der Steppe zurück und geht dem verlorenen nach, bis er es findet?» (Lk 15,4)

(Rhetorische) Fragen verwickeln die Zuhörenden direkt in das Geschehen und fordern sie heraus, zum Erzählten Stellung zu beziehen:

> «Oder wenn eine Frau zehn Drachmen hat und eine davon verliert, zündet sie dann nicht eine Lampe an, fegt das ganze Haus und sucht unermüdlich, bis sie das Geldstück findet?» (Lk 15,8)

Natürlich legt das Gleichnis eine zustimmende Antwort nahe: «Ja, so ist das, das würde ich auch so machen …» Dann erscheint auch die Folgerung plausibel: So ist es auch mit Gott …

Einige dieser Geschichten arbeiten mit Beispielen aus der Alltagswelt, die den Zuhörenden unmittelbar einleuchten sollen:

> «Womit soll ich das Reich Gottes vergleichen? Es ist wie der Sauerteig, den eine Frau unter einen grossen Trog Mehl mischte, bis das Ganze durchsäuert war.» (Lk 13,20–21)

Andere wiederum sind gar nicht so einleuchtend, sondern eher überraschend oder gar irritierend – so die Parabel von dem Weinbergbesitzer, der am Ende allen den gleichen, das Überleben sichernden Lohn auszahlte, auch denen, die nur eine einzige Stunde gearbeitet hatten (Mt 20,1–16). Und alle, die diese Geschichte hören, müssen sich fragen, wie sie selbst klarkommen mit dieser Güte Gottes, die auch noch die Letzten zu ihrem Glück kommen lässt.

Von immer neuen Seiten wird das Reich Gottes in diesen Geschichten beleuchtet. Sie werben darum, sich auf die Dynamik dieses Reiches Gottes einzulassen und auf seine Kraft zu vertrauen. Sie fordern dazu heraus, Gott und die Welt und auch das eigene Leben mit neuen, anderen Augen zu betrachten und das allzu selbstverständlich Gewordene, die Sachzwänge und die Sackgassen, infrage zu stellen. Wer sich auf die Logik des Reiches Gottes einlässt, findet neue und andere Möglichkeiten zum Handeln. Das ist der Anfang davon, dass etwas Wirklichkeit wird von dem, was Jesus das Reich Gottes genannt hat.

> «Es ist wie ein Senfkorn, das jemand in seinem Garten in die Erde steckte; es wuchs und wurde zu einem Baum, und die Vögel nisteten in seinen Zweigen.» (Lk 13,19)

7.3.6 Ein neues und anderes Handeln ist möglich!

Das alles mündet in einer besonderen Ethik Jesu. Auch wenn nicht restlos alle Aspekte der Ethik Jesu aus seiner Reich-Gottes-Botschaft ableitbar sind, so besteht doch eine unlösbare Verbindung zwischen der neuen und alternativen Ethik Jesu und seiner Überzeugung vom angebrochenen Reich Gottes. Erinnern wir uns: Nach der Überzeugung Jesu hat sich Gott bereits den Menschen zugewandt, die Herrschaft Gottes hat begonnen – und dadurch verändert sich buchstäblich alles. In diesem neu eröffneten Raum des Lebens und des Heils ist es nun möglich, aus dieser Kraft der Gottesherrschaft neu und anders zu handeln.

In der programmatischen Rede Jesu in der Spruchquelle Q, die bei Matthäus in der Bergpredigt und bei Lukas u. a. in der Feldrede Eingang gefunden hat, äussert sich das bereits durch den Aufbau der Rede. Am Anfang stehen die Seligpreisungen mit ihrer grossen Zusage: Gott hat sich den Armen, Hungernden und Trauernden zugewandt; sie dürfen sich beglückwünschen und freuen. Aus dieser Zusage heraus ist – als eine Antwort der Menschen – ein neues, alternatives Handeln möglich: Die Feinde können geliebt werden; man kann den Schlägern die andere Wange hinhalten und den Besatzungssoldaten zwei Meilen Frondienst leisten statt nur einer.

Bei alledem geht es nicht einfach um neue Vorschriften, die es nun zu befolgen gilt, sondern um etwas anderes, Grundlegenderes: ein neues, alternatives Handeln aus der Kraft des im Kommen begriffenen Gottesreiches heraus. Es geht also weder um Vorschriften noch um Rezepte, sondern um eine mitreissende Dynamik, von der man sich ergreifen lassen kann – und um eine Perspektive eines neuen, anderen, lebensförderlichen, zukunftsweisenden Handelns.

7.4 Der Tod Jesu und die drängende Frage nach dem Reich Gottes

Jesus war bis zum Schluss vom Vertrauen auf Gott und seine Königsherrschaft getragen. Allerdings mischen sich gegen Ende seines Wirkens auch dunklere Farben in seine Verkündigung und Praxis. Zwar sind die Voraussagen des Leidens und der Auferstehung, wie wir sie in den Evangelien lesen können (vgl. Mk 8,31; 9,31; 10,33 f.), erst nachösterliche Bildungen. Darauf deuten der grosse Schock, der die Anhängerinnen und Anhänger Jesu nach der Kreuzigung überfiel, ebenso hin wie die Flucht der Anhänger aus Jerusalem im Zusammenhang mit den Ereignissen um die Gefangennahme, die Verurteilung und die Kreuzigung Jesu (vgl. Mk 14,50). Doch ist davon auszugehen, dass Jesus sich der grösser werdenden Gefahr für sein eigenes Leben bewusst gewesen sein musste, vor allem als er nach Jerusalem ging und dem Konflikt mit den dortigen

Autoritäten nicht auswich. Nicht zuletzt muss ihm der gewaltsame Tod seines Lehrers Johannes deutlich vor Augen gestanden haben. Worte wie Lk/Q 13,34 könnten darauf hinweisen, dass Jesus sich selbst in die Reihe der Propheten Israels einordnete, die ein gewaltsames Schicksal erlitten:

> «Jerusalem, Jerusalem, die die Propheten tötet und die zu ihr Gesandten steinigt!» (Lk/Q 13,34; vgl. 23,37)

Im Kontext des letzten Mahles Jesu ist ein Wort überliefert, das vielleicht zu den letzten Äusserungen Jesu zählt:

> «Amen, ich sage euch: Ich werde nicht mehr von der Frucht des Weinstocks trinken bis zu dem Tag, an dem ich von Neuem davon trinke im Reich Gottes.» (Mk 14,25)

Dieses Wort zeugt zunächst davon, dass es wohl mit Händen zu greifen war, dass die Situation sich zuspitzte und die Spannung unerträglich wurde. Wie lange würden die Behörden ihn noch gewähren lassen? Wann würden sie gewaltsam eingreifen? Oder würde Gott selbst nun endlich seiner Herrschaft zum Durchbruch verhelfen?

Allerdings spricht Jesus hier auf eine Weise von der Gottesherrschaft, die irritierend anders ist als das, was wir bislang kennen gelernt haben. Die Gottesherrschaft wird an dieser Stelle offensichtlich nicht als bereits Gegenwärtige verstanden, sondern als Zukünftige. Das Eingreifen Gottes steht erst noch bevor. Damit wäre Jesus wieder ganz nah bei der Botschaft des Täufers, der vom unmittelbar bevorstehenden Gericht Gottes gesprochen hatte. Hat Jesus am Ende seines Wirkens die Gegenwärtigkeit des Reiches Gottes doch wieder infrage gestellt? Waren die Widerstände und Enttäuschungen doch zu gross?[397] Die Fragen sind kaum zu klären. Allerdings spricht das Wort Jesu nicht vom Gericht, sondern von der Errichtung des Gottesreiches. Jesus vertraut auch nach diesem Wort darauf, dass Gott seine Herrschaft aufrichten würde. Und Jesus fühlt sich nach wie vor im Einklang mit diesem Gott; er wird im Reich Gottes selbstverständlich dabei sein. Als Bild für diese Gottesherrschaft wird wieder – oder immer noch – ein gemeinsames Mahl gewählt. Dabei wird

397 Vgl. *Ebner*, Jesus 190–194.

die Durchsetzung der Gottesherrschaft weder mit der Person Jesu noch mit seinem Tod in irgendeine Verbindung gebracht. Jesus erwartet also bis zum Ende seines Lebens alles von Gott.

Wie kam es zur Kreuzigung Jesu? 7.4.1

Wie kam es aber zum gewaltsamen Tod Jesu? Die gesamte neutestamentliche Überlieferung wie auch einige ausserbiblische Quellen stimmen darin überein, dass Jesus gekreuzigt wurde. Die Kreuzigung ist zunächst eine römische und keine jüdische Strafe, und es ist eine Strafe, die gegen Aufständische angewandt wurde. Dafür, dass Jesus als ein solcher Aufständischer wahrgenommen wurde, spricht ausserdem die Tafel, die nach dem übereinstimmenden Zeugnis der Evangelien an seinem Kreuz als Begründung für das Todesurteil angebracht wurde: «Der König der Juden» (vgl. Mk 15,26 par).

Dabei stellt sich allerdings die Frage, wie die römische Obrigkeit auf Jesus aufmerksam wurde und wie sie dazu kam, ihn als einen so gefährlichen politischen Aufrührer einzustufen, dass er beseitigt werden musste. Denn in den Evangelien fehlen jegliche Anzeichen dafür, dass Jesus mit seiner Botschaft und Praxis – obgleich diese nicht ohne politische Brisanz waren – mit den Römern in einen Konflikt geraten wäre.

Daher wird man an dieser Stelle nicht umhin kommen, nach der Beteiligung der jüdischen Seite an der Anklage gegen Jesus zu fragen. Zwar ist bereits in den Evangelien die Tendenz spürbar, der jüdischen Seite den entscheidenden Anteil an der Verurteilung Jesu zuzuschreiben und im Gegenzug die Rolle des römischen Statthalters Pilatus herunterzuspielen. Diese Tendenz wird im Lauf der Überlieferungsgeschichte zunehmend stärker, die Schuldzuweisungen an «die Juden» werden plakativer, Pilatus wird immer «unschuldiger». Doch auch wenn wir diese Tendenzen der Evangelien und der nachbiblischen Überlieferung in Rechnung stellen, ist es ohne die Beteiligung gewisser (führender) jüdischer Kreise kaum erklärbar, wie es zum Todesurteil gegen Jesus durch die Römer kommen konnte. Das bedeutet allerdings keinesfalls – und darf es keinesfalls bedeuten! –, in einer generellen Weise «den Juden» die Schuld an der Verurteilung Jesu zuzuschreiben, so wie es in manchen Phasen der christlichen Auslegungsgeschichte geschehen ist, bis dahin, dass Jüdinnen und Juden von christlicher Seite als «Gottesmörder» diffamiert und gewaltsam verfolgt wurden. Diese Geschichte des christlichen Antijudaismus darf auf keinen Fall fortgeschrieben werden.[398]

Es gilt also differenzierter zu fragen, welche jüdischen Kreise sich von Jesus auf eine Weise herausgefordert fühlten, dass sie eine Anklage gegen Jesus vor dem römischen Statthalter betrieben haben.

Zwar erzählen die Evangelien des Öfteren, dass Jesus während der Zeit in Galiläa besonders mit Pharisäern oder Schriftgelehrten in Konflikte und Streitgespräche über sein Tun oder über seine Auslegung der Tora geraten sei. Doch sind diese Konflikte – historisch betrachtet – niemals so gravierend, dass sie zu einer Anklage auf Leben und Tod hätten führen können.

Hingegen spitzt sich nach der Darstellung der Evangelien die Lage in Jerusalem zu. Im Zuge der Gefangennahme Jesu und der ersten Verhandlung gegen ihn kommen andere Gruppen ins Spiel: der Hohe Rat, das höchste jüdische Gericht, mit seinen Mitgliedern aus den Kreisen der Hohepriester, Schriftgelehrten und Ältesten. Diese führenden Jerusalemer Autoritäten musste Jesus durch seine kritische Haltung gegenüber dem Tempel aufs Äusserste provoziert haben. Allerdings kann die in den Evangelien in diesem Zusammenhang erzählte Tempelreinigung (vgl. Mk 11,15–17) wohl kaum in diesem Ausmass stattgefunden haben; denn gerade hier ist von keinem Eingreifen der Behörden (weder der jüdischen noch der römischen Seite) die Rede. Hingegen muss das in den Evangelien in verschiedener Weise überlieferte grundsätzliche Wort Jesu gegen den Tempel als der entscheidende Anlass gesehen werden, der die Jerusalemer Priesteraristokratie auf den Plan rief.

Dieses Tempelwort Jesu spielt nach der Darstellung der Evangelien im Prozess vor dem Hohen Rat eine entschei-

398 Vgl. dazu *Selvatico/Strahm*, Jesus Christus 53–57. Zur Neubesinnung der christlichen Kirchen auf das christlich-jüdische Verhältnis nach der Schoah und in der Katholischen Kirche insbesondere im Zuge des II. Vatikanischen Konzils vgl. ebenfalls in dieser Buchreihe *Leimgruber*, Unser Gott 116–134.

dende Rolle. Allerdings erscheint es dort als Aussage im Mund von Falschzeugen:

> «Wir haben ihn sagen hören: Ich werde diesen von Menschen erbauten Tempel niederreissen und in drei Tagen einen anderen errichten, der nicht von Menschenhand gemacht ist.» (Mk 14,58 par)

Leserinnen und Leser konnten es kurz zuvor in einer abgeschwächten Variante als Wort Jesu gegenüber einem Mitglied der Jüngergruppe lesen:

> «Jesus sagte zu ihm: Siehst du diese grossen Bauten? Kein Stein wird auf dem anderen bleiben, alles wird niedergerissen.» (Mk 13,2)

Es ist ausserdem zu beobachten, dass sich alle Evangelien auf verschiedene Weisen mit diesem schwierigen Wort Jesu auseinandersetzen (vgl. Mt 26,61; Joh 2,19; bei Lk nicht im Prozess gegen Jesus, sondern erst gegen Stephanus Apg 6,13 f.).

Diese Beobachtungen sprechen dafür, in diesem Tempelwort ein authentisches Jesuswort zu sehen, auch wenn dessen genauer Wortlaut nicht mehr rekonstruiert werden kann. Es muss jedenfalls die Zerstörung des bestehenden Tempels sowie die Verheissung eines neuen Tempels beinhaltet haben. Damit traf Jesus das ideelle Zentrum des Judentums; denn der Tempel war die Repräsentation des Heiligen schlechthin. Solche Infragestellungen des Tempels sind in der jüdischen Tradition ein todeswürdiges Verbrechen (vgl. Jer 26). Gleichzeitig forderte Jesus damit diejenigen heraus, die sich als Hüter und Garanten des jüdischen Glaubens und insbesondere des Tempelkultes verstanden: die Jerusalemer Priesteraristokratie. Das Drohwort Jesu musste sowohl das sadduzäische Tempelsystem als auch das von den Sadduzäern etablierte Machtgefüge infrage stellen, das wiederum auf der engen Kollaboration mit den Römern beruhte. Aus der Perspektive der Sadduzäer rebelliert damit jemand, der gegen dieses System rebelliert, zugleich gegen Rom.

So ist es nur konsequent, dass die priesterliche Aristokratie Jesus dem römischen Statthalter als Aufrührer gegen die staatliche Ordnung präsentierte. Deshalb ist der Anklagegrund im Prozess vor Pilatus politisch gewendet: Jesus wird beschuldigt, «König der Juden» zu sein (vgl. Mk 15,2.26). Und Pilatus fällte das entsprechende Urteil.

7.4.2 Die Reich-Gottes-Botschaft am Ende?

Mit der Kreuzigung hätten sowohl Jesus selbst als auch sein Anspruch und seine Botschaft vernichtet werden sollen. Zunächst scheint es, als sei dies wirklich gelungen; denn die Evangelien lassen mit der Flucht der Jünger weitgehende Auflösungserscheinungen der Jesusbewegung nach dem Tod Jesu erkennen. Heute wissen wir, dass es dabei nicht geblieben ist. Die Anhängerinnen und Anhänger Jesu müssen Erfahrungen gemacht haben, die sie zur Gewissheit brachten: Dieser Jesus ist nicht im Tod geblieben, sondern Gott hat ihn auferweckt. Die neutestamentlichen Texte beschreiben diese Erfahrungen als «Erscheinungen» und damit als visionäre Erfahrungen, durch die der Gekreuzigte als der Lebendige erkannt wird (vgl. 1 Kor 15,3–5). Stets wird dabei – in verschiedenen sprachlichen Einkleidungen – auf Gott selbst verwiesen, der Leben schaffend an Jesus handelt. Dieses Bekenntnis steht in der Tradition der erstmals in Jes 53 anklingenden und seit dem späten dritten Jahrhundert v. Chr. entfalteten jüdischen Hoffnung auf Gott, der seine Gerechten nicht im Tod lässt, sondern ihnen, wenn es sein muss, auch jenseits der Todesgrenze Gerechtigkeit schafft.[399] Dieser Glaube an den Gott Israels, den Jesus selbst verkündet hat, ist also die Brücke, die über den «Karfreitagsgraben» hinwegführt und es den Anhängerinnen und Anhängern Jesu ermöglicht, nach der Katastrophe der Kreuzigung ihren Glauben neu zu formulieren.

Die Jüngerinnen und Jünger verstehen die Kreuzigung damit weder als eine Desavouierung Jesu noch als Falsifizierung seiner Botschaft vom angebrochenen Gottesreich. Vielmehr interpretieren sie ihre visionären Erfahrungen als Auferweckung Jesu durch Gott – und damit als Bestätigung dessen, dass Gott dabei war, seine Herrschaft durchzusetzen. Die Auferweckung Jesu wird als Teil des grossen Umwälzungsprozesses verstanden, den Jesus selbst als die im Kommen begriffene Gottesherrschaft verkündet und praktiziert

399 Vgl. ausführlich *Bieberstein K.*, Jenseits der Todesschwelle; *Bieberstein K./Bieberstein S.*, Auferweckt.

hatte. Damit bleiben die Jüngerinnen und Jünger der Weltdeutung Jesu treu und schliessen sich seinem Glauben an.[400]

Dass ihnen dies auch nach der Katastrophe der Kreuzigung gelang, liegt sicher nicht nur in isolierten visionären Erlebnissen begründet, von denen die Ostertexte Zeugnis geben. Vielmehr müssen wir den tragenden Grund dafür in den Erfahrungen suchen, die die Jüngerinnen und Jünger mit Jesus selbst gemacht hatten: mit seiner Reich-Gottes-Verkündigung und vor allem mit seiner Reich-Gottes-Praxis. Diese Erfahrungen müssen sich als so tragfähig erwiesen haben, dass es nach der Katastrophenerfahrung des Karfreitags sogar möglich war, auch das Kreuz mit dieser Reich-Gottes-Botschaft in Einklang zu bringen, es also nicht als das Ende zu begreifen, sondern als Ort, an dem Gottes Herrschaft endgültig zum Durchbruch kommt – in der Auferweckung Jesu aus dem Tod.

Dass dies gelungen ist und sich weiterhin in vielen verschiedenen Situationen als tragfähig erwies, zeigen zuerst die Jesusgeschichten der Evangelien und nicht zuletzt unsere andauernden Interpretationen der Jesusgeschichte bis heute.

Zum Weiterlesen

Bibel und Kirche 61 (2/2006): Themenheft «Wunder – Geschichten von Gottes Kraft».

Bibel und Kirche 62 (2/2007): Themenheft «Gottes Reich».

Bibel und Kirche 63 (2/2008): Themenheft «Die Gleichnisse Jesu».

Ebner, Martin: Jesus von Nazaret in seiner Zeit. Sozialgeschichtliche Zugänge (SBS 196), Stuttgart ^{2}2004.

Kollmann, Bernd: Neutestamentliche Wundergeschichten. Biblisch-theologische Zugänge und Impulse für die Praxis (Urban-Taschenbücher 477), Stuttgart ^{2}2007.

Niemand, Christoph: Jesus und sein Weg zum Kreuz. Ein historisch-rekonstruktives und theologisches Modellbild, Stuttgart 2007.

Reinbold, Wolfgang: Der Prozess Jesu (Biblisch-theologische Schwerpunkte 28), Göttingen 2006.

Schenke, Ludger: Jesus vor dem Dogma. Zur inneren Überzeugungskraft der Worte Jesu, Stuttgart 2014.

400 Vgl. insgesamt *Ebner*, Auferweckung 78–86, bes. 85 f.

Schottroff, Luise/Sölle, Dorothee: Jesus von Nazaret (dtv Portrait), München 2000.
Schröter, Jens: Jesus von Nazaret: Jude aus Galiläa – Retter der Welt (Biblische Gestalten 15), Leipzig 2006.
Selvatico, Pietro/Strahm, Doris: Jesus Christus (Studiengang Theologie VI 2), Zürich 2010, 27–211.
Strotmann, Angelika: Der historische Jesus. Eine Einführung (UTB 3553), Paderborn 2012.
Theißen, Gerd/Merz, Annette: Der historische Jesus. Ein Lehrbuch, Göttingen 1996 (^{4}2011).
Venetz, Hermann-Josef: Lob der Unverschämtheit. Gleichnisse Jesu für heute, Freiburg i. Ue. 2010.
Welt und Umwelt der Bibel 24 (2002): Themenheft «Jesus der Galiläer».
Welt und Umwelt der Bibel 56 (2010): Themenheft «Pilatus und der Prozess Jesu».
Welt und Umwelt der Bibel 64 (2012): Themenheft «Teufel und Dämonen – Verführer, Ankläger, Gegenspieler».
Welt und Umwelt der Bibel 70 (2014): Themenheft «Herodes – grausam und genial».
Zimmermann, Ruben (Hg.): Kompendium der Gleichnisse Jesu, Gütersloh 2007.
Zimmermann, Ruben (Hg.): Kompendium der frühchristlichen Wundererzählungen, Bd. 1: Die Wunder Jesu, Gütersloh 2013.

Literaturverzeichnis

Bibelausgaben und Synopsen

Bibel in gerechter Sprache, hg. von Ulrike Bail u. a., Gütersloh 2006.

Das Neue Testament, übersetzt von Fridolin Stier, München/Düsseldorf 1989.

Die Bibel nach der Übersetzung Martin Luthers, revidierter Text 1984, Stuttgart 1985.

Einheitsübersetzung der Heiligen Schrift, herausgegeben im Auftrag der Bischöfe Deutschlands, Österreichs, der Schweiz, des Bischofs von Luxemburg, des Bischofs von Lüttich, des Bischofs von Bozen, Stuttgart 1980.

Gute Nachricht Bibel, Stuttgart 1997.

Septuaginta Deutsch. Das griechische Alte Testament in deutscher Übersetzung, in Zusammenarbeit mit Eberhard Bons, Kai Brodersen, Helmut Engel, Heinz-Josef Fabry, Siegfried Kreuzer, Wolfgang Orth, Martin Rösel, Helmuth Utzschneider, Dieter Vieweger und Nikolaus Walter herausgegeben von Wolfgang Kraus und Martin Karrer, Stuttgart 2009.

Synopse zum Münchener Neuen Testament, herausgegeben von Josef Hainz, Düsseldorf ^{2}1998.

Synoptisches Arbeitsbuch zu den Evangelien: Die vollständigen Synopsen nach Markus, nach Matthäus, nach Lukas, mit den Parallelen aus dem Johannes-Evangelium und den nicht-kanonischen Vergleichstexten sowie einer Auswahlkonkordanz, bearbeitet und konkordant übersetzt von Rudolf Pesch, in Zusammenarbeit mit Ulrich Wilckens und Reinhard Kratz, 5 Bde., Zürich u. a./Gütersloh 1980–1981.

Zürcher Bibel, Zürich 2007.

Antike Quellen

Äthiopisches Henochbuch: Uhlig, Siegbert: Das äthiopische Henochbuch (Jüdische Schriften aus hellenistisch-römischer Zeit V: Apokalypsen), Gütersloh 1984.

Antike christliche Apokryphen in deutscher Übersetzung: Bd. I, Evangelien und Verwandtes, herausgegeben von Christoph Markschies und Jens Schröter, Tübingen 2012.

Apokryphe Kindheitsevangelien: Übersetzt und eingeleitet von Gerhard Schneider (Fontes Christiani 18), Freiburg i. Br. u. a. 1995.

Die Apostolischen Väter: Eingeleitet, herausgegeben, übertragen und erläutert von Joseph A. Fischer (Schriften des Urchristentums I), Darmstadt 2004.

Aristoteles: Werke in deutscher Übersetzung, begründet von Ernst Grumach, herausgegeben von Hellmut Flashar, Bd. 4: Rhetorik, übersetzt und erläutert von Christof Rapp, Berlin/Darmstadt 2002; Bd. 5: Poetik, übersetzt und erläutert von Arbogast Schmitt, Berlin/Darmstadt 2008.

Cassius Dio: Römische Geschichte, übersetzt von Otto Veh, Düsseldorf 2007.

Didache (Apostellehre), Barnabasbrief, Zweiter Klemensbrief, Schrift an Diognet: Eingeleitet, herausgegeben, übertragen und erläutert von Klaus Wengst (Schriften des Urchristentums II), Darmstadt 2004.

Diogenes Laertius: Leben und Lehre der Philosophen, herausgegeben und übersetzt von Fritz Jürss, Stuttgart 1998.

Exodus Rabbah: Midrash Rabbah, herausgegeben von Harry Freedman, Bd. 3: Exodus, London 1961.

Eusebius von Caesarea: Kirchengeschichte, herausgegeben und eingeleitet von Heinrich Kraft, München 1967.

Flavius Josephus: Antiquitates. Jüdische Altertümer, übersetzt und mit Anmerkungen versehen von Heinrich Clementz, Wiesbaden 1979 u. ö.

Flavius Josephus: De Bello Judaico. Der Jüdische Krieg. Griechisch und Deutsch, herausgegeben und mit einer Einleitung sowie mit Anmerkungen versehen von Otto Michel und Otto Bauernfeind, 3 Bde., Darmstadt 1959–1969.

Irenäus von Lyon: Adversus Haereses / Des heiligen Irenäus fünf Bücher gegen die Häresien, übersetzt von Ernst Klebba (Bibliothek der Kirchenväter, 1. Reihe, Bd. 3), München 1912.

Iustin: Die beiden Apologien Iustins des Märtyrers, übersetzt von Dr. Gerhard Rauschen (Bibliothek der Kirchenväter. Eine Auswahl patristischer Werke in deutscher Übersetzung, 1. Reihe, Bd. 12), München 1913, 55–156.

Jubiläenbuch: Berger, Klaus: Das Buch der Jubiläen (Jüdische Schriften aus hellenistisch-römischer Zeit II: Unterweisung in erzählender Form), Gütersloh 1981.

Die Mischna: Ins Deutsche übertragen, mit einer Einleitung und Anmerkungen von Dietrich Correns, Wiesbaden 2005.

Nag Hammadi Deutsch: Herausgegeben von Hans-Martin Schenke, Hans-Gebhard Bethge und Ursula Ulrike Kaiser, 2 Bde. (Die Griechischen Christlichen Schriftsteller der ersten Jahrhunderte NF 8; 12 / Koptisch-Gnostische Schriften 2; 3), Berlin/New York 2001; 2003.

Philo von Alexandria: Die Werke in deutscher Übersetzung, herausgegeben von Leopold Cohn u. a., 7 Bände, Berlin ^{2}1962–1964.

Platon: Nomoi (Gesetze), 3 Bde. (Platon Werke IX), übersetzt und kommentiert von Klaus Schöpsdau, Göttingen 1994; 2003; 2011.

Platon: Der Staat (Politeia), übersetzt und herausgegeben von Karl Vretska, Stuttgart 1982.

Plinius der Jüngere: Briefe. Lateinisch – deutsch, herausgegeben von Helmut Kasten, Düsseldorf/Zürich ^{8}2006.

Plutarch: Fünf Doppelbiographien, 1. Teil: Alexandros und Caesar, Aristeides und Marcus Cato, Perikles und Fabius Maximus, griechisch und deutsch, übersetzt von Konrat Ziegler und Walter Wuhrmann, ausgewählt von Manfred Fuhrmann. Mit einer Einführung und Erläuterungen von Konrat Ziegler, Zürich/Darmstadt 1994.

Psalmen Salomos: Holm-Nielsen, Svend: Die Psalmen Salomos (Jüdische Schriften aus hellenistisch-römischer Zeit IV: Poetische Schriften), Gütersloh 1977.

Polybios: Geschichte. Eingeleitet und übertragen von Hans Drechsler, Bd. 1: Zürich/Stuttgart 1961.

Qumranschriften: Die Qumran-Essener. Die Texte vom Toten Meer, herausgegeben von Johann Maier, 3 Bde., München/Basel 1995–1996.

Sueton: Die Kaiserviten. Berühmte Männer. Lateinisch – deutsch, herausgegeben von Hans Martinet, Düsseldorf [3]2006.

Tacitus: Annalen, übersetzt und eingeleitet von Erich Heller. Mit einer Einführung von Manfred Fuhrmann, Zürich/München 1982.

Targum Jonathan: Sperber, Alexander: The Bible in Aramaic Based on Old Manuscripts and Printed Texts, 5 Bde., Leiden 1959–1973.

Testamente der zwölf Patriarchen: Becker, Jürgen: Die Testamente der zwölf Patriarchen (Jüdische Schriften aus hellenistisch-römischer Zeit III: Unterweisung in lehrhafter Form), Gütersloh 1980.

Übrige Literatur

Diese Literaturliste enthält die vollständigen Angaben der Titel, die in den Fussnoten erwähnt werden. Weitere Literaturhinweise finden sich am Ende jedes Kapitels unter der Rubrik «Zum Weiterlesen».

Aland, Kurt/Aland, Barbara: Der Text des Neuen Testaments. Einführung in die wissenschaftlichen Ausgaben und in Theorie wie Praxis der modernen Textkritik, Stuttgart [2]1989.

Assmann, Jan: Ma'at. Gerechtigkeit und Unsterblichkeit im Alten Ägypten, München 1990.

Bauer, Dieter: Überlieferungen aus Prophetie, Weisheit und Apokalyptik. Altes Testament, Teil 2 (Studiengang Theologie I,2), Zürich 2011.

Belting, Hans: Bild und Kult. Eine Geschichte des Bildes vor dem Zeitalter der Kunst, München [2]1991.

Beutler, Johannes: Das Johannesevangelium. Kommentar, Freiburg i. Br. 2013.

Bieberstein, Klaus: Jenseits der Todesschwelle. Die Entstehung der Auferweckungshoffnungen in der alttestamentlich-frühjüdischen Literatur, in: *Berlejung, Angelika/Janowski, Bernd (Hg.),* Tod und Jenseits im Alten Israel und in seiner Umwelt. Theologische und religionswissenschaftliche, archäologische und ikonographische Aspekte (Forschungen zum Alten Testament 64), Tübingen 2009, 423–446.

Bieberstein, Klaus/Bieberstein, Sabine: Angesichts des Todes das Leben formulieren. Abschiedsworte Sterbender in der biblischen Literatur, in:

Jahrbuch für Biblische Theologie 19 (2004), Neukirchen-Vluyn 2005, 3–47.

Bieberstein, Klaus/Bieberstein, Sabine: Auferweckt gemäß der Schrift. Das Ringen um Gottes Gerechtigkeit und die Hoffnung auf Auferweckung der Toten, in: Bibel und Kirche 64 (2009), 70–77.

Bieberstein, Klaus: Die Wanderungen der Wohnungen Gottes. Vom Sinai zur Westmauer in Jerusalem, in: *Wimmer, Stefan Jakob/Gafus, Georg (Hg.):* «Vom Leben umfangen». Ägypten, das Alte Testament und das Gespräch der Religionen. Gedenkschrift für Manfred Görg (Ägypten und Altes Testament 80), Münster 2014, 13–25.

Bieberstein, Sabine (Hg.): Auferstehung (FrauenBibelArbeit 29), Stuttgart 2012.

Bieberstein, Sabine: Spuren ins Leben. Die Erfahrung der Frauen am leeren Grab (Mk 16,1–8), in: *Katholisches Bibelwerk e. V./Leinhäupl, Andreas (Hg.):* Das Markusevangelium. «Jesus Christus – was ist das für ein Mensch?» (Bibelauslegungen mit Praxisvorschlägen), Stuttgart 2012, 124–133.

Bieberstein, Sabine: Vier Evangelien – vier Gemeindesituationen. Zum gesellschaftlichen Umfeld der Evangelien, in: Welt und Umwelt der Bibel 72 (2/2014), 18–24.

Bieberstein, Sabine/Kosch, Daniel: Paulus und die Anfänge der Kirche. Neues Testament, Teil 2 (Studiengang Theologie II,2), Zürich 2012.

Bieberstein, Sabine: Die Verkündigung an Maria. Die Erzählung im Lukasevangelium im Kontext der verschiedenen Marienbilder des Neuen Testaments, in: *Ertl, Heimo/Hannesen, Sabine Maria/Jung, Norbert (Hg.):* Perspektivenwechsel. «Ave Maria» – Die Verkündigung an Maria in modernen Kunstwerken. Katalog zur Sonderausstellung im Diözesanmuseum Bamberg vom 22.3. bis 28.7.2013 (Veröffentlichungen des Diözesanmuseums Bamberg 24), Bamberg 2013, 13–26.

Bovon, François: Das Evangelium nach Lukas (Evangelisch-Katholischer Kommentar zum Neuen Testament III), 4 Bde., Zürich/Neukirchen-Vluyn 1989–2009.

Brasser, Martin: Lässt sich Gott denken? Philosophie (Studiengang Theologie IV), Zürich 2014.

Broer, Ingo: Göttliche Zeugung und jungfräuliche Geburt, in: Welt und Umwelt der Bibel 54 (4/2009), 38–39.

Broer, Ingo/Weidemann, Hans-Ulrich: Einleitung in das Neue Testament, Würzburg ^{3}2010.

Butting, Klara/Minaard, Gerard/Sutter Rehmann, Luzia: Markus. Mit Beiträgen aus Judentum, Christentum, Islam, Literatur, Kunst (Die Bibel erzählt), Wittingen 2007.

Crüsemann, Frank: Das Alte Testament als Wahrheitsraum des Neuen. Die neue Sicht der christlichen Bibel, Gütersloh 2011.

Dormeyer, Detlev: Das Markusevangelium als Idealbiographie von Jesus Christus, dem Nazarener (Stuttgarter Biblische Beiträge 43), Stuttgart 1999 (^{2}2002).

Dormeyer, Detlev: Das Markusevangelium, Darmstadt 2005.

Dormeyer, Detlev: Pragmatische und pathetische Geschichtsschreibung in der griechischen Historiographie, im Frühjudentum und im Neuen Testament, in: *Schmeller, Thomas* (Hg.), Historiographie und Biographie im Neuen Testament und seiner Umwelt (Novum Testamentum et Orbis Antiquus / Studien zur Umwelt des Neuen Testaments 69), Göttingen 2009, 1–33.

Dschulnigg, Peter: Das Markusevangelium (Theologischer Kommentar zum Neuen Testament 2), Stuttgart 2007.

Ebner, Martin: Evangelium contra Evangelium. Das Markusevangelium und der Aufstieg der Flavier, in: Biblische Notizen 116 (2003), 28–42.

Ebner, Martin: Jesus von Nazaret in seiner Zeit. Sozialgeschichtliche Zugänge (Stuttgarter Bibelstudien 196), Stuttgart ²2004.

Ebner, Martin: Vom Versuch, einen hellenistischen Topos zu rejudaisieren. Zwei verschiedene Lesarten der «Jungfrauengeburt» in Mt 1,18–25, in: *Kampling, Rainer (Hg):* «Dies ist das Buch …». Das Matthäusevangelium. Interpretation – Rezeption – Rezeptionsgeschichte. Für Hubert Frankemölle, Paderborn 2004, 177–202

Ebner, Martin: Die synoptische Frage, in: *ders./Schreiber, Stefan (Hg.):* Einleitung in das Neue Testament (Studienbücher Theologie 6), Stuttgart ²2013, 68–85.

Ebner, Martin: Die Spruchquelle Q, in: *ders./Schreiber, Stefan (Hg.):* Einleitung in das Neue Testament (Studienbücher Theologie 6), Stuttgart ²2013, 86–112.

Ebner, Martin: «Evangelium», in: *ders./Schreiber, Stefan (Hg.):* Einleitung in das Neue Testament (Studienbücher Theologie 6), Stuttgart ²2013, 113–125.

Ebner, Martin: Das Matthäusevangelium, in: *ders./Schreiber, Stefan (Hg.):* Einleitung in das Neue Testament (Studienbücher Theologie 6), Stuttgart ²2013, 126–154.

Ebner, Martin: Das Markusevangelium, in: *ders./Schreiber, Stefan (Hg.):* Einleitung in das Neue Testament (Studienbücher Theologie 6), Stuttgart ²2013, 155–184.

Ebner, Martin: Das Markusevangelium neu übersetzt und kommentiert, Stuttgart 2008 (³2012).

Ebner, Martin: Die Auferweckung Jesu – oder: Woran glauben Christen? in: Bibel und Kirche 64 (2009), 78–86.

Ebner, Martin: Von gefährlichen Viten und biographisch orientierten Geschichtswerken. Vitenliteratur im Verhältnis zur Historiographie in hellenistisch-römischer und urchristlicher Literatur, in: *Schmeller, Thomas (Hg.):* Historiographie und Biographie im Neuen Testament und seiner Umwelt (Novum Testamentum et Orbis Antiquus / Studien zur Umwelt des Neuen Testaments 69), Göttingen 2009, 34–61.

Engels, David: Entrückung, Epiphanie und Consecration: Überlegungen zur Apotheose des römischen Kaisers und zum Umgang mit seiner Leiche, in: *Groß, Dominik/Grande, Jasmin (Hg.):* Objekt Leiche. Technisierung, Ökonomisierung und Inszenierung toter Körper (Todesbilder. Studien zum gesellschaftlichen Umgang mit dem Tod 1), Frankfurt a. M./New York 2010, 79–133.

Ernst, Josef: Das Evangelium nach Lukas (Regensburger Neues Testament), Regensburg ^{6}1993.

Fander, Monika: Die Stellung der Frau im Markusevangelium unter besonderer Berücksichtgung kultur- und religionsgeschichtlicher Hintergründe (Münsteraner Theologische Abhandlungen 8), Altenberge ^{2}1990.

Fiedler, Peter: Das Matthäusevangelium (Theologischer Kommentar zum Neuen Testament 1), Stuttgart 2006.

Figal, Günter: Logos, III. Philosophisch, in: Religion in Geschichte und Gegenwart 5, Tübingen ^{4}2002, 498–500.

Fischer, Joseph A.: Die Apostolischen Väter (Schriften des Urchristentums 1), Darmstadt 2004.

Flusser, David: Jesus, Reinbek 1968.

Frankemölle, Hubert: Evangelium. Begriff und Gattung. Ein Forschungsbericht (Stuttgarter Biblische Aufsatzbände 15), Stuttgart ^{2}1994.

Frankemölle, Hubert: Matthäus. Kommentar, 2 Bde., Düsseldorf 1994; 1997.

Frenschkowski, Marco: Galiläa oder Jerusalem? Die topographischen und politischen Hintergründe der Logienquelle, in: Andreas Lindemann (Hg.), The Sayings Source Q and the Historical Jesus, 535–559.

Frey, Jörg/Poplutz, Uta: Narrativität und Theologie im Johannesevangelium, in: *dies. (Hg.):* Narrativität und Theologie im Johannesevangelium (Biblisch-Theologische Studien 130), Neukirchen-Vluyn 2012, 1–18.

Fuchs, Albert: Spuren von Deuteromarkus (Studien zum Neuen Testament und seiner Umwelt; Neue Folge 1–5), 5 Bde., Münster 2004–2007.

Füssel, Kuno/Füssel, Eva: Der verschwundene Körper. Neuzugänge zum Markusevangelium, Luzern 2001.

Gielen, Marlis: Der Konflikt Jesu mit den religiösen und politischen Autoritäten seines Volkes im Spiegel der matthäischen Jesusgeschichte (Bonner Biblische Beiträge 115), Bodenheim 1998.

Gielen, Marlis: Blick zurück nach vorn. Die Verflechtung des Geschicks Jesu und Jerusalems in ihrer Bedeutung für die matthäische Gemeinde, in: Bibel und Kirche 62 (2007), 152–159.

Gielen, Marlis: Geburt und Kindheit Jesu. Biblische und außerbiblische Erzählungen, Stuttgart 2008.

Gnilka, Joachim: Das Evangelium nach Markus (Evangelisch-Katholischer Kommentar zum Neuen Testament II), 2 Bde., Zürich/Neukirchen-Vluyn 1978; 1979.

Gnilka, Joachim: Das Matthäusevangelium (Herders Theologischer Kommentar zum Neuen Testament I), 2 Bde., Freiburg i. Br. 1986; 1988.

Guijarro, Santiago: Die politische Wirkung der Exorzismen Jesu. Gesellschaftliche Reaktionen und Verteidigungsstrategien in der Beelzebul-Kontroverse, in: *Stegemann, Wolfgang/Malina, Bruce J./Theißen, Gerd (Hg.):* Jesus in neuen Kontexten, Stuttgart 2002, 64–74.

Hecking, Detlef: Neue Anfänge, immer wieder – Auferstehungs-Wege im Markusevangelium und die Botschaft im leeren Grab. Bibelarbeit zu

Mk 16,1–8, in: *Bieberstein, Sabine (Hg.):* Auferstehung (FrauenBibel-Arbeit 29), Stuttgart 2012, 45–53.

Heil, Christoph: Einleitung, in: *Hoffmann, Paul/Heil, Christoph (Hg.):* Die Spruchquelle Q. Studienausgabe Griechisch und Deutsch, Darmstadt/Leuven 2002, 11–28.

Heil, Christoph: Evangelium als Gattung. Erzähl- und Spruchevangelium, in: *Schmeller, Thomas* (Hg.), Historiographie und Biographie im Neuen Testament und seiner Umwelt (Novum Testamentum et Orbis Antiquus / Studien zur Umwelt des Neuen Testaments 69), Göttingen 2009, 62–94.

Heininger, Bernhard: Die Option für die Armen. Soziale Verteilungsmodelle im lukanischen Doppelwerk, in: *Hotze, Gerhard/Spiegel, Egon (Hg.):* Verantwortete Exegese (FS Georg Untergaßmair 65), Münster 2006, 195–203.

Heininger, Bernhard: «Politische Theologie» im Markusevangelium. Der Aufstieg Vespasians zum Kaiser und der Abstieg Jesu zum Kreuz, in: *ders.:* Die Inkulturation des Christentums. Aufsätze und Studien zum Neuen Testament und seiner Umwelt (Wissenschaftliche Untersuchungen zum Neuen Testament 255), Tübingen 2010, 181–204.

Hengel, Martin: Nachfolge und Charisma. Eine exegetisch-religionsgeschichtliche Studie zu Mt 8,21 f. und Jesu Ruf in die Nachfolge, Berlin 1968.

Hieke, Thomas: Art. Logienquelle – Spruchquelle, in: WiBiLex. Das wissenschaftliche Bibellexikon im Internet, Stuttgart 2010, online unter: www.bibelwissenschaft.de/de/stichwort/51967 (20.12.2014).

Hoffmann, Paul: Studien zur Theologie der Logienquelle (Neutestamentliche Abhandlungen; Neue Folge 8), Münster 1972 (^{3}1982).

Hoffmann, Paul: Tradition und Situation. Studien zur Jesusüberlieferung in der Logienquelle und den synoptischen Evangelien (Neutestamentliche Abhandlungen; Neue Folge 28), Münster 1995.

Hoffmann, Paul: Mutmaßungen über Q. Zum Problem der literarischen Genese von Q, in: *Lindemann, Andreas (Hg.):* The Sayings Source Q and the Historical Jesus (Bibliotheca ephemeridum theologicarum Lovaniensium 158), Leuven u. a. 2001, 255–288.

Hoffmann, Paul/Heil, Christoph (Hg.): Die Spruchquelle Q. Studienausgabe Griechisch und Deutsch, Darmstadt/Leuven 2002 (^{3}2009).

Iersel, Bas van: Markus. Kommentar, Düsseldorf 1993.

Kahl, Werner: Vom Ende der Zweiquellentheorie oder: Zur Klärung des synoptischen Problems, in: *Strecker, Christian (Hg.):* Kontexte der Schrift, Bd. II: Kultur, Politik, Religion, Sprache – Text (FS Wolfgang Stegemann 60), Stuttgart 2005, 404–442.

Keller, Zsolt: Der Blutruf (Mt 27,25). Eine schweizerische Wirkungsgeschichte 1900–1950, Göttingen 2006.

Klauck, Hans-Josef: Vorspiel im Himmel? Erzähltechnik und Theologie im Markusprolog (Biblisch-Theologische Studien 32), Neukirchen-Vluyn 1997.

Klauck, Hans-Josef: Apokryphe Evangelien. Eine Einführung, Stuttgart 2002.

Klauck, Hans-Josef: Das göttliche Kind. Variationen eines Themas, in: *ders.:* Anknüpfung und Widerspruch. Das frühe Christentum in der multireligiösen Welt der Antike, Katholische Akademie in Bayern, München 2002, 99–131.

Konradt, Matthias: Israel, Kirche und die Völker im Matthäusevangelium (Wissenschaftliche Untersuchungen zum Neuen Testament 215), Tübingen 2007.

Kügler, Joachim: Die Liebe des Sohnes und das Bleiben des Jüngers. Der Geliebte Jünger im Johannesevangelium und die Begründung kirchlicher Macht im johanneischen Christentum, in: *Gielen, Marlis/Kügler, Joachim (Hg.):* Liebe, Macht und Religion. Interdisziplinäre Studien zu Grunddimensionen menschlicher Existenz (Gedenkschrift für Helmut Merklein), Stuttgart 2003, 217–236.

Kügler, Joachim: Hände weg!? Warum man die Bibel nicht lesen sollte … und warum doch, Würzburg 2008.

Kügler, Joachim: Das Johannesevangelium, in: *Ebner, Martin/Schreiber, Stefan (Hg.):* Einleitung in das Neue Testament (Studienbücher Theologie 6), Stuttgart ^{2}2013, 210–231.

Kügler, Joachim: Der erste Johannesbrief. Der zweite Johannesbrief. Der dritte Johannesbrief, in: *Ebner, Martin/Schreiber, Stefan (Hg.),* Einleitung in das Neue Testament (Studienbücher Theologie 6), Stuttgart ^{2}2013, 536–558.

Kügler, Joachim: Eine wortgewaltige Jesusdarstellung. Das Johannesevangelium, aus dem Urtext übersetzt und kommentiert, Stuttgart 2012.

Leimgruber, Stephan: Unser Gott – euer Gott? Christentum und Weltreligionen (Studiengang Theologie XII), Zürich 2014.

Lips, Hermann von: Der neutestamentliche Kanon. Seine Geschichte und Bedeutung (Zürcher Grundrisse zur Bibel), Zürich 2004.

Loening, Karl: Das Geschichtswerk des Lukas, Bd. I: Israels Hoffnung und Gottes Geheimnisse, Stuttgart 1997; Bd. II: Der Weg Jesu, Stuttgart 2006.

Lohfink, Gerhard: Jetzt verstehe ich die Bibel. Ein Sachbuch zur Formkritik, Stuttgart 1973.

Lohmeyer, Ernst: Galiläa und Jerusalem (Forschungen zur Religion und Literatur des Alten und Neuen Testaments; Neue Folge 34), Göttingen 1936.

Luz, Ulrich: Das Evangelium nach Matthäus (Evangelisch-Katholischer Kommentar zum Neuen Testament I), 4 Bde., Zürich/Neukirchen-Vluyn 1985–2002.

Maier, Christl: Art. Weisheit (Personifikation, AT), in: WiBiLex. Das wissenschaftliche Bibellexikon im Internet, Stuttgart 2007, online unter: www.bibelwissenschaft.de/stichwort/34659 (29.8.2014).

Markschies, Christoph/Schröter, Jens (Hg.): Antike christliche Apokryphen in deutscher Übersetzung, Bd. I: Evangelien und Verwandtes, Tübingen 2012.

Mayordomo-Marin, Moisés: Den Anfang hören. Leserorientierte Evangelienexegese am Beispiel von Matthäus 1–2 (Forschungen zur Religion und Literatur des Alten und Neuen Testaments 180), Göttingen 1998.

Merklein, Helmut: Die Jesusgeschichte – synoptisch gelesen, Stuttgart 1995.

Metzger, Bruce M.: Der Kanon des Neuen Testaments. Entstehung, Entwicklung, Bedeutung, Ostfildern [2]2012.

Mussner, Franz: Apostelgeschichte (Die Neue Echter Bibel 5), Würzburg 1984.

Myllykoski, Matti: The Social History of Q and the Jewish War, in: *Uro, Risto (Hg.):* Symbols and Strata. Essays on the Sayings Gospel Q (Publications of the Finnish Exegetical Society 65), Göttingen/Helsinki 1996, 144–199.

Niemand, Christoph: Jesus und sein Weg zum Kreuz. Ein historisch-rekonstruktives und theologisches Modellbild, Stuttgart 2007.

Öhler, Markus: Elia im Neuen Testament. Untersuchung zur Bedeutung des alttestamentlichen Propheten im frühen Christentum (Beihefte zur Zeitschrift für die neutestamentliche Wissenschaft und die Kunde der älteren Kirche 88), Berlin/New York 1997.

Peppel, Matthias: Logos, I: Religionsgeschichtlich, in: Religion in Geschichte und Gegenwart[4] 5, Tübingen [4]2002, 494.

Pokorný, Petr/Heckel, Ulrich: Einleitung in das Neue Testament. Seine Literatur und Theologie im Überblick (UTB 2798), Tübingen 2007.

Poplutz, Uta: Erzählte Welt. Narratologische Studien zum Matthäusevangelium (Biblisch-Theologische Studien 100), Neukirchen-Vluyn 2008.

Poplutz, Uta: Eine universale Jesusgeschichte. Das Matthäusevangelium aus dem Urtext übersetzt und kommentiert, Stuttgart 2011.

Poplutz, Uta: Die Pharisäer als literarische Figurengruppe im Johannesevangelium, in: *Frey, Jörg/Poplutz, Uta (Hg.):* Narrativität und Theologie im Johannesevangelium (Biblisch-Theologische Studien 130), Neukirchen-Vluyn 2012, 19–39.

Radl, Walter: Das Evangelium nach Lukas. Kommentar, Erster Teil: 1,1–9,50, Freiburg i. Br. 2003.

Reinbold, Wolfgang: Der Prozess Jesu (Biblisch-theologische Schwerpunkte 28), Göttingen 2006.

Riede, Peter: Taube, in: WiBiLex. Das wissenschaftliche Bibellexikon im Internet, Stuttgart 2010, online unter: www.bibelwissenschaft.de/stichwort/32559/ (1.7.2014).

Robinson, James M./Hoffmann, Paul/Kloppenborg, John S. (Hg.): The Critical Edition of Q. Synopsis including the Gospels of Matthew and Luke, Mark and Thomas with English, German and French Translations of Q and Thomas, Leuven 2000.

Roloff, Jürgen: Die Kirche im Neuen Testament (Grundrisse zum Neuen Testament 10), Göttingen 1993.

Rusam, Dietrich: Das Lukasevangelium, in: *Ebner, Martin/Schreiber, Stefan (Hg.):* Einleitung in das Neue Testament (Studienbücher Theologie 6), Stuttgart [2]2013, 185–209.

Rusam, Dietrich: Die Apostelgeschichte, in: *Ebner, Martin/Schreiber, Stefan (Hg.):* Einleitung in das Neue Testament (Studienbücher Theologie 6), Stuttgart [2]2013, 232–253.

Schenke, Hans-Martin/Bethge, Hans-Gebhard/Kaiser, Ursula Ulrike (Hg.), Nag Hammadi Deutsch, 2 Bde. (Die Griechischen Christlichen Schriftsteller der ersten Jahrhunderte; Neue Folge 8; 12 / Koptisch-Gnostische Schriften 2; 3), Berlin/New York 2001; 2003.

Schenke, Ludger: Das Johannesevangelium. Einführung – Text – dramatische Gestalt (Urban-Taschenbücher 446), Stuttgart/Berlin/Köln 1992.

Schenke, Ludger: Johannes. Kommentar, Düsseldorf 1998 (aktualisierte Fassung des Kommentars, Paginierung leicht verschoben, online unter: ubm.opus.hbz-nrw.de/volltexte/2014/3634/pdf/doc.pdf [2.12.2014]).

Schenke, Ludger: Das Markusevangelium. Literarische Eigenart – Text und Kommentierung, Stuttgart 2005.

Schenke, Ludger: Szenische und liturgische Lesung der Evangelien als Gesamttext, in: Bibel und Kirche 62 (2007), 175–179.

Schenke, Ludger: Jesus vor dem Dogma. Zur inneren Überzeugungskraft der Worte Jesu, Stuttgart 2014.

Schmid, Josef: Das Evangelium nach Lukas (Regensburger Neues Testament), Regensburg [4]1960.

Schnelle, Udo: Das Evangelium nach Johannes (Theologischer Handkommentar zum Neuen Testament 4), Leipzig 1998 ([4]2009).

Schnelle, Udo: Einleitung in das Neue Testament (UTB 1830), Göttingen [8]2013.

Schneider, Gerhard (Hg.): Apokryphe Kindheitsevangelien (Fontes Christiani 18), Freiburg i. Br. u. a. 1995.

Schottroff, Luise/Sölle, Dorothee: Jesus von Nazaret (dtv Portrait), München 2000.

Schreiber, Stefan: Begleiter durch das Neue Testament, Düsseldorf 2006.

Schreiber, Stefan: Weihnachtspolitik. Lukas 1–2 und das Goldene Zeitalter (Novum Testamentum et Orbis Antiquus / Studien zur Umwelt des Neuen Testaments 82), Göttingen 2009.

Schreiner, Stefan: Wo man Tora lernt, braucht man keinen Tempel. Einige Anmerkungen zur Tempelsubstitution im rabbinischen Judentum, in: *Ego, Beate/Lange, Armin/Pilhofer, Peter (Hg.):* Gemeinde ohne Tempel. Zur Substituierung und Transformation des Jerusalemer Tempels und seines Kults im Alten Testament, antiken Judentum und frühen Christentums (WUNT 118), Tübingen 1999, 371–392.

Schroer, Silvia: Taube, in: *Görg, Manfred/Lang, Bernhard (Hg.):* Neues Bibellexikon, Bd. III, Düsseldorf/Zürich 2001, 787–790.

Schroer, Silvia: Die Tiere in der Bibel. Eine kulturgeschichtliche Reise, Freiburg i. Br. u. a. [2]2013.

Schröter, Jens/Bethge, Hans-Gebhard: Das Evangelium nach Thomas (NHC II,2), in: *Schenke, Hans-Martin u. a. (Hg.),* Nag Hammadi Deutsch Bd. 1: NHC I,1-V.1 (Die Griechischen Christlichen Schriftsteller der ersten Jahrhunderte NF 8; Koptisch-Gnostische Schriften II), Berlin/New York 2001, 151–181.

Schröter, Jens: Lukas als Historiograph. Das lukanische Doppelwerk und die Entdeckung der christlichen Heilsgeschichte, in: *Becker, Eve-Marie (Hg.):* Die antike Historiographie und die Anfänge der christlichen Geschichtsschreibung (Beihefte zur Zeitschrift für die neutestamentliche Wissenschaft und die Kunde der älteren Kirche 129), Berlin 2005, 237–262.

Schröter, Jens: Jesus von Nazaret: Jude aus Galiläa – Retter der Welt (Biblische Gestalten 15), Leipzig 2006.

Schürmann, Heinz: Das Lukasevangelium (Herders Theologischer Kommentar zum Neuen Testament III), erster Teil: 1,1–9,50, Freiburg i. Br. 1969; zweiter Teil: 9,51–11,54, Freiburg i. Br. 1993.

Schwemer, Anna Maria: Die Elijagestalt im Wandel der Zeiten. Elijatraditionen aus hellenistisch-römischer Zeit, in: Bibel und Kirche 66 (2011), 229–233.

Selvatico, Pietro/Strahm, Doris: Jesus Christus. Christologie (Studiengang Theologie VI,2), Zürich 2010.

Stegemann, Wolfgang: Jesus und seine Zeit (Biblische Enzyklopädie 10), Stuttgart 2010.

Stemberger, Günter: Pharisäer, Sadduzäer, Essener (Stuttgarter Bibelstudien 144), Stuttgart 1991.

Strecker, Christian: Jesus und die Besessenen. Zum Umgang mit Alterität im Neuen Testament am Beispiel der Exorzismen Jesu, in: *Stegemann, Wolfgang/Malina, Bruce J./Theißen, Gerd (Hg.):* Jesus in neuen Kontexten, Stuttgart 2002, 53–63.

Strotmann, Angelika: Der historische Jesus. Eine Einführung (UTB 3553), Paderborn 2012.

Taschl-Erber, Andrea: Maria von Magdala – Erste Apostolin? Joh 20,1–18: Tradition und Relecture (Herders Biblische Studien 51), Freiburg i. Br. u. a. 2007.

Theißen, Gerd: Wanderradikalismus. Literatursoziologische Aspekte der Überlieferung von Worten Jesu im Urchristentum, in: *Ders.:* Studien zur Soziologie des Urchristentums (Wissenschaftliche Untersuchungen zum Neuen Testament 19), Tübingen ^{3}1989 (^{1}1979), 79–105.

Theißen, Gerd: Lokalkolorit und Zeitgeschichte in den Evangelien. Ein Beitrag zur Geschichte der synoptischen Tradition (Novum Testamentum et Orbis Antiquus 8), Freiburg i. Ue./Göttingen 1989.

Theißen, Gerd/Merz, Annette: Der historische Jesus. Ein Lehrbuch, Göttingen 1996 (^{4}2011).

Theißen, Gerd/Winter, Dagmar: Die Kriterienfrage in der Jesusforschung. Vom Differenzkriterium zum Plausibilitätskriterium (Novum Testamentum et Orbis Antiquus 34), Freiburg i. Ue./Göttingen 1997.

Theißen, Gerd: Das Neue Testament (C. H. Beck Wissen 2192), München 2002.

Theißen, Gerd: Die Entstehung des Neuen Testaments als literaturgeschichtliches Problem, Heidelberg 2007.

Theobald, Michael: Das Evangelium nach Johannes, Kapitel 1–12 (Regensburger Neues Testament 4,1), Regensburg 2009.

Thyen, Hartwig: Art. Johannesevangelium, in: Theologische Realenzyklopädie 17, Berlin/New York 1988, 200–225.
Thyen, Hartwig: Das Johannesevangelium (Handbuch zum Neuen Testament 6), Tübingen 2005.
Vanoni, Gottfried/Heininger, Bernhard: Das Reich Gottes (Neue Echter Bibel Themen 4), Würzburg 2002.
Venetz, Hermann-Josef: So fing es mit der Kirche an. Ein Blick in das Neue Testament, Zürich ^{5}1992.
Venetz, Hermann-Josef: Der Evangelist des Alltags. Streifzüge durch das Lukasevangelium, Freiburg i. Ue. 2000.
Venetz, Hermann-Josef: Er geht euch voraus nach Galiläa. Mit dem Markusevangelium auf dem Weg, Freiburg i. Ue. 2005.
Wellhausen, Julius: Einleitung in die drei ersten Evangelien, Berlin 1905.
Welt und Umwelt der Bibel 24 (2002): Jesus der Galiläer.
Welt und Umwelt der Bibel 56 (2010): Pilatus und der Prozess Jesu.
Welt und Umwelt der Bibel 64 (2012): Teufel und Dämonen – Verführer, Ankläger, Gegenspieler.
Welt und Umwelt der Bibel 70 (2014): Herodes – grausam und genial.
Welt und Umwelt der Bibel 72 (2014): Die Evangelisten.
Wengst, Klaus: Didache (Apostellehre), Barnabasbrief, Zweiter Klemensbrief, Schrift an Diognet, eingeleitet, herausgegeben, übertragen und erläutert (Schriften des Urchristentums, Teil 2), Darmstadt 1984 (Nachdruck 2004).
Wengst, Klaus: Bedrängte Gemeinde und verherrlichter Christus. Ein Versuch über das Johannesevangelium (KT 114), München 1992.
Wengst, Klaus: Das Johannesevangelium, 2 Bde (ThKNT 4,1.2), Stuttgart 2000 (^{2}2004); 2001.
Wolter, Michael: Das Lukasevangelium (Handbuch zum Neuen Testament 5), Tübingen 2008.
Ziegert, Carsten/Kreuzer, Siegfried: Septuaginta, in: WiBiLex. Das wissenschaftliche Bibellexikon im Internet, Stuttgart 2012, online unter: www.bibelwissenschaft.de/stichwort/28417/ (11.8.2014).
Zimmermann, Ruben (Hg.): Kompendium der Gleichnisse Jesu, Gütersloh 2007.
Zimmermann, Ruben (Hg.): Kompendium der frühchristlichen Wundererzählungen, Bd. 1: Die Wunder Jesu, Gütersloh 2013.
Zürn, Peter: Erinnern und erzählen. Das Markusevangelium in- und auswendig lernen (WerkstattBibel 12), Stuttgart 2008.

Bildrechte

S. 43	Aureus des Kaisers Augustus (zwei Abbildungen) © 2015 Andreas Pangerl www.romancoins.info
S. 68	Apotheose des Titus © Bibliotheca Hertziana – Max-Planck-Institut für Kunstgeschichte, Rom
S. 99	Münze des Kaisers Vespasian © 2015 Andreas Pangerl www.romancoins.info
S. 99	Titusbogen (Ausschnitt), Foto: Harald Oppitz © KNA-Bild
S. 108	Ziegelstempel © The Israel Museum, Jerusalem, Israel Antiquities Authority IAA 1994-3602
S. 149	Denarius des Kaisers Augustus © 2015 Andreas Pangerl www.romancoins.info

Ausführliches Inhaltsverzeichnis